CHARLOTTE VON KALB

Ursula Naumann

Charlotte von Kalb

Eine Lebensgeschichte
(1761–1843)

J.B. Metzlersche
Verlagsbuchhandlung
Stuttgart

CIP-Kurztitelaufnahme der Deutschen Bibliothek

Naumann, Ursula
Charlotte von Kalb : e. Lebensgeschichte
(1761 – 1843) / Ursula Naumann. – Stuttgart :
Metzler, 1985.
ISBN 3-476-00567-4

ISBN 3 476 00567 4
© 1985 J.B.Metzlersche Verlagsbuchhandlung
und Carl Ernst Poeschel Verlag GmbH in Stuttgart
Satz: Typobauer Filmsatz GmbH, Scharnhausen
Druck: Gulde-Druck GmbH, Tübingen
Printed in Germany

»ABER WIE WÄRE ES MÖGLICH,
DEM SO FERNEN JENE BLÄTTER ZU ÜBERSENDEN –
KÖNNTE ICH MIT ROSENSAFT AUF LILIENBLÄTTER SCHREIBEN,
ODER MIT GLUT AUF ASBEST,
O WÜRDE DANN WOHL DAS EWIG – WAHRE – DAS MILDE
UND ALLES BEZEICHNENDE LICHT
ERKANNT WERDEN?«

Charlotte von Kalb an Johannes Erichson

Inhalt

Vorbemerkung

Aus wohlhabendem altadeligem Geschlecht, früh verwaist und von Fremden aufgezogen, einem ungeliebten Mann verheiratet, Liebesbeziehungen zu zwei großen Schriftstellern, die beide unglücklich für sie enden, Ruin des Familienvermögens, Selbstmord des Ehemanns und eines Sohnes, ein langes Alter in Blindheit und Einsamkeit; doch kein Unglück, keine Niederlage hat Charlotte von Kalb dauernd niederdrücken und beugen können, weil sie, wie Herder bemerkte, eine sich stets erneuernde Kraftquelle in sich trug: »die Spenden der Phantasie bleiben unerschöpflich«.

Die starken Umrisse dieses Lebenslaufes haben mich betroffen gemacht, noch ehe ich Näheres über Charlotte von Kalb wußte. Aus dieser Betroffenheit entstand die vorliegende Biographie. Sie behandelt, mit Charlotte zu sprechen, »weibliches Sein«, an dem sich wohl auch Grundzüge »menschlichen Seins« reiner abbilden können. Flaubert hat sich für seine Parabel von der ewigen Glückssehnsucht des Menschen eine weibliche Heldin gesucht mit der berühmten Bemerkung: »Madame Bovary c'est moi«. Charlotte von Kalb ist ihr eine Verwandte: »Der Sehnsucht Zauber ist der schmerzlichste Trug, die Hauptidee, aus welchem alles, wie Augustinus sagt, hervorgeht«, schrieb sie in einem Brief.

Als historische Figur hat sie kein Eigenleben. Sie überlebt nur durch die großen, bedeutenden Leute, die sie kannte und liebte. Schiller, Goethe, Hölderlin, Jean Paul, Fichte und viele andere geben ihrem Leben Glanz und Interesse und jeder Beschreibung ihres Lebens. Wenn man jemandem sagen will, wer Charlotte von Kalb war, dann sagt man zuerst, die Freundin Schillers und Jean Pauls. Aber auch solche abgeleitete Existenz war lange repräsentativ für »weibliches Sein«.

Walter Benjamins Traum von Büchern nur aus Zitaten, in denen sich Geschichte gleichsam selbst erzählt, ist auch meiner. In dieser Biographie wird möglichst viel zitiert und möglichst wenig umschrieben: Weil jede Umschreibung aus einer relativen, an Situation und Perspektive gebundenen Äußerung eine absolute macht, weil die sperrigsten, »entstellendsten« Äußerungen etwa der Charlotte von

Kalb ihr immer noch mehr zugehören als eine glättende Nacherzählung und weil die Vielstimmigkeit, mit der die Figuren der Geschichte zu uns sprechen, erhalten bleiben soll.

Zur historischen Authentizität gehörte genau genommen wohl auch das Zitieren in der damals üblichen Orthographie, doch weil die außerordentlich schwankend und uneinheitlich ist, habe ich mich der besseren Lesbarkeit willen zur Angleichung an heute gültige Rechtschreiberegeln entschlossen. Eigentümlichkeiten der Zeichensetzung Charlottes sind jedenfalls »andeutend« bewahrt, da ihnen Ausdruckswert zukommt.

Besonders einschneidend sind solche Rechtschreibnormalisierungen im Fall der »Heldin« dieses Buches, die, wie so viele gebildete Frauen ihrer Zeit, eine abenteuerliche Orthographie hat. Von nicht wenigen Männern wurde das sogar mit Wohlwollen gesehen: »Bei einer gebildeten Frau ist die Unorthographie die Blüte weiblicher Liebenswürdigkeit«, schreibt noch Ludwig Börne in einer Rezension. Die Gelehrten des späteren 19. Jahrhunderts sahen dann an »Unorthographie« absolut nichts Liebenswürdiges mehr. Paul Nerrlich, der 1882 Charlotte von Kalbs Briefe an Jean Paul herausgab, fand es völlig unmöglich, die Briefe in ihrer »Orthographie oder gar Interpunktion abdrucken zu lassen«. »Es ist aber auch keinerlei Anlaß hierzu«, bemerkt er, »denn es würde sich daraus – ich hebe nur Wörter wie ›ergrif, bedeudent, Geseelschaft, persönnlich‹ hervor – nichts weiter ergeben haben, als daß Charlotte fortwährend gegen die einfachsten Regeln gefehlt hat.« Weil auch wir gelernt haben, in falscher Rechtschreibung ein Zeichen von Unbildung zu sehen, wäre eine originalgetreue Wiedergabe von Briefzitaten Charlottes eine stärkere Verfälschung, als es ihre korrigierte ist.

Schließlich noch ein Dank in die Vergangenheit: 1902 veröffentlichte Johann Ludwig Klarmann seine »Geschichte der Familie von Kalb auf Kalbsrieth. Mit besonderer Rücksicht auf Charlotte von Kalb und ihre Angehörigen«. In einer Anmerkung meinte er darin, seine Arbeit dürfe »als Quellenschrift vielleicht den Anspruch erheben, für die noch zu schreibende ausführliche Biographie Charlottens die teilweise Unterlage zu bieten«. Das vorliegende Buch ist (achtzig Jahre danach) wohl die erste ausführliche Biographie der Charlotte von Kalb, wenn sie auch kaum so »erschöpfend« ausgefallen ist, wie Klarmann geträumt haben mag. Gewiß ist, daß sie ohne seine Vorarbeit, seine ungemein fleißigen, detaillierten Akten- und Quellenstudien nicht hätte geschrieben werden können.

Dasein

Der Freiherr Johann Friedrich Philipp Marschalk von Ostheim ist als einziger Sohn seiner Eltern Erbe des Familienstammgutes Waltershausen im Grabfeld. Nach dem Tode des Großonkels Carl Christoph und (etwas später) dem seines Miterben, wird er außerdem Besitzer der im Bambergischen liegenden Güter Trabelsdorf und Dankenfeld. Er hat die zeittypischen Leidenschaften – vom Standpunkt der Untertanen betrachtet Laster – seines Standes: Jagd- und Baulust, und den üblichen Lebenslauf. Sein Kavaliersstudium absolviert er in Straßburg, daran schließt sich eine mehrjährige Reise durch die Schweiz und Frankreich an, wo er »schöne Gegenden«, vor allem aber Gebäude und Gärten studiert. Nach der Heimkehr (er ist sechsundzwanzig Jahre) läßt er in Waltershausen aufwendige Umbauten vornehmen und den Garten neu anlegen. »Er wollte nur dann eine Braut heimführen, wenn die Umgebungen des Schlosses verändert.« Das dauert seine Zeit. Erst neun Jahre später heiratet er die nach damaligen Vorstellungen auch schon nicht mehr ganz junge (fünfundzwanzigjährige) Wilhelmine Rosina von Stein, seine zweite Wahl. Eine andere Verlobung war zuvor, wie es heißt, »durch Streitsucht der Verwandten« zerbrochen.

Schon bald, 1759, wird ihnen ein Sohn geboren, der stirbt (die Familienlegende sagt: in der gleichen Stunde) als ein Jahr später ein zweiter Sohn geboren wird: Johann Christian August Friedrich Wilhelm Gottlob Egyd, genannt Fritz.

Diese Verschränkung von Geburt und Tod hat die Mutter tief verstört. Als Wilhelmine gleich wieder schwanger wird, nimmt sie ihre Angst, ein totes Kind oder, ihr fast ebenso schlimm, nur ein Mädchen gebären zu müssen, für Vorahnung. »Die Eltermutter allein war zuversichtlich, es werde wieder ein Knabe geboren. Aus dem Kinderzeug war alles weggetan, was ein Mädchen zu bekleiden dient, und schon hatte sie seinen Taufnamen erwählt. Eine andere Möglichkeit zu äußern, reizte ihren Unmut. – Das Kind war ein Mädchen; heftig rief sie aus: ›Du solltest nicht da sein!‹ Oft wiederholte sie es, und das Brüderchen sprach die Silben »Dasein« wie ein Echo nach, und so ward frühe das Schwesterchen von ihm genannt.«

Das Mädchen wird auf die Namen Charlotte Sophia Juliane getauft. Sein Geburtstag ist mitten im Sommer, am 25. Juli 1761.

Wilhelmine Rosina, die sich so sehr einen Sohn wünscht, bringt noch drei Töchter auf die Welt: Wilhelmine (November 1762), Eleonore (Januar 1764) und Caroline (Juni 1766). In acht Jahren hat sie sechsmal Wochenbett halten müssen. Die Kinder lernen ihre Eltern kaum kennen. Der Vater stirbt im Herbst 1768 an einem plötzlichen Fieber, die Mutter im April des folgenden Jahres.

1. KAPITEL

Ritter

Das kleine Landschloß, in dem das unerwünschte Mädchen Charlotte seine frühe Kindheit verbringt, hat zehn Kammern, zwölf Stuben und einen Festsaal, der mit zierlichem Rokoko-Stuck geschmückt ist, dazu Küchengewölbe, Wein- und Bierkeller, Obstlager, Kutschenhalle, Stallungen und ein Verließ: daß es einmal Burg war, sieht man ihm von außen noch an. Seine drei Flügel sind zu einem massiven Karree zusammengedrängt, das, flankiert von vier Türmen, etwas Verschlossenes, Abweisendes hat und etwas Abgehobenes oben auf einem Hügel, um den sich im Halbkreis das Dorf herum biegt mit den Häusern der Pächter, Tagelöhner, Handwerker. Nahe am Schloß liegt die evangelische Kirche, in der der Pfarrer Nikolaus Nenninger predigt, ein Müllerssohn aus Waltershausen, der als Vierzehnjähriger mit zwei Freunden von zu Hause weggelaufen war. Bis nach Ostindien wollten sie kommen und sich das Geld und Brot dazu durch »ihre Waldhörner und Violinen verdienen«. Aber Nenningers große Reise war schon in Nürnberg zu Ende, wo er Gönner fand, die ihm Schule und Studium zahlten, während seine Freunde in Holland »Feldmusici« wurden.

Zwischen dem Schloß und dem Dorf erstreckt sich ein großer Baum- und Küchengarten, der, wo er im Süden zu einem kleinen Flüßchen, der Milz, hin abfällt, von Johann Philipp mit gemauerten Terrassen und mit zwei Springbrunnen versehen worden ist. Die Kinder werden früh mit der Geschichte der Familie und der Baugeschichte ihres Schlosses vertraut gemacht.

»Wie gern hören Kinder von der Vergangenheit! Wie es war, ehe sie waren, Neues, immer Neues, und das schon Gehörte wiederholt erbitten sie.

Eine Veränderung in der Umgebung des Schlosses war sichtlich. ›Sieh‹, sprach Fritz, ›um das Schloß herum war ehemals ein tiefer Graben, und die Zugbrücke ging fast bis an die Kirche. Der Graben wurde ausgefüllt; die lange Ebene, jetzt mit Blumen und Kräutern geschmückt, die Gänge bis zum Teich hinunter, alles dies war einst ein Kirchhof; und nun ist von dem klaren Bach, der so manche Mühle treibt, auch der Garten begrenzt. Komm mit mir und laß uns nun hier die geschlängelten Pfade zur Wiese hinab gehen.‹«

Charlotte hat ihre Kindheits- und Jugenderinnerungen, die einzige Quelle für ihre frühen Jahre, als alte blinde Frau diktiert, in einem Stil, dessen wunderlich starre Feierlichkeit alles Kindliche verleugnet und darin den Erwachsenen-Kostümen gleicht, in die man die Kinder damals steckte. Vieles hat sie nicht sagen wollen, was sie hätte sagen können, aus Diskretion und Selbstschutz, vieles hat sie nicht mehr gewußt. »Die Personen in der Vergangenheit entschwinden immer mehr – und wollen wir davon sagen, muß es Dichtung werden«, schrieb sie in der Zeit, in der sie sich erinnernd in die Vergangenheit versenkte, und: »Über das innere werde ich treuer sein können, als über das äußere Leben – auch ist ja kein äußeres.« Daß »eigentlich«, im emphatischen Sinne, nur das innere Leben zähle, ist das für Charlotte wohl wichtigste Moment ihres Selbstentwurfes, ihre erste Antwort auf die Frage: »wer bin ich?«. Jeder Autobiograph muß sie sich stellen, denn er will ja davon berichten, wie er zu dem wurde, der er ist.

Sein eigenes Leben erzählt, wer der Welt interessant geworden ist, durch besondere Leistungen in den Künsten oder Wissenschaften zum Beispiel, oder durch besondere Erfahrungen, als Reisender, als einer, der mit berühmten, einflußreichen Leuten umgegangen ist. Die Freunde, die Charlotte von Kalb zum Niederschreiben ihrer Erinnerungen drängten, haben von ihr Memoiren erwartet mit Nachrichten, Neuigkeiten, intimen Enthüllungen aus dem Leben der Geistesgrößen, mit denen sie bekannt und befreundet gewesen war. Doch sie hat, sehr zu ihrer Enttäuschung, nur eine Autobiographie verfaßt, eine – Fragment gebliebene – Lebensbeschreibung um ihrer selbst willen, ohne daß sie dazu durch »Leistungen« legitimiert gewesen wäre und deshalb auch, ohne von einem »etwas Gewordensein« her einen Weg durch das Labyrinth der Vergangenheit finden zu können. Männer hatten es da leichter. Sie hatten immer einen Beruf, ein Amt. Wer bin ich? Ein Schriftsteller, konnte etwa Jean Paul antworten und (in seiner »Selberlebensbeschreibung«) schon den kleinen Johann Paul Friedrich Richter beim spielerischen Büchermachen entdecken. Charlotte war nichts geworden. Sie war nur.

So findet sie sich also vor allem in der »Eigentlichkeit« ihres inneren Lebens, von dem sie in symbolischen Bildern und Szenen zu sprechen sucht, »denn um zu sagen, was man denkt, meint und bilden möchte, muß man Figuren und Chimären schaffen«. Aber sie findet sich auch in den zunächst formalen Bedingungen ihres In-der-Welt-Seins, in den Rollen, die ihr durch Geschlecht und Stand zugeteilt waren. Von der einen erzählt die Geburts-, die Dasein-Geschichte: ich bin (nur) ein Mädchen. Über die andere läßt sich dieser »Defekt« kompensieren: ich bin eine Marschalk von Ostheim.

Die Marschalk von Ostheim gehörten zur »reichsfrei unmittelbaren Ritterschaft Landes zu Franken«, die von altersher in sechs Kantonen organisiert war. An ihrer Spitze stand jeweils ein von Ritterräten unterstützter Ritterhauptmann. Charlottes Vater, Johann Philipp, gehörte mit seinem Stammgut Waltershausen zum Kanton Rhön und Werra, mit seinen Gütern im Bambergischen (als Ritterrat) zum Kanton Steigerwald. Die ritterliche Interessenvertretung sollte Machtlose stärken, denn die Reichsfreiheit, die sich diese Herren zusprachen, war seit langem kaum mehr als ein leeres Wort. »Reichsfrei! Wie ist längst das Reich verkleinert und die Freiheit zur Fabel geworden!«, ruft Charlotte in ihrem Ritterroman »Cornelia« aus. Nicht dem ohnmächtigen Kaiser in Wien waren diese Reichsritter in der Praxis verpflichtet, sondern den nahen und schon deshalb mächtigeren Landesfürsten. »Beinahe jede ritterliche Herrschaft bildete eine Enklave, war von fürstlichem, reichsstädtischem oder geistlichem Gebiet umfaßt, zuweilen sogar von mehreren freien Gebieten dermaßen eingeschnürt, daß man sich nicht frei bewegen konnte, ohne mit der in der Regel sehr wenig günstig gesinnten Nachbarschaft in Streit zu kommen«, beschreibt ein Historiker und Reichsritter (Roth von Schreckenstein geheißen) diesen Zustand. Meist waren die Reichsritter den Landesherren in ihrer Nähe lehnsverpflichtet oder sogar in ihrem Dienst, was natürlich die Gefahr von Übergriffen verminderte. Johann Philipp hatte (wie üblich) gleich mehrere Herren. Seine Stammgüter lagen im Machtbereich des Fürstbischofs von Würzburg und dem des Herzogs von Meiningen, die großen Güter Dankenfeld und Trabelsdorf waren zum überwiegenden Teil Lehen des Fürstbischofs von Bamberg, dem Johann Philipp als »Bambergischer Untererbmarschall und als pfälzischer und hochfürstlicher Bambergischer Geheimer Rat und Kammerherr« besonders eng verbunden war.

Die verschiedenen Abhängigkeiten führten natürlich zu höchst komplizierten Lehns- und Besitzverhältnissen. Der Tod eines Reichsfreien hatte fast unweigerlich Erbstreitigkeiten zur Folge und Prozesse, die sich oft Jahrzehnte hinschleppten. Auch Johann Philipp hat lange gegen einen Miterben, den verschwenderischen Onkel Carl Christoph, prozessiert.

In der Regel waren die Güter der Reichsritter zu klein, als daß man sie auf mehrere Erben hätte aufteilen können. Für überzählige Söhne und unverheiratete Töchter mußte also eine andere standesgemäße Versorgung gefunden werden. Dabei hatten es die katholischen Reichsritter einfacher. Für ihre Söhne gab es einträgliche Stellen im Domkapitel, für ihre Töchter Unterkunft in Klöstern und Stiften, manchmal als Äbtissinnen. Die Protestanten hatten dafür einige weltliche Damenstifte gegründet. Aber ob katholisch oder protestantisch (wie Johann Philipp): um zu einer solchen Versorgung kommen zu können, mußte man eine lange Reihe echt-adeliger Ahnen nachweisen können – vier oder acht oder manchmal sogar sechzehn, eine Bestimmung, die dafür sorgte, daß der Adel unter sich blieb. 1746 mußte Nikolaus Nenninger im Auftrag seines Herrn eine Reise durch Ober- und Niedersachsen unternehmen, »um Belege für die Stifts- und Turnierfähigkeit der Familien Mading und Winzigerode aufzusuchen, weil die Mutter des Herrn von Marschalk aus diesem Geschlechte stammte. Das von Nenningers Sohn verfaßte Gemeindebuch teilt nicht mit, ob die gesuchten Belege gefunden wurden. Der alte Nenninger holte sich auf dieser Reise seine »immer mehr zunehmende Taubheit«, bei einem der damals so häufigen Postkutschen-Unfälle: »Zwischen Themar und Henfstädt nämlich fielen er und seine Reisegefährten bei Nacht mit dem Postwagen in die ausgetretene Werra und mußte bei der größten Kälte und durchaus naß bis 4 Stunden auf einer Insel stehen bis der Postillion Leute beibrachte, um die Reisenden mit vieler Mühe auf Pferden zu retten«.

Auf der Vaterseite konnten die Marschalk von Ostheim ihren Stammbaum bis auf die Zeit um 1300 zurückverfolgen. Seit 1522 waren sie alleinige Besitzer von Waltershausen, das durch Heirat an sie gekommen war, rund hundert Jahre später wurde, auf dem Fundament der alten Wehrburg, das neue Schloß errichtet. Damals legte man auch den Friedhof vom Schloß weg an den Rand des Dorfes, in Charlottes Erinnerungen Sinnbild für die Wende von der alten Zeit, in der die Ritter kämpften, raubten, töteten, zu einer Epoche, in der sie zivilisierten und Gärten anlegten, wo ehemals Gräber waren. Von der Kultivierung und Zivilisierung ihres Standes und durch ihren Stand – und vom ehrwürdigen Alter ihres Geschlechtes also spricht das oben zitierte Gespräch zwischen Charlotte und ihrem Bruder. Schon das Kind erfährt Familiengeschichte und Geschichten, hört Familiensagen, übt Standesbewußtsein ein.

Vom gesellschaftlichen Leben ihrer Eltern hat Charlotte wenige Bilder bewahrt. Die Landadeligen des 18. Jahrhunderts leben auf ihren Gütern wie auf Inseln, die gewöhnliche Unterhaltung besteht in Besuchen »von Insel zu Insel«. Charlottes Vater liebt und fördert solche Gastlichkeiten, die Mutter hemmt diese Neigung nicht, wie Charlotte sich ausdrückt, um die Verschiedenheit ihrer Eltern zugleich festzuhalten wie zu entspannen. Als Wesen, »nur das vom Äußern aufnehmend, was die Gediegenheit des innern Lebens mehrt«, als Spiegelbild ihrer selbst, sieht sie die Mutter, die gebildeter war als ihr Mann und als es für ihr Geschlecht üblich. »Sie besaß Sprachkenntnisse, Belesenheit in religiösen und historischen Schriften, wie damals wenige.«

In wenigen Strichen skizziert Charlotte die engsten Freunde und häufigsten Besucher ihrer Eltern. Ein Herr von Truchseß hat nach einem Aufenthalt in England die Eigenheiten der englischen Landedelleute angenommen, ein leidenschaftliches Interesse für Landwirtschaft und »Schreibsucht«. Jeden Morgen soll er Predigten verfaßt und sie abends vorgelesen haben. Wem, das läßt Charlotte offen. Ein Herr von Grappendorf ist noch nach alter Mode französisch gebildet und liest sehr gefällig aus Racine und Fénélon vor. Den Kindern gibt er wohlwollend Rätsel auf. Wenn Herr und Frau von Bose kommen, wird musiziert. Am liebsten aber hat es die kleine Charlotte, wenn der Bruder der Mutter kommt, den schon seine Zugehörigkeit zum Deutschen Orden zu einer romantischen Gestalt macht. Er ist weitgereist, ein weltgewandter und dazu noch tugendhafter Mann, der, einem Gelübde gehorchend, weder tanzt noch Karten spielt, dem gewöhnlichen Zeitvertreib der Gesellschaft.

Am meisten Gäste kommen im Herbst ins Dankenfelder Schloß, zur Jagd im Steigerwald. So wildreich soll damals die Gegend gewesen sein, daß man mit Glück einen Hirsch sogar aus dem Schloßfenster erlegen konnte. Die Kinder mögen diese Jagdzeiten und den vielen Besuch nicht, weil dann niemand mehr für sie Zeit hat, auch die Mutter findet an dem Trubel (man kann sich große Zechgelage mit Renommiergeschichten vorstellen) keinen Gefallen. Für den Vater ist das der Höhepunkt des Jahres.

Um alle seine Jagdfreunde unterbringen zu können, läßt Johann Philipp sogar das Schloß erweitern. Für Charlotte knüpft sich an diesen Umbau das einzige wirklich heiter-kindliche Erinnerungsbild ihrer Autobiographie: »Ein neuer Flügel im Jagdschloß zu Dankenfeld war erbaut, dessen Wände man bekleiden wollte. Die chinesi-

17

schen Tapeten waren Mode und da man gern eignen Stoff verwandte, ward ungebleichte und auch gelb gefärbte Leinwand genommen, in großen Rahmen gespannt. Auf diese wurde mannigfaltige Bildnerei in erhabener Arbeit mit Seide, Wolle, bunten Flicklein geklebt. Die Gegenstände waren, wenn nicht kunstreich, doch gefällig und belustigend zu fertigen, wenn da ein Palmbaum heute den Stamm uns zeigte, morgen mehrere Äste, bald die ganze Pracht, dann Figuren erschienen, Kamele, Pyramiden mit Inschriften, so ohne Wiederholung gar manches in verschiedener Form und Art – welch ein Frohlocken! Wir meinten auf solchem Grund bald Alles zu erblicken, was auf Erden sei.«

Ganz verklärt aber steigt aus dem Dunkel der Vergangenheit ein ländliches Fest empor, eine Fischpartie an den Ufern der Milz. Dressierte Windhunde tragen die Einladungen zu Freunden, Bekannten, den Verwandten nach Nordheim. Die Kinder können ihre Rückkehr kaum erwarten: »Fritz stand längst am Fenster, da rief er: ›Da kommt Caro gesprungen!‹ Die Tür wurde geöffnet, schnaufend warf sich der Windhund zu den Füßen des Knaben, der sogleich die blecherne Kapsel öffnete und das Blatt las: ›Sie kommen, sie kommen; auch von Nordheim, und mit allen Kindern, die jetzt laufen können.‹« Auf dem Rasen am Flüßchen werden Tafeln gedeckt und daneben die Fische zubereitet, in großen Kesseln auf dem Rost. Dazu trinkt man »südlichen Rebensaft« und »goldglänzenden Rhein in grünlichem Glase« – Charlotte sucht nach dem erlesensten Vokabular. Der hohe Gast wirft seinen Glanz voraus. Denn dann geschieht, was der Erzählerin diesen Tag hat zum »Solitair« werden lassen. Posthörner erklingen. Mit Gefolge tritt Fürst Ernst Friedrich Carl von Sachsen-Hildburghausen auf. Er ist auf der Durchreise nach Bad Kissingen, kommt ganz zufällig vorbei, welch unerwartete Krönung des Festes!

Als Charlotte diese Geschichte diktierte, hatte sie zwei Revolutionen erlebt und mit ihren Zielen und Ideen sympathisiert. Sie kannte die meist eher bedrückende, öde Wirklichkeit adligen Landlebens, wußte, wie roh und ungebildet die Ritter waren, wie unbedeutend die meisten Fürsten. Aber weder Einsicht noch Erfahrung haben etwas vermocht gegen den Hang und Zwang zur Verklärung, die Faszination einer »Poesie des Adels«, die träumt, der Adel wäre wirklich, was er im Namen beansprucht: edel. Es ist der Traum ihres Standes, dem Charlotte verfallen war, die Idee eines erhöhten festlichen Lebens in Erlesenheit und Luxus, dessen Glanz Repräsentation inneren Wertes ist, so daß sich Schein und Sein versöhnt finden.

2. Kapitel

Geister

»Wie Vöglein den Faden nicht sehen, der sie bindet, so waren auch wir beachtet.«

»Gesinnung, Gedanke waren früh erweckt, und sind wohl bei jedem gepflegten Kinde der Gehalt des Daseins.«

»Ich erinnere mich, daß wir gewöhnlich nach Straßburger Tracht, zierlich und fein gekleidet waren, das reichliche Haar war dafür ein geeigneter Schmuck. O Jugendzeit, so rein, so frei, dein Nachgefühl ward uns zum Trost der Gegenwart!«

Im Rückblick verklärt sich fast jede Kindheit; der früh verwaisten Charlotte verklärt sich das Zuhause einfach schon deswegen, weil es eben ein Zuhause war, das Halt gab und Pflege. Ein sonderlich glückliches Zuhause kann es nach allem, was sie außerdem erinnert, nicht gewesen sein.

Ein liebevolles Verhältnis hat das kleine Mädchen nur zum Bruder, der »mitteilend und schützend immer ihr Fürsprecher war«, Fürsprecher bei der Mutter, die den Sohn immer um sich haben will und die Tochter fern hält, der sie ihr Dasein nicht verzeihen kann. Schon früh wird Charlotte der Aufsicht einer aus Nancy gebürtigen Witwe übergeben, von der sie in kurzer Zeit das in ihren Kreisen unentbehrliche Französisch lernt. Der Vater ist wohlwollender und freundlicher gegen seine Tochter gesinnt, aber für die Ablehnung der Mutter kann dieses Wohlwollen doch nicht entschädigen. Er ist ein heftiger, jäher Mann; die Furcht, die man vor ihm »als Vater« hat, läßt vertrauensvolle Zuneigung nicht aufkommen. Man muß zu ihm aufschauen. Seine Hand schlägt und segnet, wie die Hand Gottes. »Gewöhnlich saß ich am Tisch neben dem Vater und der Bruder bei der Mutter. Der Vater hatte die Gewohnheit, die Hand auf mein Haupt zu legen.« Selbst das ist ein Traum. Denn Gewohnheit kann eine Berührung nicht gewesen sein, auf die das Kind so »einmalig« überwältigt, so außergewöhnlich reagiert: Charlotte bricht in Tränen aus. »Fritz fragte: ›Lotte, warum weinest du?‹ ›Habe ich dir wehe getan?‹ sprach der Vater. Da faßte ich seine Hand und sagte: ›C'est une bénédiction, mon père!‹«

Die kleine Erinnerungsgeschichte zeigt ein zärtlichkeitshungriges, ekstatisches, ernstes kleines Mädchen. Kindlich ist das Kind Charlotte nicht und soll es auch nicht sein. Eine Erziehung, die aus Kindern so schnell wie möglich Erwachsene machen will, hat es bei ihr leicht. Aber sie wehrt sich auch gegen Spiele, die (rückblickend gesehen) Einübung in weibliches Rollenverhalten bedeutet hätten: »Eigentliches Kinderspiel war nicht verboten, aber es blieb dazu keine Zeit. Ob es absichtlich gehindert wurde, weiß ich nicht, mit Docken (Puppen) hab ich nie gespielt. Wird ein Mädchen dadurch in Handarbeit geübt, wird sie doch besonders nur gewitzigt, sich und ihresgleichen für Puppen anzusehen, wenn nicht leblos, doch geistlos.«

Nicht »eigentliches« Kinderspiel, sondern Erwachsenenspiel »en miniature« ist die Anlage eines Kindergartens in den neuen Gartenanlagen des Vaters, bei der Fritz einem Jägerburschen namens Velten zur Hand geht. »Letzterer war gefällig, zuvorkommend in allem, was Fritz wünschte, aber heftig, ungestüm gegen Kameraden, wodurch er manchen Verdruß erregt hatte. Auch ein kleiner Wagen, ziemend und nett; und durch Veltens Geschick waren zwei Böcklein so gut dressiert, daß man gar leicht mit ihnen dahinfahren konnte.« Jahre später wurde dieser Jägerbursche als Mörder hingerichtet. Als Charlotte davon erfuhr, soll sie (wie man ihr später sagte) heftig aufgeschrien haben und lange ohne Besinnung geblieben sein: »Tief erschüttert, habe ich einen fast bewußtlosen Zustand oft erduldet; und nur nach langer Stille faßte der Geist wieder Gedanken und Wollen«.

Das kleine Mädchen spielt nicht. Es denkt, träumt, lebt in inneren Welten, in denen alles, was es hört, durch die Phantasie gesteigert wird und damit auch seine Erregbarkeit. Vielleicht hat dieses Kopf- und Traumleben etwas mit Charlottes schlechten Augen zu tun, die die sichtbare Welt nur verschwommen aufnehmen; das läßt die unsichtbare in ihr wachsen. Das Ohr sei ihr Himmel und ihre Hölle, sagt sie einmal. Aber vielleicht erklärt diese Sehschwäche auch nichts. Vielleicht ist sie nur physisches Zeichen, allenfalls Verstärkung einer zugleich individuellen (und daher nicht erklärbaren) und »historischen« Seelenlage, wie sie Jean Paul, zwei Jahre jünger als Charlotte, in seiner »Vorschule der Ästhetik« demonstriert, indem er sie abzuleiten sucht:

»Das Christentum vertilgte, wie ein Jüngster Tag, die ganze Sinnenwelt mit allen ihren Reizen, drückte sie zu einem Grabeshügel, zu einer Himmels-Staffel zusammen und setzte eine neue Geister-Welt an die Stelle. Die Dämonologie wurde die eigentliche Mythologie der Körperwelt, und Teufel als Verführer zogen in Menschen und Götterstatuen; alle Erden-Gegenwart war zu Himmels-Zukunft verflüchtigt. Was blieb nun dem poetischen Geist nach diesem Einsturze der äußern Welt noch übrig? – Die, worin sie einstürzte, die *innere*. Der Geist stieg in sich und seine Nacht und sah Geister. Da aber die Endlichkeit nur an Körpern haftet und da in Geistern alles unendlich ist oder ungeendigt: so blühte in der Poesie das Reich des Unendlichen über der Brandstätte der Endlichkeit auf. Engel, Teufel, Heilige, Selige und der Unendliche hatten keine Körper-Formen und Götter-Leiber; dafür öffnete das Ungeheure und Unermeßliche seine Tiefe; statt der griechischen heitern Freude erschien entweder unendliche Sehnsucht oder die unaussprechliche Seligkeit – die zeit- und schrankenlose Verdammnis – die Geisterfurcht, welche vor sich selber schaudert – die schwärmerische beschauliche Liebe – die grenzenlose Mönchs-Entsagung – die platonische und neuplatonische Philosophie.

In der weiten Nacht des Unendlichen war der Mensch eher fürchtend als hoffend.«

Ein Kandidat der Theologie, der als Gast in der Waltershausener Kirche predigt, versetzt Charlotte mit seinen verbalen Beschwörungen des Bösen in Angst und Schrecken: »Der Teufel gehet umher wie ein brüllender Löwe« ist die Essenz seiner Predigt. »So wahrhaftig aufgenommen war es dem Mädchen ein bleibender Eindruck. Bäume und Blumen und alle Farben umher, sie sind ja belebt, das Licht einer unaussprechlichen Herrlichkeit. So weilen in den Wolken Geister, und Engel können zu den Menschen hernieder schweben. So war vormals der Sinn, aber nun sollte ich denken, es könnten auch böse Geister, ja der Satan selbst aus den Wolken hernieder fahren.«

Gegen Charlottes Angstphantasien verordnet die Mutter das Lernen frommer Sprüche, moralischer Sentenzen, aber das sind Exorzismen, die die leibhaftige Existenz des Bösen als realen Grund solcher Ängste anerkennen. Zwar schreibt man die Zeit der Aufklärung, der größte Teil der Bevölkerung aber, und nicht nur der ungebildete, deklassierte, bleibt davon noch lange unberührt, schon deswegen, weil die Grenzen zwischen Glauben und Aberglauben fließend sind. Von den Teufeln, die der predigende Kandidat »an die Wand malt« bis zu Charlottes Schloßgespenstern (in Schlössern sind die Geister bekanntlich zu Hause) ist es kein allzu weiter Weg:

»Die Gräfin Rotenhan, Schwester meines Vaters, kam zum Besuch mit ihren zwei Töchtern. Als die Wärterin die jüngste durch den Saal führte, schlug ein Bild herab; das Kind schrie gewaltsam und fiel in Zuckungen. Nach wiederholten Anfällen starb es in einigen Tagen. Von sehr zarter Bildung war es doch nie kränklich gewesen.

Auf das genaueste ward untersucht, was den Fall des Bildes konnte veranlaßt haben; kein Windzug, der starke Ring am Rahmen noch fest, so wie der Widerhaken einige Zoll tief in der Mauer. Nicht für Zauberei wollte man es halten, doch blieb es unerklärlich.«

Den Geisterglauben hat Charlotte aus der Kindheit ins Erwachsenen- und Greisenalter mitgenommen. Düstere Ahnungen, Wahrträume (meist vom Tod naher Menschen) sind ein Leitmotiv der Erinnerungen, die mit der Erzählung einer großmütterlichen Todesahnung beginnen, die ihr eigenes – Charlottes – Dasein an eine dunkle Ahnung der Mutter knüpfen und auch allen Verlusten fast schon stereotyp entsprechende Ahnungen vorausgehen lassen. Der Glaube an diese Geisterwelt war ihr, so bedrohlich er war, doch auch Bürge für die Existenz einer jenseitigen Welt, Bürge für die Existenz Gottes.

Dabei beschreibt sie den natürlichen Ursprung solcher Ängste, Ahnungen in den Erinnerungen einmal ganz genau, als es um den von ihr vorhergeahnten Tod des Vaters geht: damals ist sie zum erstenmal in der Fremde, unter Fremden.

Im Herbst 1768 nimmt die Tante Rotenhan die siebenjährige Charlotte mit sich auf eine Reise, erst auf ihr Landgut im Itz-Grund, dann in die Stadt-Residenz nach Bamberg. Die Eltern sollen sie dort später wieder abholen. Charlotte ist von der schönen Stadt mit den vielen Kirchen, Klöstern, Menschen tief beeindruckt; der Katholizismus, der Bambergs Atmosphäre prägt, dem auch die Tante nahesteht, gibt ihr (durch seine Feste) Phantasie-Nahrung und Augenlust und ihren bildlosen Ängsten und Hoffnungen Bilder:

»In diesen Tagen sah man häufig Fallsüchtige auf den Straßen von Mönchen und Laien umringt, die da sagten: Da liegt wieder einer, der vom Teufel besessen ist.«

»Die Gespielinnen hatten mir gesagt, das Christuskind brächte auch mir am Weihnachtsmorgen Gaben dar. Da erwachte ich denn allzu früh, der Tag brach an, ich erblickte brennende Kerzen und eilte zur Anschauung. Ein wunderschönes Kind, in Wachs geformt, lag auf grünem Moos, gar lieblich, von jedem bewundert. Der Pater Joseph hatte es aus Loretto mitgebracht...

Daß ein Jesuskind aus Loretto zu sehen, wurde manchen bekannt; sie kamen, um es zu schauen. Kinder besonders fesselte dieser Anblick, sie knieten nieder und vergossen der Zärtlichkeit weiche Tränen. Bald darauf wurden wir von der Priorin eines Klosters ersucht, ihr dieses Bild zu senden; ein krankes Kind, welches dasselbe bei uns gesehen, sehne sich danach. Es wurde ihm dargelegt; mit Entzücken, unverwandt in Schauen versunken, sagte es nicht mehr von Leid und stechendem Weh, nur von der Hoffnung, bald bei dem Jesus-Kinde zu sein.«

Fast betäubt von all den neuen Eindrücken, fühlt sich Charlotte sehr allein. Die Trennung von daheim, von den Eltern dauert länger als geplant. Statt der sehnsüchtig erwarteten ist ein schwarz gesiegelter Absage-Brief eingetroffen: weil der Ritterhauptmann vom Kanton Rhön und Werra gestorben sei, müsse der Vater zur Wahl eines Nachfolgers nach Schweinfurt und könne deshalb den Tag seiner Ankunft nicht bestimmen. Im fremden Haus, beaufsichtigt von einer fremden Frau, spürt sie dunkle Intrigen und Feindseligkeiten: »Als ich eines Morgens die Treppe im Seitenflügel hinaufging, fiel ich nach meiner Empfindung von böswilliger Hand gezogen die Treppe hinab.« Auf ihre Beschwerde hin meint man, sie habe sich gewiß geirrt und tadelt ihr Aufbegehren.

»In dieser Zeit war ich besonders durch Träume aufgeregt; ich schrieb an Fenster und Pfosten den Namen meines Vaters; ich sah ihn im Traume in seinem Schlafgemach auf dem Lager liegend, umgeben von meinen Geschwistern, und daneben seinen treuen Hund. Dieser Traum wiederholte sich mir mit stärkeren Zügen ...

Als darauf wirklich der Tod meines Vaters im November eintraf, waren alle über so Unerwartetes betroffen, ich aber vorbereitet, gleichsam heimisch in dieser Trauer.«

Weil sie »dem Vater so wert gewesen«, wird sie zu Hause mit ungewöhnlicher Aufmerksamkeit empfangen. »Mein Lager war in der Mutter Schlafgemach bereitet«; der so plötzlich zurückgesetzte Bruder leidet an Eifersucht. Die Familie, durch ein verwirrendes, den Kindern undurchschaubares Gemisch von Liebe und Abneigung verbunden, rückt näher zusammen. »Ich erfuhr in diesen Tagen auch wohl Tadel, in der Haltung wäre ich nicht so gefällig wie ehemals, dabei unwahrnehmend für Äußeres und anderer Begegnung.«

Dann stirbt auch die Mutter, die nach Charlottes Schilderung sehr religiös gewesen ist, an ihrer Frömmigkeit. Das Fieber, dem sie erliegt, hat sie sich bei einem Kirchenbesuch geholt, durch Kälte und Feuchtigkeit, wie bei Charlotte, oder durch eine infizierte Oblate beim Abendmahl, wie anderswo zu lesen ist.

Suchend und rufend, so Charlotte, sei sie nach dem Tod der Mutter durch das leere Haus gelaufen, habe endlich die Tote in einem Zimmer auf einem »Ruhebett« liegend gefunden, noch einmal ihre kalte Hand gehalten, ihr ruhiges Gesicht ergriffen betrachtet. »Plötzlich drangen mehrere in das Gemach und erschraken, als sie mich bei der Leiche erblickten, ich ward fortgezogen und durch den Saal geführt, wo schon der Sarg stand.«

Wenige Tage später folgt die endgültige Vertreibung aus dem melancholischen Kindheitsparadies: »Verwandte führten mich, die Türen, welche wir soeben verlassen und an denen wir vorübergingen, wurden gewaltsam zugeschlagen, verriegelt und verschlossen. Viele Hände waren außerdem beschäftigt, noch mehr zu verriegeln und zu versiegeln, und so unter klirrendem Geräusch und Stoßen der Versiegelung gingen wir langsam, leise die Stufen der hohen Treppe hinab.«

3. KAPITEL

Kinder

Die erste »Fremde« ist dem Zuhause noch nahe. August Philipp Freiherr von Stein, der Onkel und nach dem Tode des Vaters auch Vormund der Kinder, nimmt sie zu sich nach Nordheim, das nur ein paar Kilometer von Waltershausen entfernt liegt. Einfluß, Auftreten, aufwendiger Lebensstil haben ihm den Beinamen eines »Fürsten der Rhön« eingetragen, und auf »hochtrabendem fürstlichen Fuß« lebte er noch 1787, als ihm Schiller, eingeführt durch eine Empfehlung und vorbereitet durch Erzählungen Charlottes, einen Besuch abstattete: »Hier ist statt eines Hauses ein Schloß. Hof statt Gesellschaft, Tafel statt Mittagessen. Die Frau ein vaporöses, falsches, intriguantes Geschöpf, dabei aber häßlich wie die Falschheit und übrigens voll guten französischen Tons.... Herr von Stein ist ein imposanter Mensch von sehr viel guten und glänzenden Eigenschaften, voll Unterhaltung und Anstand, dabei ein Libertin im hohen Grade. Er ist der Onkel Charlottens und schätzt sie sehr hoch.«

In den »Erinnerungen« gibt es über beide, Onkel und Tante, kein böses Wort. Charlotte hat sich »öffentliches« Kritisieren (und damit auch Charakterisieren) von Personen streng versagt, nur in vertrautesten Briefen, in größter Erregung ist ihr so etwas wie »Klatsch« passiert. Kritik wendete sie ins Allgemeine, deutete sie an oder ersetzte sie (fast immer) durch Schweigen und Ignorieren. Ihre ausgeprägte Abneigung gegen die Tante hat sie in eine Geschichte versteckt, die nebenbei die Scheinhaftigkeit des nur nach außen gerichteten Lebens im großen Stil ahnen läßt, die vor allem aber die schalkhafte Anmut der kleinen Schwester Lore vorführen will, die sich wie ein Elf (Feenkind sagt Charlotte zärtlich) durch die dunklen Räume der »Erinnerungen« bewegt, oder vielmehr, auf die ihr eigene Weise, »hüpfend und schleifend schwebt«. »Alles war zu unserm Wohl bedacht, nur über eine Kleinigkeit klagten wir, denn oft waren wir genötigt, Rüben und Wurzeln zu essen. Jeden Abend war dergleichen serviert und an jedem wiederholten wir dieselbe Beschwerde. Lorchen sagte: ›Klagen darf man nicht, – ändern!‹

›Wie soll das geschehen?‹

›O laßt mich nur.‹

Sie hatte die Eigenheit, wenn sie sich etwas ausfinden oder auslisten wollte, so eilte sie, allein zu sein, schwebte hüpfend und schleifend umher; des kleinen Wesens Laune war in jeder Bewegung sichtbar, dann sprach sie ganz leichthin: ›Nun bin ich fertig.‹

Als wir darauf am Abend zu Tische waren und jene Speise vorüber, zeigte sie den leeren Teller hin, da sagte die Tante: ›So war es artig, Lorchen, heute hast du doch die Wurzeln aufgegessen.‹ – Wir standen auf, man wollte ihr Zuckerwerk reichen, da sprach sie: ›Das gib einem gehorsamen Kinde.‹

›Das bist du ja.‹ – Die Kleine aber legte leise ein Papierröllchen auf den Tisch und rief, indem sie hüpfend forteilte: ›ätsch, ätsch, Wurzeltante!‹ – Dieser Vorfall befreite uns von allem Zwang in Speisen, aber den Titel ›Wurzeltante‹ verbat man sich auch.«

In ihrem Testament hat Wilhelmine Rosina Marschalk von Ostheim Wünsche für die weitere Versorgung ihrer Kinder geäußert, um deren Erfüllung sich die Vormundschaft nun zu bemühen hat. Zu ihr gehört (nach dem ersten Testamentswunsch) neben dem Onkel der »geheime Legations- und Ritterrat von Bibra auf Irmelshausen«. Fritz wird, wie sie es gewollt hat, unter Aufsicht seines Hofmeisters Trapp erst eine evangelische Schule, dann eine evangelische Universität besuchen. In Coburg, dem Schulort, mietet man für die beiden zunächst eine möblierte Mehrzimmer-Wohnung, deren Besitzerin auch für die Verpflegung sorgt: »Frau von Boileau sind für des Herrn Barons und Hofmeisters Mittags- und Abends-Kost, welche mittags in vier und abends in drei Gerichten besteht, und beide wohl damit zufrieden sind, 400 Gulden . . . jährliches Kostgeld zu zahlen.« Später wird ihnen sogar eine leere Wohnung mit »drei Stuben, zwei Kammern, nebst einer halben Stube und ganzen Kammer für den Bedienten« standesgemäß eingerichtet. »Es kamen . . . in die große Stube, so drei Fenster hat, weiße Vorhänge, ein großer Spiegel mit vergoldetem Rahmen, zwei große und sechs Lehnstühle, nebst einem Taburett mit rotem Tuch beschlagen, ein großer und zwei kleine Tische, wovon letztere mit Wachstuch beschlagen.«

Die Unterbringung der Töchter ist zwar weniger kostspielig, dafür aber schwieriger. Die Mutter hatte sie zu ihrer Schwester nach Dresden geben wollen, aber daraus wird nichts, vielleicht, weil die nicht alle vier nehmen kann und man den Kindern noch eine Trennung voneinander ersparen will. Die Bamberger Verwandten, die Großmutter und die Tante Rotenhan, bieten sich an, sie jedenfalls vorläufig zu sich zu nehmen, was von der Vormundschaft mit dem Hinweis auf das mütterliche Testament abgelehnt wird, dem ihre Entscheidung dann freilich auch nicht entspricht. Im Juli 1770 nimmt der Meiningische Kammerpräsident von Türck (der mit einer Schwester des Vormunds von Bibra verheiratet ist), die vier Schwestern zu sich in Pflege, einen Monat später wird darüber mit ihm ein offizieller Kontrakt abgeschlossen: »Hochderselbe machen sich anheischig, gedachte Fräulein in Kost und völlige Verpflegung zu nehmen und wie bereits bishero, seit deren kurzen Dasein geschehen, auch fernerhin allezeit nebst Hochdero Frau Gemahlin Hochfreiherrliche Exzellenz gleichsam als Vater und Mutter an ihnen zu handeln, sie zur Gottesfurcht und allen christlichen Tugenden anweisen zu lassen, auch für deren Gesundheit und gute Erziehung alle mögliche Sorgfalt zu tragen.« Für jedes der drei älteren »Fräulein« wird ein jährliches Kostgeld von 160 Gulden bezahlt, die kleinste, Caroline, ißt noch nicht so viel und »kostet« nur 120 Gulden. Für die französische Mademoiselle, der man Tee oder Kaffee (aber ohne Zucker) reichen soll, werden 80 Gulden veranschlagt, für die zwei Kindermädchen gibt man zusammen 100 Gulden Kostgeld. Bis ins Detail ist alles geregelt. So geruht der Herr Kammerpräsident nicht nur, die Mädchen zur Kirche fahren zu lassen, sondern auch »zu Erhaltung und Besserung deren Wohlseins zum Spazierfahren Hochdero eigene Pferde und Wagen ohnentgeltlich zur Verfügung zu stellen«. Holz, Medikamente, Kleidung, Unterricht müssen extra bezahlt werden.

Die Nordheimer Wartezeit bis zur Übersiedlung nach Meiningen hat Charlotte nach ihren Erinnerungen vor allem in träumerischem Nichtstun dahingebracht. Sie lernt ein wenig Sticken (zu den feinsten Handarbeiten ist sie wegen ihrer schlechten Augen wenig geschickt), läßt sich »im Haushalt« beschäftigen, ist, weil sich die Erwachsenen wenig um sie kümmern, viel unter Kindern. »Die Jugend war auf diesem Landsitze so zahlreich, sowohl in sich« – allein die Steins haben neun Kinder – »als durch andere in Ort und Nachbarschaft, daß, wenn wir ausgingen, gleichsam eine Prozession durch Felder und Wiesen zog.«

Für kurze Zeit fällt Charlotte aus der Erwachsenen-Welt der Ansprüche, der Zwänge heraus, niemand tadelt sie, niemand will sie erziehen. Im Rückblick verklärte sich ihr die Nordheimer Kinderwelt zu einem Reich der Brüderlichkeit und Freiheit: »Einigkeit und alles Gute, was aus solchem Bande entstehen kann, waren durchweg in dieser Kinderwelt; sie fühlen am zartesten, wenn anderen ein Leid geschieht. Werdet wie die Kinder! denn ach! wie viel ist des vergeblichen Tands und des nutzlosen Zwangs.« In »Wirklichkeit« war sie am Rande dieser Kinderwelt wohl sehr allein, vernachlässigt, aber doch meist ohne Schmerz. »Drei Sommermonate wurden auf einem andern Schlosse« – Völkershausen, dem Sommersitz der Steins – »zugebracht, wo ein großer Saal und lange Galerien die verwandte Jugend stets versammelten; auch ein Tanzmeister war gegenwärtig, und Volantspiel, wie Ballschlagen wurde weidlich geübt...

In dem Saale waren sehr hohe Lehnstühle mit breiter Rückwand. Mit solchen umstellte ich ein Fenster, wo ich noch Raum für Tisch und Bank behielt. So mir selbst überlassen, vergingen die Stunden in einem Nu, ohne Unterscheidung, aber auch ohne Unterbrechung des Wohls.«

Wie Jean Paul einmal bemerkt, ist in der Frühzeit des Lebens das Individuum der Gattung noch sehr nahe. Die sich im Fenster-Zimmer abbildende Welt-Erfahrung gehört ganz der besonderen Charlotte und ist doch verallgemeinerbar: wie viele Kinder haben sie in Einsamkeit mit ihr geteilt. So ist auch das, was sie als größte, schmerzlichste Erschütterung dieser Nordheimer-Völkershausener Zeit erinnert, eine »kollektive« Empfindung und uns über die Jahrhunderte hin ganz vertraut. Nur das Kostüm ist fremd geworden: Am Ägidiustag (dem 1. September), am Abend einer Jagd, warten Frauen und Kinder draußen im Freien auf die heimkehrenden Jäger. »Endlich hörten wir den Hörnerschall und das Bellen der Hunde. Da sprang aus dem Dickicht ein Rehlein, fliegend fast eilte es heran und verfolgt von den klaffenden Doggen suchte es Rettung im eilenden Sprung. Wir nahmen es in Schutz, den gierigen Doggen wehrend. ›Es ist mein!‹ sprach die eine, ›es ist auch mein‹, sagte die andere – ›es ist unser, und von jedem wird es gepflegt und genährt werden.‹ Da ward das zitternde Tier gehalten, gestreichelt, mit süßer Milch gelabt. Welche Sorge und beneidete Mühe erregte unter uns nicht das kleine Tier!... Wir bereiteten auf grünem Rasen dem Rehlein ein Lager; am Tage wurde es mit Kränzen geschmückt, und so manche Gunst ihm bereitet, die leider dem armen Tiere unerquicklich war.« Das Reh wird zu Tode geliebt und dann, den Kindern zum Trost, ausgestopft. Als im Herbst zum Abschied der Sommergäste im Schloß ein allegorisches Singspiel aufgeführt wird – »nichts Geringes – der Parnass mit allen Musen« – stellt es den Pegasus vor, »seine Füßchen wohl beschlagen«.

Noch ein Winter, dann holt der »nutzlose Zwang« Charlotte und ihre Schwestern wieder ein. »Es kamen Lehrer, Aufseherinnen für uns Mägdlein. Alles wurde stattlicher und befangener. Täglich wurde gesagt: ›seid gehorsam, folgt und widersprecht nicht!‹«

Gegen die von ihr als Gewalt erlittene Erziehung – im Grunde: gegen Gesellschaft überhaupt – hat Charlotte die Geschichte vom »Irrgang« erzählt, die kurz vor der Abreise nach Meiningen spielt. Die erwachsenen Führer leiten mit ihren Befehlen, mit ihrer Aufforderung zu Gehorsam und nichts als Gehorsam, in die Irre, die Knaben führen wieder heraus.

»Am dritten Pfingstfeiertage sollte eine Wanderung durch die Alleen und den Wald stattfinden und abermals wurde wiederholt: ›seid gehorsam, folget nur!‹ – Der älteren Jugend waren die Gänge wohl bekannt, die hin und her leiteten, doch den heutigen Anführern war die Umgebung fremd, sie hatten nicht den Faden durch dieses Labyrinth. Alle folgten ohne Widerspruch und im dumpfen Gehorsam. Es brach die Dämmerung ein, wir waren im Dickicht des dunklen Waldes, nun fragte man die Knaben: ›wo finden wir den Weg zum Ausgang?‹

›Wir müssen nun durch das dichte Gehölz zurück, denn hier ist das freie Feld uns näher.‹

Während dieses Suchens war es dunkel geworden, um uns alles dumpf und still. – Wir brachen durch das Dickicht und erblickten endlich eine weite Wiese. Der aufgehende Mond zeigte die Lichtenburg, die auf einem Hügel unfern lag. Beim weitern Fortschreiten kamen wir zu dem Rasen, wo Lämmer ruhten; wir fragten den Hirten: ›was an der Zeit?‹ – ›Mitternacht vorüber!‹ Da hörten wir in der Ferne Hörnerschall und Pferdehuf. Es kam näher, man suchte uns; auch ein Läuten, immer mehr verstärkt, erscholl; denn die Sturmglocken wurden angezogen. Einige eilten zurück, um zu melden, daß wir wohlbehalten gefunden wären, andere begleiteten uns nach Ostheim, das am nächsten lag. Wir kamen in die Behausung des Dr. Neumeister. Dieser, wiewohl aus tiefem Schlummer erweckt, nahm uns freundlich auf. So von seinen Hausgenossen gelabt, erquickte uns bald ein süßer Schlummer.«

In den »Erinnerungen« ist das ihr letzter erquickender Schlummer. Dann ist sie in Meiningen, im »Dickicht«.

»Hemmend wirkt für die Jugend die Veränderung äußerer Umgebungen, und welcher Zeit und Entfaltung bedarf es nicht, um die Zustände zu verstehen! Unter gänzlich Unbekannten fühlen wir keine Neigung, zu fragen, zu verlangen. So erschien denn den neuen Hausgenossen mein Betragen ungeregelt, auch vernahm ich zum ersten Mal die Rede: ›Du bist ein wildes Mädchen!‹

Früher hatte ich nie im Traum die Mutter, das elterliche Haus gesehen, doch jetzt war die Mutter in jeder Nacht lebend mit mir, und am Morgen starb sie mir wieder. Tränen flossen diesem sich immer erneuernden Verlust, und ich kann sagen: als Kind hab ich ausgeweint.«

4. KAPITEL

Lese-Leben

Jungen werden für den künftigen Beruf erzogen. Mädchen erzieht man damals (und noch lange) für den künftigen Mann, sieht ihre »natürliche« Bestimmung in der Rolle einer Frau und Mutter. Sie sollen gut wirtschaften können und häuslich, fromm, selbstlos, sanft sein. Sie dürfen etwas wissen, aber eher zuwenig, als zuviel, und sie dürfen etwas lesen, aber nur Lehrreiches und moralisch Nützliches – wenn alle Arbeit getan ist. Vor allem andern aber müssen sie lernen, gefällig zu sein und zu gefallen, damit sie ihr einziges Lebensziel, die Heirat, erreichen. Als Erwachsene hat sich Charlotte manchmal in sehnsüchtigem Übereifer mit diesem Rollenbild identifiziert, in Briefen, in denen sie ein Loblied auf haushälterische Tätigkeit singt und sich bei der aufopfernden Pflege ihrer kranken Kinder vorstellt, in dem Romanversuch »Cornelia«, in dem sie eine Dame sagen läßt: »Man tadelte, daß wir so wenig Unterweisung erhielten, doch was man den Frauen zu lehren meint, ist doch nur Spreu oder eitel Schnitzwerk. Unwissenheit ist Unschuld.« Oder auch: »Hätte ich Romane und Chimären gekannt, so hätten mich wohl törichte Träume irregeführt, so aber war ich einfältig; den schlichten Tag hindurch war mein Tun einzig häuslicher Sorgfalt gewidmet; es gab immer zu erwägen und zu schaffen.«

Ganz kann Charlotte den Wunsch, den anerkannten gesellschaftlichen Normen zu entsprechen, auch in den »Erinnerungen« nicht unterdrücken (»man hat mir später die Fähigkeit für praktische Sorgfalt abgesprochen, doch glaub ich, mit Unrecht«), aber der Protest überwiegt doch. Charlotte meldet ihn sehr entschieden an. Den Traum von einem anderen Leben, einem Leben ohne Männer, entwickelt sie in einem emanzipatorischen Gespräch mit ihren Schwestern, genauer, mit zweien von ihnen, Wilhelmine und Eleonore. Denn die jüngste, Caroline, die, wie es scheint, wenig liebenswürdig und wenig geliebt, im Schatten ihrer Schwestern stand, ist aus den »Erinnerungen« ausgestoßen. Man weiß von ihr kaum mehr, als daß sie einen kleinen Fehler im Wuchs hatte.

»Eine ältere Gespielin meiner Schwester, die oft des Abends kam, ... ward verlobt und der Tag ihrer Trauung bestimmt. Da sagte die

Bonne: ›wollen Sie denn heute nicht der Trauung beiwohnen?‹ ›Nein gewiß nicht‹, sagte Minchen, ›die Bräute weinen immer so sehr, und ich kann mein Jettchen nicht weinen sehen.‹ Lorchen rief: ›ich mag heute auch nicht in der Kirche sein, – denn was Gott der Eva gesagt hat, gefällt mir gar nicht, mir hat auch noch kein Mann gefallen als der kleine Tambour, und der schöne Pariser (ein Seiltänzer) und mit denen werde ich doch nicht kopuliert.‹

Minchen. ›Ein Kind möcht' ich wohl haben . . ., womit ich spielen und das ich pflegen kann.‹

Lorchen. ›Ein Kind, ein Kind darfst du ja nicht haben, denn die Amme muß ja Kirchenbuße tun, weil sie nur *ein* Kind gehabt hat‹« (also wohl verbotener Verhütung oder gar Abtreibung verdächtigt oder überführt worden war).

»Minchen. ›O mit aller Liebe würd' ich ein einzig Kind pflegen.‹

Lorchen. ›Nein, das geht nicht so, im Ehestand mußt du sterben. Charlotte, sage uns doch, wie die so sehr Leidende‹ (Mutter oder Pflegemutter) ›gesprochen‹.

Charlotte. ›Das Weib ist nur hienieden, damit wieder ein Mann lebe; hat sie einen Knaben geboren, dann eilt sie willig zu der ewigen Mutter.‹

Lorchen. ›Da wollen wir auch nicht in der Welt sein, nicht wahr, Charlotte? – Der gute Bruder hat einige Schlösser, da gibt er uns eins, und so bleiben wir bei einander, du führst die Wirtschaft und wir helfen dir. Des Abends lesen wir, so geht dann das Leben hin, recht einig und freudig, und Keines darf zu uns, das nicht auch in so sanfter Stille das Leben achtet. Wie das werden soll, will ich nun ausdenken.‹

Sie ging über den Saal, schleifend, hüpfend in schönster Bewegung, kam jauchzend zu uns zurück und berichtete dann den Plan zur künftigen Existenz. Von da an war eine solche Existenz Jahre hindurch unsere Unterhaltung und Hoffnung.«

Hier wie auch sonst in den »Erinnerungen« wird Lorchen vorgeschickt, wenn es sich zu wehren gilt. Ihre Anmut und Liebenswürdigkeit machen, daß man ihr nicht böse sein kann, selbst wenn sie so grundsätzlich gegen das rebelliert, was man den Frauen an Ungeheuerlichem zumutete. Diese Verbindlichkeit fehlt Charlotte, die deshalb auch am meisten an den Forderungen ihrer Erzieher leidet. Für die sanfte, mütterliche Wilhelmine waren sie ganz unproblematisch. »Es war eine schmeichelsüchtige Freundlichkeit, die man dem Kinde lehrte und die vor allem dem Weibe eigen sein sollte.«

Das ist natürlich im Rückblick erkannt und formuliert. Das halbwüchsige Mädchen ist noch hilflos, wehrlos den Vorwürfen und Mahnungen der Pflegemutter und der »Bonne«, der französischen Mademoiselle ausgesetzt. Und erst rückblickend sieht sie auch, daß es ihr Religionsunterricht gewesen sei – für lange Zeit ihr einziger Unterricht –, der den Konflikt mit der Umwelt verschärfte: »denn alle Reden und Gedanken, die (der Lehrer) mir einflößte, hatten Beziehung auf Stille, Abgeschiedenheit, schweigsame Andacht. Früher schon war mir zum Vorwurf, daß ich ungesellig, störrig sei, und da man jetzt diesen Ernst immer mehr gewahrte, so ward ich streng getadelt, und man drohte: ich könnte nicht eingesegnet werden, weil ich einen so unfreundlichen Sinn hätte. Ich beteuerte: daß bei ernstem Sinnen ich innerlich freudig wäre, und oft bei heiterer Laune, die andere als Zeichen von Freude und Glück nehmen, mich unglücklich fühlte.«

Zur Vorbereitung auf die Konfirmation schickt Frau von Türck ihre Pflegetochter und den Religionslehrer, Johann Georg Fleischmann, aufs Land zu einem Dorfgeistlichen, der mehr nach ihrem Sinne ist. »Mehrere Stunden des Tages, auch auf Spaziergängen war ich mit diesen beiden Geistlichen ... Später habe ich erkannt, daß der Geistliche des Orts mich über die Pflichten des bürgerlichen Lebens belehren wollte, der Lehrer aber mich zu einer geistigen, freieren Heimat leiten.« Charlotte hat sich ihres ersten »Seelenführers« mit schwärmerischer Dankbarkeit erinnert.

Fleischmann war Lehrer am Meiningischen Lyceum, Anhänger eines mystisch gefärbten Gefühlschristentums in einer Zeit, die dominiert wurde von aufklärerischer Vernunfttheologie, undogmatisch, tolerant, als Orientalist auch wissenschaftlich interessiert an fremden Religionen. »Er war klein von Gestalt, leicht in seinen Bewegungen, ein freier Blick, eine hohe Stirn bezeichneten ihn.«

Charlotte war immerhin zehn Jahre alt, als sie von ihm Schreiben und Lesen lernte. »Von diesen Tagen an blieb Lesen mir Hauptinhalt des Lebens.« Bibel und Katechismus sind die ersten Lesebücher, danach religiöse Schriften. »Der Lehrer, mit welchem ich Heilsordnung und Konfessionen durchgelesen, gab mir nun mystische Bekehrungsgeschichten. Grausig und beugend waren die Bekenntnisse; genährt ward mir dadurch der tiefe Keim der Wehmut. Er bemerkte den Eindruck, und änderte die Wahl der Schriften aus seiner für einen Privatmann reichhaltigen Bibliothek. Bei seiner Neigung, orientalische Sprüche vorzutragen und die verschiedensten religiösen

Meinungen zu erklären, wurde mit der christlichen Lehre manche Ansicht entwickelt. Einen Auszug aus dem Koran teilte er mir auch mit, so daß ich gleichsam wandelte wie unter den Palmen des Paradieses, im Anschaun die Seele auf den Wipfeln des Lebens schwebend. Begeistert von dem Reich solcher Wonnen ward mir der erste Eindruck einer allumfassenden Dichtung.« Mit diesen ersten Leseerlebnissen sind Hölle und Himmel des inneren, seelisch-geistigen Lebens ein für allemal benannt. Charlotte hat eine Goethesche Scheu vor Konfessionen, vor selbstquälerischer Introspektion gehabt, schwächend und erbärmlich fand sie das »qualvolle Sinnen der Frömmelei« pietistischer Selbstzeugnisse. Sie wollte sich durch Religion nicht erniedrigen, sondern erhöhen, nicht fesseln, sondern befreien lassen. Die irdische Begrenztheit unter sich lassend, hat sie sich stets in geistlich verklärte Ideenparadiese geflüchtet: »Alles, was in Beziehung der Verhältnisse zu Menschen dargetan, war mir weniger verständlich, als befreitere Ideen, die keine Bezweckung hatten. Die, so eine Verbindlichkeit fordern, müssen wir erfahren und dulden. Jene Ideen aber, wie von Ätherswehen getragen, bereichern die Anschauung, werden die Anweisung zum seligen Leben.« Daß im Reich befreiter Ideen größte Fülle und größte Leere ununterscheidbar werden, hatte die greise Charlotte aber auch eingesehen, als sie im Anschluß an die Lektüre Saint-Simonistischer Weltverbesserungsideen mit kritischer Sympathie und in eigener Sache schrieb: »Dem Geiste zum Sieg verhelfen, ist ein löbliches Beginnen; aber wo ich die Worte: beauté – vertu – amour vernehme, so scheue ich zu sagen, ob sie Juwelen oder Kristallsteine enthalten.«

Das große *weltliche* Lese-, Vorlese- und Nachspiel-Erlebnis ihrer frühen Jugend verbindet sich für Charlotte mit den französischen Klassikern, Racine, Corneille, Voltaire, deren Dramen, für den Hof geschrieben, noch im späten 18. Jahrhundert Standes-Lektüre der deutschen Aristokratie waren.

Erste Begegnungen mit dieser Literatur knüpfen sich an das kinderreiche Meiningische Haus des Onkels Ludwig von Wolzogen: seine Frau Henriette war eine geborene Marschalk von Ostheim. »Der alte Geheimerat verließ nicht mehr seine Wohnung, war kränklich, aber bei heiterer Laune versammelte er gern uns Kinder um sich, und gestattete kindliche Spiele. Jeden Sonntag wurden wir bei ihm erwartet; zum Zeitvertreib wurde ersonnenes oder erfundenes Lust- und Sprichwörterspiel dargestellt. Da ich Athalie und Esther gelesen und manches daraus erlernt, auch schon biblische Dramen von Schülern aufführen gesehen, war ich zu diesem geneigt. Auch der Geheimerat verschmähte nicht, in solchem Spiel als der alte Tobias zu erscheinen.« Nach »Athalie« und »Esther«, die man ihres biblischen Sujets wegen schon den Kindern zu lesen und zu lernen gibt, kommen (im Winter nach der Konfirmation) die weltlichen Stücke der französischen Klassiker, zu deren gemeinsamer Lektüre sich Familie und Gäste jeden Abend versammeln: »Schöner vergingen keine Abende, so reichen Gehalts, bewegt durch Bewunderung.«

Die Dramen der französischen Klassik sind abstrakte Konfigurationen. Ihre Helden sind groß, einsam, einzeln. Groß macht sie die Rolle, die ihnen durch Geburt zufällt: Aristokrat, Fürst, König, Imperator. Groß sind sie auch innerlich, in der Unbedingtheit ihres Zorns, ihrer Rache, ihrer Liebe, ihres Willens, ihrer Bosheit, ihrer Güte.

»Chimène a l'âme haute, et quoique intéressée,

Elle ne peut souffrir une basse pensée« –

»Chimène hat eine große Seele, und wenn auch ihre eigenen Interessen betroffen sind, ist ihr ein niedriger Gedanke unerträglich«, heißt es programmatisch von der Heldin des Corneille'schen »Cid«, einem Stück, das Charlotte besonders mochte. Es behandelt den Konflikt zwischen Ehre und Liebe: Chimène liebt den Mörder ihres Vaters und muß das Kunststück fertigbringen, kindliche Pietät, die zur Rache am Geliebten verpflichtet, mit unbedingter Liebe zu verbinden.

Einzeln und einsam sind die Großen, weil sie groß sind. Immer lauern Intriganten, die sie stürzen und vernichten wollen. Mißtrauen ist das erste Gebot, Gefühle fallen der Staats- oder Familienraison zum Opfer. Die Heftigkeit der Affekte und Leidenschaften wird gebändigt durch die Form: durch individuelle Haltung und soziale Etikette, die sich in der strengen Stilisierung dieser Dramen sprachlich-ästhetisch spiegeln. Die einprägsamen und zum Einprägen bestimmten Verse sind bis ins letzte durchgeformt. Diese rigorose Durchformung ist für die meisten der heutigen Leser eine Mauer, die den Zugang zu diesen Texten noch mehr versperrt, als die Inhalte und Werte, die von dem, was uns als »Bürgerlichen« wert ist, himmelweit entfernt scheinen.

Was uns von diesen Stücken trennt, das trennt uns auch, wenn auch nicht in ganzer Schärfe, von Charlotte, deren Selbstverständnis und Selbstentwurf durch sie entscheidend geprägt wurden. Sie hat sich in ihren Helden noch wiederfinden können, erkannte ihre Gefühle als »selbst empfunden, selbst beweint«, lieh sich von ihnen das Ideal eines hohen Lebens. Vielleicht ist sie deshalb den Literarhistorikern des 19. Jahrhunderts von allen bedeutenden Frauen der klassischen und romantischen Epoche die fremdeste, die irritierendste gewesen.

Sie kannte viele Passagen aus diesen Stücken auswendig, und wenn auch überlagert, verändert durch vielerlei andere Einflüsse – was hat Charlotte in ihrem Leben nicht alles gelesen, in wie vieles hat sie sich hineingedacht –, so blieb der sentenziöse, lakonische Stil, der Witz (im Sinne von Scharfsinn), der sie charakterisiert, auch ihr Stilideal, die Grundfigur, nach der sie ihr Reden und Schreiben formte. In den vielen Dialogszenen der »Erinnerungen« ist er wirksam, noch in die Briefe der alten Frau fließen manchmal »Originalzitate« ein: »Qui l'eût cru, qui l'eût dit«, schreibt sie einmal voll Empörung und hat damit eine Wendung aus der berühmten Szene »Cid III,4« noch im Ohr, in der sich Chimène und ihr Geliebter Don Rodrigue gegenüberstehen:

CHIMÈNE Malgré des feux si beaux, qui troublent ma colère,
    Je ferai mon possible à bien venger mon père;
    Mais malgré la rigueur d'un cruel devoir,
    Mon unique souhait est de ne rien pouvoir.
DON RODRIGUE O miracle d'amour!
CHIMÈNE O comble de misères!
DON RODRIGUE Que de maux et de pleurs nous coûterons nos pères!
CHIMÈNE Rodrigue, qui l'eût cru?
DON RODRIGUE Chimène, qui l'eût dit?
CHIMÈNE Que notre heur fût si proche et sitôt se perdit?
DON RODRIGUE Et que si près du port, contre toute apparence,
    Un orage si prompt brisât notre espérance?

CHIMENE Trotz all der Qualen, die mir fast das Herz zerbrechen,
    Tu ich mein Möglichstes, des Vaters Tod zu rächen.
    Doch faßt auch diese Pflicht mich noch so grausam an –
    Mein einziger Trost ist, daß ich nichts erreichen kann.
RODRIGO O Liebe wunderbar!
CHIMENE O namenloses Leid!
RODRIGO Welch bittres Elend ward uns durch der Väter Streit!
CHIMENE Wer hätte je geglaubt –
RODRIGO Wer sich erkühnt zu sagen –
CHIMENE Daß unser Glück, noch kaum errungen, schon zerschlagen.
RODRIGO Daß plötzlich, da wir uns im Hafen schon geglaubt,
    All unsers Hoffens uns ein Wirbelsturm beraubt.

5. Kapitel

Rechenkünstler und Hungerjahre

»... Haben auch die 4 Fräulein um Bestimmung eines Wochengeldes nachgesucht, und bei mir angefragt, ob dieselbe noch nicht erfolgt sei. Bishero sind nun fast alle Quartal deren Mademoiselle 20 Batzen zu geringen Ausgaben vorgeschossen und ordentlich zu Opfergeld, Almosen, für geringe Erfordernisse berechnet, auch den 8. (dieses Monats) weitere 20 Batzen ... gegeben worden, mithin hat es, da die Mademoiselle beständig um sie ist, ihnen noch an keiner Erfordernis fehlen können. Sollten aber außerdem besonders und jeder nur 4 Batzen Wochengeld gegeben werden, so betrüge diese Ausgabe jährlich auch 52 Gulden und würde damit nichts gefruchtet sein, als daß Personen davon unverdienterweise profitieren könnten. Ohne untertänige Maßgabe sollten also die Fräulein noch wohl länger bestehen und auskommen können, bis sie erst besser, als jetzo noch, mit Geld zu wirtschaften imstand wären; doch habe (ich) diese nötige untertänige Vorstellung nur nach Pflichten getan, und bin diesehalben gnädige Verfügung in Untertänigkeit gewärtig ...«

Jedes Jahr, gewöhnlich Ende November, trifft sich die Vormundschaft der Marschalkschen Geschwister, um den Rechenschaftsbericht des Gutsverwalters, des Amtsmanns Johann Valentin Schwendler, entgegenzunehmen, zu diskutieren und Entscheidungen zu fällen über strittige Fragen, Personalangelegenheiten, Bittgesuche.

Dieser Schwendler, der so genau berechnen kann, zu welch beträchtlicher Summe sich ein geringes Taschengeld im Jahr aufläuft und der zudem Sorge hat, daß »Personen« davon unverdienterweise profitieren könnten, wird 1783, zehn Jahre nach seinem Wochengeld-Vortrag, als Betrüger entlarvt werden. Über 30 000 Taler soll er (nach dem Waltershausener Gemeindebuch) allein seiner Herrschaft unterschlagen haben, doch noch ein Vielfaches dieser Summe Privatpersonen und Untergebenen schuldig gewesen sein. Wie viele Gutsverwalter seiner Zeit, die die ihnen anvertrauten Besitztümer selbständig leiteten, hatte er ein Herrenleben führen wollen und sich dabei ruiniert: »Er hatte seine Wohnung in Zerbst viel glänzender eingerichtet, als ein Edelmann, hatte einen prächtigen Garten in Zerbst angelegt und kam manchmal mit vier, manchmal mit sechs

Pferden hier angefahren.« Dafür achtete er bei den ihm preisgegebe-
nen Untertanen um so strenger darauf, daß sie nicht über ihre Verhältnisse lebten und tat damit, was von ihm erwartet wurde. Ein
Leuteschinder war er nicht, nur ein Verwalter wie viele andere:
»Habe untertänig zu berichten, daß der bisherige hiesige Amtsknecht,
Michael Abl, mir vorgestern angezeiget, wie er sich mit einer zu ihm
gekommenen Dirne, welche er Nähens halber zu sich genommen,
versprochen. Ich stellte ihm darauf vor, wie er künftig, bei wieder
vermehrtem Haushalt und erzeugten Kindern auskommen und bestehen wolle, da man bishero mit ihm genug und öfters geplagt
gewesen sei, weil er niemals mit seinem Quartal-Deputat auslangen
könne, sondern allzeit voraus begehret«. Weil Abl nicht von »besag-
ter Dirne« lassen will, wie Schwendler von ihm fordert, sieht er sich
gezwungen, um seine Entlassung zu bitten.

Schwendler hat Hochmut und Habsucht dann schrecklich büßen
müssen. Sein Ende macht seine Geschichte zu einer Moritat. »Als er
1783 zur Untersuchung seiner Amtstätigkeit eine Kommission erhielt, schnitt er sich aus Verzweiflung mit einem Schermesser die
Pulsadern an den Händen und am Arme auf, ja er gab sich noch
einen Stich in den Leib. Ein Arzt heilte ihm die Wunden. Nach
seiner Wiederherstellung wollte die Kommission die Arbeit fortset-
zen, allein Schwendler erhing sich an einem seidenen Schnupftuch.«

1773 aber ist er für seine Herren noch der treue Verwalter, der
gute Gründe weiß, nicht nur gegen den Wochengeld-Wunsch der
Mädchen, sondern auch gegen eine Forderung des Herrn von Türck,
der 400 Taler Zuschuß zum Unterhalt der Pflegekinder haben will,
einmal wegen der allgemeinen Teuerung, dann würden die Mädchen größer und die Verpflegungsgelder nähmen »nach Proportion«
zu. Zweitens bräuchte er als Hofmarschall keine eigenen Pferde,
wolle aber »der Fräulein halber solche zum Spazier- und Kirchenfah-
ren behalten«. Drittens wolle er einen eigenen Hofmeister halten,
welcher neben seinen Kindern auch die Fräulein unterrichten solle.
Und viertens müsse er gegenwärtig einen Bedienten mehr halten, als
er nötig haben würde, wenn die Fräulein nicht bei ihm in Pension
wären.

Für den Betrüger Schwendler war Türcks versuchter Betrug leicht
zu durchschauen. Der Verpflegungskontrakt sei vor drei Jahren abgeschlossen worden, als alles fast teurer, als gegenwärtig gewesen sei;
der Fräulein halber würden die Kutschpferde sicher nicht gehalten,
»bei deren Ermangelung ein Kutscher mit Mietpferden, dergleichen

zu Meiningen zu haben, wenn die Fräulein gesundheithalber mit Fahren zu Zeiten sich Bewegung machen sollen, ihm billiger zu nehmen würde, und sie vielmals fahren müßten, ehe der Fuhrlohn 100 Taler betrage... ad 3, wird der Hofmeister für des Herrn von Türck jungen Herrn angenommen« und endlich »wird kein Bedienter der Fräulein halber mehr gehalten, welches auch bei 2 Kammer-Mägden überflüssig wäre, sondern der Herr von Türck habe einen Garten... genommen und halten darauf einen Gärtner, welcher als Bedienter mit in Livreé steht.« Die Vormünder bewilligen dem Herrn von Türck trotzdem 200 Taler Zuschuß und den Mädchen einen Gulden Taschengeld die Woche (aber die Mademoiselle solle ihnen künftig nichts mehr auslegen). Vielleicht hatten sie es nicht gern, wenn ihr Verwalter an den »Herren« sparen wollte. Und dann waren die letzten drei Jahre wirklich Teuerungsjahre, für die Ärmeren Hungerjahre gewesen, nicht allein in Meiningen, sondern für die meisten deutschen Länder. Nach einer verregneten Ernte 1770 war das Getreide knapp und teuer geworden, der Preis für Korn stieg rasch um das doppelte, dreifache, zwölffache an, es gab kleinere Aufstände gegen den polizeilich festgesetzten Preis. Dem Brot wurden oft soviel minderwertige Zutaten beigemischt, daß die Leute davon krank wurden. Getreidesperren, die rigorosen Ein- und Ausfuhrverbote, die in den einzelnen Ländern herrschten, verschärften die Not noch, weil sie Ausgleich und Austausch verhinderten, ja waren, nach den erträglichen Ernten der Folgejahre, sogar vor allem dafür verantwortlich, daß sie anhielt. Meininger Bauern, die bei dem Versuch ertappt wurden, Korn ins Ausland zu verkaufen, wurden ins Gefängnis geschleppt, aber das Ausland verfuhr meist ebenso streng. Erst auf inständiges Bitten ihrer Untertanen konnte sich die Herzogin Charlotte von Meiningen, die zu dieser Zeit für ihre unmündigen Söhne Karl und Georg die Regentschaft führte, dazu entschließen, den Bischof von Würzburg um eine Lieferung aus seinen Vorräten zu bitten. Händler und Spekulanten traten auf, so (nach der Stadtchronik) der Jude Marx nebst der Witwe Martel aus Schmalkalden, die sich erboten, »fremdes Getreide zu schaffen, taten auch Vorschläge, wie das Geld... könne aufgebracht werden«. Ein hoher Beamter ließ sich eine Stiftung für die im Meiningischen liegenden Kirchengemeinden Hermannsfeld und Henneberg einfallen, von der jedes Jahr im August Brot gekauft und nach dem Gottesdienst an die Armen verteilt werden sollte: »Diese Stiftung heißt der Gottesbissen.«
Viele wurden zu Bettlern, viele Bettler kamen um. »Am 30. Juli

1771 fand ein Knecht zu Herpf einen fremden Betteljungen in einem
Schweinestall tot; desgleichen wurde am ersten August zu Neubrunn
in einer Scheuer des Morgens ein fremder Bettler tot aufgefunden.«
Eine »Almosenkommission« erließ Verordnungen gegen das »bei
der seitherigen Teuerung eingerissene Betteln«, warnte vor »unzeiti-
gem Mitleiden gegen bettelnde Kinder«.

Auch in den Rechenschaftsberichten Schwendlers finden sich Spuren dieser großen Not. So bitten einige Waltershausener Juden »un-
tertänigst« um Erlaß des Schutzgeldes, wie man zynisch die ihnen
abverlangte Zwangsabgabe nannte. Verschiedene von ihnen seien
während der außerordentlichen Teuerung »zu viertel und halben
Jahren« betteln gegangen und mithin des Schutzes nicht teilhaftig
gewesen. Gleichwohl hätten sie den Schutz nicht aufgekündigt, seien
nominell also zu Zahlungen verpflichtet, »wie z. B. mit Jud Lokisch
geschehen, von welchem bezeugt werden kann, daß er 1½ Jahre vor
seinem Aufkündigen aus dem Schutz ... gegangen und nur das Laub-
hüttenfest zu Trabelsdorf bei einem Verwandten gehalten hat. Jud
Schimmel ist ebenfalls das Jahr hindurch wenige Wochen nur anwe-
send gewesen ...«

An den Rand des Bettelstabes kommt auch der Trabelsdorfer
Schulmeister, der, bei dem erbärmlichen Lohn, den man den Land-
schulmeistern damals zahlte, mit Frau und sechs Kindern im wesentlichen von dem Ertrag seiner winzigen Landwirtschaft leben muß
und nach Mißernte und Teuerung 1773 nun auch noch einen großen
Teil seines Getreides durch Hagelschlag verliert (»muß leider! untertänig melden, wie am 23. Mai gegen einbrechende Nacht der hiesige
Ort nebst sämtlichen andern Ortschaften und ganzer Gegend durch
außerordentlich schweres Hagel- und Schlossen-Wetter dermaßen
heimgesucht worden, daß, wie nun die Erfahrung lehrt, fast durchge-
hends auf allen betroffenen Kornfluren nicht einmal der Same zu
hoffen ist«). Das Elend dieses armen Mannes hat selbst den kühlen
Schwendler zu einer dringenden Fürbitte bewegt: »Da nun gedachter Schulmeister außer seinem Schulamt sich kein Gewerb oder Verdienst machen kann, und während der dreijährigen, aufs höchste
gestiegenen Teuerung sein und seiner Frau Habseligkeiten nicht nur
zugesetzt, sondern damit nicht einmal zugereicht und wirklich schon
erlebt hat, daß in der äußersten Not seine Kinder, um dem Hunger
zu wehren, nach Brot gehen mußten; hierzu noch neulich das für
ihn nicht geringe Unglück gekommen, daß er eine Kuh eingebüßet,
deren Nutzung nebst Brot seiner Kinder beständige Nahrung gewe-

sen, mithin demselben der völlige Unterhalt für seine ganze Familie durch Unglück entgangen ist, so werden gnädigste Vormundschaft gerechtest einsehen, daß dieser Mann, von allem Vermögen und Nahrungsmitteln beraubt, ohne Gnadengabe und einigen Ersatz seines bemeldeten Verlustes, mit den Seinigen keinen andern Trost und Rettungsmittel gegen Hungersnot hätte, als den Bettelstab zu ergreifen.«

Der Landadel hat sich für die Ertragseinbußen und Einkommensverluste der Teuerung zu entschädigen gewußt – zum Beispiel durch eine neue Feiertagsregelung. Ende 1773 hat der Pfarrer Nenninger von der Kanzel eine Verordnung verlesen müssen, »Demnach von Reichsfreiherrlich Marschalk von Ostheims Vormundschaft(...) mit vieler Überlegung für gut befunden worden, da bishero von vielen die Feierung derer Feiertage und Aposteltage schlecht beobachtet und bald durch Besuchung derer auf dieselben fallenden Märkte, bald durch andere ... Geschäfte und Arbeiten entheiliget – dadurch aber der öffentliche Gottesdienst versäumt worden ... also wird in Gnaden beschlossen und verordnet, daß mit dem neuen Jahr ... alle Aposteltage dergestalt verlegt werden sollen, daß, wenn sie in denen 3 ersten Tagen der Woche einfallen, dieselben auf den vorhergehenden, wenn sie aber in den 3 letzten Tagen der Woche fallen, auf den darauffolgenden Sonntag jedesmal nachmittags mit einer Predigt gefeiert werden sollen, welches auch mit denen andern Festen, als Heilige 3 Könige, Mariae Reinigung, Mariae Verkündigung, Johanni, Mariae Heimsuchung und Michaelis auf gleiche Weise zu halten ... Alle dritte Feiertage, als Ostern, Pfingsten, Weihnachten, gänzlich abgeschafft und aufgegeben sein ... und weil der Tag Mariae Magdalenae von andern Orten schon längst nicht mehr gefeiert worden ... so soll er gänzlich aufgehoben sein.«

»Diese Neuerung« (so wird überliefert), »machte außerordentlichen Lärm in der Gemeinde. Man glaubte, Gott werde die fürchterlichsten Strafgerichte über Waltershausen ergehen lassen, wenn die verlegten Fasten- und Feiertage nicht restituiert würden. Man bat, man flehte darum, aber die Vormundschaft blieb standhaft. Endlich wurden die erregten Gemüter nach und nach ruhig.«

In dem »Freiheits-Büchlein«, das Jean Paul, selbst Sohn eines Landpfarrers in feudalen Diensten, drei Jahrzehnte später veröffentlichte, hat er vor allem für die Freiheit des Schriftstellers, für Presse- und Bücherfreiheit gegen die Zensur gekämpft. Aber er hat dann auch an die gedacht, die schon mit Geringerem als einem Freiheitsbüchlein, die mit einem Freudenbüchlein zufrieden gewesen wären: »Das arme Volk! Überall wird es in den Schloßhof geladen, wo die größten Lasten des Friedens und des Kriegs wegzutragen sind; überall wirds aus demselben gejagt, wo die größten Güter auszuteilen sind, zum Beispiel Licht, Kunst, Genuß, ja bloß dritte Feiertage.«

6. KAPITEL

Sehr weiß und schwarz

Der Rangstreit zweier Königinnen, Kriemhild und Brunhild, hat nach der Sage einst die Völkertragödie vom Untergang der Nibelungen ausgelöst. Der Rangstreit zwischen zwei Damen der Meininger Hofgesellschaft, der Frau von Gleichen und der Frau von Pfaffenradt, hat 1747 einen Krieg zwischen Meiningen und dem benachbarten Gotha ausgelöst, in dem es Tote und Verwundete gab. Mit dieser Tragikomödie des »Wasunger Krieges«, genannt nach seinem Hauptschauplatz um den Ort Wasungen, dem Schilda Meiningens, hat sich der Duodezstaat Meiningen am unvergeßlichsten in die Geschichte eingeschrieben.

1771 zählt man im Herzogtum insgesamt 37 079 Einwohner, in der Residenzstadt Meiningen 3501 Einwohner. Das Ländchen ist arm und unbedeutend, die Hauptstadt ein verschlafener, mit Wall und Grabenanlagen noch etwas mittelalterlicher Ort, schön gelegen im engen Tal der Werra, die freilich durch Überschwemmungen immer wieder großen Schaden anrichtet. Die Straßen sind größtenteils ungepflastert, Federvieh und Ziegen laufen frei herum, die Karren der Bauern, die aus den umliegenden Dörfern Getreide, Obst, Vieh in die Stadt bringen, begegnen den Karossen der Hofgesellschaft, die das einfache Volk von oben, aus Kutschen- und Häuserfenstern, betrachtet und ihm aus der Distanz sogar Poesie abgewinnen kann.

Charlottes Fensterblick aus dem Türckschen Haus am Marktplatz zeigt uns ein ländliches Feiertags-Genrebild: »Einst wurde auf dem Markt ein Brunnen errichtet. Von der Volksmenge umringt, die dieser Aufrichtung zusehen wollte, hatte auch in dem sogenannten roten Hause, wo wir wohnten, sich die stattlichste Gesellschaft versammelt; die Erhöhung des Löwen mit Wappen und Stab war gelungen; aus dem Rachen strömte der fließende Strahl. Da nahten, welche zum erstenmal aus diesem Brunnen schöpften, Knechte mit Eimern, das Vieh zu tränken, Mägdlein mit Wannen, den Salat zu waschen. Es war gegen Abend. Auch der Ziegen große Zahl an diesem Orte kam heran, und die mutigsten sprangen auf den Rand des Brunnens.« (Die Szene läßt sich datieren: der Brunnen wurde laut Stadtchronik im September 1775 errichtet, die Brunnenfigur war allerdings kein Löwe, sondern ein Neptun mit Dreizack.)

Über dem Städtchen liegt das »mit Pracht aufgeführte« Schloß, »ein längliches Viereck, stark und dauerhaft gebaut und eines der größten Fürstenschlösser Deutschlands.« Bis 1775 regiert darin die Herzogin Charlotte Amalie, eine geborene Prinzessin von Hessen-Philippstal, Witwe des Herzogs Anton Ulrich, dann übergibt sie die Regentschaft ihrem ältesten Sohn Carl, der 1782 seinen Bruder Georg zum Mitregenten annimmt (Meiningen war 1801 der letzte europäische Staat, der das Erstgeburtsrecht einführte). Nach Carls frühem Tod ist Georg dann bald Alleinregent. Die älteste Tochter Charlotte Amalies ist mit dem Erbprinzen von Gotha verheiratet, zwei andere Prinzessinnen, Wilhelmine und Amalie, leben noch bis zu ihrer Verheiratung nach 1780 im Schloß.

Die meisten Bewohner Meiningens leben vom Hof, sind schon deshalb sehr gehorsame Untertanen. »Man spricht immer in Respektsausdrücken: ›Unser gnädiger Herr! der durchlauchtige Herr Herzog! Unser souveräner Fürst‹«, wundert sich ein norddeutscher Reisender, der im Revolutionsjahr 1789 Meiningen besucht. Es geschieht nicht viel in Meiningen. Die Chronik meldet jahraus, jahrein die Neuigkeiten von Himmel und Hof, die Launen des Wetters und der Regierenden, seltene Himmelserscheinungen und das Erscheinen fremder Fürstlichkeiten. »Vom 2. September an war ein großer Komet zu sehen.«

»Am 5. September kam der Erbprinz Ernst Ludwig von Sachsen-Gotha mit seiner Gemahlin hier zum Besuche an.«

»Der Oktober brachte Frost und Schnee; am 6. November hatte man dagegen ein starkes Gewitter. An mehreren Orten wurde die Witterung nach den Nordscheinen ungewöhnlich warm, und auch in Römhild hatte man heftige Gewitter mit Sturmwind und Platzregen und tags darauf einen dicken, schweflichten Nebel. An manchen Obstbäumen kamen Blüten zum Vorschein, besonders an der sogenannten Straßburger Birne und an Pfirsichen.«

»Am 4ten Adventssonntage, also am 24. Dezember, wurde in der Schloßkirche nach der Vormittagspredigt ein im Dienste der Herrschaft stehender Mohr, nach öffentlicher Prüfung und abgelegtem Glaubensbekenntnis getauft. Die Herzogin stand nebst dem Prinzen Karl und Georg Gevatter und wurde dabei durch Abgeordnete vertreten. Der neue Christ erhielt die Namen: Karl Friedrich Gottlob Jan.«

Und wie Untertanen überall, in der größten Stadt, im kleinsten Dorf, lassen sich auch die Meininger bereitwillig zur Jubelkulisse arrangieren, so wie zum Beispiel im April 1774, als die Herzogin nach längerer Abwesenheit und Krankheit wieder in ihrer Residenz eintrifft:

»Als sie abends gegen 5 Uhr an die Stadtgrenze kam, wo die Helbaer Gemeinde nebst ihren Schulkindern an einer vom Obrist-leutnant von Bose(...) errichteten Ehrenpforte sie mit einem Dank-liede empfing, wurde auf dem untern Rasen ein Signal von drei Kanonenschüssen gegeben. Vor der untern Ehrenpforte stand der Waisenvater Mockenheim mit den Waisenkindern, das Lyceum, und die Mädchenschule mit sämtlichen Lehrern: alsdann folgten die bei-den Bürgerkompagnien mit klingendem Spiel. An der Ehrenpforte, wo sich der Stadtrat aufgestellt hatte, wurde die Herzogin durch eine Anrede des Rats und Oberbürgermeisters Heim empfangen: von dieser bis zur ersten Ehrenpforte stand die übrige Bürgerschaft in Mänteln. Die Ehrenpforten waren mit Tannenalleen umpflanzt und mit passenden Sinnbildern und Inschriften geschmückt: auch das äußere Tor war durch Verzierungen verschönert. Unter dem Donner von 12 Kanonen, welche auf dem obern Rasen aufgestellt waren, ging der Zug in die Stadt. Voran ritt der Postmeister Trautwein mit 8 blasenden Postillons, worauf das Forstpersonal unter Anführung des Oberforstmeisters von Bibra und des Landjägermeisters von Han-stein folgte. An diese schloß sich eine nicht unbedeutende Zahl von Dienern und Bürgern aus Meiningen und andern Orten, sämtlich zu Pferde, und nun folgten die herrschaftlichen Wagen. Der Zug ging zum untern Tore herein, durch die Spital- oder Klostergasse, die lange Gasse hinauf, durch die Schloßgasse in die Residenz. Am Portal befanden sich der Hofstaat, die Landeskollegien, die Geistli-chen und die übrigen Diener. Während bei Hofe Konzert war, mar-schierten die Bürgerkompagnien, nachdem sie Feuer gegeben hat-ten, mit klingendem Spiel auf den Markt, wo sie entlassen wur-den.(...) Des abends war die ganze Stadt, nebst den Ehrenpforten und den dazu gehörigen Alleen glänzend erleuchtet. Um halb 9 Uhr wurde die Erleuchtung von der Herrschaft in Augenschein genom-men: allenthalben ward sie mit freudigen Vivatrufen empfangen.«

Etwas später stehen bei solchen Aufmärschen neben den Schüle-rinnen des Lyceums und den Waisenkindern unter Mockenhaupt noch die Lehrer-Seminaristen und die blau-rot gekleideten Logen-knaben.

Denn zu den wichtigsten stadtgeschichtlichen Ereignissen in Charlottes Meininger Jugendzeit gehört (1774) die Gründung einer Freimaurerloge, die zu Ehren der Herzogin »Charlotte zu den 3 Nelken« heißt, und, auf Initiative der Freimaurer, die Gründung eines Lehrerseminars, eines der frühesten in Deutschland, dem eine Armenschule angeschlossen ist. Ihre Schüler, an denen die Seminaristen das Unterrichten üben dürfen, werden von der Loge beköstigt und in ihre Farben gekleidet. Der Eröffnung ging eine einjährige »Probierschule« voraus, »die aus 11 Kindern einiger der angesehensten Häuser der Stadt bestand und an welcher der zum Katecheten ernannte Kandidat Walch den Unterricht erteilte«. Auch der Herr von Türck hat sich, wie es scheint, mit einem oder mehreren seiner sieben Kinder an diesem Experiment beteiligt, das zeigen sollte, »was durch eine bessere Methode geleistet werden könnte. Gerade nach Verlauf eines Jahres wurde mit diesen Kindern in Gegenwart der Herrschaft und vieler anderer Anwesenden eine Prüfung gehalten, die zu allgemeiner Zufriedenheit ausfiel. Man hatte das allzu Mechanische beim Unterricht im Lesen zu vermeiden gesucht, die Religionslehre nicht bloß mit dem Gedächtnis durch Auswendiglernen unverstandener Formeln auffassen lassen, gemeinnützige Kenntnisse in den Kreis des Elementarunterrichts gezogen«.

Erziehung des Menschengeschlechts ist die große Idee der Zeit, eine Idee, die sich auf die vielfältigste Weise ausprägt, in der esoterischen Pädagogik der Freimaurerei mit ihren Initiationsriten und Einweihungsstufen, in der »Schaubühne als moralischer Anstalt«, in volksaufklärerischen Schriften, in pädagogischer Theorie und Praxis. Wie Freimaurerlogen, so schießen auch die Musterschulen in den siebziger Jahren des Jahrhunderts überall hoch, die berühmteste von ihnen, Basedows Philantropin in Dessau, nimmt 1774 ihren Unterrichtsbetrieb auf. Charlotte hat sich mit diesem kollektiven Traum ihrer Zeit identifiziert, wie sie sich mit ihrem Stand und ihrer Frauenrolle identifiziert hat – einerseits. Der Plan, eine Erziehungsanstalt zu gründen, gehört zu den »fixen Ideen« ihrer späten Jahre. Das »andererseits« ist das Bekenntnis zu freier Entfaltung der Persönlichkeit, die Rebellion gegen pädagogische Normen, die sogar die Form der Trauer dem Individuum noch vorschreiben wollten. »Am Grabe der Mädchen, die aus seiner Schule gestorben waren, hielt unser Lehrer die Reden, da verfehlten wir nie, ihn zu hören. Das Gemeinsame des Todes, das Gemeinsame des Alters war uns sehr ergreifend . . . Zu bemerken ist auch, daß ich immer getadelt wurde in solchen Momenten; man sagte: Dich betrübt nichts. Wenige wissen, daß der Gedanke weder jauchzt noch klagt, daß nur erst, wenn er übergeht in Empfindung und Gesinnung, er Trauer, Freude und Vorsatz wird.«

Ungeteilt ist die Faszination, die von der geheimnisumwobenen Freimaurerei auf Charlotte ausgeht, und von den ihr angehörenden Männern, die sie im Besitz eines ihr als Frau verschlossenen höheren Wissens glaubt. Wie Boten aus einer anderen Welt, geheimnisvoll und ein wenig unheimlich tauchen in ihrer Autobiographie einige Male Freimaurer auf, was offenbar auf Bedeutendes verweist, ohne daß man recht wüßte, worin diese Bedeutung besteht. Viele ›Brüder‹ haben wohl gewußt, wie attraktiv sie der Nimbus des Geheimnisses für Frauen machte und das auch ausgenutzt. »Wer ein Menuett mit ihm getanzt hatte, der wußte sich viel darauf«, sagt Charlotte über den Begründer der Meiningischen Loge, den Reichsfreiherrn Carl Gotthelf von Hund, der in der Geschichte der freimaurerischen Bewegung und ihrer inneren Auseinandersetzungen von großem Einfluß und Bedeutung gewesen, und durch die Umstände seines Todes Gegenstand nachdenklicher Betrachtung geworden ist: »So oft er in Meiningen war, sahen wir ihn wohl täglich. Musik war seine Erholung, ja sein Gebet. Als er heftig erkrankte, waren stets Musiker um ihn; die Herzogin ließ sich täglich nach seinem Befinden erkundigen. Da sprach er, als er schon im Verscheiden war, er höre das letzte Lied und trinke noch einmal auf ihr Wohlsein. – Den so sehr Betrauerten wollten wir als Leiche sehen; – wo war sein Leichnam zu finden? – in einem Winkel des Saales, auf einer zerbrochenen Türe liegend, mit dem Reisemantel bedeckt. Um so auffallender war dieses, da er eine zahlreiche Dienerschaft hatte.«

Wohl im Herbst 1769 ist Charlotte zuerst bei Hofe vorgestellt worden. »Die vielfältigen Ermahnungen: ›seid artig, seid ja recht artig‹, – erregten uns eine eigene Spannung, den Sinn dieser Rede zu kennen. Für jeden Ausdruck, den wir zum erstenmal vernehmen, suchen wir einen innern Zustand auf. So fragte denn Lorchen: ›was heißt artig sein?‹ ›Être sage‹ antwortete man ihr. ›Sage – das heißt ja weise, das bin ich nicht, und will es auch nie werden. Nun so wollen wir denn hingehen, und wenn sie gütig sind und willig antworten, dann werden wir ja erfahren, ob wir artig waren.‹ Lorchen war sehr verlangend, die fürstlichen Personen zu sehen, sie meinte: ›es müßten andere Menschen sein, denn jeder Stand hätte ja seinen Adam gehabt; das sähe man den Menschen an, sie wären ja so verschieden in Aussehn und Tracht.‹ – Sie beharrte dabei auch noch, als sie die

Durchlauchtigsten gesehen, denn sie hätten, sagte sie, ein blasses Gesicht und schwarze Kleider mit langen Schleppen. (Es war damals tiefe Trauer.) Der Ausdruck: ›sehr weiß und schwarz‹, war ihr synonym für die Vornehmsten.«

»Sage« heißt im Französischen artig und weise. Charlotte weist mit diesem Wortspiel auf die Idee, auf die sie das Wesen ihrer Schwester gebracht hat. Lorchen ist nicht weise, sie ist das Gegenteil davon: sie ist naiv. Naiv nicht in dem negativen Sinne von etwas beschränkt, in dem wir das Wort heute meist gebrauchen, naiv im Sinne der berühmten Definition Schillers in seinem Aufsatz über »Naive und sentimentalische Dichtung«: »Wir schreiben einem Menschen eine naive Gesinnung zu, wenn er in seinen Urteilen von den Dingen ihre gekünstelten und gesuchten Verhältnisse übersieht und sich bloß an die einfache Natur hält.« »Das Naive der Denkart«, so sagt er etwas später, könne »nur Kindern und kindlich gesinnten Menschen zukommen. Diese letztern handeln und denken oft mitten unter den gekünstelten Verhältnissen der großen Welt naiv; sie vergessen aus eigener schöner Menschlichkeit, daß sie es mit einer verderbten Welt zu tun haben, und betragen sich selbst an den Höfen der Könige mit einer Ingenuität und Unschuld, wie man sie nur in einer Schäferwelt findet.«

Charlotte hat in ihrer Jugend viele Stunden am Hof zu Meiningen in der Nähe der fürstlichen Familie verbracht, doch der Ertrag dieses Hoflebens für die »Erinnerungen« ist dürftig.

Sie erzählt von Spielen mit dem ihr gleichaltrigen Prinzen Georg, der fürstlichen Liebhabereien nachgeht, »in einem abgesonderten Garten, Blumen und Baumzucht, die schönsten Vögel im Sang geübt. Eine schönere Laube von Jelängerjelieber, als der Prinz sie in diesem Garten angelegt, habe ich nie wieder gesehen.« Die neuesten Kinderschriften aus der Bibliothek des Prinzen liest wohl nur sie.

Die 17/18-jährige Charlotte wird zu Gesangsstunden mit der ältesten Prinzessin an den Hof gezogen. »Sie wünschte zu Duetten eine Altstimme.« Den Unterricht gibt ein italienischer Meister, Galliazi, der aus der Hofkapelle des Fürsten von Gotha »ausgeliehen« ist und ehemals Mitglied der päpstlichen Kapelle war, wo er nur Messen und Psalmen sang. »Nun waren ihm Metastasios Opern so gegenwärtig, daß er sogleich Szenen daraus darstellen konnte, durch Geschick und Geschäft von jeher gewöhnt, lyrische Ausdrücke zu gebrauchen, und es war ergötzlich, wenn er oft die gewöhnlichsten Fragen mit lyrischem Schwung beantwortete, nicht absichtlich, – er konnte sagen: ›je ne sais dire que cela!‹« Charlotte hat großes Gefallen gefunden an diesen Gesangsstunden und an ihrem feurigen Lehrer, der in kleinen Konzerten für die Hofgesellschaft mit der Prinzessin und mit ihr Liebesduette singt und spielt und der dann bitter enttäuscht ist, als man ihm zum Abschied als Gnadengeschenk nur eine Dose mit Brillanten besetzt gibt, »nicht aber mit dem Bild der Prinzessin«. »Eine solche Kunsterscheinung war ungehörig an einem Ort, wo jedes der praktischen Tätigkeit und dem Hergebrachten gewidmet war.«

Für ein Hoftheater, wie es zum Beispiel Weimar und Gotha haben, ist in Meiningen kein Geld da. Dafür ruft Prinz Carl schon bald nach seinem Regierungsantritt ein Liebhabertheater für die Mitglieder der Hofgesellschaft ins Leben. Gespielt werden meist leichtere Komödien und Singspiele, aber auch einmal eine Tragödie von Wieland, Diderots »Hausvater« (in dem die Liebe über Standesunterschiede triumphiert) und ein neues deutsches Stück, der »Julius von Tarent« von Leisewitz. Die Hauptrollen hat die Herzogsfamilie natürlich, wenn irgend möglich, unter sich verteilt. »In jeder Woche war ein Abend bestimmt, wo sich die Fräulein bei der Prinzessin [Wilhelmine] zu einer Collation versammeln konnten. ›Willkommen heut‹, sagte die Prinzessin, ›denn ich habe allen Manches und Ergötzliches zu sagen. – Wir erwarten viele Besuche aus Sachsen und den Rheinlanden. – Trauer- und Lustspiele sollen aufgeführt werden, ich lerne meine Rolle schon; ich bin die Blanka in Julius von Tarent. – Sie haben es doch alle auch gelesen?‹ – Ich gestand, daß ich es noch nicht kenne. – ›Nun, da ist das Buch, ich lese es mit Ihnen, Charlotte, und kann dann leichter die Rolle einüben.‹ – Dies war mein Anteil an der Schauspielkunst, mir selbst verboten, aus diesem Phantasienreich Erhabenheit oder ein Dienendes darzustellen. Wohl, daß eines Geistes Wort es mir versagte, denn ich hätte leicht alles mit entzündetem Eifer gesprochen, und im Ton und Affekt einer Krëusa meiner Gebieterin das Band bei der Toilette gereicht.«

Die Meiningische Herzogsfamilie ist nicht geist-, literatur-, kunstfeindlich, sie hätte sich, wenn das ihr nicht zu teuer gewesen wäre, gern mit bedeutenden Künstlern und Gelehrten geschmückt, wie Fürsten zu allen Zeiten. Herzog Georg, dem es später gelang, Jean Paul nach Meiningen zu ziehen, hat dessen Flucht nach nur anderthalb Jahren sehr bedauert und nicht verstehen können. Jean Paul konnte ihm seinen Fluchtgrund auch wirklich nicht sagen: »Die Leute hier meinen es sehr gut mit uns; (...) nur sind ihrer zu wenig für mich und was da ist, will nicht viel sagen, und sagt auch nichts, meinen alten, herrlichen Präsidenten Heim ausgenommen.«

Johann Ludwig Heim, zu Jean Pauls Meininger Zeit Vizepräsident des protestantischen Konsistoriums, Geheimer Rat und ein bekannter Geologe, ist noch Erzieher des Prinzen Georg, als ihn Charlotte in Meiningen kennenlernt, und schon damals unter den wenigen einer, der etwas zu sagen hat. »Von Beginn unserer Anwesenheit sahen wir fast täglich Ludwig Heim, der durch Wissenschaft und musikalische Talente sich auszeichnete; war er nicht auf Reisen mit dem Prinzen, fand jeder Abend ihn in unserm Kreise.«

Zu diesem Kreis gehören (ab 1776/77) auch der Hofprediger Pfranger und der Bibliothekar Reinwald. Beide sind im »Nebenberuf« Dichter.

Pfranger dichtet im empfindsamen Zeitgeschmack, zum Beispiel eine »Feier des Abends im Mondenschein. Eine Vorlesung in der Laube«, und ist sehr geknickt, als sein Gedicht von dem Kritiker Musäus verspottet wird, ausgerechnet in einem Weimarer Journal, »nach welchem Städtlein man Wanderungen anstellte, um Herzensergießungen zu weihn, Gefühle zu sammeln«. Sein ehrgeizigstes Werk ist ein Gegenstück zu Lessings »Nathan der Weise«, mit dem Titel »Der Mönch von Libanon«, das den Toleranzgedanken des »Nathan« mit einem Bekenntnis zur christlichen Lehre »überbieten« will. »Dies Drama war gemeinsam vorgelesen« (so Charlotte) »und eine Rolle mir zugeteilt worden.« Vielleicht hat sie die »Sittah« gelesen, von der sich der Hofprediger Pfranger seines Amtes wegen angreifen ließ, um ihr dann einen Verteidiger entgegenschicken zu können:

SITTAH Geistliche
Gehören in die Kirch: an Höfe nicht!

SALADIN Von welchem Narren hast du diese Sprache
Gelernt? Wenns anders Ernst ist, Sittah: wie?
Wenn mir ein Mann, Mönch oder wer er sei,
Das Herz für Pflicht und Wahrheit fühlen lehrt,
Macht er sich nicht ums ganze Reich verdient?

Sein Freund Reinwald schreibt vor allem humoristische Verse, obwohl oder weil er ein eher verdrossener, geiziger Mann ist, den, wie er meinte, die Natur um das Lebensglück betrogen hatte: das Gramgesicht, mit dem sie ihn geboren werden ließ, machte ihn aller Welt unliebenswürdig. In seinem besten, traurigsten Gedicht hat er es besungen:

> Du finstres Gram-Gesicht
> Das mich in aller Welt berüchtigt
> Und Menschenhasses mich bezüchtigt
> Dich schuf mein Eigensinn ja nicht.
>
> Du hast um Ehr und Glück
> Du falsche Larve mich betrogen
> Manch Herz mir unverdient entzogen
> Hältst manches noch von mir zurück.

Aber auch sein äußeres berufliches Schicksal ist wahrhaft beklagenswert und ein Beispiel dafür, wie es Leuten von Geist und Wissen nur allzuoft bei Hofe erging. Schon Reinwalds Vater war Hofbeamter in Meiningen gewesen, für eine glänzende Karriere seines Sohnes hatte man ihm große Hoffnungen gemacht. Stattdessen speiste man diesen dann nach dem Studium mit einer schlecht bezahlten Bibliothekarsstelle ab. »Ich fand ein bloßes Chaos von Büchern« (erzählt Reinwald), »zwar in Repositorien gestellt, aber aus Mangel an Foliofächern oft oben an der Decke in Duodezfächer eingepfropft; zwar mit bedruckten Rubiken auf Pappe überall behangen, die aber beinahe sämtlich täuschend waren. Es fehlte an Repositorien, und welche machen zu lassen, wurde mir teils schwer gemacht, teils verweigert. Die Heizung des Arbeitszimmers geschah unordentlich, ich mußte deshalb meine Gesundheit vernachlässigen, mein Gedächtnis und meine Augen übermäßig anstrengen und mit Anfang des Jahres 1777 überfiel mich eine fürchterliche Hypochondrie, mit anhaltendem Schwindel begleitet, deren erste heftige Anfälle den Verlust meines Gesichtes zum Lesen und Schreiben 4 Jahre lang zur Folge hatten, außer, daß ich in den besten Stunden Büchertitel mit meinen Augen zur Not aufzufassen vermochte.... Im Jahre 1780, als die Ordnung der Bibliothek aus dem Groben größtenteils herausgearbeitet war, wurde dem Rat Walch die Direktion derselben übertragen.«

Reinwald und Pfranger machen Charlotte mit Werken der jungen deutschen Literatur bekannt: mit Sturm und Drang-Dramen, die sie in ihrer durch keine klassische Form gebändigten Rohheit und der Gewaltsamkeit ihrer Inhalte kaum ertragen kann, mit empfindsamer Lyrik und mit gefühlvoller, schwärmerischer Prosa, in die sie sich lesend verlor, über der sie lesend alles, natürlich auch die Essenszeiten vergaß.

»›Wo mag wohl Charlotte bleiben?‹ – Da sagte Lorchen: ›sie hört und sieht nicht, ich habe sie schon zweimal gerufen.‹ – ›Was macht sie denn?‹ – ›Sie liest in einem Buch: la farce du coeur et les élans du sentiment.‹ Dies Witzwort wurde zur Devise für Stolbergs Fülle der Herzen.« »Über die Fülle des Herzens«, der Titel einer kleinen Schrift des Grafen Leopold von Stolberg, ist ein Programm, Lorchens Witzwort die Travestie dieses Programms, zu dem sich um 1780 wohl auch Charlotte bekannt hat – es war das Programm einer ganzen Jugend, die über der Forderung nach der Fülle des Herzens über den rhetorischen Leerlauf hinweglas, mit dem sie erhoben wird:

»Wenn ich ein Weib hätte, und nun, nach den bängsten Minuten meines Lebens, käme der erwünschte Augenblick, da die Geliebte, beinah ohnmächtig zurücksinkend mit blassen Wangen, mit bebenden Lippen, mit Tränen in auf mich gerichteten Augen (nur Engel könnten unterscheiden, ob es noch wären Tränen der Leiden, oder schon Tränen der Wonne) mit diesen Tränen mir schweigend sagte: ich habe geboren dein Kind, ich ihr um den Hals fiele, dann sprachlos vor ihr stünde, und in dem Augenblick ein Wunsch für mein Kind und ach! für ihr Kind, so schnell in meiner Seele reifte wie keimte, oh! was würd' ich ihm wünschen, dem kleinen Liebling, den ich mit der Lebensgefahr meiner liebsten Hälfte erkauft hätte? Nicht Reichtum würd' ich, nicht langes Leben ihm wünschen, auch nicht Wissenschaft; für solche Wünsche wäre mir der Augenblick zu teuer. Vater würd' ich denken, Vater, der dem Hirsche Schnelligkeit, Stärke dem Löwen und dem Adler Flügel gab, gib diesem Menschen, der schwach und doch dein Ebenbild ist, gib ihm die menschlichste aller Gaben, die eine göttliche Gabe, gib ihm Fülle des Herzens!«

7. Kapitel

Eine Winterreise

Im September 1779 stirbt Luise von Türck, Charlottes Patin und Pflegemutter, im Alter von nur 35 Jahren nach zweijährigem Siechtum. Sie hatte sich durch Schwangerschaften und Wochenbetten zu Tode und bis in den Tod erschöpft: Die letzten drei ihrer sieben Kinder »nahm, kaum geboren, der Sarg schon wieder auf. Wie sonderbar, daß das hinsterbende Leben noch Gebärerin sei. – Bei solchem Anblick war auch meine Natur und Jugend wie mit dem Leichentuch bedeckt, das bald die Dulderin verhüllen sollte.«

Frau von Türck ist Charlotte eine strenge, kühle, wohl auch einfach überforderte zweite Mutter gewesen. Erst während ihrer langen Bettlägerigkeit, als Charlotte sich mit den Bediensteten in Pflege und Nachtwachen teilt, kommen sie einander näher. »Sie war in diesem Zustand unverhüllter, zutraulicher, als ich sie je in gesunden Tagen gegen mich gefunden; ich möchte sagen, ihre Seele hatte eine demütigere Strenge auf mich gerichtet, die vertrauend war, aber auch Empfänglichkeit bedingte.«

Man erfuhr das Sterben damals noch weit dramatischer als heute. Erst die letzten Stunden, die letzten Augenblicke entschieden vielleicht über Verdammung und Erlösung, alles, alles kam darauf an, wie man starb. Der Todeskampf der Frau von Türck war lang und war qualvoll: »Ihr letzter Kampf war sozusagen in der Hölle und im Himmel« schreibt Charlotte, die ihn miterlebt und mit erlitten hat. Der Hofprediger Pfranger harrt viele Stunden betend am Lager aus. Sein tröstender Zuspruch »voll christlicher Begeisterung bannte die Angst«. Die Sterbende wird ruhig, phantasiert, redet schon mit Geistern. Charlotte hält ihre erkaltende Hand und hört oder erfindet noch das letzte Wort, den letzten Wunsch, der, als letztes Vermächtnis an die Hinterbliebenen, eine solche Sterbeszene erst vollkommen macht: »›lebt in Zufriedenheit!‹ Ich wähnte, in diesen Worten sei mein Geschick bestimmt.«

Charlotte und ihre Schwestern sind ein zweites Mal verwaist. Eine neue Pflegestelle wird gesucht und gefunden, ein neuer Vertrag wird zwischen der Vormundschaft (in die inzwischen für den verstorbenen Herrn von Bibra der Legationsrat Friedrich Albrecht von Wechmar eingetreten ist) und der »Frau Geheimen Rätin von Erffa Hochwohlgeborene Exzellenz« im Winter 1779 zu Meiningen abgeschlossen: »Frau Geheime Rätin machen sich anheischig, genannte Fräulein mit übrigen 3 Personen in Kost und völliger Verpflegung zu behalten, gleichsam als rechte Mutter an denen Fräulein zu handeln, sie zur weiteren Gottesfurcht und allen Tugenden, auch der Wirtschaft und Sparsamkeit angelegentlich anzuweisen, nicht weniger für Erhaltung deren guten Gesundheit jedoch ohne Auslagen mit besorgt zu sein.« Der Mademoiselle wird diesmal »Coffee« oder Tee *mit* Zucker zugestanden. Die Mädchen wissen, daß sie bei der Frau von Erffa nur noch warten sollen, bis sie ein Freier abholt. Das Heiraten steht bevor.

Charlotte erinnert einen trüben Herbst, in dem sie vor lauter Einsamkeit eine Korrespondenz mit sich selber erfindet, und einen hellen Winter, zu dem ihr eine Einladung von Verwandten mütterlicherseits verhilft, der Familie des Ansbach-Bayreuthischen Ministers Friedrich Karl von Seckendorff. Sie soll den beiden ältesten Töchtern Friederike und Henriette Gesellschaft leisten und deren Stiefmutter, Friedrich Karls zweiter Frau, die eine Zuneigung zu ihr gefaßt hatte: »Ich muß damals einer lebhaften Erregung, die in anderen Anschauung erweckt, fähig gewesen sein. Ältere Frauen besonders näherten sich mir mit Herzlichkeit.« In ihrem Reisebericht allerdings gedenkt Charlotte der Frau von Seckendorff mit deutlicher Reserve, mit Wärme dagegen der ältesten Tochter, die in den »Erinnerungen« Mathilde heißt.

Aus der ersten Zeit in Bayreuth, wo die Seckendorffs wohnen, erinnert Charlotte nur noch einen Ausflug auf die Plassenburg bei Kulmbach, wobei die Attraktion natürlich das »schattenhafte Bildnis« der weißen Frau, der Gräfin von Orlamünde, ist. »Frau von Seckendorff sprach: ›mich schaudert! kaum ist es ein Jahr, daß man sie in Bayreuth, vor dem Tode der Herzogin von Württemberg will gesehen haben.‹«

Etwas später reist man nach Erlangen, wo die Großmutter von Seckendorff eine Stadtresidenz bewohnt und wo Charlotte ihren Bruder Fritz wiedersieht, der an der dortigen Universität gerade mit seinem Studium begonnen hat: »Nun etwas von Erlangen. Der Ort, die Gesellschaften, die Gegend, die Universität, der Hof, alles gefällt mir recht wohl«, hatte er nach Hause geschrieben; seiner Schwester gefällt die Gegend besser als die Gesellschaft. »Wie oft ist Streitberg und sein liebliches Tal besucht und durch manchen in Bewunderung besungen worden; auch wir genossen noch die helle freie Aussicht und die vortrefflichen Forellen. Bei einem angenehmen Lustort, eine halbe Stunde vor Erlangen, stiegen wir aus, durch erneute Kleidung den Verwandten auch ehrend zu erscheinen. Man hörte Reiter eilend dahersprengen. ›Wen hast du gefahren, Schwager?‹ riefen sie dem harrenden Postillon zu. ›Exzellenz von Seckendorff und ihre Töchter.‹ – Die Reiter sprangen ab und liefen eilend die Treppe hinan. Es war mein Bruder und der Enkel der Edelfrau. Ehrerbietigst führte dann bald mein Bruder die letztere die Treppe hinab, und auf ebner Bahn rollte der Wagen schnell über die breiten Straßen, bis zur Wohnung der ehrwürdigen Frau... Ein Flügel des schönen Hauses war uns eingeräumt, ich wohnte mit der Tochter. Um so traulicher konnten wir uns die Erfahrungen des Tages mitteilen. Ohne noch viel Widriges von der Gesellschaft erfahren zu haben, war ich dennoch schüchtern, denn nichtig ist, wo man weder gütige Gesinnungen noch ernste Meinungen erwarten darf, und in noch unbefangener Jugend empfand ich doch leicht Antipathie. Es wäre besser getan, solche Empfindung zu prüfen, als sie durch sänftigliche Gefälligkeit zu überwinden, denn es liegt ihr doch meist eine tiefe Gemüts-Verschiedenheit zu Grunde. Bei Cour-Tagen, Konzerten, Bällen, waren wir unter Vielen, genossen Ergötzliches und Langeweile.«

Daß man sie, das Mädchen, nicht wollte, daß man dieses Mädchen so, wie es war, nicht wollte, ist die existentielle Grunderfahrung gewesen, die sich Charlotte immer neu hat bestätigen lassen, in der sie befangen und gefangen war.

»Man kommt nie aus dem Vorgezeichneten heraus« (läßt Robert Musil eine Figur seines Stückes »Die Schwärmer« klagen). »Steigend, kommt man immer wieder an den gleichen Punkten vorbei, dreht sich über dem vorgezeichneten Grundriß im Leeren. Wie eine Wendeltreppe.« Wie sie diese Ablehnung in verschiedenen Lebensstufen zu bewältigen suchte, zeichnet Charlotte in den »Erinnerungen« nach. Das ganz kleine Kind ist wehrloses Opfer. Dem noch begrifflosen Protest des größeren Mädchens hat sie als Idee die radikale, anarchische Negation gesellschaftlich-kirchlicher Normen und Gesetze unterschoben. Die Religion, die von jeher die Scheinhaftigkeit der irdischen Welt predigt, die Literatur der Zeit, die nicht müde wird, die Scheinhaftigkeit vor allem der aristokratischen Gesellschaft zu beklagen, verhelfen dann der Leserin Charlotte zu einem Selbstverständnis, einem Selbstentwurf, von dem aus sie die Gesellschaft, von der sie sich abgelehnt fühlt, nun ihrerseits abweisen kann. Gegen die Gleichgültigkeit konventioneller Beziehungen setzt sie die Wesenhaftigkeit der Freundschaft, gegen das Desinteresse, die Feindschaft der Vielen das Angenommenwerden von dem oder der Einen, welches Glück sie nach den »Erinnerungen« zum erstenmal in der Beziehung zu Mathilde erlebt hat. »Keine Verhüllung fand statt, die man Höflichkeit zu nennen pflegte«, sagt sie darüber, womit sie freilich wohl über Gebühr ideell beschwert, was dem Leser der »Erinnerungen« als ganz normale Jungmädchenfreundschaft begegnet, mit nächtelangen vertrauten Gesprächen, mit Herzensergießungen, mit Herumalbern – und was eben deshalb in seiner historisch verfremdeten Vertrautheit besonders reizvoll zu lesen ist.

Das Stammschloß der Großmutter Seckendorff im fränkischen Unterleinleiter, die letzte Station ihrer Winterreise, ist der Hauptschauplatz dieser Freundschaft. Jahrelang hatte niemand mehr dort gewohnt, nach der Ankunft muß es erst einmal »entrümpelt« werden: »Die Rüstigsten im Dorfe waren aufgeboten, Keller und Boden zu lichten; mancher vergrabene Geist wurde vom Schutt und Sand befreit, nicht jeden erwartet eine solche Erlösung. Auf dem Boden vielfach von Mäusen angefressene Betten und Linnen.

›Ich liebe die Ordnung und Sparsamkeit‹, sprach die Hausfrau; ›was ich nicht brauchen kann, den Armen! und die Lumpen sogleich in die Papiermühle gebracht, daß daraus das Schlimmste (was uns aber in der elenden Welt so notwendig geworden) verfertigt werde.‹ So ging es von Stube zu Kammer. Mancher verrostete Schlüssel ward gefunden, auch ein Wandschrank entdeckt, der vielleicht in hundert Jahren nicht eröffnet worden: schön geschliffene Gläser, unter diesen zwei mit vergoldeten Schrauben, mit Wappen und Sinnsprüchen; noch waren vertrocknete Früchte darin. Dies bewies, wie alles, was zum Gewöhnlichen diente, von den Altvätern durch Gediegenheit und Kunst veredelt wurde. – Tassen, ungewöhnlicher Form, worüber ich mit meiner Gefährtin in Streit geriet, da sie die schönsten zum Kaffee, ich aber zum Tee bestimmte.«

»Kein Buch – kein Besuch – keine Zeitung – was war da mit der Zeit anzufangen? . . . Da sagte Mathilde voll Unmut: . . . ›Will ich was finden, muß selbst ich erfinden; so sei ein Wochenblatt ersonnen, für Wochen, wo man nichts erfährt, als nur die eigne Laune.‹ So entstand das Leinleiter Wochenblatt: Passanten, Promotionen, Gesetze, Strafen und Belohnungen waren darin nicht vergessen. – Wenn wir stundenlang von rührenden, höchst tugendhaften Handlungen erbauet werden sollten und so die Musterbilder aus dem Plutarch der

Umgebung gepriesen wurden, konnte sie diesen ehernen Säulen eine so sonderbare Wendung geben, daß sie plötzlich wie ein Kartenspiel zusammenstürzten. Der rege, zum Burlesken geneigte Sinn Mathildens war immer bereit, Leid und Erhabenheit komisch zu travestieren; oft konnte ich den Unmut nicht bergen, wenn die edelsten Sentiments durch ihre Possen zu Grunde gingen, willig nahm sie meine Rüge auf, doch auch zu meiner Lust war hier die Besserung unmöglich.«

Mathilde, die ein wenig von Lorchens Art gewesen sein muß, hat die überernste Charlotte entspannt – und sich durch sie von einem heimlichen Kummer ablenken lassen: sie liebt einen Mann, den die Mutter mißbilligt, wohl, weil er nicht standesgemäß war. Darauf hat man bei den Seckendorffs besonders gehalten. Von der Großmutter wird erzählt, daß »einfacher« Adel nicht ausgereicht habe, um Zugang zu ihren Gesellschaften zu erhalten. Man mußte schon nachweisen, »daß das blaue Blut in den Adern seit mindestens 4–5 Generationen rein erhalten war.« »Mathilde sprach leise: ›Fröhlich ist gefährlich; das sage ich heute von vergangenen Tagen; ob ich verloren, ob ich gewonnen, das wird die Zukunft wohl entscheiden‹.« Es wird wohl verloren gewesen sein.

Zum Weihnachtsfest kommen der Bruder, Verwandte, Freunde aus der Umgebung. Man feiert es schon wie heute, mit einem Tannenbaum, der mit Lichtern besteckt ist und geschmückt mit goldenen Nüssen und Marzipan, und mit dem Austausch von Gaben. «Der edlen Frau (von Seckendorff) überreichte Fritz ein von ihr gewünschtes Buch und Mathilden einen Kranz zum Schmuck ihres blonden Haares, ihre Lieblingsblume, die Nelke, gleich den frischen im Wohlgeruch ... Aber wie ward ich betroffen und erfreut, als mir Fritz weißen Atlas zum Kleide darreichte, mit einer türkischen Schärpe (wie die leichten, bunten, damals genannt wurden).« In ihrem »Cornelia«-Roman hat sich Charlotte in einem weißen Kleid gezeigt, vielleicht eine Reminiszenz an das Geschenk des Bruders: »Ein weißer Taffet war mir das liebste Gewand, und ich fragte: Bin ich so gut gekleidet? Unser liebes Fräulein, erhielt ich zur Antwort, ist immer hübsch, doch heute schön.«

Aber die Feiertage fliehen, wie Charlotte für uns alle bemerkt, nur allzu schnell dahin. Ende Dezember geht es zurück nach Bayreuth, wo sich wieder Gesellschaft findet und etwas zu lesen. Nicht »ohne einige Langeweile« kämpft sich Charlotte durch den dickleibigen »Grandison« von Richardson, die »Clarissa« des gleichen Autors

liest sie mit »Erstaunen und Schmerz«. Die melodramatische Geschichte von der verführten Unschuld wird ihr zum Abbild des
Lebens (»gleiche Kämpfe, gleich verworrener Harm«), zu einer
Anleitung zum »Überleben« (»So mußt du das Leben denken, wenn
es dich verschonen soll«); im Schluß sieht sie einer lebenslang Ver-
kannten bittere Genugtuung widerfahren: »Wer es nachempfunden,
vergißt es nie; hört noch das schwere Geläut, das dumpfe Rollen des
Leichenwagens, sieht die erleuchteten Zinnen, und wie nun in Tränen und Trauergewande die Leiche empfangen wird, von denen, so
die Lebende in Wahn und Zorn gebannt. Ich weiß nicht, ob ich es
gelesen oder gehört: Clarissa sei eine tiefsinnige Allegorie des weiblichen Seins.«

8. Kapitel

Urania in Ketten

Der erste Bewerber um die Hand Charlottes ist der fränkische Freiherr Friedrich Wilhelm von und zu Aufseß, doch sein Antrag wird von der Vormundschaft abgelehnt. Der bayreuthische Minister Karl von Seckendorff spricht, als Freund der Familie um Rat gefragt, gegen die Verbindung auch deswegen, weil »das gute Fräulein Charlotte gar keine Neigung zu dem Herrn von Aufseß haben soll . . . Kurz, ich liebe sie zu sehr, als ihr zu einem Schritt zu raten, den sie gewiß, spät oder früh, bereuen müßte.« Allerdings hat er dann ein paar Jahre später seine eigene Tochter Friederike mit dem Herrn von Aufseß verheiratet. Auch zu einem zweiten Bewerber, dem schwermütigen und unentschlossenen Karl Ludwig von Bibra, einem Bruder der Frau von Türck, hat das Fräulein Charlotte keine Neigung, aber das ist in den Heiratsgeschäften der Aristokratie eigentlich nie ein ausschlaggebender Grund. So weiß man nicht recht, weshalb diese beiden Ehen nicht zustande kommen.

Hoffnungslos, ohne jede Aussicht auf Erhörung und ohne Gegenliebe ist die Leidenschaft, die der Kandidat Johann Christian Fleischmann für Charlotte fühlt. Er ist ein Verwandter ihres ersten Lehrers und kommt auf dessen Wunsch ins Türcksche Haus, »daß er in Länderkunde uns Unterricht erteile. Er gehörte zu denen, die nicht von den Grazien gepflegt doch ihnen huldigen. Persönlich war er nicht ausgezeichnet, aber der Ton seiner Sprache hatte Bedeutung, Traulichkeit. Er las auch gern Gesänge vor aus älteren und neueren Dichtern. Sein Vortrag war, wie mancher finden mochte, allzu ergriffen. Unter denen, die uns besuchten, waren Reinwald und Pfranger, ich zeigte ihnen einen Lieder-Almanach, den er mir gegeben; sie blätterten darin, lächelten, blätterten weiter und legten es bedenklich hin; da ich ganz allein war, nahm ich das Büchlein, fand unterstrichene Worte, Silben, Zeilen; ich schrieb es nach, dann es übersehend fand ich Klagen, Bekenntnisse, Trauer. Befangen, erschrokken, gab ich das Büchlein zurück, verbarg die Abschrift unter darauf gewickeltem Strickgarn und keine geheimnisvolle Deutung wurde mir mehr überreicht.«

1781 wird Fleischmann erst als Bibliotheks-Sekretär, dann als Privatdozent an der Universität Göttingen angestellt, wo (nach seinem ersten Erlanger Semester) inzwischen Charlottes Bruder Fritz studiert. Schon ein Jahr später aber kündigt er seine Stelle – eine Überlieferung sagt, weil er nicht gleich Professor geworden sei, die Göttinger Professorentochter Therese Heyne behauptet: weil er sich in *sie* unglücklich verliebt habe – und geht zurück nach Meiningen, wo er nach einem Selbstmordversuch in der Werra in eine schwere Gemütskrankheit verfällt. »Der Körper hat bei ihm auf die Seele und die Seele wieder auf den Körper gewirkt«, schreibt Fritz aus Göttingen seiner ältesten Schwester und mahnt sie: »Mäßige Deine Betrübnis, man möchte sie sogar verkennen, wenn ich und andere vernünftige Leute es gleich nicht tun.«

Nach dem »hohen Stil« ihres Redens, vielmehr Schreibens, würde man sich Charlotte groß und majestätisch vorstellen, aber nach Bildern und Erzählungen war sie wohl nur gerade mittelgroß und als junges Mädchen auch noch eher zierlich. Ein kleines Pastellbild zeigt die Achtzehnjährige im schleifengeschmückten Rokokokostüm ihrer Zeit und mit einem Buch in der Hand. Die Haare, wohl dunkelblond unter dem üblichen hellen Puder, sind über der Stirn hochgetürmt (man dekorierte sie über einem Roßhaarpolster) und mit einer Rose geschmückt. Durch diese Frisur werden die Stirn und die sehr großen, das Gesicht beherrschenden Augen betont. »Jedem gefielen die feinen Züge, die fast allzu großen Augen wie Geisterschein über das holde Antlitz«, sagt Charlotte über ein Mädchen-Portrait in der »Cornelia« und hat dabei gewiß ihr eigenes im Sinn gehabt. Eher schüchtern verrät sich in diesem Roman immer wieder der wohl den meisten Frauen eingeborene, anerzogene Wunsch, allein durch das Äußere, durch die Erscheinung, zu wirken, zu gewinnen, zu erobern, verrät sich die Freude an schönen Kleidern und der Sinn für Mode. Doch wer Charlotte begegnete und davon erzählte, fand ihr »Sein« meist so bemerkenswert, daß er ihr angenehmes, aber (bis auf die großen Augen) nicht weiter auffälliges Aussehen darüber ganz vergaß. Das entsprach wohl ihrem Selbstentwurf, war aber doch verletzend und eine Quelle nie eingestandener Unsicherheit.

Auch das Kostüm der »Urania in Ketten«, in dem sie in den »Erinnerungen« erscheint, zu der Zeit, da sich die Bewerber einstellen, ist ein »Seelenkostüm«. Es »spricht« von Sehnsucht, von unerlöster Weiblichkeit, hält also einen wesentlichen Moment ihrer und jeder weiblichen Entwicklungsgeschichte fest, es spricht von der Liebe als dem Kern ihres Wesens, weiblichen Wesens. Die Einladung zu einem

Maskenball am Hof zu Meiningen gab ihr Gelegenheit, es anzulegen.

»Sinnend und wählend kehrten wir heim: ›Lorchen, du bist der Frühling, Wilhelmine der Herbst und ich der Winter.‹ Lorchen, das Feen-Kind, im blassen Grün und reichen Blumenschmuck, Wilhelmine dunkler, mit den glänzenden Farben herbstlicher Blumen; blendend weiße Arme, schöne Augen und Mund, und das bräunlich goldglänzende Haar, bestimmten sie zur Grazie an einem Bacchusfest; mit bunten Trauben war ihr Hauptschmuck erhöht. So trug sie ein Körbchen mit Obst, und Lorchen eines voll Blumen. Der Winter sollte in weißem Krepp und Schmelz dicht verhüllt erscheinen. So sollte es fein geordnet werden. Wir waren emsig beschäftigt, die Blumen wurden gewählt und gewunden. Da ging leise die Tür auf, im braunen Mantel, den Hut tief in die Stirn gedrückt, kam es näher.« Der da so geheimnisvoll eintritt, ist Galliazi, Charlottes Gesangslehrer, der im Gefolge der Herzogin von Gotha zur Redoute erschienen ist. »Eben zu diesem Redoutenfeste hatte die Herzogin eine Costumière aus Kassel mitgenommen. Es wurde gesagt, welche Kleidung man gewählt. ›Nur ja der Winter nicht. Die Costumière wird Sie morgen besuchen.‹ Sie kam mit Bildern mancher Art, mit Bändern aller Farben. Da wurden lange Ketten, schwarz, hochrot mit Goldband verfertigt. In Krepp gehüllt, von solchen Ketten umschlungen, von Haupt zu Fuß, von Hand zu Arm, das Haar in Locken wallend, mit goldnen Spangen geheftet; so leicht und sonderlich verhüllt, war ich im Gefolge der Masken.

Als ich in den Saal zu der Herzogin kam, fragte sie: ›Wie nennt man Ihre Maske?‹ ›Wenn sie nur gefällt, den Namen weiß ich nicht.‹ Da kam Galliazi in spanischer Tracht mit der Mandoline und sang ein leichtes Lied. Die Herzogin sprach zu ihm: ›Wie werden Sie diese Maske nennen?‹ ›Uranie en chaîne. Verhüllt, gefesselt ist die Seele, das Herz, das Auge strahlt von Verlangen, Flammen werden die Seele befreien. Doch wie ein Blitz aus Gewölken der Nacht, schwindet Wonne und Güte dahin.‹ Mit leisem Saitenspiel eilte er den Saal entlang.«

Das Kostüm, das Galliazi für seine Schülerin entworfen hat (die beiden werden sich bei den Gesangsstunden und Liebesduetten tief in die Augen geblickt haben) ist mythologisch zweideutig, oder vielmehr, Charlotte schafft diese Zweideutigkeit erst, wenn sie im Nachsatz über die Herzogin von Gotha anfügt: »Die Fürstin, selbst Urania in Anschauung der Sphären«, eine Anspielung auf die »himmlische

Muse« Urania (und für den Eingeweihten eine Anspielung auf das Liebesverhältnis zwischen der Herzogin und ihrem Hofastronomen Zach). Aber Galliazi meint mit seinem Kostümentwurf unverkennbar die »Venus Urania«, die Liebesgöttin, von der Karl Philipp Moritz in seiner »Götterlehre« schreibt: »Sie ist das erste Schöne, was sich aus Streit und Empörung der ursprünglichen Wesen« (der Titanen also) »gegeneinander entwickelt hat. Saturnus entmannet den Uranos. Die dem Uranos entnommene Zeugungskraft befruchtete das Meer, und aus dem Schaum steigt Aphrodite, die Göttin der Liebe empor. In ihr bildet sich die himmlische Zeugungskraft zu dem vollkommenen Schönen, das alle Wesen beherrscht und welchem von Göttern und Menschen gehuldigt wird.« Die Wirklichkeit ist von solchen mythologisch-poetischen Träumen weit entfernt.

Charlottes jüngste Schwester Karoline soll nicht einmal vom Heiraten träumen dürfen. Man steckt sie in ein Fräulein-Stift, vermutlich, um ihre bei einer Heirat ihr zustehende Mitgift und Vermögensanteile für den Bruder zu sparen. »Marianne«, ein von dem Gothaer Hofbeamten Gotter verfaßtes Erfolgsstück der Zeit, in dem ein Schuft von Präsident seine einzige Tochter aus eben diesem Grund ins Kloster sperren will – die Geschichte geht natürlich tragisch aus – ist von der Wirklichkeit nicht einmal so sehr weit entfernt. Freilich hat der Präsident in Gotters Melodram keinerlei Mitleid, anders als der junge Friedrich Marschalk von Ostheim, der Charlotte immer wieder bittet, sich nach einer privaten Unterkunft für Karoline umzuhören: »Es geht mir außerordentlich nahe, daß sie mit ihrem Schicksal unzufrieden ist, wie gerne würde ich alles mögliche für sie tun, nur habe ich zu wenige Bekanntschaft in Häusern wo man etwa Kost-Fräuleins nähme; vielleicht hast Du mehrere; tue doch ja, was Du kannst, ich will Dich auf alle mögliche Art unterstützen; Gott weiß, wie gerne ich ihr helfen würde, sie bedarf Hülfe, und hat ein Recht auf die unserige Anspruch zu machen.«

Ein paar Jahre später schockierte Karoline ihre Familie durch eine eigenmächtige Heirat mit einem Herrn von Geispitzheim, der, wie es scheint, weniger an ihr als an ihrem Vermögen interessiert war. Die Ehe endete mit der Scheidung.

Wilhelmine, die Sanfte mit den weißen Armen, hat das Unglück, von einem Falschen, einem Bürgerlichen, geliebt zu werden und ihn wiederzulieben. Ludwig Heim, wie man jetzt weiß, seit Jahren vor allem um ihretwillen ständiger Besucher im Türckschen Hause, möchte sie heiraten. Die Liebenden vertrauen sich Charlotte an, die

in den Erinnerungen eine dramatische Szene entwirft, weil sie kein
ganz reines Gewissen hatte, was ihre Reaktion und ihr Verhalten in
dieser Geschichte angeht. Wilhelmine weint heftig, Ludwig, der auf
Charlotte zugehen will, fällt gar hin, »bleich, krankhafte Zuckungen
bewegten ihn«. Erst habe sie den beiden die Unmöglichkeit ihrer
Verbindung entgegengehalten: »Noch sind die Stände schroff geschieden.« Heim habe ihr als Revolutionär geantwortet: »Ich er-
grimme, daß ich Sie zu mir habe rufen lassen, ein Kampf erhebt sich
wider Euren Stand, ich sah ihn voraus, und hab' jetzt durch diesen
Widerspruch doppelt zu leiden; die Zeit ist nahe, wo wir nicht nach
den Gewohnheiten der Stände, sondern nach höhern Ideen leben
werden.« Dann will Charlotte, gespalten zwischen Konvention und
höherer Einsicht, zu Besonnenheit und Überlegung gemahnt haben:
»Die Frage ist jetzt: wie können, wie wollen Sie diesen Wunsch in
Erfüllung bringen?«

Eine Antwort gibt es nicht. Sie zu verhindern, werden vollendete
Tatsachen geschaffen. Wilhelmine wird eilends dem elsässischen Freiherrn Waldner von Freundstein verlobt. »Er hatte gewählt, ehe er
sah, ersucht, genommen ohne gewonnen die sanfte Wilhelmine.«
Heim benimmt sich in diesen Tagen »wie ein Rasender«, will die
Verlobung doch noch sprengen, indem er in Briefen an den Vormund mit kompromittierenden Enthüllungen über Wilhelmine droht.
Der Bruder Fritz in Göttingen ist empört und hält im Glauben an
seine Schwester fest: »Sage liebe Charlotte, kann wohl ein Mensch
sich hinsetzen und schreiben ›er könnte die Ehre meiner Schwester
zernichten‹ ohne zu rasen? Wird es aber ein Rasender bei Besserung
seiner Raserei lassen und sich auf einmal beruhigen? Herr von Wechmar muß Ursache gehabt haben, ihn zu schonen – ich hätte keine
finden können, ich hätte den Stoff dazu aus der Hölle geholt; und
wie läßt sich das nur denken. Du verstehst mich liebe Schwester; gib
mir aber doch noch etwas mehr Licht in der ganzen Sache. Sollte H.
der Mine Versprechungen abgelockt haben – Sie war nicht unvor-
sichtig, und dachte gewiß edel und rechtschaffen, es müßte unter
dem Mantel der Freundschaft einhergetreten sein – dann wäre es ein
großer Beweis wider die zu schließenden Freundschaften mit dem
andern Geschlecht.«

Mit viel Gefolge (darunter einem Mohren) kommt der Herr Waldner von Freundstein in Meiningen an, im Januar 1782 wird Hochzeit
gehalten. Wilhelmine schweigt in all diesen Tagen. Beim Abschied
wird sie ohnmächtig, ohnmächtig wird sie in den Reisewagen ge-

bracht »dann rollte er unter dem Torweg, wie ein Trauerwagen die Straße hinab«. Charlottes Vordeutung im Rückblick: nach gerade einem Jahr stirbt Wilhelmine, die so gern ein Kind haben wollte, im Kindbett.

Erst nach der Hochzeit ihrer Schwester (so Charlotte in den »Erinnerungen«) habe sie von einer Bekannten erfahren, daß die Meininger Gesellschaft sie mit einem anonymen Brief an Waldner von Freundstein in Verbindung bringt, ein Brief »schlecht, unorthographisch, des Inhalts: Da Wilhelmine frühere Versprechungen eingegangen, sollte er sie nicht wählen, sie habe Schwestern und Basen, so jugendlich wie sie, doch mit mehr Vorzügen begabt. Er lachte höhnend darüber und hat es mehreren vorgezeigt; man sagte, es müsse von dir sein, wenngleich es deine Schrift nicht war. Von diesem Verdacht spreche ich dich los, aber Frauen meinen, du müßtest vor Gram umkommen, eine solche reiche Partie verfehlt zu haben, und unsere Herren trauen es deinem lebhaften Sinn wohl zu, ein solches Strategem zu wagen.« Ob sich Charlotte mit der Erzählung dieses Verdachts belastet oder entlastet, ist schwer zu sagen: es wäre natürlicher, unschuldiger gewesen, hätte sie ihn unterschlagen. Jahre später hat man ihr noch einmal einen anonymen Brief an Schillers Braut zugetraut.

Auch Lorchen wird, ganz gegen den Brauch (was dem Klatsch natürlich Nahrung gibt), vor Charlotte verlobt und verheiratet. Um sie bewirbt sich der ehemalige Weimarer Kammerpräsident Johann August von Kalb. Er lernte die Marschalks wohl über seinen Schwager Siegmund von Seckendorff kennen, der Kammerherr am Hof zu Weimar und ein Bruder des Bayreuther Ministers ist. »Kalb wird nach Völkershausen kommen, um die Lore kennenzulernen«, schreibt Fritz Ende Oktober 1782 an Charlotte. »Kalb ist mein Freund und wenn ich ein Mädchen wäre, ich würde mich für ihn decidieren, zum Schwager möchte ich ihn ganz gerne haben, soweit wie ich ihn kenne, denn seine Vermögensumstände sind mir ganz fremd, ob ihn aber die Lore zum Mann haben will, muß ganz von ihr abhängen, und ich wünschte nicht, daß ihr zu- oder abgeraten würde.« Mit Kalbs Vermögensumständen steht es nicht gut. Eben erst, im Juli 1782, hat er in Weimar seinen Abschied nehmen müssen – man warf ihm finanzielle Mißwirtschaft vor. Seine Stelle wurde (sehr zum Mißvergnügen vieler alter Hofbeamter) Goethe übertragen, den Kalb einst auf Wunsch seines Herzogs von Frankfurt nach Weimar hatte abholen müssen. »Daß Kalb weg ist, und daß auch diese Last auf mich fällt, hast du gehört. Jeden Tag, je tiefer ich in die Sachen eindringe, seh ich wie notwendig dieser Schritt war. Als Geschäftsmann hat er sich mittelmäßig, als politischer Mensch schlecht, und als Mensch abscheulich aufgeführt, und wenn du nun nimmst, daß ich diese dreie wohl mit der Feder sondern kann, im Leben es aber nur ein und derselbe ist; so denke Dir«, lesen wir in einem Brief Goethes an Knebel, der mit dem so beschimpften Kalb allerdings auch weiterhin gute Bekanntschaft hielt.

Nach seiner Entlassung ist es Kalb um eine gute Partie natürlich sehr zu tun. Lore ist für ihn gleichsam ein Geschenk des Himmels. Er ist Witwer und knapp fünfunddreißig Jahre alt, als er um sie anhält.

Johann August von Kalb in Nordheim an Karl Ludwig von Knebel in Weimar: »Endlich, liebster Freund, kann ich Dir etwas Bestimmtes über mein Schicksal schreiben. Lange ungewiß, ob ich bloß in entfernteren Gegenden leben, oder die Wünsche der Meinigen durch eine zweite Verbindung erfüllen, diese letztere wagen sollte, habe ich mich zu diesem letztern entschlossen. Überaus viel Vorteilhaftes so ich von der jüngsten Fräulein von Marschall, einer Verwandten von Seckendorffs und dem Kammerherrn Stein, gehört hatte, beförderte meinen Entschluß. Ich habe bei der persönlichen Bekanntschaft alles das Gute bestätiget gefunden. Die Fräulein von Marschall besitzt außerordentlich viel Candeur, einen richtigen Verstand und ein Herz, voll Gefühl und Unschuld. Mit Vergnügen habe ich mich denen Eindrücken überlassen, die sie auf mich gemacht hat, und von dem Augenblick an, wo ich Ihres Herzens gewiß bin, genieße ich wiederum einen Grad von Zufriedenheit, dessen ich mich seit geraumer Zeit für unfähig hielte. Siehst Du, lieber Freund, da bin ich wieder durch die Wege des Schicksals in eine Lage versetzt, von welcher mich eben die Begebenheiten zu entfernen schienen, die mich selbiger genähert haben. Wenn die Vorsehung mir das liebe Geschöpf erhält, so sich mir mit der liebenswürdigsten Schüchternheit anvertraut hat, so ist dein Freund in dem reinsten Genuß der Liebe und Freundschaft gewiß glücklich, in dem sich zu erhalten, die Wohltaten der Vorsicht zu erkennen und zu verdienen, die Bemühung seines Lebens sein wird.

In drei Wochen, hoffe ich, soll meine Heirat vollzogen werden.«

Am Morgen des 20. November, dem Tag, an dem dieser Brief geschrieben wird, stirbt Friedrich Marschalk von Ostheim in Göttingen. Die Nachricht von seinem Tod trifft einen Tag später, mittags um 1 Uhr, in Nordheim ein.

9. KAPITEL

Fritz

»Mittlerer Größe, am meisten der Mutter ihren schönen Zügen nach ähnlich. Vielseitige Gewandtheit, Fertigkeit im geselligen Spiel, kein ernstes Studium, aber feiner Sinn und Leichtigkeit der Fassung; Denkende sprachen gerne mit ihm. Sprachen lernte er, mehr um mit Ausheimischen zu reden, als zu erforschen; teilnehmend an Freud und Leid, höchst ehrerbietig gegen das Alter, gemütlicher Neigung. Auch war er bis zum schreienden Schmerz bewegt, wenn er von einer Ungerechtigkeit hörte, die er nicht rächen, versöhnen konnte. Mißtrauen war ihm fern.«

Das ist Charlottes Portraitskizze des Bruders; sein Göttinger Studienfreund Peter Poel trägt kräftigere Farben auf: »Die kräftige Fülle seines in allen Teilen proportionierten Körpers, seine blühende und zugleich männlich gebräunte Gesichtsfarbe, kündigten die ungeschwächte Gesundheit der Jugend an; der Adel seines Charakters sprach sich in allen seinen Zügen aus, besonders flößte ein unbeschreiblich lieblicher Zug um den Mund, einem jeden gleich Zutrauen ein.«

Von Fritz haben sich nur wenige Briefe aus seiner Studienzeit erhalten, die meisten davon an Charlotte, in denen sich das ihm zugesprochene teilnehmende, »soziale« Wesen, seine »entspannte«, nicht grüblerische Klugheit gewinnend ausspricht. Das Anziehendste an diesen Briefen aber ist, daß sie so jung sind, so unbeschwert, so voller Hoffnungen in die Zukunft, so voller Vertrauen in die Welt und ihre Menschen. Es war ihm freilich auch leichter als anderen gemacht, sorglos jung zu sein.

Während (ungefähr zur gleichen Zeit) der Student Johann Paul Friedrich Richter, mit einem Armutszeugnis versehen, in Leipzig Theologie und Philosophie studiert, nie weiß, wie er sein täglich Brot bezahlen soll und am Ende vor seinen Gläubigern bei Nacht und Nebel aus der Stadt fliehen muß, unterhält der Student Friedrich Marschalk von Ostheim in Göttingen seinem Stand gemäß eine mehrköpfige Dienerschaft – Stallmeister, Jäger, Läufer, Diener, Hofmeister. Natürlich verkehrt er in der besten Göttinger Gesellschaft (und mokiert sich über ihre Steifheit); mit den Schwestern tauscht er eifrig Neuigkeiten und Klatsch aus den hohen und höchsten Kreisen aus: »Künftige Woche kommt ein Prinz von Nassau-Saarbrück hierher, dessen Begleiter ein Obrist von Dürckheim ist; sollte es wohl ein Verwandter von dem Herrn Minister sein?«

»Daß der Herzog von W(eimar) der jungen Frau Herzogin (von Meiningen) die Cour gemacht hat, finde ich so wenig sonderbar, als wenn ein Mädchen Romane liest.«

»Der Prinz von Saarbrück ist hier, der Herr von Dürckheim aber nicht, wird auch nicht kommen, wie ich gehört habe . . ., mir tut es unendlich leid, daß ich nicht seine Bekanntschaft habe machen können, überhaupt soll der Herr von Dürckheim wie billig gegen diese Reise gewesen sein, denn mit Nutzen kann ein junger Herr von 14 Jahren ohnmöglich hier sein, wohl aber mit enui.«

»Ich wünschte sehr, einen kleinen Lokalbericht über die diesjährige Geschichte von Brückenau zu haben, nebst Erzählung der merkwürdigsten Anekdoten, sollten sie auch in die chronique scandaleuse einschlagen, so kannst du dich auf meine Diskretion verlassen.« (Die alljährlichen Badeurlaube gehören zu den großen gesellschaftlichen Ereignissen im Leben des Adels; auch Charlotte ist, solang sie es sich leisten konnte, jedes Jahr ins Bad gereist.)

Auf großem Fuß kommen auch die Studenten-Scherze des jungen Mannes daher: »Eine Anekdote muß ich Dir noch erzählen, die uns hier sehr amüsiert hat. Vor einigen Wochen war ich in einer Gesellschaft, teils von meinen Bekannten, teils Professoren, teils Engländer aus einem Club. Es schneite den Abend, und wir verabredeten unter uns eine Schlittenpartie. Aber den nächsten Morgen war der Schnee wieder weg; wer uns begegnete, bedauerte von Grund des Herzens unsere fehlgeschlagene Hoffnung. Das ärgerte mich. Wir kamen auf den Einfall und führten ihn sogleich aus, nahmen statt der Schlitten Cariolen, legten auf das Pferd völliges Schlittengeläute, nahmen vor einer jeden Cariol zwei Vorreiter und fuhren so des Nachmittags 3 Uhr durch alle Straßen. Das gab ein entsetzliches Aufsehn. Niemand fragte mehr: Ist wohl Cornwallis gefangen? Wer mag wohl der Vater zum Dauphin sein? oder haben sie den Kaiser auf seinen Reisen gesehen? sondern jedermann fragte haben sie die Cariolen-Partie gesehen?«

Daß Fritz außerdem noch ernsthaft studiert, anders als die meisten jungen Männer seines Standes, anders etwa als die Prinzen, die man schon mit 14 Jahren auf irgendeine Universität schickt, wo sie kaum mit Nutzen, wohl aber mit »enui«, mit Langeweile, sind, das zeichnet

ihn nach Peter Poel »am ehrenvollsten vor allen« aus: »Er war als
letzter männlicher Abkömmling einer früher weit verbreiteten Familie, Besitzer zahlreicher Güter in Franken und Thüringen, deren Verwaltung und die Beförderung des Glückes seiner Untertanen er als
seine Lebensaufgabe betrachtete; und er warf es sich bitter vor, daß
schon so manches Jahr für Erwerbung der dazu nötigen Kenntnisse
verloren gegangen. Mit dem angestrengtesten Fleiße studierte er neben dem öffentlichen und Privatrecht alle Zweige der Kameral-
Wissenschaften ... Um an den Werkeltagen ungestörter arbeiten zu
können, mietete er ein Gartenhäuschen in einer abgelegenen Gegend, wo außer mir keiner unserer Bekannten ihn vermutete und
also auch keiner ihn aufsuchen konnte.« Und der Tageslauf, den er
seiner Schwester skizziert, klingt wirklich fleißig:
»Göttingen, den 13. April:
Ich wohne jetzt auf meinem Garten, stehe um 6 Uhr auf, gehe
dann um 7 Uhr in die Collegia und esse noch früher als der Kaiser
von Fez und Marokko, ohne mich an seine Erlaubnis zu kehren. Bin
dabei fröhlich und gesund, ich wünsche, daß es das Vergnügen ist,
seine Pflicht getan zu haben.«
Jura und Kameralwissenschaften sind ein Pflichtstudium; zum Vergnügen hört er die Vorlesungen beim gefeierten Professor Heyne,
»nämlich die Archäologie, oder Geschichte und Beschreibung aller
alten Kunstwerke der Griechen und Römer, besonders der Überre-
ste und Ruinen derselben ... in der hiesigen Bibliothek finden sich
vortreffliche Zeichnungen von allen möglichen; wenn wir uns einmal sehen, so sollst du meine Hefte lesen; sie werden dir gefallen
und nützlich ist es gewiß, denn durch die Kenntnis des Geschmacks
der Alten bilden wir den unsrigen nach der Quelle.«
Lorchen, der Liebling aller, ist wohl auch seine Lieblingsschwester
gewesen, Charlotte, mit der er über alles reden kann, seine Vertraute,
so wie sie sich ihm als »ihrem Freund und Ratgeber« anvertraut hat.
In Panik hat sie nach des Bruders Tod von Poel die Rücksendung
ihrer Briefe gefordert (und sie dann wohl vernichtet): »Ich schrieb
meinem Bruder mit der äußersten Offenherzigkeit, vertraute ihm die
geheimsten Gedanken; es darf also niemand, wenn nicht meine Ruhe
für die ganze Zeit meines Lebens noch schrecklicher gestört werden
soll, meine Briefe lesen.« Das ist das erstemal, daß wir von Charlottes Briefangst hören, wie dann später noch so oft. Dabei kann das,
was eine Schwester ihrem Bruder mitzuteilen hatte, so schlimm und
gefährlich nun wirklich nicht gewesen sein – ein bißchen Familien-

klatsch, abfällige Bemerkungen über den Vormund vielleicht, viel mehr sicher nicht. Aber wenn sie sich jemandem anvertraut hat, dann fühlt sie sich wie eine Schnecke ohne Haus, zu Tode verwundbar. Sie ist so mißtrauisch wie der Bruder arglos ist, bei aller Gebundenheit an Form und Konvention so sehr Einzelne, wie er mit Fontane gesagt haben würde: Man ist nicht bloß ein einzelner Mensch. Die kleine Strafpredigt, die er ihr einmal hält, trifft ins Schwarze, erkennt sehr genau die Verbindung von starkem Selbstwertgefühl und Weltverachtung einerseits, Verfolgungswahn andererseits, von der Jean Jacques Rousseau in seinen autobiographischen »Confessions« ein eindrückliches Beispiel gegeben hatte. Nützen konnte diese Mahnung natürlich nichts:

»Einen Wunsch hätte ich noch und wage es auch, diese Bitte an Dich zu tun, nämlich etwas weniger Gleichgültigkeit gegen das Urteil des größeren Haufens, von Deiner Seite, und mehr scheinbare Teilnehmung an ihren Schwachheiten. Ich kann das keine Vorstellung nennen, so wenig wie ich den Lügner schelten kann, der mir bei einer Staatsvisite sagen läßt, er wäre nicht zu Haus. Wenn das eigene Bewußtsein und das gute Urteil weniger vernünftiger Menschen auch die Mutter der Glückseligkeit ist, so trägt das, was ich vorhin gesagt habe, gewiß viel zu unserm Vergnügen und Annehmlichkeiten dieses Lebens bei und Pflicht ist es doch wohl, von unserer Seite die Unannehmlichkeiten so viel wie möglich zu vermeiden.

Wie viele Menschen haben Vorzüge vor mir, diese nötigen mich, wenn wir auch sonst kein gleiches Interesse, also auch keine gleichen Meinungen haben, sie hochzuschätzen; lassen sie mir aber ihre Vorzüge zu merklich fühlen, so zwingen sie mich zu hassen, wenn ich sie auch nicht verachten kann. Ich gebe es zu, daß es Schwachheit ist, aber eine den Menschen sehr gemeine Schwachheit. Jean Jacques Rousseau sagt, la nature a brisé le moule dans le quelle elle m'avait formé. Ce n'est pas que je crois valoir plus ou moins que les autres; mais je le sens, que je suis autre...

Rousseau aber sagt auch: die ganze Welt hätte sich gegen ihn verschworen, und er hätte keinen Freund.«

Charlotte und Fritz planten »für bald« gemeinsame Reisen in freiheitliche, »republikanische« Länder, vielleicht einmal nach England – Charlotte trieb eifrig Sprachstudien –, zunächst einmal in die Schweiz: »Du wärest das erste Frauenzimmer nicht, das diese Reise macht«; sollte Charlotte ein Land finden, »wo sich Umstände und Verhältnisse nach unseren Idealen bilden, so wollen wir hinreisen noch ehe wir nach der Schweiz gehen«. Für sich selbst macht Fritz Reisepläne für ein Leben. Er werde nicht, wie für Kavaliere sonst üblich, wie es auch sein Vater noch praktiziert hatte, zwei bis drei Jahre an einem Stück reisen, »um recht mit Muße in Frankreich tanzen, in England reiten und in Italien malen zu lernen, sondern »ich werde einen großen Teil meines Lebens alle Jahre eine Reise machen, und dann wieder einige Monate mir selber und meinen eigenen Angelegenheiten widmen, dann reist man zum zweitenmale und mit Nutzen, wenn man seinen Beobachtungen ruhig nachdenken und seine Bemerkungen einem Freund oder einer Freundin mitteilen kann.«

Eine Reise war ihm noch, kurz vor seinem plötzlichen Tod, vergönnt. »Du hast mir in Deinem letzten Brief so viel Lust zu schönen Ansichten, romantischen Gegenden, empfindsamen Reisen gemacht« (schreibt er der Schwester am 14. September 1782), »daß ich mich auf einmal entschlossen habe, morgen die Ostsee zu bereisen, ich gehe daher in einigen Stunden von hier auf Schwerin, Lübeck, Kiel, Hamburg usw. Wenn Du erst meinen Entschluß gelobt hast, so sollst Du auch erfahren, ob der liebe Mond in der Ostsee sich so recht allerliebst ausnimmt, erst mußt Du mir aber schreiben, ob Du recht vergnügt bist, ich bin es heut wie ein König, und wollte gerne, daß es die ganze Welt wäre.« – »Seit gestern bin ich von einer sehr vergnügten Reise zurück«, meldet er am 29. Oktober, im letzten Brief, den wir von ihm haben.

Knapp drei Wochen später besucht er einen Ball auf dem Hardenberge, »den damals der Graf, nachherige Fürst Hardenberg mit seiner ersten, sehr schönen und liebenswürdigen Gemahlin, geborenen Reventlow bewohnte«. Von diesem Ball sei er, so berichtet der Freund Peter Poel, erst spät in der Nacht heimgekommen. »Gegen Morgen erschien sein Jäger vor meinem Bette, und bat mich in seines Herren Namen, doch sogleich zu ihm zu kommen, indem er sich sterbend fühle. Er war noch vom Tanze erhitzt in einem offenen Wagen zurückgefahren, wodurch er sich eine Erkältung des Unterleibes zugezogen, die eine Verschlingung der Eingeweide, mit allen Symptomen dieser furchtbaren Krankheit, unleidlichen Schmerzen und besonders Erbrechen zur Folge hatte.« Doch in Göttingen und Meiningen kursieren Gerüchte, die nach Meinung der Verwandten von boshaften Leuten in die Welt gesetzt wurden, nicht um dem Andenken Marschalks, sondern dem Ruf einer Frau zu schaden, »quell'on voulait décrediter«. Charlotte hört, auf dem Ball der Hardenbergs sei der Bruder von der schönen Gräfin zum ersten Contre-Tanz aufgefordert worden. Ein eifersüchtiger Engländer habe ihm daraufhin einen an ihn (den Engländer) gerichteten Liebesbrief der Gräfin überbringen lassen, um seine Rechte auf sie zu beweisen, doch der Bruder habe es abgelehnt, diesen Brief zu lesen (»was Ihnen die Gräfin geschrieben, darf kein fremdes Auge sehen«) und ihn in kleine Fetzen zerrissen. Daraufhin sei es zum Duell gekommen, in dem Friedrich Marschalk von Ostheim tödlich verwundet worden sei.

Der Vormund, Herr von Wechmar, reist schleunigst nach Göttingen. »Es hatten nämlich die Freunde des Verstorbenen ... deswegen, weil das Gerücht allenthalben verbreitet worden als sei Herr von Marschalk durch einen Zweikampf ums Leben gekommen, die Vorsicht gebrauchet, den verblichenen Körper zwar beisetzen, jedoch aber das Grab offenzulassen und eine Wache dazuzustellen, damit allenfalls noch seine Familie jemanden absenden könne, um sich durch den Augenschein von dem Gegenteil zu belehren.« Doch als er ankommt, findet er das Grab schon geschlossen: »Wenige Stunden vor meiner Ankunft daselbst war eine Staffette, welche der Herr von Kalb auf Veranlassung des Herrn von Stein nach Göttingen expediert hatte, dorten eingetroffen und hatte die Freunde des Verstorbenen veranlaßt das Grab desselben zumauern zu lassen.

Wodurch mir zwar die augenscheinliche Bestätigung der Wahrheit von dem natürlichen Tode des Herrn von Marschalk benommen war, doch hat mich die Aussage von mehr als 50 Personen, welche seiner Krankheit und seinem Tod beigewohnt, das eigenhändig unterzeichnete visum repertum vereideter Ärzte und Chirurgen und die von ersteren entworfenen Krankengeschichte so ganz überzeugt, daß auch kein Schatten von Zweifel stattfinden kann.« Diese ärztlichen Berichte haben sich erhalten und wer sie liest, wird sich wie der Herr von Wechmar überzeugt finden, daß Fritz eines natürlichen Todes (nach heutiger Diagnose »an den Folgen eines durch rheumatisches Fieber hervorgerufenen Nierenversagens«) gestorben sei. Aber höchst befremdlich bleibt die Staffette der Herren von Stein und von Kalb doch, und es gab Stimmen, die letzteren mit dem Tod seines zukünftigen Schwagers in Verbindung brachten. Ein finanzielles Interesse hätte er daran gehabt.

In seinen letzten, nach dem Krankheitsbericht sehr qualvollen Stunden hat Friedrich Marschalk von Ostheim noch ein Testament gemacht. Der Stallmeister soll 1000 Taler bekommen, der Bediente 500, ebenso wie der Jäger, dem er auch seine Garderobe vermacht.

Dem Läufer sollen jährlich 100 Taler ausgezahlt werden, »unter der Bedingung, daß er seine Läufer-Motion aufgebe und eine andere Hantierung ergreife.« Diese Bestimmung ehrt den Testamentlasser besonders; die Einrichtung der Läufer, die noch Ende des 18. Jahrhunderts den herrschaftlichen Kutschen vorausrennen mußten, war so unmenschlich wie sinnlos. Ein kleines Testaments-Geheimnis gibt es auch: dem Maler Fiorelli in Göttingen soll sein schönstes Gemälde (ohne Handeln um den Preis) abgekauft und dann dem Studenten Peter Poel übergeben werden, »welchen er hiermit nochmals bestens ersuche, es gehörigen Ortes abzuliefern«. Der Witwe des »seligen Beicht-Vaters«, des alten Pfarrers Nenninger, welcher wenige Wochen zuvor verstorben war, hinterläßt er 500 Taler und bittet die Erben, den Sohn in die Stelle des Vaters einzusetzen, den Untertanen erläßt er alle rückständigen Zahlungen. 1000 Taler soll man an die Göttinger Armen verteilen, für die katholische Kirche in Dankenfeld eine Glocke bezahlen. Seine vier Schwestern setzt er zu Universalerbinnen ein.

Am Tage seines offiziellen Begräbnisses schreibt Therese Heyne, die mit dem Schüler ihres Vaters wie mit vielen Studenten ganz gut befreundet gewesen ist, in einem Brief: »Ich sah ihn begraben – ein so schöner Morgen! Freudevoll ging die Sonne auf, als sei sie stolz, daß sie den Staub des Edeln bescheine. Aber die Zurückbleibenden: Sein Läufer, der Jäger, der Kammerdiener, sie waren ganz betäubt; mit kaltem, steinernen Antlitz folgten sie der Leiche und zittern taten sie wie das Laub am Grabe, als das Lied gesungen wurde: ›Auferstehn, ja auferstehn sollst du mein Staub nach kurzer Ruh.‹ Und wie nun der Sarg eingesenkt wurde, riß der Läufer seine gefalteten Hände auseinander, schlug sich vor die Stirn und rief: ›O Gott im Himmel!‹ und vermochte nicht ins Grab zu sehen. So ein allgemeiner Schmerz! Graf Schulenburg war aus dem Wagen hervorgefallen und lag wie sinnlos auf beiden Armen, und Poel war wie eine leblose Maschine.«

Von all den vielen Verlusten, die Charlotte in ihrem Leben getroffen haben, ist der des Bruders für sie wohl der schlimmste und unheilvollste gewesen. In seiner Liebe, seiner Zuneigung hätte sie immer eine letzte Sicherheit gehabt. »Uns Schwestern, – mir, der sie überlebenden, ist der Stachel des Schmerzes über den verlornen geliebten Bruder nie aus der Seele gewichen.«

10. KAPITEL

Raubzüge

Aus dem mittelalterlichen Lehnswesen hatte sich im Laufe der Jahrhunderte ein höchst kompliziertes feudales Besitz- und Erbrecht ausgebildet; den Universalerbinnen des Friedrich Marschalk von Ostheim gehört längst nicht alles, was dem Bruder nach seiner Volljährigkeit gehört hätte. Nur »Söhne- und Töchterlehen«, Besitz, der auf männliche und weibliche Familienmitglieder übergehen kann, fällt ihnen zu, außerdem das »Allodialgut«, das frei vererbbare Eigentum der Familie. Unbestritten ist ihr Anspruch auf das Familienstammgut Waltershausen (mit zugehörigen kleineren Orten) und auf das »schöne Dorf Dankenfeld, wobei 6000 Acker Holz und einige Weinberge in Steinbach am Main«. Die großen Güter und Ländereien im Steigerwald zu Erl, Kolmsdorf, Feigendorf, Triesenbach, Trabelsdorf, Priesendorf, Kirchaich, Dankenfeld und Seesbühl, beansprucht nun eine andere Linie der Familie Marschalk von Ostheim, die Marisfelder Linie, als »Mannslehen« für sich. Sie wird vertreten durch Heinrich August Marschalk von Ostheim, hochfürstlich Bambergischer Geheimer und Hof-Kriegsrat, Oberst und Kommandant der Residenzstadt Bamberg und der Feste Forchheim (außerdem Inhaber zahlreicher anderer Ämter und Ehrentitel) und durch seinen Neffen Christian Ernst Marschalk von Ostheim zu Walldorf, einem Bruder der Frau von Wolzogen. Kampflos aber will man den »Marisfeldern« eine solche reiche Beute nicht überlassen. Über die fieberhaften Aktivitäten, die einsetzen, noch bevor die endgültige Todesnachricht aus Göttingen eintrifft, hat der Vormund Friedrich Albrecht von Wechmar einen ausführlichen Bericht verfaßt, der zeigt, wie diese Ritter des 18. Jahrhunderts raubten und um Besitz kämpften, nicht mehr mit Hilfe von Waffen, sondern mit Hilfe von Notaren, die durch formelle Akte der »Besitzergreifung« zunächst einmal vollendete Tatsachen schufen (die dann freilich gerichtlich angefochten werden konnten).

»Nachts 1 Uhr zwischen 20ten und 21ten November ward mir [in Waltershausen] durch eine Staffette ... ein Brief aus Göttingen den 19ten November von einem gewissen Herrn Poel, einem besonders guten Freund des Herrn von Marschalk, ausgehändiget, darin derselbe mir auf Begehren des Herrn von Marschalk meldet, daß dieser an einer Entzündung im Unterleibe gefährlich krank, und wahrscheinlich dem Tode sehr nahe sei – ich sollte einstweilen das, was das Interesse seiner vier Fräulein Schwestern beträfe, die nötige Rücksicht nehmen, auch würde ich, wenn der Tod erfolgen sollte, sogleich durch eine 2te Staffette davon Nachricht erhalten.

Ich will in dieser Geschichts-Erzählung nichts von dem Schrecken und der damit natürlich verbundenen Unentschlossenheit erwähnen, welche mich bei einer so traurigen Nachricht in den ersten Momenten ganz außer Stand setzten, einen überlegten Entschluß zu fassen. Die tiefe Verschwiegenheit, welche die Umstände auf den Fall nötig machten, wenn Herr von Marschalk sterben sollte, erschwerte mir meine Lage noch mehr. Bis 2 Uhr brachte ich zu, mich in so ferne zu fassen, daß ich sofort den Jäger Güth zu Waltershausen, auf dessen Verschwiegenheit und Treue ich mich verlassen konnte, als Courier nach Trabelsdorf schickte, und dem Amtmann Schwendler unter dem Siegel der Verschwiegenheit aufgab, sogleich sich mit einem kaiserlich geschworenen Notario zu versehen und bereit zu halten, auf die erste Nachricht von den Gütern im Steigerwald für die Frau und Fräulein Schwestern des Herrn von Marschalk Besitz nehmen zu können. Zugleich setzte ich mich mit dem Vorsatz zu Pferde, eilends nach Göttingen zu reiten, und meinem kranken Freund beizustehen. – Ich hatte kaum einige Stunden geritten, als ein Sturz meines Pferdes bei denen ganz ungebahnten holperichten Wegen und eine kältere Überlegung mich bewogen, von dem Gedanken, nach Göttingen zu reisen, abzustehen, weil ich dort von wenigerem Nutzen als hier auf den Fall des Todes sein würde. Ich kam um 6 Uhr wieder nach Waltershausen, ließ meine Chaise anspannen, und eilte nach Nordheim, um mich dorten des Rats der nächsten Verwandten meines Herrn Pflegebefohlenen bedienen zu können. Um 9 Uhr vormittags 21ten November traf ich in Nordheim ein. Auf alle Fälle hatte ich in Waltershausen den eisernen Kasten, in welchem die meisten Familien-Dokumente verwahrt sind, unter dem Vorwand mitgenommen, es sei eine Heirat mit der Fräulein Eleonora im Werk, weshalb ich verschiedene Familien-Urkunden in Nordheim nachsehen müßte. Diesen Kasten brachte ich einstweilen zu Nordheim in Sicherheit, traf aber den Herrn von Stein nicht zu Hause an. Ich war genötigt, der Frau von Stein die traurige Nachricht, welche mich nach Nordheim führte, obwohl mit aller Vorsicht zu hinterbringen. Die gegenwärtigen Fräulein Charlotte und Eleonore von Marschalk sowie der Herr Kammerpräsident von Kalb wurden bei der Meinung gelassen, ich sei wegen der vorseienden Heirat gekommen, und dem Herrn Kammerrat von Stein ward ein reitender Bote nachgeschickt, um ihn eilends nach Hause zu rufen. Noch schwebte ich zwischen Hoffnung und Furcht, doch war die Lage um so peinlicher, weil die unbefangenen Fragen der Fräulein Schwestern nach Nachricht von ihrem Bruder in meinem Gesicht einen Anstrich von Ruhe erforderten, dem die Empfindungen der ängstlichen Erwartungen in meinem Herzen so ganz widersprachen. Um 1 Uhr mittags brachte die 2te Staffette mir die Nachricht in einem Brief von eben gedachten Herrn Poel aus Göttingen, daß Herr von Marschalk am 20ten November früh 3 Uhr wirklich verschieden sei. –

Kurz darauf kam Herr Kammerherr von Stein an, und ich trug ihm, jedoch mit der Behutsamkeit, mit der eine ihm so plötzlich als höchst empfindliche Nachricht beizubringen die Freundschaft erfordert, dieselbe vor. Die Standhaftigkeit, mit welcher er sie ertrug, rief mich bei aller Lebhaftigkeit zu Erfüllung dessen, was mir als Vormund der Erben der Verstorbenen izt oblag, zurück.«

Wechmar schickt einen Kurier nach Trabelsdorf »mit dem schriftlichen Auftrag an den Amtmann Schwendler, daß derselbe ohngesäumt von allen Steigerwälder Gütern, insoferne die Schwestern des Verstorbenen einigen Anspruch daran machen könnten, Besitz ergreifen solle.« Er selbst läßt von Waltershausen und den dazu gehörenden Ortschaften notariell Besitz nehmen und reist dann nach Trabelsdorf ab, wo er bei schlechtem Wetter am 22. abends ankommt. Die dem Amtmann Schwendler aufgetragene Besitzergreifung der Güter im Steigerwald hat immer noch nicht stattgefunden und schon hat sich das Gerücht vom Tode des jungen Herrn verbreitet. Erst am 23. November kann dort mit der Besitzergreifung begonnen werden.

Wieder steigt von Wechmar in den Reisewagen, diesmal nach Bamberg, wo er nun, da ohnehin jeder davon weiß, den Bischof als Lehnsherrn und den Obristen von Marschalk offiziell von dem Todesfall und seinen Aktivitäten in Kenntnis setzen will. Unterwegs begegnet er dem Grafen Friedrich von Rotenhan, einem Vetter der Allodial-Erbinnen, der Ansprüche an das Marschalksche Erbe zu haben glaubt und durch Besitzergreifung geltend machen will. »Dieses zu hindern mußte mir allerdings angelegen sein. Sobald sich unsere Wagen begegneten, ließ ich halten, stieg aus, Herr von Rotenhan, der noch einen Herrn von Redwitz im Wagen hatte, tat ein gleiches. Ich sagte dem Herrn von Rotenhan, Herr von Marschalk sei tot, ich sei willens gewesen, nach Bamberg zu fahren, um ihm den Tod dieses nahen Verwandten zu berichten, und zugleich Seiner Fürstlichen Gnaden wegen dringender Angelegenheiten aufzuwarten. Herr von Rotenhan erwiderte: er habe gehört, ich sei in Trabelsdorf, und käme, um mich dort zu besuchen, ich bedauerte, daß ich diese Visite um so weniger annehmen könne, da ich in Trabelsdorf ihn zu bewirten außerstande, weil der Amtmann mit Notarius auf andern Gütern um Trabelsdorf herum mit Possessions-Ergreifung beschäftiget, mithin das Haus ganz leer sei, ich bat also wieder umzukehren, und mir zu erlauben, ihm in Bamberg aufzuwarten.« Rotenhan, »ohngeachtet die Wendung, welche die Sache nahm, ihm nicht die angenehmste zu sein schien«, bietet Wechmar einen Platz in seinem Wagen an (quartiert dafür den Herrn von Redwitz in die Kutsche Wechmars um) und kehrt mit ihm nach Bamberg zurück.

In einer Audienz trägt Wechmar dem Bamberger Fürstbischof den Fall vor, benachrichtigt die Erben aus der Marisfelder Linie und kehrt nach Trabelsdorf zurück, wo die Besitzergreifung immer noch »im Gange« ist. Am 24. November morgens kommt dann der Obrist von Marschalk in Trabelsdorf an, um sich gleichfalls am Besitzergreifen zu beteiligen. Sein »unermüdlicher Eifer« trägt Wechmar die Anerkennung des Ritterkantons Rhön und Werra ein. Was er getan, könne so wenig hinlänglich belobt als übertroffen werden.

Doch schafft dieser Eifer auch die Grundlage zu jahrzehntelangen Prozessen und Erbstreitigkeiten, die das Leben der Schwestern überschatten und am Ende zum Ruin der Familie führen werden.

Eine Besitzergreifung im größeren Stil droht ganz kurz danach, im Winter 82/83, dem Herzogtum Meiningen. Der Herzog Georg, nach dem frühen Tod seines Bruders Carl Alleinregent des Ländchens, ist schwer erkrankt und, gerade erst verheiratet, noch ohne Erben. Stirbt er, so wird Meiningen an den hochverschuldeten Herzog von Coburg fallen. Als die Nachricht von des Herzogs Krankheit am Hof zu Coburg eintrifft, wird dort alles zur Besitzergreifung des Meiningischen Landes vorbereitet; Milizen stehen zum Ausrücken bereit am Stadttor. Doch Georg wird wieder gesund. Am 4. Februar 1783 feiert man in Meiningen ein großes Genesungsfest: »Früh um 6 Uhr zog der Kantor Krause mit dem Chore, der Kapelle und einer großen Menge Volks in den Schloßgarten, wo unter dem Fenster der Herrschaft die Lieder ›Nun danket all und bringet Ehr‹ und ›Nun danket alle Gott‹ gesungen wurden.« Und in Meiningen zirkuliert ein Spottgedicht, das auch in Coburg bekannt wird: die »Wunderseltsame Historia des berühmten Feldzuges, als welchen Hugo Sanherib, König von Assyrien, ins Land Juda unternehmen wollte, aber unverrichteter Ding wieder einstellen mußte.«

Fürst Sanherib erzählte schon
   Den Damen seine Siege,
Aufs Wohl des neuen Landes flohn
   Von Tisch zu Tisch die Krüge,
Schön möbelt' man das neue Schloß –
Je glätter der Burgunder floß.

. . .

Doch während daß der Vetter schon
   Nach deiner Krone schielte,
Und auf dem *noch besetzten* Thron
   Schon Davids Harfe spielte,
Lagst du – o Fürst – beweint vom Land,
Noch unversehrt – in Gottes Hand.

Gott stand auf Höhen Sinais
   Und schaute nach der Erden,
Und sahe schon ein Paradies
   Durch deinen Zepter werden.
Und sahe mit erhabner Ruh
Dem Unfug deines Vetters zu.

Schnell schickt er einen Cherub fort,
   Und spricht mit sanftem Lächeln:
»Geh Raphael – dem Fürsten dort
   Erfrischung zuzufächeln.
Er ist mein Sohn – mein treuer Knecht!
Er lebe – denn ich bin gerecht.«

Dem Willen Gottes untertan,
   Steigt Raphael herunter,
Nimmt eines Arztes Bildung an,
   Und heilt dich durch ein Wunder.
Dein Fürst ersteht – jauchz Vaterland!
Gerettet durch des Himmels Hand.

Die Post schleicht nach Assyrien,
  Wo Sanherib regieret,
Und eben seine Königin
  Vom Schlitten heimgeführet. –
»Ihr Durchlaucht! Ein Kurier!« – »Herein!
Es werden Trauerbriefe sein.«

Schnell öffnet er den Brief, und liest,
  Liest – ach! der Posten trübste –,
Daß Josaphat am Leben ist –
  Und flucht an seine Liebste:
»Der Krieg ist aus! – Pest über dich!
Zweitausend Taler schmerzen mich!!«

Als Verfasser der Ballade zeichnet ein gewisser »Simeon Krebsauge, Bakkalaur«, in Coburg argwöhnt man, daß sich dahinter der Hofprediger Pfranger versteckt (»Die Chronika aus Juda schrieb / mit einer schwarzen Feder. / Gescheiter wärs, des Dichters Trieb / ging mehr auf Bußgebeter«). Tatsächlich stammt sie von dem jungen Dichter der »Räuber«, von Friedrich Schiller, den die Coburger freilich kaum im Herzogtum Meiningen vermuten können.

11. Kapitel

Der süße Bund

Am 7. Dezember 1782 wird dem Herrn Bibliothecarius Reinwald in Meiningen ein Billett überbracht:

»Ein Fremder von Stuttgart, der vor einer halben Stunde hier eintraf, und Ihnen vielleicht schon bekannt ist, wünscht das Vergnügen zu haben, Sie zu sprechen, weil er aber wegen Sicherheit seiner Person inkognito bleiben muß, so werden Sie so gütig sein, zu bestimmen, wo wir beide am ruhigsten beieinander sind. Ich höre, Sie haben die Kost aus dem Hirsch, ich bin also so frei, Sie auf ein Mittagessen zu bitten.«

Der Hang zum dramatischen Effekt ist unverkennbar in diesem Brieflein, dessen Absender unter dem Namen »Ritter« reist und sich auf der Flucht vor dem Herzog von Württemberg ein wenig so gefühlt haben mag, wie der Held seiner »Räuber«. Schiller ist auf dem Weg nach Bauerbach, einem Rittergut, das ungefähr zwei Wegstunden südlich von Meiningen liegt. Dort will er sich auf Einladung der Frau von Wolzogen, die er in Stuttgart über ihren ältesten Sohn Wilhelm kennengelernt hat, solange aufhalten, bis Gras über die Sache gewachsen ist. Auf dem reichsritterschaftlichen Boden Bauerbachs ist er dem Zugriff der Länderpolizei entzogen.

Der Winter in dem armseligen Nest kommt dem unruhigen und ehrgeizigen Dreiundzwanzigjährigen wie eine Verbannung vor. »Liebster Freund, ich wünschte Sie so oft – so oft in meine einsame grillenhafte Zelle hinein, und möchte oft meine tägliche Kost um eine menschliche Gesellschaft dahingeben. – Gelegentlich muß ich anmerken, daß ich nunmehr der Meinung bin, daß das Genie, wo nicht *unterdrückt*, doch entsetzlich zurückwachsen, zusammenschrumpfen kann, wenn ihm der Stoß von außen fehlt.« Seine wichtigste Verbindung zur Welt ist Reinwald in Meiningen, der ihn besucht, allerdings nur selten, weil seine Kränklichkeit lange Winterwanderungen nicht erlaubt, der ihm Briefe zukommen läßt, ihn mit Neuigkeiten, Zeitungen, Büchern versorgt, und mit allem, was Schiller sonst noch braucht. Lange Bitt-Listen gehen an ihn ab:

»Zum *Ersten* haben Sie die Güte, den beifolgenden Brief zu besorgen.

Zum *Zweiten* sehen Sie doch nach, wie Sie mir ein Paket Gothaer-
zeitungen mitschicken können. . . .

Zum *Dritten* schicken Sie mir doch das Original meiner Romanze«
(der vom mißlungenen Feldzug des Königs Sanherib) »zu.

Zum *Vierten* (Lachen Sie mich nicht aus) schenken Sie mir doch
etwas Tinte, oder weisen Sie die Judith« (die Botenfrau) »an, wo man
gute bekommt. Doch will ich sie lieber von einem Gelehrten als von
einem Schulmeister.

Zum *Fünften* schicken Sie mir wiederum ½ Pfund von dem guten
Schnupftabak, den Sie mir schon etliche mal ausgemacht haben.
Marocco.

Zum *Sechsten* ein Buch recht gutes Schreibpapier, meine *Louise
Millerin* darauf abzuschreiben. Das Holländische stumpft mir die
Federn so ab.

Zum *Siebenten* empfehlen Sie mich dem Herrn Hofprediger, dem
lieben braven Mann.«

Dafür lädt er Reinwald und Pfrangers zum Mittagessen ein (»Morgen bekomme ich Visite von Reinwald, Herrn Hofprediger und seiner Frau, wo eine Zinshenne bluten wird«) und findet sich zu Gele-
genheitsgedichten bereit, zu der Sanherib-Ballade und, höchst
unlustig, zum Prolog eines Stückes, das zur Genesungsfeier des Herzogs Georg aufgeführt wird. Daß das Gedicht in seinem allerunge-
nießbarsten Prunk- und Glanzstil nichts taugt, weiß er schon selbst,
aber: »Sie glauben nicht wie wunderlich es mir vorkömmt aus zwei
Schauspielen großen Inhalts heraus zu treten und Prologen für Kin-
derstücke zu machen. Nicht anders als wenn einer aus der Schlacht
kommt und Flöhe fangen muß.«

Das eine der zwei Schauspiele »großen Inhalts« ist der »Don
Carlos«, dessen Stoffgrundlage er sich aus Quellenwerken der
Schloßbibliothek zu Meiningen erarbeitet. Das andere ist die
»Louise Millerin«, die dann in »Kabale und Liebe« umgetauft wird
und am 14. Februar 1783 schon so weit fertig ist, daß sie nur noch
abgeschrieben werden muß. In diesem bürgerlichen Trauerspiel begegnet uns – nur als Name – die Gräfin Friederike von Ostheim, die
der Präsident von Walter seinem Sohn zur Gemahlin vorschlägt.
»Friederike von Ostheim könnte jeden anderen zum Glücklichsten
machen«, muß ihm der arme Ferdinand antworten, der schon eine
andere, die Bürgerliche Luise Miller liebt. Und es begegnet in der
Person des Hofmarschalls von Kalb die Karikatur eines eitlen, krie-
cherischen, französisch parlierenden, unsäglich törichten Höflings.

Als die Frau von Wolzogen um die Jahreswende 1782/83 in Meiningen und Bauerbach war, hat sie Schiller von den traurigen Ereignissen erzählt, welche die Schwestern getroffen hatten, vom Tod des Bruders und von der Heirat der Leonore Marschalk von Ostheim (deren zweiter Vorname Friederike war) mit dem verabschiedeten Kammerpräsidenten von Kalb. Die Tendenz ihrer Erzählung kann man wohl aus Schillers Verwendung der Namen Ostheim und Kalb erschließen. Natürlich erfahren auch die Schwestern vom geheimnisvollen Gast ihrer Tante, der für Charlotte besonders interessant sein muß. Sie hatte die »Räuber« auf dringende Empfehlung der Frau von Wolzogen gelesen, wenn ihr auch vor der Lektüre bange war, »denn Schreckhaftes hat man mir davon gesagt. Ich las das Trauerspiel wiederholt; doch manches konnte ich nicht erfassen. Einzelnes war mir von höchster Bedeutung... Eine Stelle hatte mich besonders ergriffen: ›Wo die einsame Nacht und die ewige Wüste meine Aussichten sind, da würde ich die schweigende Öde mit meinen Phantasien bevölkern, und hätte die Ewigkeit zur Muße, das verworrene Bild des Elends zu zergliedern.‹«

Persönlich kennengelernt hat sie Schiller in seiner Bauerbacher Zeit wohl nicht, aber sie hat sich ihm doch als Verehrerin bekannt gemacht und ihm zusammen mit andern jungen Mädchen, vielleicht auch im Namen der Schwestern, einen Lorbeerkranz zukommen lassen, wie wir hören. Ob es ein wirklicher Lorbeerkranz war, oder nur ein symbolischer, gemalter, gestickter, gedichteter, ist nicht bekannt. Schiller hat sich für die Huldigung mit einem kleinen Gedicht bedankt, dessen Abfassung ihm, aus den vorhandenen Entwürfen zu schließen, ziemlich sauer fiel.

> Den Lorbeer übersandten mir
> Von Teutschlands schönsten Mädchen vier
> Wer sind Sie? Sag es Dichterkönig?
> Sinds Musen? – Nein! Sie wären ihrer zu wenig.
> Sinds Grazien? die Vierte wär zu viel
> Doch hab ich nicht von Wieland jüngst vernommen
> Daß Psyche zu den Grazien gekommen?

Mehr rhetorischen Schwung hat das Gedicht, das er zur Hochzeit von Henriette, einer Pflegetochter seiner Gastgeberin, verfaßte, in deren Tochter – sie hieß auch Charlotte – er zu dieser Zeit ein wenig verliebt war; weil bei ihm jede (oder fast jede) Verliebtheit immer gleich zu Heiratsgedanken führte, gingen wohl eigene Träume in die Gefälligkeitsarbeit ein.

> Wie schön ist doch das Band der Liebe!
> Sie knüpft uns, wie das Weltgetriebe,
> Auf ewig an den Schöpfer an.
> Wenn Augen sich in Augen stehlen,
> Wenn Tränen Tränen sich vermählen,
> Ist schon der süße Bund getan.
>
> Wie göttlich süß ist das Vergnügen,
> Ans Herz des Gatten sich zu schmiegen,
> Wie süß, sich seines Glücks zu freun!
> Wie süßer – sich für ihn zu quälen!
> Auch Wehmut kettet schöne Seelen,
> Und wollustvoll ist diese Pein!

Schöne Aussichten, die Schiller dann noch sehr ausführlich konkretisiert:

> Wenn unter drückenden Gewichten
> Des Kummers und der Bürgerpflichten
> Der müde Gatte niederfiel,
> Wirst Du mit *einem* holden Lächeln,
> Erfrischung ihm entgegenfächeln –
> Und spielend trägt er sie zum Ziel.

Als Gipfel des Glückes, das die Frau in der Ehe erwartet, schildert er die Freuden des Mutterseins, scheint beim Schreiben freilich selbst gemerkt zu haben, daß er damit seine Kompetenzen entschieden überschritt:

> Die Seligkeit – Du wirst sie kennen,
> Wenn stammelnd Dich die Kinder nennen,
> Und herzlich Dir entgegen fliehn –
> Die bange Lust – – die süßen Qualen – –
> Umsonst! kein Jüngling kann sie malen –
> Hier werf ich meinen Pinsel hin –

Das Gedicht dauert dann trotz weggeworfenen Pinsels noch weitere sechs Strophen.

Sehr lange hat es Schiller danach in seiner Bauerbacher Verbannung nicht mehr gehalten. Im Juli 1783 gab er sein »Inkognito« auf und ging nach Mannheim ans Theater.

Das Glück der Mutterschaft bleibt Eleonore Marschalk von Ostheim in der Ehe mit Johann August von Kalb versagt; ihr Lächeln reichte nicht, den unter dem drückenden Gewicht seiner Schulden Erliegenden aufzurichten und gar »spielend« zum Ziel zu tragen; bei der Hochzeit (Ende 1782) weint sie allenfalls aus Kummer oder Zorn. Zwar behauptet Kalb (im Brief an Knebel), die Zuneigung seiner Verlobten gewonnen zu haben, doch Charlotte sagt in den »Erinnerungen«: »Gleichgültigkeit würde zu schwach ihre Abneigung bezeichnen.« Eigentümlicherweise macht sie ihrer Schwester aus dieser Abneigung als einer Art »Verwöhntheit« einen Vorwurf: »Lorchen, das lieblich scharfe Wesen, verlangte wohl, daß andere ihren Launen gefällig sein sollten; was solchen nicht fügsam, blieb ihr indifferent«, und sie fügt hinzu, daß Kalb, mit 35 Jahren doppelt so alt wie seine Braut, dieses »weibliche Kind so schmeichelnd gehalten«, seine Wünsche zu erraten und zu befriedigen gesucht habe, wie es kaum ein anderer getan haben würde. Aber dann verfällt sie der »lieblichen Schärfe« der Schwester doch gleich wieder. »Eine ältere Dame, welche der Präsident von Kalb sehr vorzüglich fand, hatte sich vorgenommen, die junge Frau zu freundlichen Gesinnungen gegen ihn zu bewegen, und verfolgte sie öfter mit Ermahnungen... ›Wenn Sie ihn auch nicht lieben, verehren werden Sie ihn doch wohl‹, sprach sie einst zu ihr.

Das jugendliche Wesen im schwarzseidnen Gewande, das Köpfchen im Schmuck der blonden Locken, richtete sich auf, mit abwehrender Bewegung sagte sie: ›Dem muß es recht elend zu Mute sein, der den Wunsch hegt, ein Anderes besonders verehren zu wollen.‹«

Kalb wird als Bewerber Lores akzeptiert, weil die Vormundschaft, die nach Fritzens Tod möglichst schnell ihrer Verwaltungspflichten entledigt sein will, ihn für vermögend hält. Zu spät findet Herr von Wechmar heraus, daß sie sich von Kalb gründlich hat täuschen lassen.

»So hat solcher den größten Teil seiner Schulden verschwiegen, und dabei auf sein Ehrenwort versichert, daß er keine andern hätte als zehntausend Reichstaler bei Seiner Durchlaucht, dem Herzog von Weimar, welche er nicht schuldig wäre zu verinteressieren, wovon sich aber nachher das Gegenteil gezeigt hat.

Hat gedachter Kalb dem Herrn von Stein versichert, daß auf dem Gut Kalbsrieth keine Schulden hafteten, und jetzo gesteht er doch selbsten ein, daß dieses Gut mit 11 000 Reichstaler beschwert wäre ...

Behauptete er, daß das Gut Kalbsrieth ein Majorats-Gut wäre ... anjetzo sagt er selbsten, daß dieses nur in der Willkür seines Herrn Vater bestünde; würde er dieses vor seiner Eheverbindung geäußert haben, so würde man mit Recht haben Bedenken tragen müssen, in seine Ehe zu konsentieren, indem die Versorgung seiner Gemahlin viel zu gering ausgefallen sein würde.«

Die Monate nach der Hochzeit lebt Charlotte mit Schwester und Schwager erst in Trabelsdorf »schlummernd, trübselig« dahin; im Sommer ziehen sie ins Jagdschloß Dankenfeld um, dorthin getrieben vielleicht durch die Schikanen des Bamberger Obersten Marschalk von Ostheim, der versucht, die Schwestern wegzuärgern von einem Erbe, das eigentlich *ihm* zusteht, von dem *sie* aber rechtmäßig Besitz ergriffen haben. Kalb beschwert sich deswegen beim Wiener Reichshofrat, der ein kaiserliches Schutz-Dekret für die Allodial-Erbinnen erläßt und dem Obersten bei Androhung einer Geldstrafe verbietet, sie in ihrem Besitz »zu stören«.

Anfang August kommen auf Einladung des Präsidenten Karl Ludwig von Knebel und seine Schwester Henriette für ein paar Tage zu Besuch und freunden sich besonders mit Lorchen an; Ende August 1783 trifft Heinrich von Kalb, der um zwei Jahre jüngere Bruder des Präsidenten, in Dankenfeld ein. Er ist Offizier im Regiment »Royal Deux-Pont-Zweibrücken«, das vor allem aus Deutschen besteht, einem deutschen Fürsten, dem Herzog Karl II. August von Zweibrücken ›gehört‹, von diesem aber mitsamt seinem Oberst-Kommandanten, Christian von Forbach, an die Franzosen ›vermietet‹ ist. Solcher Menschenhandel ist im 18. Jahrhundert ganz üblich; seine Hauptleidtragenden sind die oft wider Willen in die Uniform gepreßten einfachen Soldaten, die in fremden Farben, auf fremdem Boden Bruderkämpfe austragen müssen. Heinrich von Kalb kommt ›frisch‹ aus dem amerikanischen Unabhängigkeitskrieg, wo er mit seinem Regiment unter Lafayette auf Seiten der ›aufständischen‹ Amerikaner gekämpft und sich bei einem der wichtigsten Kriegsereignisse, der Belagerung und Eroberung von Yorktown, ausgezeichnet hat. Die Besatzung der Festung bildeten – unter englischem Regiment – vor allem von ihren Fürsten verkaufte Landeskinder aus Hessen und aus Ansbach-Bayreuth.

Die Kriegserzählungen Heinrich von Kalbs ziehen interessierte

Besucher nach Dankenfeld, auch auf Charlotte machen sie großen Eindruck, die an dieser Stelle ihr lebhaftes politisches Interesse und ihre Parteinahme für die amerikanische Unabhängigkeitsbewegung erklärt. »Früher schon hatte ich stets die Hamburger Zeitung gelesen, und obgleich ich nie eine politische Meinung geäußert, neigte ich mich doch schweigend auf die Seite der Opposition.« Entschieden aber bestreitet sie, daß sie Zuneigung oder gar Liebe für Heinrich von Kalb empfunden habe, den ihr der Präsident zum Bräutigam bestimmt hatte. Er »empfing den Bruder mit einer lebhaften, fast heftigen Freudigkeit, mit dem Ausdruck innigster Zuneigung, wie ich solche früher wie später nie wieder bei ihm bemerkt habe. Der Affekt bei dem Wiedersehen hatte wohl eine zwiefache Beziehung, denn längst hatte er eine eheliche Verbindung seines Bruders als einzige Bedingung erachtet, um über das Allodial-Vermögen allein, selbständig zu walten.

Als wir, und ebenso seine Verwandte, besonders Siegmund v. Sekkendorff seinen Absichten entgegneten, war er in der heftigsten Erregung. Mit Erbitterung sprach er von dem Druck seiner Lage, von der Verwirrung seiner Geschäfte, und sowohl ich, als meine Schwester mußten nach seiner Darstellung einen gefährdeten, bedenklichen Zustand erkennen. In diesen Vermögensbeziehungen war er rastlos, unablässig in Korrespondenzen, von Juristen und Advokaten umringt; und solche angestrengte Sorge erregte oft Mitleid.« Die von Begehrlichkeit und Angst entzündete Beredheit des Präsidenten besiegt am Ende allen Widerstand. Am 25. Oktober 1783 wird Charlotte mit Heinrich von Kalb verheiratet. »In dem Saale, wo einst das Bild herabfiel, war die Trauung.«

Der Präsident aber, gegen dessen hohe Kunst der Heuchelei die Intrigen des Schillerschen Hofmarschall von Kalb nur Stümperei sind, schreibt an seinen Geschäftsfreund, den Industriellen Bertuch in Weimar: »Wahrscheinlich hat Ihnen mein Bruder (die Furchtsamkeit und Bescheidenheit eines außerordentlich zärtlichen Liebhabers könnte ihn allein abgehalten haben) die Confidence eines Ereignisses gemacht, die fast selbst meine Wünsche übersteigt – die von seiner Verbindung mit meiner ältesten Schwägerin, einer Person von ausgezeichnetem Verdienst ... Ich habe nicht zugeredet, nichts getan, als alles seinen Gang gehen lassen; das erste Wort so ich gesprochen, war, nachdem alles richtig war. Sie fühlen leicht, wie sehr mein Glück durch das von zwei Personen erhöht wird, die meinem Herzen so nah sind.«

12. Kapitel

Der Hoffnung Atmen

»Im Dezember nach Bayreuth. In der Wohnung, die mir bestimmt war, fand ich alles leer, noch kein Möbel.« Charlotte setzt an den Anfang ihrer Ehe auch schon das Bild ihrer Auflösung. Sie sagt »mir« und nicht »uns«. Sie löscht auch das »Dazwischen« aus: In ihren »Erinnerungen« kommen die Möbel nie, bleibt die Ehe ein leerer Raum, darin Heinrich und Charlotte »in tiefster Wesenheit geschieden«. Wir wissen nur: sie haben miteinander gelebt und gegessen, geredet, haben miteinander geschlafen und Kinder gezeugt, aber wie sie miteinander umgegangen sind, wissen wir nicht. Briefe der Eheleute haben sich nach Charlottes Willen nicht erhalten. Nur Spuren dieses Umgangs finden sich, die oft das Gefühl vermitteln, als ertappte man mit ihnen Charlotte beim Lügen. Dieser Mann, mit dem sie in den Erinnerungen nichts hat als einen gemeinsamen Namen, soll, wie wir hören, seine Frau geliebt, soll gar eifersüchtig gewesen sein? An diesen Fremden Heinrich von Kalb soll sie (bei einem winterlichen Ausflug) so fürsorglich gedacht haben, wie wir in einem kleinen Billett lesen können? »Mein Mann wird die Ehre haben, die Damen zu begleiten. Aber haben Sie die Güte, für ihn zu sorgen und ihm einen Pelz zu schicken, damit weder Zug noch Kälte ihm schaden – ich fürchte bei seinem heftigen Katharr.« Daß uns das Selbstverständliche wundert, ist ein Erfolg dieser Strategie des Verschweigens und Auslöschens alltäglicher, bedingter und bedingender Ehewirklichkeit im Namen einer unbedingten »befreiten« Idee von Liebe, von Freundschaft.

Außenstehende haben Heinrich von Kalb zumeist freundlich und wohlwollend gefunden, nennen ihn (zum Beispiel) »einen herzlich guten Mann«. Besondere Eigenschaften gewinnt er in ihren Zeugnissen nicht. Zu Hause, seiner Frau gegenüber ist er schon im ersten Ehewinter von »trüber Verschlossenheit«; »diese Verborgenheit war entweder sein Charakter, oder schien ihm nötige Vorsicht.« Auf ihr Drängen hin zeigt er ihr einen Brief seines Vaters, »worin dieser mit Herbe über seine Anforderungen sich ausließ«, dem Sohn also wohl Vorwürfe macht, weil er im Leben bisher so wenig erreicht habe. Auch ist diese Depression gewissermaßen eine Berufskrankheit des

Offiziers, der nach Jahren des aktiven Dienstes im Ausland sich fremd fühlt in der Heimat, der mit Krieg und Kampf auch den Sinn seiner Existenz verloren hat. Als Charlotte ihren Mann im Frühjahr 1784 in seine Garnisonsstadt Landau begleitet, lernt sie dort viele Offiziere seiner Art kennen: »Ernster, melancholischer Stimmung schienen die meisten Offiziere, die vor einem Jahre aus Amerika zurückgekommen waren. Früher Gewohntem waren sie entfremdet; wenn auch der Sinn nicht das Wahre, Rechte verfolgte, war doch dem Blick ein weit Gefild eröffnet, in dem man neue Bahnen erblickte. – So, Gleichgültige, Unzufriedene, Strebende, von sinnendem Eifer erfaßt; und in solcher Erregung waren sie stets in Journale und Zeitungen vertieft, teilten gern das Merkwürdigste der Begebenheiten und der Satire mit über die Ersten in Frankreich. Diese Philippiken verstand ich keineswegs; der Geister Toben hätte den Bedachtsamen schon damals verwundern können.«

Charlottes Aufenthalt in Landau ist gegen die Konvention. Üblicherweise wohnen die Frauen der Offiziere nicht bei ihren Männern (deren halbjähriger Urlaub für Familienleben auch wirklich genügend Zeit läßt), »da man in Frankreich so wechselnden Aufenthalt für Frauen für unpassend hielt«. Aber die Familie hat sich wohl ausgerechnet, daß eine junge, geistreiche Frau ihrem Mann von Vorteil sein konnte bei seinen Bemühungen um einen Posten am Hof des Herzogs von Zweibrücken. Bruder und Vater scheinen bei diesen Karriere-Plänen wie bei der Heirat Heinrichs die treibende Kraft gewesen zu sein.

Der Winter 1783/84, Charlottes erster Ehewinter, war in ganz Deutschland außerordentlich streng und lang. Charlotte erinnert das Datum ihrer Abreise nach Landau noch als alte Frau: »Den 5. Mai reisten wir von Waltershausen . . . bei Schneegestöber und eisiger Kälte nach Würzburg. – Milder wurden die Lüfte.« Sie fährt in den Süden, dem Frühling und der Liebe entgegen; weil sie im Rückblick erzählt, verschränken sich in den »Erinnerungen« Bilder von Angst und Hoffnung, Qual und Seligkeit, Hölle und Himmel: » . . .Durch schöne Dörfer in das schmale Tal des Spessart. Ein durch den damaligen heftigen Eisgang überströmter Bach hemmte plötzlich die weitere Fahrt. Viele Männer waren daselbst beschäftigt, um einen andern Weg zu bahnen, und bereit, den Reisenden Hülfe zu leisten. Indem wir über einen höheren Pfad wieder nach der Chaussee gehen wollten, wohin der Wagen gebracht war, kam ein Eremit von den Höhen herab, nahte sich uns, grausigen Anblicks; mit klingender Schelle reichte er den Beutel dar, auf welchen Figuren, die aus Flammen die Hände rangen, mit dem Rufe: ›flehet, betet um die Erlösung der armen Seelen!‹

In einem Garten an den Ufern des Main bei Frankfurt dann als Gegenbild die Verheißung des Paradieses: »Wir nahten dem Aurikelflor. – So bunter Farbenglanz, so zart, so mannigfalt. – Die Blumenreihen in samtnem Staub, im Schmelz des Lichts – in süßem Weiheduft des Wonnemonds – wenn es der Hoffnung Atmen wäre?«

In Mannheim, wo gerade die Kirsch- und Pflaumenblüte begonnen hat, schickt Charlotte zu Schiller, der am erst kürzlich gegründeten Nationaltheater als Theaterdichter angestellt ist. Reinwald, der verstimmt ist, weil Schiller ihm seit Bauerbach kaum noch schreibt, hat ihr ein einführendes Billet mitgegeben: »Sollten Sie auch gleich nicht mehr mein Freund sein wollen, wie ich aus verschiedenen datis schließe; so sein Sies wenigstens in einem, und lassen sich von der Frau von Kalb (die ihnen dieses Billet mitbringen wird) sprechen. Sie zeichnet sich gar sehr unter ihrem Geschlecht aus und ist Ihrer Geistesprodukte große Bewunderin; so wie sie überhaupt das Schöne und Gute enthusiastisch fühlt.«

Schiller besucht das Ehepaar von Kalb in seinem Mannheimer Gasthof. Er und Charlotte scheinen sich sofort in einem lebhaften Gespräch gefunden zu haben. »Einige Stunden hatte er geweilt, da nahm er den Hut und sprach: ›Ich muß eilends in das Schauspielhaus.‹ Später habe ich erfahren, Kabale und Liebe wurde diesen Abend gegeben, und er habe den Schauspieler ersucht, ja nicht den Namen ›Kalb‹ auszusprechen. – Bald kehrte er wieder... Durch Scheu nicht begrenzt, traulich, da gegenseitig mit dem Gefühl des Verstandenseins das Wort gesprochen werden konnte, löste der Gedanke den folgenden Gedanken, ohne Wahl oder Nachsinnen. – Wohl die Rede eines Sehers. – Im Laufe des Gesprächs rasche Heftigkeit, wechselnd mit fast sanfter Weiblichkeit, und es weilte der Blick von hoher Sehnsucht beseelt.«

Am nächsten Tag zeigt Schiller den Besuchern die Sehenswürdigkeiten der Stadt, die an sich schon durch ihre Anlage als Sehenswürdigkeit gilt: ein regelmäßiges Straßengitter, eingebunden in einen Bastionenstern, gekrönt von einem mächtigen Schloß, mit dessen Bau 1720 begonnen wurde, kurz nachdem der Kurfürst Karl Philipp von der Pfalz seine Residenz von Heidelberg nach Mannheim verlegt hatte, und das erst 1760, nach 40 Jahren, unter seinem Nachfolger Karl Theodor vollendet wurde. Wieder ein Vierteljahrhundert später, als Charlotte nach Mannheim kam, waren die Schloßbewohner, war der Hof zum größten Teil schon wieder ausgezogen. Die riesige Schloßanlage lag fast verwaist. Ein Erbverbrüderungsvertrag hatte Karl Theodor auf den Thron Bayerns gebracht und ihn zugleich verpflichtet, in München zu residieren. Mit dem Hof schwand auch der kulturelle Glanz der Stadt, die sich in ihrer kurzen Blütezeit als pfälzisches Florenz, als rheinisches Athen, sogar als neues Jerusalem hatte feiern lassen. Die Künstler wanderten ab und nach und nach wurde auch ein großer Teil der Kunstschätze nach München gebracht, wo man heute besichtigen kann, was Charlotte noch in Mannheim sah.

»In Mannheim angelangt, eilte ich mit der größten Begierde, den Antikensaal zu sehen, von dem man viel Rühmens machte . . . Hier stand ich nun, den wunderbarsten Eindrücken ausgesetzt . . . vor den herrlichsten Statuen des Altertums.« So Goethe in »Dichtung und Wahrheit«; auch Schiller hat seine Besucher zuerst in den Antikensaal geführt, wo ein ganzer Tag in bewundernder Betrachtung zugebracht wird und ›klassische Sehnsucht‹ nach dem schönen Leben (wohl nicht erst im Rückblick) ihren Ausdruck findet: »O daß ähnlicher werde Leben und Kunst!«

»Dann besuchten wir die Jesuitenkirche, die nur allzu bunt«; dazu gibt es Informationen für den Touristen: »Hier wurde uns bekannt, daß diese Kirche durch den Zoll der Rheinbrücke, welche die Jesuiten zwanzig Jahre lang erheben durften, erbaut worden sei.« Nach der bewunderswürdigen alten und der verderbten neuen Kunst noch ein Ausflug in die Natur, in einen Park am Rhein und, am letzten Abend, ein Besuch im Nationaltheater, das Karl Theodor den Mannheimern gleichsam als Trostpflaster für den Abzug des Hofes gestiftet hatte, »zu einiger Nahrungshilfe der hiesigen Stadt und Bürgerschaft«.

Was Charlotte wirklich erlebt hat in diesen Tagen, was in ihr vorgegangen ist, das sagt sie nicht in den »Erinnerungen«, so wenig wie Schiller in einem Brief an die Frau von Wolzogen: »Vor einem Monat waren Herr und *Frau* von Kalb hier und machten mir in ihrer Gesellschaft einige sehr angenehme Tage. Die Frau besonders zeigt sehr viel Geist und gehört nicht zu den gewöhnlichen Frauenzimmerseelen. Sie ließen mich wenig von ihrer Seite, und ich hatte das Vergnügen, ihnen einiges Merkwürdige in Mannheim zu zeigen.«

In Landau bleibt Charlotte nur zwei Monate. Es scheint sich bald herausgestellt zu haben, daß ihre Anwesenheit dort Heinrich von

Kalb nichts nützen konnte, daß sie ihn im Gegenteil eher genierte. Sicher hat sie es verstanden, ihn von der Nutzlosigkeit und Unschicklichkeit ihres Bleibens zu überzeugen; ihre Schwangerschaft aber war wohl das wichtigste Argument für die Rückkehr nach Mannheim, wo die Geburtshilfe medizinisch weiter entwickelt war, als andernorts. Die »Erinnerungen« halten fest, mit welcher Ungeduld sie die Abreise ersehnte: »In den letzten Wochen, die ich noch in Landau zubringen sollte, eilte ich gerne aus den engen Straßen, den Wällen der Festung.« Ende Juli/Anfang August bezieht sie in Mannheim eine Wohnung. Am 8. September wird ihr erster Sohn geboren, und Heinrich von Kalb meldet seinem Vater stolz: »Freuen Sie sich, gnädigster Vater, über das glückliche Schicksal ihres Sohnes, heut Nachmittag halb 3 Uhr wurde meine Frau mit einem sehr großen, muntern, hübschen und der Familie ähnlich sehenden Buben glücklich entbunden. Mutter und Sohn befinden sich überaus wohl, erstere trägt mir auf, Sie Ihnen nebst Ihrem Kind zu Gnaden zu empfehlen, nebst der Bitte letzteren zu Ihrem Paten anzunehmen, und sämtliche sich bei Ihnen befindliche Waltershäuser Damens, und die Seckendorfin dazu zu bitten. Morgen erhält Ihr Enkel in der Taufe die Namen Carl, Friedrich, Heinrich, Alexander.« Gerufen wird das Kind Friedrich oder Fritz, wie Schiller, wie der Bruder.

»Einen der höchsten lebhaftesten Augenblicke des menschlichen Daseins« nennt Charlotte später einmal in einem Brief das Erlebnis der ersten Mutterschaft. In den Erinnerungen erzählt sie nur von einer traumatischen Erfahrung, die sich für sie mit der Geburt ihres Sohnes verbindet. Sie liegt noch im Wochenbett, da sieht sie eines Nachts in ihrem Zimmer auf einmal eine Frau mit aufgelöstem Haar, eine Betrunkene, vielleicht eine Nachtwandlerin, die an den Vorhängen des Bettes reißt. Charlotte erschrickt zu Tode, wird ohnmächtig, bleibt tagelang wie erstarrt und sprachlos. Vielleicht hat sie, ohne sich dessen zu erinnern, geschrien; noch in der gleichen Nacht wird ein Arzt geholt, von Schiller, habe man ihr später erzählt, was alles noch rätselhafter macht. Man glaubt Charlotte ihre Geschichte nicht recht (auch die Nachwelt hat – allzu unverkennbar sind Schauerromanelemente – Zweifel angemeldet). Klatsch blüht: die Wöchnerin habe zuviel von dem ihr verschriebenen Wein getrunken. Heinrich von Kalb ist das Aufsehen, das seine Frau erregt, peinlich. Aber was auch geschah in jener Nacht, in Charlottes »Erinnerungen« ist ihre erste Schwangerschaft eng mit einem traumatischen Erlebnis, mit einer Schreckensvision verbunden. Vielleicht drückt sich darin

Todesangst aus, denn jedes Gebären war ja damals lebensgefährlich, vielleicht Erschütterung über die Erfahrung der Geburt und Angst, das Kind wieder verlieren zu müssen, vielleicht auch Verzweiflung darüber, sich durch dieses Kind eng an ihren Mann gebunden zu sehen, während sie so heftig für einen anderen fühlte. Sie sagt nichts von dem Mutterglück, das Schiller so schön zu besingen wußte:

> Die Mutter eines Kinds zu werden! –
> Was droben süß ist, und auf Erden,
> Das Wonnewort schließt alles ein.
> Das kleine Wesen – welch Vergnügen! –
> Im mütterlichen Schoß zu wiegen!
> Was kann im Himmel schöner sein?

13. Kapitel

Edle Seelen

»Mannheim, den 10. Februar 1785

Unterdessen, daß die halbe Stadt Mannheim sich im Schauspielhaus zusammendrängt, einem Autodafé über Natur und Dichtkunst – einer großen Opera – beizuwohnen, und sich an den Verzuckungen dieser armen Delinquentinnen zu weiden, fliege ich zu Ihnen, meine Teuersten, und weiß, daß ich in diesem Augenblick der Glücklichere bin ... Es ist kein Opfer, das ich Ihnen bringe, wenn die Erinnerung an Sie meinen ganzen Horizont um mich her zernichtet – es ist wirklicher Eigennutz, meine süßeste Erholung von meiner jetzigen freudenlosen Existenz, daß meine Seele um *Sie* schweben darf.«

Schiller kennt Gottfried Körner und seine Familie (die Braut Minna, die Schwägerin Dora Stock und deren Verlobten Huber) noch gar nicht persönlich, als er ihnen so enthusiastisch schreibt und ihnen seinen baldigen Besuch in Dresden ankündigt, aber eben dieser Enthusiasmus gegen alle Gebote der Weltklugheit ist Zeichen einer edlen Seele: »Urteilen Sie deswegen von meiner Freundschaft nicht zweideutiger, weil sie vielleicht die Miene der Übereilung trägt. Gewissen Menschen hat die Natur die langweilige Umzäunung der Mode niedergerissen. Edlere Seelen hängen an zarten Seilen zusammen, die nicht selten unzertrennlich und ewig halten.« Anderthalb Jahre später schon ist Schiller auf dem Rückweg in die »langweilige Umzäunung der Mode«. In einem Brief, der wiederum an Körner geht, ist gleich von einer doppelten Entzauberung die Rede, die den Freund betrifft und die Freundin. Über die Freundschaft mit Körner schreibt er: »Der Anfang und Umriß unserer Verbindung war Schwärmerei und das mußte er sein; aber Schwärmerei, glaube mir's, würde auch notwendig ihr Grab sein. Jetzt muß ein ernsthafteres Nachdenken und eine langsame Prüfung ihr Konsistenz und Zuverlässigkeit geben.« Und über Charlotte:

»Kannst Du mir glauben, lieber Körner, daß es mir schwer – ja beinahe unmöglich fällt, Euch über Charlotte zu schreiben? Und ich kann Dir nicht einmal sagen, warum? Unser Verhältnis ist – wenn Du diesen Ausdruck verstehen kannst – ist, wie die geoffenbarte

Religion auf den Glauben gestützt. Die Resultate langer Prüfungen, langsamer Fortschritte des menschlichen Geistes sind bei dieser auf eine mystische Weise avanciert, weil die Vernunft zu langsam dahin gelangt sein würde. Derselbe Fall ist mit Charlotten und mir. Wir haben mit der Ahnung des Resultats angefangen und müssen jetzt unsre Religion durch den Verstand untersuchen und befestigen. Hier wie dort zeigen sich also notwendig alle Epochen des Fanatismus, Skeptizismus, des Aberglaubens und Unglaubens, und dann wahrscheinlich am Ende ein reiner und billiger Vernunftglaube, der der allein seligmachende ist.«

Ein heutiger Leser könnte versucht sein, sich den »Glauben«, der nach Schiller am Anfang seiner Beziehung zu Charlotte steht, in einen ihm geläufigeren, verständlicheren Ausdruck wie »Liebe auf den ersten Blick« zu übersetzen. Aber etwas so Ungreifbares, Irreales wie Liebe konstituiert sich auch oder sogar vor allem sprachlich, als Reden über Liebe. »Es gibt Leute, die nie verliebt gewesen wären, wenn sie nicht von der Liebe hätten sprechen können«, bemerkt La Rochefoucauld in seinen Maximen; so gehört zum Wesen der Liebe und des Liebesdiskurses im späteren 18. Jahrhundert Religion. »Liebe . . . ist die Leiter, worauf wir emporklimmen zu Gottähnlichkeit«, schreibt der junge Schiller in seiner »Theosophie des Julius« und bestimmt Liebe als »das schönste Phänomen in der beseelten Schöpfung«, den »allmächtigen Magnet in der Geisterwelt, die Quelle der Andacht und der erhabensten Tugend – Liebe ist nur der Widerschein dieser einzigen Urkraft, eine Anziehung des Vortrefflichen, gegründet auf einen augenblicklichen Tausch der Persönlichkeit, eine Verwechslung der Wesen.« Dieser Bezug auf ein höheres Wesen und höhere Werte hebt die Liebenden über die nur private Selbstbespiegelung des einen im anderen hinaus, steigert die Intensität des Liebeserlebens, verleiht dem Augenblick, da eine Seele die Göttlichkeit der anderen erkennt oder glaubt, Pathos. Daß eine solche Liebe Poesie, eine Schöpfung der Phantasie ist, hat Charlotte in einem späteren Brief einmal sehr deutlich ausgesprochen: »Die Liebe und die Tugend . . . ist eine Schöpfung aus Nichts. Findet oder *glaubt* eine Seele jene Eigenschaften, nach denen sie sich sehnt und die ihr die Möglichkeit erschaffen können, ihr Wesen auszusprechen und mitzuteilen, so beginnt in ihr dies mächtige Werden aus Nichts für eine Seele, eine Person, die von ihr erkannt (werden) und die sie erkennen soll in ihrer Sinnigkeit, in ihrer Macht und Unterscheidung ihres Herzens und ihres Verstandes.«

Keine Wirklichkeit kann solche Entwürfe und Erwartungen je einholen: hierin hat Schillers doppelte Entzauberung ihren Grund. Charlotte, die allein an die Wirklichkeit von Ideen glaubt oder zu glauben vorgibt, hält in den »Erinnerungen« daran fest. Zwar macht sie aus ihrer Liebe zu Schiller kein Hehl, die Urania von ihren Ketten befreit. Aber weil sie davon erzählt wie von der Liebe zweier körperloser Seelen, die ganz heilig ist und ohne Begehren, betrügt sie sich und uns über ihre irdischen Wünsche, über Enttäuschungen, über die Illegitimität des Verhältnisses. Ihre Begegnungen mit Schiller läßt sie nur in der Öffentlichkeit, vor aller Augen stattfinden, und unter den Augen ihres Mannes, der sie (wie wir aus Briefen wissen) regelmäßig, dreimal in der Woche, in Mannheim besucht hat – was gewiß ein Zeichen seiner Zuneigung ist. Natürlich gab es diese öffentlichen Begegnungen. Man ging zusammen ins Theater, traf sich in Gesellschaft, Schiller war oft zum Abendessen beim Ehepaar von Kalb geladen (das vielleicht die schwäbische Köchin bereitet hatte, um deren Empfehlung Charlotte Schillers Lieblingsschwester Christophine gebeten hatte. Christophine, die die vornehme Freundin ihres Bruders scheu bewunderte, sah sich öfter mit solchen Personalwünschen konfrontiert, die einen kleinen Einblick geben in Charlottes Mannheimer Haushaltsführung: »Ich wollte Sie fragen, ob Sie mir nicht eine treue, reinliche, fleißige Köchin zu empfehlen wüßte ... Ihre Geschäfte wären folgende. Sie hätte für vier Personen gewöhnlich zu kochen – müßte auf dem Markt einkaufen und mir alle Abend die Rechnung übergeben, oder wenn sie nicht schreiben kann, mir diktieren. Alles Eß- und Küchengeschirr rein zu halten, so auch, weil ich keine Hausmagd halte, den Vorplatz, Treppe und den Ofen im Winter zu heizen, da ich ziemlich frugal lebe, so ist der Arbeit wenig.«) Eines dieser Abendessen mit Schiller hat Charlotte in einer späten »Fest-Phantasie« verklärt: »Versammelt waren die Freunde in einem Gemach, dessen Wände mit rotem Stoff bedeckt; – im Kamin loderten hell aufwogende spielende Flammen.« Man trinkt Rheinwein und Burgunder, auf dem Speisezettel »Bouillon restaurant und siehe, Beefsteak ... dann in einem schmalen silbernen Trog ... Neckarforelle. Kein andrer Strom bringt solche Gabe, so rosig mild, silbern glänzend, mit goldigen Flossen.«

Das also ist die offizielle Seite des Verhältnisses, von der Existenz einer inoffiziellen, verschwiegenen, verheimlichten Beziehung waren Schillers Biographen trotz oder auch gerade wegen Charlottes Stilisierungs-Anstrengungen von jeher überzeugt. Sie berufen sich auf Klatschereien ihrer Freunde und Bekannten, vor allem aber auf das Gedicht »Freigeisterei der Leidenschaft«, das man für eine Indiskretion Schillers halten kann. Zwar hat es Schiller ausdrücklich zurückdatiert (»Als Laura vermählt war im Jahre 1782«), aber es ist doch zu wahrscheinlich, daß sich hinter der eben verheirateten Laura die auch noch nicht lange verheiratete Charlotte von Kalb versteckt. Vom Riesenkampf der Pflicht ist darin die Rede, anläßlich einer stürmischen erotischen Szene zwischen dem männlichen »Ich« des Gedichtes und einer von ihm heftig begehrten, unglücklich verheirateten Frau, deren Bindung die Liebeserfüllung verhindert und den Liebhaber rebellisch macht gegen einen Gott, dessen Moralgesetze solch widernatürliches Entsagen fordern:

> Jetzt schlug sie laut, die heißerflehte Schäferstunde,
>   Jetzt dämmerte mein Glück –
> Erhörung zitterte auf deinem brennenden Munde,
>   Erhörung schwamm in deinem feuchten Blick.
>
> Mir schauderte vor dem so nahen Glücke,
>   Und ich errang es nicht.
> Vor deiner Gottheit taumelte mein Mut zurücke,
>   Ich Rasender! und ich errang es nicht!
>
> Woher dies Zittern, dies unnennbare Entsetzen,
>   Wenn mich dein liebevoller Arm umschlang? –
> Weil dich ein Eid, den auch schon Wallungen verletzen,
>   In fremde Fesseln zwang?
>
> Weil ein Gebrauch, den die Gesetze heilig prägen,
>   Des Zufalls schwere Missetat geweiht?
> Nein – unerschrocken trotz ich einem Bund entgegen,
>   Den die errötende Natur bereut.
>
> O zittre nicht – du hast als Sünderin geschworen,
>   Ein Meineid ist der Reue fromme Pflicht,
> Das Herz war *mein*, das du vor dem Altar verloren,
>   Mit Menschenfreuden spielt der Himmel nicht.

Die Schlichtheit freilich, mit der so gut wie alle Biographen den Gedichtinhalt für eine wahrheitsgemäße Aussage nehmen über das, was sich zwischen Schiller und Charlotte abspielte, verwundert; ärgerlich ist es, wenn aus der Nacherzählung noch eine Umdichtung wird, und Charlotte als herzlose Kokette erscheint, die den Dichter erst sinnlich gereizt und angelockt und sich ihm dann in ›letzter Minute‹ kalt verweigert habe: »Sie hatte alle seine Wünsche entfesselt, um sie dann im Augenblick des Sturms mit einer Redensart von Pflicht und Anstand abzuwehren.« Aber woher will man wissen, daß das »ich errang es nicht« für bare Münze zu nehmen ist? Andererseits könnte das Gedicht auch eine Kompilation verschiedener Erfahrungen sein: die Erfahrung leidenschaftlicher sinnlicher Liebe, die Schiller in seiner Mannheimer Zeit wohl mit verschiedenen Frauen machte – später spricht er von den »miserablen Leidenschaften, die er damals im Busen getragen« habe. Und die Erfahrung Liebe zu einer hohen, verheirateten Frau, die ein zentraler Gegenstand seines in Bauerbach konzipierten neuen Dramas »Don Carlos« war:

KÖNIGIN Wer sagte Ihnen, daß an Philipps Seite
    Mein Los beweinenswürdig sei?
CARLOS Mein Herz
    Das feurig fühlt, wie es an meiner Seite
    Beneidenswürdig wäre.
KÖNIGIN Eitler Mann!
    Wenn mein Herz nun das Gegenteil mir sagte?
    Wenn Philipps ehrerbietge Zärtlichkeit
    Weit inniger als seines stolzen Sohnes
    Verwegene Beredsamkeit mich rührte?
    Wenn eines Gatten überlegte Achtung –
CARLOS Das ist was andres – Dann – ja, dann – Vergebung.
    Das wußt ich nicht, daß Sie den König lieben.
KÖNIGIN Ihn ehren ist mein Wunsch und mein Vergnügen.
CARLOS Sie haben nie geliebt?
KÖNIGIN Seltsame Frage!
CARLOS Sie haben nie geliebt?
KÖNIGIN Ich liebe nicht mehr.
CARLOS Weil es Ihr Herz, weil es Ihr Eid verbietet?
KÖNIGIN Verlassen Sie mich, Prinz, und kommen Sie
    Zu keiner solchen Unterredung wieder.
CARLOS Weil es Ihr Eid, weil es ihr Herz verbietet?
KÖNIGIN Weil meine Pflicht – Unglücklicher, wozu die
    traurige Zergliederung des Schicksals,
    Dem Sie und ich gehorchen müssen?
CARLOS Müssen?
    Gehorchen müssen?

Nach Bauerbach war Schiller nicht recht weitergekommen mit dem Stück, in dem er sich, seine bisher größte und ehrgeizigste Rolle nach dem Räuber Karl Moor und den Aristokraten Fiesco und Ferdinand von Walter, in einen spanischen Prinzen geträumt hatte. Mit Charlottes Übersiedlung nach Mannheim ändert sich das, geht die Arbeit wieder zügig voran.

Gewiß deshalb, weil die Dramenkonstellation der illegitimen Liebe des Prinzen zu seiner Stiefmutter, die für Schiller bisher ein abstrakter, aus dem historischen Stoff begründeter Entwurf gewesen war, für ihn nun nachvollziehbar wird, weil er der Imagination durch die Erfahrung aufhelfen kann und die Affäre mit Charlotte deshalb vielleicht intensiver lebt, als er es ohne den »Don Carlos« getan haben würde; gewiß deshalb, weil Charlotte ihm Modell stehen kann für die weiblichen Figuren im hohen Stil, die sein Drama verlangt, Figuren, die sich auszeichnen durch Seelengröße, wie die Königin Elisabeth, oder durch die Größe ihrer Leidenschaft, wie ihre Gegenspielerin, die Eboli. Charlotte selbst hat später ihre Bedeutung für den »Don Carlos« und Schillers Durchbruch zum Klassiker eher heruntergespielt: »Dadurch, daß ich mit Schiller öfter über die weiblichen Charaktere in den Räubern und Fiesco sprach, ihm auch nicht vorenthielt, in welcher Hinsicht ich diesen oder jenen Zug für verfehlt hielt, mag ich einigen Einfluß auf die Charakterzeichnung der Frauen im Don Carlos gehabt haben.«

Mehr noch als durch ihre Person, ihr Mitspielen, ihre guten Ratschläge, die der junge Schiller, was die Gestaltung seiner Frauenfiguren anging, sehr nötig hatte, hilft ihm Charlotte durch die begeisterte Anteilnahme an seinen Ideen, durch ihren Glauben an sein Genie; sie hilft ihm, der in Carlos'/Posas Heldenträumen seine Träume vom Schriftstellerruhm verbirgt, auch konkret, durch Ausnutzung ihrer gesellschaftlichen Beziehungen. Im Dezember 1784 vermittelt sie eine Audienz Schillers am Darmstädter Hof, wo der junge Weimarer Herzog Carl August gerade zu Besuch ist, der schon Goethe an sich gezogen und gefördert hatte. Schiller stellt sich mit einer Lesung aus dem Don Carlos vor, was ihm umgehend den Ehrentitel eines »Herzoglich-Sachsen-Weimarischen Rates« einträgt. Das Ziel »Weimar« war ihm damit vorgezeichnet.

Charlottes Glauben an ihn, zu einer Zeit, als er noch nichts war in der Welt, hat Schiller noch nach vielen Jahren als ihr großes Verdienst um ihn anerkannt. Auf ihr begeistertes Lob des »Wallenstein« antwortete er 1799:

»Ihr Andenken, teure Freundin, wird seinen vollen Wert für mich behalten. Es ist mir nicht bloß ein schönes Denkmal dieses heutigen Tages, es ist mir ein teures Pfand Ihres Wohlwollens und ihrer treuen Freundschaft und bringt mir die ersten schönen Zeiten unserer Bekanntschaft zurück. Damals trugen Sie das Schicksal meines Geistes an Ihrem freundschaftlichen Herzen und ehrten in mir ein unentwickeltes, noch mit dem Stoffe unsicher kämpfendes Talent. Nicht durch das, was ich war, und was ich wirklich geleistet hatte, sondern durch das, was ich vielleicht noch werden und leisten konnte, war ich Ihnen wert.«

Diese geistige Mäzenatenrolle ist es freilich nicht, die Charlotte für sich wünschte. In dem Spiel über »Heldensinn und Liebe« hatte sie für sich die Liebe erhofft. Der Dramenplan aber sieht anderes vor: »Des Prinzen Heldensinn erwacht wieder und fängt an, über seine Liebe zu siegen.« Der von Charlotte geförderte Ehrgeiz, die Ruhmsucht wendet sich gegen sie. Im Dezember 1784 erinnert sich Schiller plötzlich an die freundschaftlichen Briefe, die ihm Körner und die Seinen vor einem halben Jahr geschickt haben und von ihm unbeantwortet geblieben waren. Ein enthusiastischer Austausch von Freundschaftsbekundungen setzt ein, dem bald die Ankündigung seines Besuches und der Abreise von Mannheim folgt: »Ich kann nicht mehr hierbleiben... Menschen, Verhältnisse, Erdreich und Himmel sind mir zuwider. Ich habe keine Seele hier, keine einzige, die die Leere meines Herzens füllte, keine Freundin, keinen Freund; und was mir *vielleicht* noch teuer sein könnte, davon scheiden mich Konvenienz und Situationen... Meine poetische Ader stockt, wie mein Herz für meine bisherige Zirkel vertrocknete.... Sehen Sie – ich muß es Ihnen gerade heraussagen, ich habe zu Mannheim schon feierlich aufgekündigt, und mich unwiderruflich erklärt, daß ich in 3 bis 4 Wochen abreise, nach Leipzig zu gehen. Etwas Großes, etwas unaussprechlich Angenehmes muß mir da aufgehoben sein.« Selbst die größten Unannehmlichkeiten, finanzielle Bedrängung und Schulden, der Ärger, den Schiller am Theater und mit seinem Intendanten, dem Freiherrn von Dalberg, auszustehen hat, können diese überstürzte Flucht nicht ganz erklären. Vielleicht flieht er auch vor der, die ihn, wären da nicht »Konvenienz und Situationen«, allenfalls noch hätte halten können, werden ihre Forderungen zu dringend. In einem seiner ersten Briefe von unterwegs machte Schiller Margarethe Schwan, der Tochter seines Mannheimer Verlegers und Hauswirts, einen Heiratsantrag, der abgewiesen wurde.

Charlotte hört von Schillers Abreiseplan erst, als er schon beschlossene Sache ist. Aus allen Träumen gestürzt, macht sie ihm deswegen eine heftige Szene. Wie sehr Schiller schockiert war von ihrem Gefühlsausbruch aus Tränen, Verzweiflung, Vorwürfen, klingt selbst aus den wohlgesetzten Worten noch durch, die Charlotte ihn in den »Erinnerungen« sprechen läßt: »Wie sind Sie erregt! eine solche Stimmung habe ich nie in Ihnen bemerkt, ich beneidete Ihnen die Ruhe, frei von wechselndem Affekt.« Auch ihre Antwort klingt, was ihren Inhalt angeht, authentisch:

»Sie wissen nicht, was dieser Ruhe Stütze war – der Bund der Wahrheit – sie wollen ihn trennen. Das Leben hat sie mir gesandt. Nur Momente sind uns im reinen Sein vergönnt, und diese Gabe besserer Stunden, auch sie wäre dahin? O wären Sie von irdischer Sorge frei, nicht so nach Ruhm strebend – des Friedens vertilgendem Feind.«

Ein Besuch im winterlichen Schwetzinger Park wird Charlotte zum Todeszeichen dieser Liebe: »Wir eilten durch den breiten Gang der Buchenwände, deren falbes Laub wie Blut errötet . . . wie mit Wunden bedeckt das falbe Blatt. Dichte Schleier verhüllten die Gestalten, sie kamen mir vor wie Leichen, die ausgeblutet haben.«

Daß die angstvolle Ahnung, Schiller sei ihr durch seine Abreise gestorben, schon damals, nicht erst rückblickend in ihr war, zeigt uns der einzige Brief, der geblieben ist von all den vielen Briefen, die sie einander in der Zeit ihrer Liebe geschrieben haben. Schiller war im April 1785 aufgebrochen, wenige Wochen später schreibt Charlotte:

»Mannheim 11. Mai

Nach einem wüsten lärmenden Tag, zu Ihnen mein Bester! zu Ihnen – denn bei Ihnen war meine Seele in diesem Lärm – wenn man so allein ist, unter einer großen Menge – dann flüchtet sich unsere Seele – zu der Erinnerung – das tat meine darbende Seele, und meine Erinnerung war in meinem Herzen! Ist's soweit mit mir gekommen, daß ich außer dieser keine Freude mehr kenne? Ich wußte nicht, wie verlassen, wie einsam ich werden würde, als Sie gingen! Das habe ich nicht auf einmal wissen sollen – Gütiger Gott, was sind sich unsere Herzen gewesen! Was sind sie sich noch! Wenn ich meine Freunde mir denke – Heinrich, das gute edle Gemüt, Sie mein Bester! Meinem Geist so viel – meinem Herzen immer mehr – wenn sich die Hoffnungen erfüllen, die ich von Ihnen habe. – Wenn ich meine Freunde mir denke, so ist's mir als hätte ich den höchsten Grad des Glücks, den freundschaftliche Verbindung gewähren kann,

schon genossen – Die Empfindungen können wiederholt – nicht
erhöht werden! – Die Erinnerung gibt sie mir im Trauergewande.
Wie ich ängstlich das Bild eines Entschlafenen hervorrufe, so rufe
ich Dein Bild hervor!«

»den 13. Mai
Gestern erhielt ich Ihren lieben, Ihren vortrefflichen Brief. Ich
weiß nicht, soll ich mich mehr über Sie – oder Ihre Beständigkeit
freun! Beides ist ja eins. Unsere Liebe gehört zu den Eigenschaften
unserer Seele – sie kann nur mit dieser zerstört werden – die Ewigkeit ist ihr Ziel! Der Glaube an Unsterblichkeit unsere Hoffnung!

Das wußte ich aus eigener Erfahrung, daß Ihnen die Welt das
nicht sein würde, was Sie bescheiden genug von ihr forderten – auch
ich täuschte mich einst! Von diesem Wahn bin ich zurückgekommen.
Bis jetzt bin ich ihr eigentlich nichts – ich lebe – für wenige, den
andern schwindet unbemerkt mein Dasein vorüber – Aber ich weiß
nun, wie schnell, und ich möchte beinahe sagen despotisch, ein
hoher Grad von Geist – unbemerkt einen großen Haufen lenken und
regieren kann – Geld und Rang erleichtert's freilich! Wenn's der
Mühe lohnte – würd ich auf der Bühne erscheinen – aber es ist wie
dort, auch hier, es lohnt sich der Mühe nicht.

Bester guter Freund! wie unendlich oft bin ich bei diesen kleinen
Blättchen verhindert worden. Die Anwesenheit der Kurfürstin von
Bayern, aller Lärm, Leben und Feierlichkeiten, so das verursachte –
der Aufenthalt der Frau von Hutten – die Ankunft meiner Schwester
– der Tod meines Schwagers Seckendorff! Alles dies hat mich so oft
so mannigfaltig zerstreut – die Gärung meiner Seele war zu heftig –
zur freundlichen Unterhaltung hätt ich getaugt, nicht aber, um Ideen
für einen andern ... einigermaßen dem Papier zu vertrauen. Guter
Schiller! Wie sehr freu ich mich Ihrer jetzigen Existenz – Ihr Dasein
fließt unter der Sorge Ihrer Freunde dahin. Sie erleichtern Ihnen die
Ökonomie ihrer Bedürfnisse! Verschwenden Sie ...«
Hier bricht der Brief ab.

14. Kapitel

Der neue Shakespeare

Am Rande von Charlottes Brief an Schiller findet sich noch ein Postskript: »Vielleicht merken Sie's, daß Becks Brief erbrochen war – er ist's durch mich. Dies Opfer konnt' ich meiner Neugierde nicht bringen. Verzeihen Sie's mein Bester, und lassen Sie sich *ja nichts bei Beck merken.* Wär's ein Verbrechen?«

Der junge Schauspieler Heinrich Beck – »der gute Heinrich« in Charlottes Brief – kommt wie seine berühmteren Kollegen Iffland und Beil, mit denen er zusammenwohnt, vom Gothaischen Hoftheater. »Herr Beck spielt junge Liebhaber und ist noch als Anfänger zu betrachten. Gibt aber Hoffnung. Seine Gage ist 3 Taler und 3 Klafter Holz« meldet ein Mitgliederverzeichnis dieser Bühne, die 1779 aufgelöst wurde, worauf fast das gesamte Ensemble am neugegründeten Mannheimer Nationaltheater ein neues Engagement fand. Er ist (nach einem zeitgenössischen Zeugnis) »artig und herzlich«, ein weicher, idealischer Mann und mit seinen 24 Jahren schon Witwer. Kurz vor Charlottes Übersiedlung nach Mannheim hatte er seine Frau, eine blutjunge, schöne, hoffnungsvolle Schauspielerin, auf traurige Weise verloren. Im fünften Monat schwanger, war sie in der Rolle der Emilia Galotti auf der Bühne höchst unglücklich gestürzt, »wo aus Odoardos Arm ihr Kopf schmetternd auf den Boden fiel« und an den Folgen dieses Unfalls gestorben. Zu den Freunden, die mit Beck um seine Karoline trauern, gehört auch, als häufiger Gast des jungen Ehepaares, Schiller, dem sich der Schauspieler in schwärmerischer Verehrung angeschlossen hat. Seltsamerweise sieht er ihm äußerlich sehr ähnlich; Schillers charakteristische Züge finden sich bei Beck auf eine gefälligere, hübschere und unbedeutendere Weise wieder. Auch Schiller schätzt ihn, nennt ihn (unter den Schauspielern) den besten an Kopf und Herz, doch Beck weiß wohl, daß er Schiller als Freund nicht genügt. Ein wenig traurig und wahrhaft großherzig schreibt er dem zu Körners Abgereisten: »Du nimmst die Äußerungen meiner *innigen* Schätzung deiner dortigen Freunde mit Wärme auf und willst mich stolz machen durch Vergleich. Ich bin nicht so unbescheiden, dies so bar wie Münze einzustreichen. Ich kenne die Grenzlinien zwischen ihnen und mir sehr wohl. Sie *sind* das für dich, was ich gern *sein möchte*. Sie begießen und erfrischen das in Dir, wovon ich nur die Früchte genieße. Wie viel bleibt ihnen an Verdienst zuvor! Wollte Gott, ich könnte es mir erwerben, in ihren Zirkel hineingelassen zu werden; wollte Gott, ich käme einst der Gegend nahe – ich wollte versuchen, mich des heiligen Bundes der Freundschaft, Weisheit und Tätigkeit würdig machen zu lernen.« Welchen Traum Schiller gegenüber Körner mit den Worten kommentiert: »Schade, daß er ein Schauspieler ist und es sein *muß*. Wie schön würde er sich zu unserm Bund schicken!«

Seine Liebe zu Schiller hatte Beck auf dessen Freundin Charlotte übertragen. In gemeinsamer Verlassenheit lesen sie einander aus seinen Briefen vor und geben ihre Briefe an ihn auch zusammen auf die Post, wie wir aus Charlottes Eingeständnis ihrer Neugierde sehen. Und sein Leben lang ist er dieser seiner doppelten Liebe zu Schiller und zu Charlotte treu geblieben, hat er mit Sehnsucht an die kurze, goldene Zeit ihres Mannheimer Zusammenlebens gedacht. Er bleibt lange darüber hinaus in Mannheim ein geschätzter Darsteller, ein großer Schauspieler wird aus ihm nie. Sein letztes Engagement in München, das er sich als einen abschließenden Höhepunkt seiner Karriere gedacht haben mag, bringt, weil es ihm nicht mehr gelingt, die Gunst des neuen Publikums zu gewinnen, ihr trauriges und gewöhnliches Ende. Die Reaktion auf sein erstes Auftreten dort vermerkt er noch mit: »gefallen; Pfiff?«, aber schon wenig später muß er in sein Tagebuch schreiben »ging schlechter – wurde kalt und boshaft aufgenommen«, und so immer wieder. Als er Schiller 1801 von seinen bitteren Münchner Erfahrungen klagt und von der Aussicht spricht, als Theaterleiter nach Mannheim zurückgehen zu können, findet er auch Trost in dem Gedanken einer theatralischen Rekonstruktion von Schillers Entwicklung, deswegen, weil sie ihn zuerst zu den Anfängen zurückführen würde: »Ich denke, ›Carlos‹, ›Fiesco‹ und – womöglich ›Die Räuber‹ – dort wieder in Gang zu bringen – um uns so stufenweise zum ›Wallenstein‹ zu erheben . . . Was macht Charlotte von Kalb? Eine Zeile von Dir, Edler! würde mich sehr glücklich machen! Eine Zeile!«

Wie sehr das Theater als Fluchtort aus einer engen Standesgesellschaft die Phantasie der jungen Leute um 1770/1780 anregte, zeigen uns anschaulich zum Beispiel Goethes »Wilhelm Meister« und der »Anton Reiser«, dessen Verfasser, Karl Philipp Moritz, sich (erfolglos) um ein Engagement beim Gothaer Hoftheater bemüht hatte. Auf der Bühne, durch die Bühne schienen sich Träumen von sozialem

Aufstieg, Größe, von Weltverbesserung, von Macht, noch Aussicht auf Verwirklichung zu bieten, für Schauspieldichter und für Schauspieler. »Mehr als tausend Menschen nach und nach zu *einem* Zwecke gestimmt, in Tränen des Wohlwollens für eine gute Sache, allmählich in unwillkürlichen Ausrufungen, endlich schwärmerisch in dem lauten Ausruf, der es bestätigt, daß jedes schöne Gefühl in ihnen erregt sei, zu erblicken – das ist ein herzerhebendes Gefühl« so Iffland, damals Mannheims berühmtester Schauspieler und außerdem ein erfolgreicher Stückeschreiber, in seiner Autobiographie (»Meine theatralische Laufbahn«), als er sich einer Aufführung seines Stückes »Verbrechen aus Ehrsucht« erinnert. »Als bei jener Vorstellung das Publikum von Mannheim sich so herzlich, laut, so feurig äußerte – an dem Tage habe ich mir selbst das Gelübde getan: *die Möglichkeit auf eine Volksversammlung zu wirken, niemals anders als in der Stimmung für das Gute zu gebrauchen.*« Selbst für die Aristokratin Charlotte von Kalb, die in Mannheim umgeht mit lauter theaterbesessenen jungen Leuten und erfährt, daß selbst höhere Töchter zum Theater entlaufen, wird (wie der Brief an Schiller zeigt) dieser Machttraum zum Gedankenspiel: »ich weiß nun wie schnell und ich möchte beinahe sagen despotisch ein hoher Grad von Geist unbemerkt einen großen Haufen lenken und regieren kann... Wenn's der Mühe lohnte – würd ich auf der Bühne erscheinen – aber es ist wie dort, auch hier, es lohnt sich der Mühe nicht.« Sie weiß allerdings auch, daß sie eine schlechte Schauspielerin wäre, doch das »es lohnt sich der Mühe nicht«, verbirgt nicht nur unter Hochmut den Mangel an Talent, ist auch Ausdruck einer ihr eigentümlichen resignativen Lähmung.

Die Theaterbegeisterung dieser Jugend fand ihre Nahrung vor allem in den Dramen Shakespeares, und wenn sie ihn nicht las, so war ihr doch wenigstens sein Name Programm für ein neues Theater. Seitdem Lessing polemisiert hatte gegen die Vorbildhaftigkeit der französischen Dramatiker und ihrer Regelpoetik und dafür empfahl, sich an die Griechen und an Shakespeare zu halten, stand letzterer ein für die Werte und Schlagworte der Zeit wie Natur und Wahrheit, war er Inbegriff des Genies, das in seinem poetischen Schaffen Gottes Weltschöpfung nachahmt.

So deutet ihn auch eine Theaterkonversation der »Erinnerungen« über eine Aufführung des »King Lear«: »›Wir sollen alles denken können, – zu dieser Kraft bereitet uns der hohe Dichter.‹

›Das Trio der Narrheit verfolgt mich in tausendfachen Vergleichen, ob nicht die Menschheit in diese drei Arten sich teile: Angemaßte Tollheit, um Schutz zu finden, mit List bewaffnet; dann die vom Irrtum Bedrängten, von solchen Banden Gefesselten, und endlich der Narr par excellence, oder die Ironie in der Überschauung aller Dinge mit scharfem Gleichsinn, mit den Klingeln des Scherzes, mit der Geißel des Hohnes; nach den Graden des Talents ist die Kappe erhöht.‹

›Du predigst über der Welt Seele.‹

›Ich predige dir, ja wohl ist in diesem Sermon ein ganzer Orbis pictus.‹«

Die Mannheimer Shakespeare-Aufführungen gehörten zu den großen Theaterereignissen der Zeit, aber Charlotte läßt nicht deshalb so ausführlich über den »Lear« reden, sondern weil sie ihre Hoffnung auf Schiller als dem künftigen deutschen Shakespeare abbilden will, die seine eigene war: auch Shakespeare habe ja als Räuber, als Wilddieb seine Karriere begonnen, heißt es zu Anfang des Gespräches mit Anspielung auf eine dubiose Shakespeare-Legende. In den Dichtungen des reifen Schiller, im »Wallenstein« vor allem, sah sie diese Hoffnung dann erfüllt. Charlotte nahm also den Shakespeare- und Geniekult des »Sturm und Drang« an, aber nur mit großer Skepsis seine literarischen Produkte. Das beweist ein Unterscheidungsvermögen, das die Zeitgenossen oft vermissen ließen, wenn sie gegen Shakespeare mit den gleichen Argumenten polemisierten, wie gegen die »Kraftgenies« in seiner Nachfolge: er wirke vor allem durch den Stoff, durch ungeheuere Inhalte, auf Kosten der Kunstform. Iffland etwa meinte, Shakespeare verderbe durch »zu starke Kost« das Publikum und die Schauspielkunst, der Schauspieler müsse nur deklamieren und schon sei die Wirkung da: »Jeder der die herrlichsten Kraftsprüche sagt, hat dabei auch gerade nichts zu tun, als daß er sie sagt.« Charlotte hätte einen solchen Vorwurf wohl nur für die »Sturm- und Drang«-Dramatik, die ersten genialischen, ambitionierten und reißerischen Versuche des jungen Schiller gelten lassen – und sich darin weitgehend mit Sophie von La Roche einig gewußt, die sich in diesem Sinne mit Schiller auseinandergesetzt hat.

Deutschlands berühmteste Schriftstellerin, die Verfasserin des »Fräulein von Sternheim«, verbrachte den Winter 1784/85 in Mannheim und hat darüber in »Briefen aus Mannheim« berichtet, nach ihrer Art alles Erlebte zur Belehrung der Welt in Literatur ummünzend. Schon sehr bald ist sie mit Charlotte bekannt geworden, die die sie rühmt als »eine Dame, welche Scharfsinn – wahre Kenntnis – wahre Güte und edle Feinheit des weiblichen Geistes in sich vereint;

ihr Umgang ist einer der angenehmsten, die ich kenne, sie besucht mich oft, und ich gehe sehr gerne zu ihr, weil ich sicher bin, von allem sprechen zu können, was den Verstand und das Herz interessieren kann.« Auch Schiller lernt sie kennen und, wie sie betont, schätzen, gegen seine Poesie aber hat sie starke Bedenken: »Ich würde ihm selbst, dem vortrefflichen Kopf, sagen, daß ich die angebornen Fähigkeiten und den erworbnen Reichtum seines Geistes aufrichtig bewundre, aber daß ich den Gebrauch, welchen er in seinen drei ersten Theaterstücken davon machte, nicht liebe – so wenig als ich den Besitzer von Indiens Diamantengruben lieben würde, wenn er sie anwendete, die alten Schauspiele zu erneuern, in welchen Menschen mit wilden Tieren kämpften, oder daß ich die Riesengeschichte in der Tat sehen möchte, wo sie, wie erzählt wird, mit einer ungewöhnlichen Kraft Felsen auf Felsen häuften, um den Olymp zu bestürmen« – sie, das sind die Titanen der griechischen Sage. Es dünke sie aber wirklich, so fährt Sophie fort, »daß in den Räubern, in Fiesco, in Kabale und Liebe, Umstände und Leidenschaften, die das Herz zerreißen, so gehäuft wären, daß sie nur durch Riesenideen zusammengebracht werden könnten.«

Das ist Kritik im Namen der Zivilisation gegen die Barbarei nicht gezähmter Affekte, das ist aber auch Kritik im Namen der Ständegesellschaft gegen den titanischen Individualismus, die Rebellion einer Jugend, die sich mit dieser Gesellschaft nicht mehr abfinden wollte. Im ersten Punkt hat sich Charlotte wohl mit Sophie identifiziert, im zweiten stand sie, gegen Sophie, ihren Stand und mit ihrer Generation auf der Seite Schillers, an dessen »Zivilisierung« zum neuen Shakespeare sie beigetragen hat. Die Kollegen, die ihm zum 25. Geburtstag am 11. November 1784 mit einem kleinen Gedicht gratulierten und darin auf eine bevorstehende Heirat mit der »Räuberbraut«, der schönen Schauspielerin Katharina Baumann anspielten, hielten ihn für genügsamer, als er war:

Als Bürger wirst du heute mündig,
Als Bühnendichter warst du's längst –
Wenn aus Fortunes Hand du das so voll und bündig
Was ich dir zärtlich wünsch', empfängst;
so wirst du noch in diesem Jahr
recht reich und froh auf immerdar
im Arm der schönsten aller Weiber,
und lebst so lang als deine Räuber.

15. Kapitel

Gesellschaft

Ende April 1785 schreibt Goethe seinem Freund Knebel: »Seckendorffs Tod wird Dich unerwartet getroffen haben, wie uns alle. Es ist dieser Fall reich an nachdenklichem Stoff.«

Er meint Siegmund von Seckendorff, den Bruder von Charlottes Jugendfreundin Mathilde, den Mann ihrer Schwägerin Sophia. Von bizarrem Äußeren, adelsstolz, geistreich, musisch, melancholisch, hatte er zehn Jahre lang in Weimar am Hof Karl Augusts als Kammerherr gedient, als Gelegenheitsdichter und Komponist meist trauriger Lieder zur Unterhaltung der Hofgesellschaft beigetragen und sich vor Ehrgeiz nach Beförderung auf eine höhere, verantwortungsvolle Stellung verzehrt, wie sie Goethe, dem bürgerlichen Günstling des Herzogs, so mühelos zugefallen war (– trotz seiner Eifersucht aber hat er dessen »Werther« ins Französische übersetzt). Dann endlich kann er sich am Ziel seiner Wünsche fühlen: er wird zum Minister und Gesandten des Preußischen Hofes ernannt. Doch schon wenige Monate nach seinem Amtsantritt stirbt er ganz plötzlich an einer Lungenentzündung. Noch mehr »nachdenklichen Stoff«, als in diesem Lebenslauf schon steckt, liefert ein merkwürdiger Wahrtraum Seckendorffs, den man nur als Ahnung, als Vorausdeutung auf seinen Tod lesen kann. Er erscheint im angesehenen »Journal von und für Deutschland«, das von dem Freiherrn von Bibra, einem Verwandten von Charlottes ehemaligem Vormund, herausgegeben wird und ist verbürgt durch die Frau von Kalb, der Seckendorff diesen Traum ein halbes Jahr vor seinem Tod erzählt haben soll. Charlotte kommt in ihm nicht nur vor, sie hat ihn wohl auch mitgedichtet.

Im August 1785 kommt Seckendorffs Witwe Sophia nach Mannheim, wo sich inzwischen auch schon Charlottes Schwestern Caroline und Lore aufhalten; im Spätherbst stößt noch der Präsident von Kalb zu Frau, Bruder, Schwester, Schwägerinnen. »Durch die Anwesenheit meiner Verwandten ward ich mit mehreren Familien bekannt, wo mir aber die Personen nicht so bedeutend waren, als die Portraits, die ich in ihrem Zimmer fand«. Die kühle Absage an eine Gesellschaft, die nur Adel hat, aber keinen Geist, richtet sich verhüllt an die Verwandten, vor allem an die Schwägerin Sophia, mit der

Charlotte heftig aneinander geriet, wie überliefert ist. Sie richtet sich nicht gegen die Mannheimer Gesellschaft, in der Charlotte viel verkehrte, auch wenn sie in den »Erinnerungen« meist nur im Allgemeinen davon spricht. Zu den wenigen Mannheimer Bekannten, von denen sie mehr als nur den Namen erwähnt, gehört der Geheime Rat Karl Freiherr von Moser, der, ehemals hessischer Minister, bei seinem Fürsten in Ungnade gefallen war und auf Befehl des Herzogs Karl Eugen fünf Jahre auf dem Hohentwiel in Festungshaft hatte verbringen müssen. Charlotte besucht ihn in seiner Villa, die herrlich an einem Waldhang über dem Rhein liegt, »die Bäume so schön, als hätte man sie aus der ganzen Pfalz ausgelesen, um sie hier zu pflanzen... Der Geheimrat, – ein ernster Sinn, Heftigkeit, sprach aus den Falten und Furchen seiner Züge; das Auge tief und düster, in seinen Äußerungen eine herbe Gutmütigkeit... Die Frau war sanft, zart belebt, – Feinheit, auch in der Beschäftigung. Sie zeigte einen Kopf, in Haaren gestickt.«

Das Doppelbild verrät eine Kunst der knappen, anschaulichen Charakteristik, von der Charlotte in den »Erinnerungen« leider viel zu wenig Proben gegeben hat. Wenn wir uns eine Vorstellung machen wollen von Sophie La Roche, ihrer wichtigsten Mannheimer Bekannten, dann müssen wir das überaus anmutige, sprechende Portrait zur Hilfe nehmen, das Goethe in »Dichtung und Wahrheit« von der Mutter seiner Jugendliebe Maximiliane gezeichnet und koloriert hat: »Sie war die wunderbarste Frau, und ich wüßte ihr keine andre zu vergleichen. Schlank und zart gebaut, eher groß als klein, hatte sie bis in ihre höheren Jahre eine gewisse Eleganz der Gestalt sowohl als des Betragens zu erhalten gewußt, die zwischen dem Benehmen einer Edeldame und einer würdigen bürgerlichen Frau gar anmutig schwebte. Im Anzuge war sie sich mehrere Jahre gleichgeblieben. Ein nettes Flügelhäubchen stand dem kleinen Kopfe und dem feinen Gesichte gar wohl, und die braune oder graue Kleidung gab ihrer Gegenwart Ruhe und Würde. Sie sprach gut und wußte dem, was sie sagte, durch Empfindung immer Bedeutung zu geben. Ihr Betragen war gegen jedermann vollkommen gleich. Allein durch dieses ist noch nicht das Eigenste ihres Wesens ausgesprochen; es zu bezeichnen ist schwer. Sie schien an allem teilzunehmen, aber im Grunde wirkte nichts auf sie. Sie war mild gegen alles und konnte alles dulden, ohne zu leiden; den Scherz ihres Mannes, die Anmut ihrer Kinder, alles erwiderte sie auf gleiche Weise, und so blieb sie immer sie selbst, ohne daß ihr in der Welt durch Gutes und Böses oder in der Literatur durch Vortreffliches und Schwaches wäre beizukommen gewesen.«

Die Wahllosigkeit, mit der Sophie, immer sich gleich bleibend, Personen und Dinge dieser Welt ergriff, hat ihre Enkelin Bettina Brentano später zu liebevollem Spott provoziert. »Wie's doch in der Großmutter ihrem Kopf aussehen mag?« ist ihr Stoßseufzer am Ende einer »typischen« Großmutterrede, bei deren Nacherzählung sie nicht einmal zu übertreiben brauchte, wie Sophies »schriftliche Reden« zeigen. Jeder ihrer Briefe aus Mannheim ist ein gleichmäßiges, gleichmütiges Gleiten vom einen zum andern zum wieder andern.

Nach allen Zeugnissen sprach Sophie viel besser, als sie schrieb (»sie sprach gut und wußte dem, was sie sagte, durch Empfindung immer Bedeutung zu geben«, wie Goethe bemerkt), doch hat Charlotte in den »Erinnerungen« betont, daß sie im Umgang mit Sophie keinerlei Langeweile (»embarras langoureux«) empfunden habe. Dritten gegenüber hat sie, bald nach dem Kennenlernen, von Sophie sogar als ihrer »intimen Freundin« gesprochen und gesagt, man kenne sie nicht, sie sei nur bei verschlossenen Türen groß.

Wenn Charlotte zwei Treppen hoch zu Sophies Mannheimer Wohnung (im Haus eines Haarbeutelmachers am großen Platz des Schauspielhauses) heraufgestiegen war, dann haben sie unerschöpflichen Gesprächsstoff vor allem in den Angehörigen der Mannheimer Gesellschaft gehabt, in deren vornehmste Häuser Charlotte durch Sophie eingeführt war. Durch vertrauliche Informationen hilft sie ihrer jungen Freundin, sich zurecht zu finden, die Verhältnisse richtig einzuschätzen, keine Fehler zu machen; sie befriedigt ihre Neugierde, denn Charlotte ist neugierig, wie die meisten klugen Leute, und sie zwingt sie durch ihr eigenes Beispiel und das anderer Frauen ihrer Bekanntschaft zur selbstkritischen Reflexion: »Wenn auch die Andacht des inneren Lebens nie aufgehoben war, mußte ich dennoch, wie oft! fragen: wo bin ich? wer sind, die so mir begegnen? –

Und daß ich dazumal von der Gesellschaft zu Mannheim einiges Wissen und Erkennen fände, konnte mir wohl keine Belehrung reichlicher und unbefangener sein, als die Gespräche mit Frau von La Roche... Durch ihren Rang in die Gesellschaft aufgenommen, war sie vielen vertraut und Intimes ihr bekannt. Die Frauen, die ihre belebte Darstellung vorführten, – in diesen schien tätigere Bestimmung, selbst kräftigerer Wille vorzuwalten, als in denen, die ich später im nördlichen Deutschland gekannt. Der katholische Reichsadel hatte manche Anwartschaften, durch hohe Würden, eine beschützende Macht, welche auf das geringste Glied der Familie Einfluß hatte. Die Jungfraun waren in der Jugend abgesondert von der größeren Gesellschaft oder ganz in Klöstern erzogen, und wußten von dem Weltlichen nur, was sie künftig für Vorrechte darin haben würden. Somit erhielten sie den Mut der Unbefangenheit; durch vorzügliche Sorgfalt persönlich angenehm, mit behaglichem Witz, Fassung in Leid und Freud, also waren viele Frauen, die ihr bekannt... Als ich einige näher kennenlernte, konnte ich nicht umhin, in mir lästigen Schwersinn, trübe Befangenheit zu entdecken.«

Das ist das erste und einzige Mal, daß sich Charlotte in den »Erinnerungen« zu ihren Ungunsten vergleicht, daß sie das Leiden an der eigenen Natur bekennt. Schuld daran sei, so meint sie, die Erziehung: ihre falsche, die richtige der anderen. Hätte man sie so aufwachsen lassen, wie diese Frauen, wäre ihr Selbstbewußtsein gefördert, ihr Wesen in Ruhe und Abgeschiedenheit ausgebildet worden, dann wäre sie nicht so befangen, verspannt, unbefriedigt, ewig sich sehnend nach einem Glück von außen, einem Glücksbringer, dann wäre sie auch geworden, was die Stiefmutter auf dem Totenbett ihr ohnmächtig gewünscht hatte, ausgeglichen und zufrieden. Der Wunsch, so zu sein wie die anderen, war für Charlotte bisher wohl eher etwas Freudloses gewesen, diese Frauen aus dem süddeutschen Reichsadel, in denen sie Beispiele einer geglückten Anpassung ohne Aufopferung von Individualität und Selbständigkeit vor Augen hat, machen daraus einen Traum. Von ihm kündet (wenn auch widersprüchlich) Charlottes »Cornelia«-Dichtung, die manche der Biographien aufnimmt, von denen sie damals hört.

Auch Sophie, deren Einfluß auf Charlotte dem Schillers auf fast jede Weise entgegenläuft, sieht und sucht das Glück in der freiwilligen Anpassung. Zwar ist sie durch ihren Erfolgsroman, das »Fräulein von Sternheim«, dem Lesepublikum zum Inbegriff empfindsamer Weiblichkeit geworden, doch stärker als ihr Hang zur Schwärmerei ist ihr Sinn für das Praktische. Nach den zwei unglücklich endenden Liebesgeschichten ihrer Jugend – die erste mit einem italienischen Arzt, die zweite mit dem wankelmütigen Dichter Wieland, ist sie eine Konventionsheirat eingegangen, was ihr schmerzlich war, doch für ihr Handeln ohne Konsequenzen blieb. Offensichtlich ungerührt und gegen den Protest ihrer Umwelt hat sie zwei ihrer schönen Töchter mit ungeliebten und mehr als unliebenswürdigen Freiern verheiratet; selbst bürgerlich geboren, warnt sie doch in den »Briefen aus Mannheim« dringend vor nicht standesgemäßen Liebesheiraten.

Als Schriftstellerin, eine Tätigkeit, die gemeinhin für unweiblich gilt und mit Mißtrauen betrachtet wird, hütet sie sich, aus den durch die Konvention gesetzten Grenzen ihres Geschlechts herauszutreten, bleibt ihrer vornehmsten Aufgabe als Mädchenerzieherin treu. In ihrer Zeitschrift »Pomona« erzieht sie gleich, wie der Titel verheißt, »Deutschlands Töchter«. In ihrer berühmten Heldin, dem Fräulein von Sternheim, hat sie sich, wie sie sagt, ein »papiernes Mädchen erzogen«, nachdem sie eine Tochter zur Erziehung ins Kloster gegeben hatte.

Selbstverständlich erzog sie ihre deutschen und papiernen Töchter nach den Wünschen der Männer: die ganze weibliche Geschichte war ihr, und nicht ganz unbegründet, nichts als die Geschichte weiblicher Nachahmung, weiblicher Anpassung an männliche Entwürfe und Vorbilder: »Gehen wir in alte Zeiten zurück. – Als die Männer ihr größtes Verdienst im Kirchenbauen suchten – fanden die Weiber ihren Ruhm im Sticken der Meßgewande und Altarblätter; als der Geist der Oberherrn ihre Ehre in persönlicher Tapferkeit bei Ritterspielen, und ernsthaften Angriffen glänzen machte – flochten die Damen Lorbeerkronen, und zierten die Feldbinden. –

Fürsten nahmen einen Teil ihrer Einkünfte, und stifteten Mönchsklöster – ihre Gemahlinnen – verkauften ihren Schmuck, und bauten dafür Wohnungen für Nonnen – als die Männer gelernte Jäger wurden – lernten wir reiten und schießen – als sie anfingen zu reisen – kamen fremde Sprachen mit zu unserm Unterricht, damit wir doch etwas von dem wüßten, worauf die Männer so stolz sind. Sie lobten französische Sitten, Kleidung und Geräte – und dieses gab uns den Durst nach allem, was Frankreich hat – Spielen wurde ihre Leidenschaft, und wir lernten Karten mischen – nun folgt der Eifer des Gelehrtseins – und wir studierten – Jetzo hat die Landwirtschaft sie ergriffen, und gewiß werden wir fleißige Hausweiber – ihre Buben bekamen Hofmeister, da gaben wir den Mädchen Gouvernantinnen – die Söhne gehen auf Universitäten – die Mädchen auf Kostschulen«. Selbstironie und Selbstbescheidung mischen sich in diesen »Ausführungen«: Frauen waren eben das schwächere Geschlecht.

Eine briefliche Verbindung zwischen Charlotte und Sophie blieb auch noch nach deren Abreise jahrzehntelang bestehen, leider hat sich kein Briefwechsel erhalten. Von Mannheim aus fuhr Charlotte öfter nach Speyer, um Sophie zu besuchen; in ihrem Hause hat sie die Bekanntschaft von einigen namhaften Schriftstellern gemacht: die des Schweizers Bonstetten (»leicht fließende Rede und persönliche Anmut«), des empfindsamen Lyrikers Matthisson (»scheinbar sanftmütig, doch besorglich strebend nach Wohlstand«) und die von Heinrich Jung, den seine Lebensgeschichte, in der er sich »Stilling« nennt, so berühmt gemacht hatte, daß er sich seiner ihm von Sophie besorgten zweiten Frau vorstellen konnte mit den schlichten Worten: »Sie kennen mich aus meiner Lebensgeschichte.« Sein kindlich-frommes Wesen, dem allerdings eine gehörige Portion Eitelkeit bei-gemischt war, hat Charlotte, wie es scheint, sehr angezogen, an Jungs Gegenliebe kann man zweifeln. Zwar scharte er als selbsternannter Prophet gern weibliche Jünger um sich, doch hatte er feste Vorstel-lungen von der gottgewollten Bestimmung einer Frau, denen Char-lotte kaum entsprach. Immerhin hat er sie damals für ein paar Wo-chen als Gast in sein Heidelberger Haus aufgenommen, wo sie ihn zur Abfassung einer »erhabenen Idylle« (Moses) anregte und selbst als Dichterin auftrat. Inspiriert wurde sie zu ihrer Geschichte durch ein dunkelrotes Nelkenstöckchen, das ihr Frau von La Roche zum Geschenk gemacht hatte. Die dunkle Nelke, »für mich das Köstlich-ste«, hat sich Charlotte, vielleicht auch in Erinnerung an die Meinin-ger Freimaurerloge »Charlotte zu den drei Nelken« als Emblem ge-wählt, das »brennende Liebesglut« versinnbildlichen sollte.

Die Besuche Charlottes in Speyer und Heidelberg fallen schon in das Ende ihrer Mannheimer Zeit; ihre Abreise von dort beschließt nicht sie, sondern der Schwager. Er begründet seinen Wunsch, der einem Befehl sehr nahe kommt, mit den hohen Wohnungs- und Lebenshaltungskosten; daß er mit ihrem ererbten Geld spart, küm-mert ihn nicht. Außerdem will er sie wohl unter die Kontrolle der Familie bringen. Charlotte wehrt sich, kämpft um das Bleibendürfen und fügt sich schließlich doch, unter dem Vorwand einer seltsamen Losentscheidung, von der Art, wie sie Jung-Stilling liebte, der alles der Vorsehung anheim stellte: »Eine Wohnung, wobei ein Garten, hatte ich mir längst ersehen, und wenn diese noch zu haben, so ist es mir bestimmt, zu bleiben; – aber sie war schon von andern bezogen, und nun schien mir das Geschick unabänderlich.«

Eine neue Schwangerschaft zögert die Abreise noch hinaus. Am 19. April 1786 bekommt sie ihr zweites Kind, eine Tochter, Adelheid Antoinette Sophie.

Beck schreibt an Schiller: »Charlotte von Kalb ist glücklich mit einem Mädchen entbunden. Beide sind so gesund, so glücklich, als sie verdienen. Ich war gestern an ihrem Bette, ich las ihr Deinen Brief, ich küßte ihre Hand und war so glücklich in ihrer Gesellschaft.

Daß wir doch nie so ganz wissen, was wir besaßen, als bis wir auf dem Punkt sind, es zu verlieren. Ich fluche jetzt der Konvenienz, daß sie mir versagte, öfter bei ihr zu sein. Mit ihr scheidet alles, was ich schätze und liebe! Ich kann, ich kann es in Mannheim nicht aushalten!«

Der Geheime Rat von Moser schreibt nach einem Besuch in Heidelberg an seinen Freund Jung:

»Wir sind beide, Luisgen und ich, gestärkt und erquickt, aber beide noch so müde und schlaftrunken, daß ich mit blinzelnden Auge nur noch die Bitte beifüge: Wann Sie wieder herkommen, so tun sie doch, als wenn Fr. v. Kalb noch in Wochen oder schon verreist wäre.«

Am 10. Mai verliert Charlotte ihr Kind wieder. Der Präsident hat ihrem Wunsch, selbst zu stillen, schuld an seinem Tod gegeben, Genaueres wissen wir nicht. Die »Erinnerungen« schweigen zu Geburt und Tod; in einem Kondolenzbrief zum Verlust eines Säuglings, den Charlotte Jahre später an Goethe schrieb, lesen wir: »Ich kenne diesen lange nicht zu besiegenden Schmerz«.

Charlotte von Kalb
Pastell von unbekanntem Künstler
Weimar, Nationale Forschungs- und Gedenkstätten

Wilhelmine Rosina Marschalk von Ostheim geb. von Stein (?)
Ölbild Waltershausen, Schloß

Johann Friedrich Philipp Marschalk von Ostheim
Ölbild Waltershausen, Pfarrhaus

Friedrich Christian Marschalk von Ostheim (Fritz)
Ölbild Waltershausen, Pfarrhaus

Charlotte Marschalk von Ostheim (?)
Ölbild Waltershausen, Pfarrhaus

Friedrich Schiller (um 1780)
Ölbild von Jakob Friedrich Weckherlin (?)
Marbach, Schiller-Nationalmuseum

Charlotte von Kalb (um 1780)
Pastell von unbekanntem Künstler
Freies Deutsches Hochstift, Frankfurter Goethemuseum

Charlotte von Kalb (1785)
Ölbild von Johann Heinrich Schmidt
Weimar, Nationale Forschungs- und Gedenkstätten

Sophie von La Roche (nach 1774)
Pastell von unbekanntem Künstler
Freies Deutsches Hochstift, Frankfurter Goethemuseum

Ehemaliges v. Marschalksches Schloß zu Dankenfeld
Ansicht von Norden (Nach einer photographischen Aufnahme 1887)

Schloß Trabelsdorf
(Photographie von Rudolf Mader)

Ehemaliges v. Kalbsches Schloß zu Kalbsrieth
(Nach einer photographischen Aufnahme 1891)

Schloß Waltershausen
(Nach einer älteren Photographie)

Charlotte von Kalb
Ölbild von Johann Friedrich August Tischbein (?)
Weimar, Nationale Forschungs- und Gedenkstätten

Charlotte von Kalb
Ölbild von Johann Friedrich August Tischbein
Marbach, Schiller-Nationalmuseum

*Immanuel Hermann
Fichte (1847)
(Nach einer
Photographie von
Correns, München)*

*Johann Erichson
(1836)
Ölbild
von Wilhelm Titel
Universität Greifswald*

Edda von Kalb
(Nach einer Photographie von Jänicke & Co. in Berlin)

Charlotte von Kalb auf dem Totenbett
(Nach einer Original-Zeichnung von H. Paul)

16. Kapitel

Goldene Aue

Reiseführer der damaligen Zeit rühmen den italienischen Himmel der Pfalz; das Leben in Deutschlands Süden erscheint als ein Vorgeschmack des südlichen Lebens in Italien, von dem so viele träumen. Gegen Schillers Abreise in den Norden (nach Sachsen) hatte Charlotte auch mit den vielen Vorteilen des Lebens im Süden argumentiert, hatte die heitere Gutmütigkeit der Südländer der kalten Berechnung der Norddeutschen entgegengehalten und auch bessere Arbeitsmöglichkeiten als Grund für den Norden nicht gelten lassen: »Sie glauben wohl, für Ihre Kunst noch viel zu gewinnen, o da irren Sie. Schöne Natur, – Unbefangenheit ist die wahre Hypokrene!« Nun nimmt sie selbst mit Trauer Abschied vom Süden: »Nicht gefesselt, nicht zurückblickend, ward die Pfalz verlassen; aber jeder Meilenzeiger sagte mir: immer nur werden die Lüfte rauher, herb die Früchte, die leichte Behaglichkeit ruht nur in jenen Auen.« Dabei reist sie in eine Gegend, die als thüringisches Arkadien gepriesen wird. Kalbsrieth, das Stammgut der Familie ihres Mannes, liegt in einem Tal, das seiner Schönheit und Fruchtbarkeit wegen »goldene Aue« genannt wird. Durch den Garten des Schlößchens fließt die Helme, deren baumbestandene Ufer ein Lieblingsplatz Charlottes werden. Doch dies thüringische Arkadien ist (wie sein klassisches Vorbild) ein melancholischer Ort – »wie die Mythe sagt, schon vor 6000 Jahren sind die guten Geister daraus vertrieben«. Wenn Charlotte, was sie in dieser Zeit viel tut, spazierengeht mit ihrem kleinen Sohn, dann kommt sie zum Beispiel zu der Pfarrersfamilie im benachbarten Heigendorf. Den Pfarrer trifft sie meist betrunken an und seine Frau heulend, weil er sie im Suff geprügelt hat. Im Dorf selbst lebt in einem strohgedeckten Lehmhaus eine alte, taube, verarmte Verwandte, die das Gnadenbrot vom Schloß geschickt bekommt und nur noch ihren altadeligen Namen hat. In der ganzen Gegend grassieren »hitzige Epidemien«, »Dienerinnen«, wohl Charlottes Gesellschafterin und das Kindermädchen für Fritz, werden krank und müssen gesundgepflegt werden. Charlotte verbringt lange Tage und Nächte am Krankenbett.

Krank ist auch der verwitwete Schwiegervater, der über 70 ist und so geplagt von Gicht und Rheuma, daß er sein Zimmer kaum noch verlassen kann. Ehemals, vor seiner Pensionierung, war er Weimarer Kammerpräsident gewesen, sein Portrait-Bild wirkt grob und schlau. Der »alte Kalb« scheint geschäftstüchtig, geizig, aber auch belesen und »aufgeklärt« gewesen zu sein, und geschickter und solider als die Söhne, von denen der Jüngere in melancholischer Passivität für sein Fortkommen kaum etwas tut, und der Ältere den »ererbten« Posten in Weimar schon so bald und unrühmlich verloren hat.

Charlottes Schwager ist in dieser Zeit allein oder mit Lore wiederholt in »Familien-Vermögens-Angelegenheiten« in Wien, wo er nicht nur für sich, sondern auch für einen neuen Gönner – den fränkischen Fürsten Johann von Schwarzenberg – intrigiert, besticht, spekuliert, nur leider nicht mehr alle sich bietenden Gelegenheiten ausnützen kann: »Ich bin überaus von meinem hiesigen Aufenthalt zufrieden« (schreibt er etwa an Bertuch) »und wünschte mir 10 Jahre von meinem Leben zurück, um Partien aus mancherlei Bekanntschaften ziehen zu können, so viel älter aber und verheiratet läßt sich wenig anfangen.« In seiner rastlosen Aktivität findet er zwischendurch noch Zeit, auf den Familiengütern und im Schwarzenbergischen Land den Kleebau einzuführen, eine verhältnismäßig neue, fortschrittliche landwirtschaftliche Errungenschaft, deren »Erfinder« zum Lohn den Adelsnamen und Titel »Edler von Kleefeld« erhielt.

Karoline hat sich inzwischen mit dem Herrn von Geispitzheim verheiratet, den sie vielleicht bei ihrem Besuch bei Charlotte in Mannheim kennengelernt hatte. »Der Frau von Kalb jüngste Schwester (die einen Fehler im Wuchs hat) hat sich eigenmächtig an einen Herrn in Mannheim verheiratet« meldet Reinwald aus Meiningen Schiller, der inzwischen sein Schwager geworden ist, ein fast so unerwünschter, wie der Herr von Geispitzheim.

Noch während Schillers Bauerbacher Zeit hatte sich Reinwald in den Kopf gesetzt, dessen Lieblingsschwester Christophine zu heiraten, angeblich, weil ihn ein Brief Christophines an den Bruder von deren häuslichen Tugenden (vor allem von der bei ihm am höchsten stehenden Tugend der Sparsamkeit) überzeugt hatte. Bei einer Reise zu Schillers Familie findet er wohl beim Vater, weniger aber bei Christophine Gefallen, die überdies von ihrem Bruder und von Charlotte, die beide Reinwald besser kennen, eindringlich vor einer Ehe mit ihm gewarnt wird. Eingeschüchtert durch die Mahnungen des Vaters, der seine Tochter versorgt sehen möchte, und beeindruckt durch Reinwalds fortgesetzten Werbungen, schreibt Christophine um

Rat und Hilfe – ausgerechnet an Reinwalds Freund, den Hofprediger Pfranger, der ihr eine glückliche Ehe zwar nicht verheißen kann, doch erklärt, sie täte ein wahrhaft christliches Werk, würde sie Reinwalds Antrag annehmen. Christophine opfert sich und Schiller schreibt ihr verärgert zur Verlobung, sie habe sich dieses Opfer ja wohl reiflich überlegt. »Du kennst ihn, und bist also auf alles vorbereitet, was unvermeidlich sein wird, und wirst Dich in das zu finden wissen, was Dich nicht mehr überraschen kann. Er wird das *Opfer* schätzen, was Du ihm gebracht hast, und Dich mit jedem Fall zu verschonen trachten, wo es Dich reuen könnte ... Meine und der Frau von Kalb Briefe über diese Angelegenheit, bitte ich Dich, ihm ausdrücklich zu zeigen. Sie werden ihn an die Pflichten erinnern, die er gegen Dich hat, und er wird sich Mühe geben, unsere Besorgnisse zu widerlegen.« Leider haben die beschwörenden Worte Schillers nichts geholfen. Reinwalds Geiz, seine Menschenscheu, seine Kränklichkeit machen die Ehe für die arme Christophine zu einem langen Martyrium stiller Selbstverleugnung: »Ich opfere mich unzähligemale auf, ohne daß er's nur ahnt, daß es mich etwas kostet. – Doch wir Weiber sind einmal zur Abhängigkeit bestimmt, und mehr oder weniger müssen wir uns daran gewöhnen.«

Mindestens einmal ist Charlotte dem herbstlichen, winterlichen Kalbsrieth nach Weimar entkommen. In einem Briefchen bittet am 23. Oktober seine »gehorsamste Dienerin Lotte Kalb geb. von Marschalk« den Herrn von Knebel in Tiefurt um ein Treffen: »Seit dem Tage Ihrer Abreise von Dankenfeld hat mich immer die Vorstellung gefreut, daß ich Sie vielleicht auf meinem Weg wiederfinden würde. Wir sind uns jetzo sehr nahe: können Sie nicht an der Herzogin Geburtstag hereinkommen, so wünsche ich Sie in Tiefurt besuchen zu dürfen? Bestimmen Sie mir Tag und Stunde.« Das hat Knebel offenbar gleich getan: nach seinen Tagebuchaufzeichnungen ist Charlotte noch am Nachmittag des 23. in Begleitung der Frauen von Imhoff und von Schardt nach Tiefurt, dem Landschloß der Weimarer Herzoginmutter Amalie, gekommen.

Von diesem ersten Besuch in Weimar (und vielleicht waren es mehr) weiß Charlotte in den »Erinnerungen« nichts mehr. Sie sieht sich im melancholischen Kalbsrieth ein inneres Lese- und Schreibeleben führen: »Ich suchte weder Unterhaltung noch Umgang, hätte aber auch kein Genügen gefunden ... Wie ein flaches Gefilde ohne Unterbrechung verstrichen diese ... Monate.«

Bücher findet sie in der reichhaltigen Bibliothek ihres Schwiegervaters, liest »von Tagesanbruch bis Mitternacht« historische Schriften, Werke von Voltaire und, zum erstenmal, Herder, dessen Bedeutung sie erkennt, obwohl sie sich damals nicht recht auf die Lektüre habe konzentrieren können, wie sie entschuldigend bemerkt: »zerstreut nur konnt ich sammeln«.

Es ist nicht schwer, den Grund ihrer Zerstreutheit zu erraten. Charlotte wartet mit der ihr eigenen Ungeduld. Sie wartet auf Schillers Briefe, sie wartet auf Schiller. Eine Zeitlang ist von seinem Besuch in Kalbsrieth die Rede, den er selbst allerdings nicht übermäßig stark zu wünschen scheint: »Ich hoffe, daß meine Wünsche – in Kalbsrieth – einige Zeit länger unentschieden bleiben werden« schreibt er Körner Ende Dezember 1786; etwas später entscheidet Charlotte sich gegen sein Kommen. Treffpunkt soll im Sommer Weimar werden. Dorthin zu kommen, hat es Schiller auch nicht eilig. Noch im Frühjahr ist er in Dresden in eine Liebesaffäre verstrickt.

Bei einem Maskenball hat er sich in eine schöne Zigeunerin verliebt, die ihm aus der Hand liest und Henriette von Arnim heißt. Man hat sie später in der schönen Griechin seiner Erzählung »Der Geisterseher« wiedererkennen wollen: »Ich glaubte, ein überirdisches Wesen zu sehen, und mein Auge floh zurück, geschlagen von dem blendenden Licht. – So viel Anmut bei so viel Majestät! So viel Geist und Adel bei so viel blühender Jugend ... Das Erstaunen des ersten Anblicks machte unvermerkt einer süßen Empfindung Platz. Die Glorie verschwindet, und ich sehe nichts mehr als das schönste aller Weiber, das meine Sinne in Glut setzt. In diesem Augenblick ist es beschlossen. Sie muß mein sein.« Mit dem Ruhm von Henriettes Schönheit verbindet sich in Schillerbiographien der Hinweis auf ihren zweifelhaften Ruf. Man verdächtigt sie, kokett aus Gewinnsucht zu sein und mehreren Männern gleichzeitig Hoffnungen zu machen. Körners versuchen, Schiller von ihr abzubringen und schikken ihm anzüglich genug den Roman »Liaisons dangereuses« – der ihm ausnehmend gut gefällt (nur: »es ist in der Tat schade, daß ein großer Teil der Schönheit des Buchs in dem liegt, was man mit gutem Gewissen nicht allgemein machen kann«). Aus einem Brief Henriettes *wissen* wir, daß ihr Schiller Eifersuchtsszenen gemacht und von ihr den Nachweis ihrer Unschuld verlangt hat und können wir *annehmen*, daß er ihr beteuerte, sie sei die »Einzige« für ihn, zugleich aber durchblicken ließ, daß das so ganz wahr nicht sei. Mit der Freundin, auf die Henriette im Folgenden anspielt, ist Charlotte gemeint:

116

»Was Ihr Glaubensbekenntnis betrifft, so glaube ich doch noch nicht an alles so pünktlich wie an das Evangelium, es interessiert mich keine so wie die, so Sie mir als Freundin aufführen. Da mag es doch wohl nicht ganz richtig sein, denn Sie tun ganz entsetzlich geheimnisvoll mit ihr, und darum wünschte ich doch, diese liebe Freundin näher kennen zu lernen. Wollen oder können Sie das?

Sie verlangen, daß ich Ihnen Briefe zeigen soll, ich habe die wenigsten von denen, die ich je bekommen und die mir wichtig waren, aufgehoben, die meisten sind dem Feuer geopfert worden, um mir alle Erinnerung zu ersparen, und die übrigen sind nicht der Mühe wert, daß man sie liest. Denn Sie würden große *Erbärmlichkeiten* darin finden und es auch manchem von den schönen Briefen gleich beim ersten Blick ansehen, daß er aus einem alten Roman geschrieben ist.

Vorhin wurde ich gestört, es kam der dicke Graf W., ich habe den ehrlichen Mann nun auch balde satt, er hat uns schon um manchen schönen Augenblick gebracht, besonders letzten Dienstag. Daß er uns auch da störte, das vergebe ich ihm so balde nicht.«

Das klingt nicht eben nach verfolgter Unschuld, aber gerade Schiller hätte eigentlich kein Recht gehabt, ihr Vorwürfe zu machen (wie es dann auch seine Biographen taten). »Muß ich denn aber just nur ein sublimes Geschöpf sein, um ihre Liebe zu verdienen?« fragt sie mit deutlicher Spitze gegen Charlotte. »Gilt bei Ihnen das vor kein Verdienst, was ich mir doch dazu rechne, nämlich, Sie über alles zu lieben? Doch das, denken Sie, ist keine Kunst, aber von Ihnen geliebt zu werden, das will freilich mehr sagen.« Und sie schreibt: »Sie rechnen mir das zum Verbrechen an, was Sie sich doch auch schon vorzuwerfen hätten.« Das ist nicht grundsätzlich gemeint. Aber man kann es ruhig so lesen.

117

17. Kapitel

Der grüne Salon

Zur Zeit von Schillers »liaison dangereuse« mit Henriette von Arnim hat Charlotte Kalbsrieth schon wieder verlassen; während er sich in Dresden über ungebetene Besuche des dicken Grafen W. ärgert, ist sie in Gotha und vielleicht gerade zum Teebesuch bei der alten Frau von Buchwald in einem »von grünem Damast tapezierten Gemach; alle Meubles mit derselben Farbe bedeckt. An den Seiten auf Konsolen die Büsten von Friedrich dem Großen und Voltaire«. Friedrich der Große und Voltaire (der am Gothaer Hof 1753 zu Gast gewesen war) – das sind die Heiligen der Frau von Buchwald, die, ehemals Oberhofmeisterin der verstorbenen Herzogin Luise Dorothea, mitsamt ihrem grünen Salon schon zu Lebzeiten zu einer Art Legende geworden ist. Man rühmt ihre Klugheit und Belesenheit, ihren Charme, ihre Güte, ihre Urteilssicherheit (und vieles andere) als Eigenschaften, durch die sie einst das höfisch-gesellschaftliche Leben Gothas geprägt und in allen Geschmacksfragen, modischen oder literarischen, diktiert hatte. Das Kanapee im grünen Salon war der Richterstuhl gewesen, von dem aus sie regelmäßig vor einem gespannten Publikum ihre Verdikte über (fast ausschließlich französische) Neuerscheinungen sprach. Der »Barbar« Rousseau war ihr ein Greuel. »Frau von Buchwald in weitem seidnen Gewand, ein kleines Häubchen, darüber ein Spitzenschleier unter dem Kinn gebunden. Ihr Auge war noch lebhaft, die Hand so weiß, daß ich sie für den Handschuh hielt. Mittlere Größe, Anstand und Leichtigkeit in der Bewegung, die man sonst nur in den Jugendjahren findet« – so skizziert Charlotte die über Siebzigjährige, eine große Dame des »ancien régime«, die sie nicht nur öffentlich, zur »Cour« empfängt, sondern auch durch die Einladung zu einer vertrauten Stunde auszeichnet, um sie über ihre Heirat und Ehe auszufragen. In Charlottes Verwandtschaft und Bekanntschaft weiß man schon, daß sie mit ihrem Mann nicht sonderlich gut zusammenlebt (die Schwägerin Sophia von Seckendorff schiebt das auf Charlottes Romanlektüre); als Heinrich von Kalb seine Frau in Gotha besucht, kann sich die dortige Gesellschaft durch Augenschein von der Wahrheit des Gerüchtes überzeugen.

Charlotte erlebt diesen Besuch bei der alten Dame als intimes Fest. »Eines Tages ließ sie mich wissen, sie würde allein sein. – Sie war in einen sogenannten Schlafmantel gehüllt mit breiten Streifen, grau und rosenfarb. Es gefiel mir und sie sagte: ›Ich habe es wieder zurückschicken wollen, man hat mir aber zur Antwort gegeben: ›à soixante-dix ans, on reprend le rose‹. Eine Kammerfrau kam herein, um den Tee zu servieren. Das chinesische Porzellan, das vermeil« (d. h. vergoldetes Silber) »und in der goldnen Büchse der Tee war ein Geschenk von Friedrich dem Großen. Dies alles war mehr denn gut, war köstlich zu nennen. Unvergleichlich durch diesen Blütenduft und ihre Rede waren diese Stunden.« Die Gelegenheit dazu bietet ein Ausflug von Freunden und Verehrern, die Frau von Buchwald gewöhnlich um diese Zeit zu besuchen pflegen. Sie sind zur Besichtigung des Grabes gefahren, das sich die alte Frau im römischen Stil hat errichten lassen, aus Eitelkeit und weil sie Angst vor dem Vergessenwerden hat. »Noch in dieser Stunde kehrten mehrere zurück, die das Grabmal gesehen; es war ihnen wohl sonderbar zumute, der Lebenden zu sagen, wie wohlgefällig ihr Monument zu schauen sei. Empfindlich würd' es ihr gewesen sein, hätte man die Nachahmung des römischen Grabes tadeln mögen. Sie hatten daselbst auch nach dem Gebrauch der Alten zur Weihe der Manen Wein, Honig und Kuchen gefunden und sich damit gelabt.«

Drei Jahre später stirbt die Frau von Buchwald in geistiger Verwirrung. In ihrem römischen Grab ist sie nicht beerdigt worden.

Nach Gotha hatten Charlotte eigentlich ihre schlechten Augen gebracht. Schon als Kind war sie in Meiningen deswegen in ärztlicher Behandlung; in Kalbsrieth erst, wo sie sich durch nächtelanges Lesen überanstrengt, entdeckt sie, daß sie schon lange halbblind ist: »Eines Morgens, als ich wieder das Buch mit Begierde erfaßte, war ein Schatten auf dem Blatt, was ich lesen wollte, die Zeilen verwirrt und ich unfähig der klaren Unterscheidung. Meist sind wir unbedacht und unbekannt mit uns selbst; nun wurde mir klar, daß ich stets nur mit dem linken Auge gesehen und das rechte nur einen Schein des Lichts bewahrt hatte.«

Als der Schwiegervater davon erfährt, verschafft er ihr – wohl um ihr Abwechslung zu bieten und sie von der anstrengenden Lektüre abzuziehen – eine Einladung zu einer Bekannten, der Frau von Üchtritz in Gotha: »Hatte ich gleich kein Streben dorthin, so doch keine Abneigung«. Das Gefühl ihrer Ohnmacht und daraus entspringend, ihrer Passivität, mit der sie sich wieder eine neue Fremde bestimmen läßt, ist wohl eine ›innere‹ Wahrheit Charlottes – ob sie nun der Schwiegervater wirklich fortschickte, wie sie schreibt, oder ob ihre eigene innere Unruhe sie die Einladung und einen neuen Aufenthaltsort suchen ließ: »da ich nirgend eine Heimat hatte, ward ich durch den Wechsel erregt, doch nie befriedigt.« Spätestens seit dieser Zeit lebt Charlotte mit der Angst vor dem Blindwerden und erlebt, wie diese Angst ganz allmählich Wirklichkeit wird. Immer wieder gibt es Tage, Monate, Wochen, in denen sie (wie in Kalbsrieth) vorübergehend erblindet; psychische Erregung scheint zu diesen Zeiten der Dunkelheit beigetragen haben. Der Augenspiegel, der zur Entwicklung der Augenheilkunde außerordentlich wichtig wurde, ist zu ihrer Zeit noch nicht erfunden; man kuriert an Symptomen herum, ohne genaueres über die Ursachen zu wissen. Hufeland, der vielleicht berühmteste Arzt ihrer Zeit, hat sie mit starken, stimulierenden Mitteln (wie Belladonna und den sogenannten »Spanischen Fliegen«) behandelt, was wohl vorübergehend Hilfe brachte, den Verlauf der Krankheit aber kaum aufhalten konnte.

Gotha ist wieder eine jener kleinen Residenzstädte mit einem viel zu großen Schloß. Seines heißt Friedenstein, liegt auf einem Berg über dem Ort und birgt in seinen Mauern eine berühmte Bibliothek, eine Galerie, eine große Münzsammlung, ein Naturalienkabinett, ein chinesisch-japanisches Kabinett, und den Hof, den Charlotte zum Teil schon durch Besuche im »verwandten« Meiningen kennt. »In Gotha war weit mehr von dem, was man Kultur, Sitte und Bildung nennt, als anderswo, und im allgemeinen die Gesellschaft bedeutsamer als in Weimar.« Der Verleger Ettinger lebt dort, der den überaus erfolgreichen und vielfach nachgeahmten »Gothaischen Hofkalender« herausgibt, der Volksaufklärer Rudolph Zacharias Becker, dessen berühmtes »Noth- und Hülfsbüchlein für Bauersleute« zur Subskription bereits angekündigt ist, als Charlotte Gotha besucht (und ein Jahr später erscheint). Der verabschiedete Coburger Hofbeamte Moritz August von Thümmel hat sich in Gotha angesiedelt und schreibt hier (und auf seinem Gut Sonnenborn) einen vielbändigen Roman in der Nachfolge von Sternes »Sentimental Journey«, die »Reise in die mittägliche Provinzen von Frankreich«. Und in Friedrich Wilhelm Gotter hat Gotha einen (beim Publikum) überaus erfolgreichen Theaterdichter. Im verdrossen ausgeübten Haupt- und Brotberuf ist er Hofbeamter; was er liebt, ist das gesellschaftliche Leben – er ist ein amüsanter und geistreicher Unterhalter und berühmt für seine Vortragskunst – und eben das Theater, dessen Repertoire er vor allem mit zahlreichen Adaptionen aus dem Französischen bereichert hat (so mit dem Trauerspiel »Marianne«). Verheiratet ist er (nicht sonderlich glücklich) mit Luise Stieler, einer Freundin der Caroline Michaelis-Böhmer-Schlegel-Schelling. (Eine seiner Töchter, Pauline, wird später Schellings zweite Frau.) Die Schließung des Gothaer Hoftheaters, für das er auf vielfältige Weise, dichtend, spielend, Regie führend, tätig gewesen war, hat ihn eigentlich seines Lebenselementes beraubt. Sehnsüchtig nimmt er seitdem teil an den Theaterereignissen, Sensationen, Intrigen in Mannheim, wohin ihm seine Schauspielerfreunde Iffland, Beck, Beil abgewandert sind: »Ich habe Standhaftigkeit nötig, mich in die Härte des Schicksals zu ergeben, das mich täglich fester an die Karre anzuschmieden scheint. In dieser Lage gleiche ich einem Invaliden, dessen einziges Labsal Zeitungen sind.« Er träumt sich im Lesen wieder auf das Schlachtfeld und in die Laufgräben.

In dieser Stimmung ist ihm der Besuch Charlottes, die vom Schlachtfeld Mannheim kommt, natürlich erst recht ein Labsal. Er besucht sie, solange sie in Gotha ist, jeden Tag. Doch wird ihr Umgang getrübt durch die Eifersucht Heinrich von Kalbs, von dessen Anwesenheit in Gotha Charlotte nichts sagt. Wir erfahren davon aus einem Brief Becks, der den Freund Gotter um das »mit Charlotte-Sein« glühend beneidet: »Sagen Sie mir ja, so viel Sie können, von Frau von Kalb. Ich beklage Sie, daß Sie die Unterhaltung nicht rein genießen konnten! Wie um Himmels willen kann es dem Mann jetzt einfallen, eifersüchtig zu werden, wie überhaupt bei einer Frau, welche nur Seele ist! Gott verzeihe es ihm, daß er sie in die Klammern der Konvenienz eingezwängt hat.«

Es fällt schwer zu glauben, daß Heinrich von Kalbs Eifersucht auf Gotter »begründet« war durch eine Liebe und oder Verliebtheit zwischen seiner Frau und dem gemäßigten, rationalen, höflichen und höfischen Mann, dem fremd ist, was »über die Vernunft« geht: »Alles was schwülstig, effektvoll oder mystisch, machte er lächerlich. In letzterem ist aber oft ein Feuer, welches die verachten, die es nicht erkennen können«, heißt es in den »Erinnerungen«. Begründet ist Heinrich von Kalbs Eifersucht dennoch darin, daß ihm seine Frau schon wieder einen andern Mann, schon wieder einen Schriftsteller, als Gesprächspartner offensichtlich vorzieht.

Was Schiller etwas später aus Weimar über Heinrich von Kalbs »unveränderte Freundschaft« an Körner schreibt, können wir danach wohl mit Skepsis betrachten – wie Schiller selbst, der dem Frieden auch nicht ganz zu trauen schien: »Herr von Kalb hat mir geschrieben . . . Seine Freundschaft für mich ist unverändert, welches zu bewundern ist, da er seine Frau liebt und mein Verhältnis mit ihr notwendig durchsehen muß. Aber seine Billigkeit und seine Stärke dürfte vielleicht durch Einmischung fremder Menschen und eine dienstfertige Ohrenbläserei auf eine große Probe gestellt werden wenn er kommt. Ich verstehe nämlich nur in Beziehung auf die Meinung der Welt, denn der Glaube an seine Frau wird nie bei ihm wanken.« Da hat er Heinrich von Kalb doch wohl zu sehr nach den Wünschen Charlottes beurteilt, die nach altem und immer wieder fehlschlagendem Muster den Freund zum Familienfreund machen wollte.

In der Abneigung Gotters war sich Schiller mit Heinrich von Kalb einig, hatte dafür freilich andere, theatralische Gründe, zunächst Gotters Komödienbearbeitung »Der schwarze Mann«, die in Mannheim im Winter 1783 aufgeführt wurde und sich über das neue Theater in der Manier Shakespeares lustig macht, das an Sensationen und grellen Effekten sich nicht genugtun könne. Schon deswegen mußte sich Schiller, der seine »Räuber« wirklich sehr reißerisch angekündigt hatte, getroffen fühlen; zu allem Überfluß konnte sich Iffland den Spaß nicht versagen, die Hauptfigur des Stückes, den elenden Dichter »Flickwort«, in Schillers Maske zu spielen. Ob Gotter bei seiner Bearbeitung (eines französischen Stückes) schon an eine Verhöhnung Schillers dachte, ist zweifelhaft, aber sicher ist, daß ihm die ganze Richtung der Sturm- und Drang-Dramatik nicht paßte, so wenig wie Iffland, so wenig wie Sophie von La Roche. Als sich Schiller und Gotter dann in Weimar begegneten, fanden sie ihre Vorurteile bestätigt. Am Anfang gaben sie sich – beide von Charlottes Bekanntschaft – wohl noch Mühe, miteinander, wenn auch ohne Wärme, auszukommen: »Gotter ist ein zerrissener Charakter, dem ich mich nie hingeben könnte. Er hat viele, aber französische Bildung, viel Geist und Witz, aber dabei eine Nüchternheit, die mich abschreckt. Hier ist er sehr anerkannt. Seine Gedichte mußt Du kaufen. Sie verdienen's«, so Schiller an Körner am 29. Juli 1787. Ein paar Tage später aber, als Gotter es wagte, an dem immerhin problematischen Dramenplan des »Don Carlos« herumzukritisieren, machte sich die alte Abneigung doch wieder in voller Stärke Luft: »Nun mußt Du freilich hinzusetzen, daß Gotter mich schon seit vier Jahren haßt, und vielleicht gerade darum sich zur Vorlesung des Carlos erboten hatte, welches ganz sein Gedanke war – mußt hinzusetzen, daß er gerade der Mensch ist, der sich gegen jede Wirkung der Kunst sträubt, die ihm nicht auf dem Teller *seiner* Kritik zukommt, der nur durch die Regel genießen kann; daß er den Carlos nicht einmal durchaus verstand, wie sich nachher erwiesen hat – aber unangenehm war mir's doch immer, meinem Text allemal einen Kommentar beifügen zu müssen.«

Charlotte, die es, da sie nicht konkurriert, freilich leichter hat, Gotter in seinen Grenzen und in seinen Vorzügen zu erkennen, scheint sich seine Freundschaft und die seiner Frau noch lange bewahrt zu haben. Als deren Freundin Caroline mit August Wilhelm Schlegel nach Jena zieht (und auch Weimar oft besucht), hat ihr Luise Gotter Charlotte offenbar immer wieder warm »empfohlen« – eine Empfehlung, die Caroline nicht annehmen mochte: »Frau von Kalb hab ich auch gesehn, aber Ihr mögt sagen was Ihr wollt, sie kann am jüngsten Gericht als eine echte Adlige bestehn, und wird so erfunden werden. Über Mangel an Artigkeit hab ich gar nicht zu klagen – allein ihr Geist – und Geist hat sie – ist doch in eine etwas schiefe verrenkte Form gegossen.« Das ist eine sehr hellsichtige, bürgerlich und klassizistisch motivierte Kritik. Charlotte hätte ihr etwas Ähnliches wie das Wort vom Feuer, »welches die verachten, die es nicht erkennen« entgegenhalten können.

18. KAPITEL

Lebenspläne

Am 21. Juli 1787 kommt Schiller gegen Abend in Weimar an. »Am nämlichen Abend sah ich Charlotten. Unser erstes Wiedersehen hatte soviel gepreßtes, betäubendes, daß mir's unmöglich fällt, es Euch zu beschreiben. Charlotte ist sich ganz gleich geblieben, bis auf wenige Spuren von Kränklichkeit, die der Paroxysmus der Erwartung und des Wiedersehens für diesen Abend aber verlöschte und die ich erst heute bemerken kann. Sonderbar war es, daß ich mich schon in der ersten Stunde unsers Beisammenseins nicht anders fühlte, als hätte ich sie erst gestern verlassen; so einheimisch war mir alles an ihr, so schnell knüpfte sich jeder zerrissene Faden unsers Umgangs wieder an.

Ehe ich Euch über sie und auch über mich etwas mehr sage, laßt mich zu mir selbst kommen.«

Knapp drei Wochen später wird er über die ersten gemeinsamen Stunden und Tage etwas ausführlicher. »Ich habe Dir nicht geschrieben, welche sonderbare Folge meine Erscheinung auf sie gehabt hat. Vieles, was sie vorbereitete, kann ich jetzt auch nicht wohl schreiben. Sie hat mich mit einer heftigen bangen Ungeduld erwartet. Mein letzter Brief, der ihr meine Ankunft gewiß versicherte, setzte sie in eine Unruhe, die auf ihre Gesundheit wirkte. Ihre Seele hing nur noch an diesem Gedanken – und als sie mich hatte, war ihre Empfänglichkeit für Freude dahin. Ein langes Harren hatte sie erschöpft, und Freude wirkte bei ihr Lähmung. Sie war fünf, sechs Tage nach der ersten Woche meines Hierseins fast jedem Gefühl abgestorben, nur die Empfindung dieser Ohnmacht blieb ihr und machte sie elend. Ihr Dasein war nur noch durch konvulsivische Spannungen des Augenblicks hingehalten. Du kannst urteilen, wie mir in dieser Zeit hier zumute war. Ihre Krankheit, ihre Stimmung und dann die Spannung, die ich hierherbrachte, die Aufforderung, die ich hier hatte! Jetzt fängt sie an, sich zu erholen, ihre Gesundheit stellt sich wieder her und ihr Geist wird freier. Jetzt erst können wir einander etwas sein. Aber noch genießen wir uns nicht in einem zweckmäßigen Lebensplan, wie ich mir versprochen hatte. Alles ist nur Zurüstung für die Zukunft. Jetzt erwarte ich mit Ungeduld eine Antwort von ihrem Mann auf einen wichtigen Brief, den ich ihm geschrieben.«

Wie sieht dieser zweckmäßige Lebensplan aus? Hat Schiller Charlotte (nach der Scheidung von ihrem Mann) heiraten wollen? Eine Weile haben beide, sie mehr als er, wohl mit diesem Gedanken gespielt. In seinem Brief an Körner denkt er eher an eine »ménage à trois«, ein Zusammenleben zu dritt, womit in der Literatur der Zeit experimentiert wird (so in Rousseaus Roman »Nouvelle Héloïse«), aber auch im Leben. Der Schriftsteller Gottfried August Bürger hatte sein Zusammenleben mit zwei Schwestern – die eine hatte er geheiratet, die andere liebte er – literarisch allgemein bekannt werden lassen. Auch Körners sind in diesen »Lebensplan« eine Zeitlang einbezogen. Nach der Sitte der Zeit ist Charlotte in ihren Freundschaftsbund mit Schiller aufgenommen, unterhält mit ihnen eine eigene Korrespondenz. »Herr von Kalb und sein Bruder werden im September eintreffen« (schreibt Schiller dem Freund zwei Tage nach seiner Ankunft in Weimar) »und Charlotte hat alle Hoffnung, daß unsere Vereinigung im Oktober zustande kommen wird. Aus einer kleinen Bosheit vermeidet sie deswegen auch, in Weimar die geringste Einrichtung für häusliche Bequemlichkeit zu machen, daß ihn die Armseligkeit nach Dresden treiben soll. Sind wir einmal da, so läßt man Euch für das Weitere sorgen.« Was das Weitere hätte sein sollen – das hören wir aus einem viel späteren Brief Charlottes: »Es liegt hier in meiner Nachbarschaft ein kleines Gütchen mit einem sehr schönen Haus – wenn ich vorbei fahre, fällt mir immer das reizende verblühte Projekt von Sie und Körners wieder ein.«

Als Schiller verbal an diesem Projekt noch festhält, ist es für ihn »eigentlich« schon verblüht, hat er schon das Ende der Glaubensepoche mit Charlotte diagnostiziert und bemerkt, daß sie ihn viel mehr liebt, als er sie – inzwischen: »In Charlottens Gemüt ist übrigens mehr Einheit, als in dem meinigen, wenn sie schon wandelbarer in ihren Launen und Stimmungen ist. Lange Einsamkeit und ein eigensinniger Hang ihres Wesens haben mein Bild in ihrer Seele tiefer und fester gegründet als bei mir der Fall sein konnte mit dem ihrigen.«

Nach den ersten, ausführlichen Analysen seiner Beziehung zu Charlotte kommt sie in seinen Briefen nur noch beiläufig, als Name vor. »Nicht wahr, euch allen ist es aufgefallen, daß in allen meinen Briefen, die von Weimar aus datiert sind, so wenig von Charlotten vorgekommen ist. Eine Retizenz von der Art, ich gestehe es, konnte Euch zu allerlei Betrachtungen berechtigen.« Auch die Antwort des Herrn von Kalb auf seinen wichtigen Brief enthält er den Freunden vor, meldet nur: »Herr von Kalb hat mir geschrieben. Er kommt zu Ende Septembers, seine Ankunft wird das Weitere mit mir bestimmen.«

Um so mehr hören wir von der neuen Welt Weimar, die zu erobern er gekommen ist. »Größe, Hervorragung, Einfluß auf die Welt und Unsterblichkeit seines Namens« sind seine »Helden-Ziele«; wie er ankommt bei seinen neuen Bekannten, ist sein Hauptinteresse. Das literarische Weimar hat vom Dichter der »Räuber« natürlich schon gehört. Zu weiterer Empfehlung bringt er seinen »Don Carlos« mit. Am besten versteht er sich bald (unterbrochen von einer wochenlangen Verstimmung) mit Wieland, den er schon bei der ersten Begegnung erobert: »Man sagte mir nachher, daß er es nicht gewohnt wäre, so bald in *den* Ton mit einem anderen zu entrieren, und unverkennbare Teilnahme, Wohlwollen und Achtung sprach aus ihm«; im Übrigen findet er ihn im Umgang längst nicht so bedeutend, wie er ihn sich nach seinen Schriften vorgestellt hatte. An Herder, der ihn, wie alle, die ihn kennenlernten, durch seine Persönlichkeit bezaubert, mißfällt ihm doch sehr, daß er nichts von ihm kennt: »Überhaupt ging er mit mir um, wie mit einem Menschen, von dem er nichts weiter weiß, als daß er für etwas gehalten wird. Ich glaube, er hat selbst nichts von mir gelesen.« Bei beiden, bei Herder und bei Wieland, steht Charlotte, wie er feststellt, »in hoher Achtung«.

In hoher Achtung steht sie auch bei Goethe, dem geistigen Fürsten Weimars, den Schiller vorläufig nicht kennenlernen kann, weil er auf Reisen in Italien ist (und von dort aus Charlotte mit Grüßen, Briefen und Proben seines Werkes bedenkt: »und auch auf der Reise nicht von ihm vergessen, erhielt ich manches Sonett und Epigramm, was man nachher in seinen Schriften gelesen hat«). Doch in den Unterhaltungen der Weimarer bleibt er gegenwärtig, »Goethe ... wird von sehr vielen Menschen mit einer Art von Anbetung genannt, und mehr noch als Mensch denn als Schriftsteller geliebt und bewundert«, bemerkt Schiller, der zu einer Geburtstagsfeier des Abwesenden eingeladen wird: »Ich habe am 28. August Goethens Geburtstag mitbegehen helfen, den Herr von Knebel in seinem Garten feierte, wo er in Goethens Abwesenheit wohnt. Die Gesellschaft bestand aus einigen hiesigen Damen, Voigts, Charlotten und mir. Herders beide Jungen waren auch dabei. Wir fraßen herzhaft, und Goethens Gesundheit wurde von mir in Rheinwein getrunken. Schwerlich vermutete er in Italien, daß er mich unter seinen Hausgästen habe; aber das Schicksal fügt die Dinge gar wunderbar. Nach dem Souper fanden wir den Garten illuminiert, und ein ziemlich erträgliches Feuerwerk machte den Beschluß.«

In der Schilderung des Gastgebers Knebel hat sich dieser Abend stimmungsvoller so abgespielt: »Goethens Geburtstag haben wir den 28. dieses ganz passabel zugebracht. Es war ein abwechselnder Tag, doch war der Abend ruhig und heiter. Die kleine Schardt, die Imhoff, Frau von Kalb waren bei mir, wobei noch ein paar andre Freunde waren, unter denen Schiller, der Verfasser des ›Don Carlos.‹ Sie brachten einen Kranz für Goethe von wildem Heidekraut, das um Ilmenau wächst ... So ging es den Abend ganz gut. Ich ließ ein kleines Feuerwerk machen, und den Garten erleuchten, wo sich Goethens Monument, nämlich eine Kugel von Sandstein auf einem steinernen großen Würfel ruhend, gar wohl ausnahm. Der Mond war feierlich, als ich die Damen nach Hause begleitete, und wölbte den Himmel weit und hoch, und die Schatten und Lichter der Bäume im Stern waren merkwürdig« (der Stern, ein Teil des Parks zu Weimar, war eine Lieblingspromenade der Gesellschaft).

Von Anfang an haben sich Schiller und Charlotte vorgenommen, aus ihrem Verhältnis kein Geheimnis zu machen. Es sei schon ziemlich viel über sie geredet worden, einigemale sei man so diskret gewesen, sie nicht zu stören, »wenn man vermutete, daß wir fremde Gesellschaft los sein wollten« schreibt Schiller an Körner. »Laßt Euch ja durch kein kleinstädtisches Geschwätz im Genuß Eurer Freuden stören«, bestärkt sie dieser, doch seine Sorge ist kaum nötig. In Weimar sind die Sitten freier, wie Schiller gleich anfangs bemerkt und moralistisch mißdeutet. »Die hiesigen Damen sind ganz erstaunlich empfindsam; da ist beinahe keine, die nicht eine Geschichte hätte oder gehabt hätte; erobern möchten sie gern alle. Da ist zum Beispiel eine Frau v. Schardt, die Du in jeder andern Gesellschaft für eine ausgelernte fille de joie erklären würdest, ein feines, nicht häßliches Gesicht, lebhafte, aber sehr begehrliche Augen« – das ist in seiner Beschreibung Sophie von Schardt, die Schwägerin der Goethe-Freundin Frau von Stein. Charlotte hat sie uns in den »Erinnerungen« so vorgestellt: »Frau von Schardt, eine geborne v. Bernsdorf, klein, zierlichen Benehmens, wissenschaftlich gebildet, sprach mehrere Sprachen mit Leichtigkeit. Sie hatte unter Blüten der Hoffnung des Schmerzes Stachel gefunden; doch dieser hatte die Laune, die Grazie des Schalksinns nicht in ihr zerstört. Tieferen Sinnes als die meisten, wußte sie allen das Possierliche abzulauschen. Das feine, höhnende Lächeln stand ihr gar wohl, und ihr dunkles Auge sprühte Witzfunken, aber stets war sie von irgend einer Passion bewegt.« Zwar liegt der Charakteristik Charlottes eine lange, nahe Bekanntschaft zu Grunde, gibt Schiller nur einen ersten flüchtigen Eindruck wieder, doch verrät er damit viel von seinen verklemmten Tugendvorstellungen und seiner Unsicherheit in der Beurteilung »höherer« Kreise. Daß Charlotte ihn in diese Kreise einführt, daß sie ihn darin »heimisch« machen will, das schadet ihr bei ihm mehr, als ihr die Achtung und Freundschaft Wielands, Herders, Goethes nützt. »Charlotte kündigt mir an, daß ich als Weimarischer Rat, sobald ich in der Stadt selbst mich dem Hof präsentieren wolle, beim hiesigen Adel und den ersten Bürgerlichen Zeremonienbesuche machen müsse. Ob das gleich nur durch bloße Karten ausgerichtet zu werden pflegt und ich meinen Bedienten habe, so stehe ich doch in Gefahr, bei einigen angenommen zu werden, und wenn auch nicht, so ist eine halbe Woche schändlich verloren.« »Dieser Tage habe ich in großer adliger Gesellschaft einen höchst langweiligen Spaziergang machen müssen. Das ist ein notwendiges Übel, in das mich mein Verhältnis mit Charlotten gestürzt hat – und wieviel flache Kreaturen kommen einem da vor. Die beste unter allen war Frau von Stein, eine wahrhaft eigene interessante Person, und von der ich begreife, daß Goethe sich so ganz an sie attachiert hat. Schön kann sie nie gewesen sein, aber ihr Gesicht hat einen sanften Ernst und eine ganz eigene Offenheit. Ein gesunder Verstand, Gefühl und Wahrheit liegen in ihrem Wesen. Diese Frau besitzt vielleicht über tausend Briefe von Goethe und aus Italien hat er ihr noch jede Woche geschrieben. Man sagt, daß ihr Umgang ganz rein und untadelhaft sein soll.«

Weimar hat zu dieser Zeit zwei Höfe: den des regierenden Herzogpaars Karl August und seiner Frau Luise, und den der Herzoginmutter Amalie, die ihre Gäste meist in Tiefurt, mehr einem ländlichen Gutshof als einem Schloß, zu Teegesellschaften empfängt, bei denen viel musiziert wird. Zu ihrem engeren Kreis gehören etwa die verwachsene und geistreiche Hofdame Luise von Göchhausen, der Kammerherr von Einsiedel, Knebel und Wieland, der Schiller zum ersten Besuch bei Amalie in Tiefurt begleitet.

»Wir waren zwei Stunden dort, es wurde Tee gegeben und von allem möglichen viel schales Zeug geschwätzt. Ich ging dann mit der Herzogin im Garten spazieren, wo ich sie schönstens, aber mit vieler Arbeit unterhielt. Sie zeigte mir alles Merkwürdige, Wielands Büste, die dort aufgestellt ist, ihres Bruders des Herzogs Leopold von Braun-

schweig Monument und andres. Nachher gingen wir in ihr Wohn-
haus, das überaus einfach und in gutem ländlichen Geschmack mö-
bliert ist. Hier wurden mir einige schöne Landschaften von Kobell
gezeigt. Gegen Abend empfahlen wir uns und wurden mit Herr-
schaftspferden nach Hause gefahren. Wieland, der keine Gelegenheit vorbei läßt mir etwas Angenehmes anzukündigen, sagte mir,
daß ich sie erobert hätte. Und wirklich fand ich dieses in der Art, wie
sie mich behandelt hatte ... Sie selbst hat mich nicht erobert. Ihre
Physiognomie will mir nicht gefallen. Ihr Geist ist äußerst borniert,
nichts interessiert sie, als was mit Sinnlichkeit zusammenhängt, diese
gibt ihr den Geschmack, den sie für Musik und Malerei und dgl. hat
oder haben will. Sie ist selbst Komponistin, Goethens Erwin und
Elmire ist von ihr gesetzt. Sie spricht wenig, doch hat sie das Gute,
keine Steifigkeit des Zeremoniells zu verlangen, welches ich mir
auch trefflich zunutze machte. Ich weiß nicht, wie ich zu der Sicherheit meines Wesens, zu dem Anstand kam, den ich hier behauptete.
Charlotte versichert mir auch, daß ich es hier überall mit meinen
Manieren wagen dürfe. Bis jetzt habe ich, wo ich mich zeigte, nir-
gends verloren. Charlottens Idee von mir hat mir Zuversicht gegeben, und die nähere Bekanntschaft mit diesen Weimarischen Riesen
– ich gestehe Dir's – hat meine Meinung von mir selbst – verbessert.

Nunmehr freue ich mich auf die junge Herzogin, von der mir
allerwärts viel Vortreffliches gesagt wird. Bei der Alten hatte ich zu
überwinden, weil sie meine Schriften nicht liebt und ich ihr fremd
war. Die junge ist meine eifrige Patronin und meinen Arbeiten ganz
vorzüglich gut. Charlotte hat mehrmals mit ihr von mir gesprochen
und sagt mir, daß ich bei ihr sein dürfte, was ich bin, daß ich sie für
alles Schöne und Edle empfänglich finden würde. In 14 Tagen wird
sie hier sein. Der Herzog aber kommt erst im September. Eine unangenehme Neuigkeit für mich.

Mein Verhältnis mit Charlotten fängt an, hier ziemlich laut zu
werden, und wird mit sehr viel Achtung für uns beide behandelt.
Selbst die Herzogin hat die Galanterie, uns heute zusammen zu
bitten, und daß es darum geschah, habe ich von Wieland erfahren.«

Schon beim nächsten Besuch in Tiefurt aber muß sich Schiller,
der so stolz auf sein Auftreten ist, von Charlotte wegen seiner Manieren tadeln lassen: »Charlotte will behaupten, daß ich mich diesen
Abend zu frei betragen habe; sie zog mich auf die Seite und gab mir
einen Wink. Ich habe, sagte sie, auf einige Fragen, die die Herzogin
an mich getan, nicht dieser, sondern ihr geantwortet, und die Herzo-

gin stehen lassen. Es kann mir begegnet sein, denn ich besann mich niemals, daß ich Rücksichten zu beobachten hätte.« Unsicher über die Verhaltensformen, die bei Hofe gelten, läßt er sich von Charlotte in kleine Intrigen verstricken. Die Herzogin lädt ihn mündlich zur Aufführung einer Operette, schickt ihm aber keine schriftliche Einladung. Auf Charlottes Rat bleibt er weg, obwohl sie eine schriftliche Einladung bekommen hat, »worin gesagt wurde, daß sie sich eine Gesellschaft dazu wählen könnte, wobei ich gemeint war. Aber da man mich nur als ein Pendant von ihr behandelte, so taten wir beide, als verstünden wir's nicht.« Als ihn Charlotte am Abend der Operette dann mit Unwohlsein entschuldigt (was er nur zufällig hinterher herausbekommt), verärgert ihn das; ebenso, daß er die Herzogin Luise gegen Charlottes Versicherung nur in einem »steifen großen Zirkel sprechen dürfe«, wozu er keine Lust habe. »Charlotte hat mir schon oft falsche Nachrichten gegeben.«

Charlotte, in ihrem Eifer, etwas für den Freund zu tun, tut des Guten zuviel, schwindelt ihn an, um ihm Hoffnungen zu erwecken, die sich dann nicht erfüllen. Und sie unterschätzt seinen Stolz und seine bürgerlichen Vorurteile. Daß er vom Hof als »ihr Pendant« behandelt wird, hätte er ohne ihren Hinweis vielleicht gar nicht mitbekommen. Als er es weiß, ärgert er sich nicht nur über den Hof, sondern auch über Charlotte, die zur Gesellschaft gehört, die ihn mit Geringschätzung behandelt. Die Reserviertheit der Herzogin Luise nimmt er persönlich, als Affront, während Charlotte sie als selbstverständliches Gebot ihres hohen Standes deutet und die »edle Natur« der Herzogin dennoch würdigen kann: »Selbsterwählter Haltung, die in sich keinen Wechsel noch Affekte duldete, die selbst die Klage des Schmerzes der Natur verbietet – ein solches Wesen ist auch gerecht in der Beurteilung anderer, denn es weiß wohl: würde ich mein Gesetz verletzen, so wäre ich wie sie.«

Schiller schreibt den Hof ab. Er beginnt seine Pläne zu ändern. Hat er zunächst bedauert, daß der Herzog Karl August kurz vor seiner Ankunft aus Weimar abgereist ist, so erklärt er jetzt, er habe ohnehin nichts von ihm zu erwarten und also auch nichts mit ihm zu besprechen – während Körner, der immer viel länger an Schillers Projekten festhält, als dieser selbst, noch schreibt: »Daß du den Herzog nicht gesprochen hast, ist doch zu ärgerlich.«

Ende August 1787 bringt Charlotte Schiller nach Jena zu dem Philosophieprofessor Karl Leonhard Reinhold, bei dem Schiller eine Woche lang zu Gast ist. Reinhold ist ein Schwiegersohn Wielands, mit seiner Frau Sophie ist Charlotte sehr befreundet. (»Sophie Reinhold, im Äußern lässig, nahm alles ergötzlich, und leicht erregt, lebte sie in Sinn und Gemüt der Phantasie; ohne schriftlich zu dichten, hat sie mir Märchen erzählt, vor denen manches belobte hätte weichen müssen.«) Auch Schiller wird ihr »herzlich gut«, so gut, daß er sie sogar mit Körner und seinen »Weibern« (Frau und Schwägerin) bekannt machen will. Er lernt weitere Jenaer Professorenfamilien kennen, informiert sich über die Universität und reist ab mit dem Gelübde, Jena »nicht zum letztenmal gesehen zu haben. Hätte ich einen Plan nach Jena, so versichert mir Reinhold, daß ich keine Schwierigkeit finden würde. Ich soll, sagte er, ohne ein Wort darüber zu verlieren, noch vor dem Frühjahr einen Ruf dahin bekommen. Ich weiß aber nicht mein Lieber. Mit dieser Idee bin ich zerfallen. Meine Unabhängigkeit und die Vermengung meiner Existenz mit Euch soll das Schicksal meines Lebens bleiben, vorausgesetzt, daß mir Schriftstellerei ein angenehmes Dasein verschaffen kann.« Im Grunde weiß er sehr wohl. Im Spätherbst beginnt er, an seiner Geschichte des »Abfalls der Niederlande« zu schreiben, die ihm die Professur in Jena einbringen soll und wird. Körner rät dem Freund ab: mit einer nur historischen Arbeit verrate er sein dichterisches Genie. Auch an eine Professorenfrau beginnt Schiller zu denken. Er könnte, so schreibt er dem Freund, eine der noch unverheirateten Töchter Wielands heiraten, den Liebling ihres Vaters, nicht aus Liebe, sondern weil er durch äußere Bindung seine innere Unrast besiegen will. »Charlotte weiß von diesem Monologe meiner Vernunft nichts.« Körner, der nicht merkt, daß der Freund in seinen Heiratsplänen bestätigt werden will, rät wieder ab (und hört seitdem nichts oder Irreführendes darüber): »Aber jetzt kann ich nur auf keine Weise zu irgend einem Schritte raten, der entscheidende Folgen für Eins von Euch beiden haben könnte.«

Doch Charlotte spielt in Schillers Lebensplan keine Rolle mehr, ebensowenig Körner selbst. Als er (nach seinem ungebetenen Rat) wieder vom Freund hört, hat der seine zukünftige Frau, nun doch keine Tochter Wielands, schon kennengelernt.

Ende November besucht Schiller Schwester und Schwager in Meiningen, außerdem die Frau von Wolzogen. Auf der Rückreise macht er in Rudolstadt die Bekanntschaft einer Frau von Lengefeld und ihrer zwei Töchter, die eine verheiratet, die andere noch ledig: »Beide Geschöpfe sind (ohne schön zu sein) anziehend und gefallen mir sehr.« Im gleichen Brief wird die Frau von Kalb verabschiedet und ihrem Ehemann zurückgegeben: »Hier in Weimar habe ich Charlotte und ihren Mann wiedergefunden. Er ist ganz der alte ... Sie ist gesund und sehr aufgeweckt. (Ich weiß nicht, ob die Gegenwart des Mannes mich lassen wird, wie ich bin. Ich fühle in mir schon einige Veränderung, die weiter gehen kann.)«

19. Kapitel

Charlotte in Weimar

Jeder, der sich im letzten Drittel des 18. Jahrhunderts dauernd oder vorübergehend in Weimar aufhielt und nach Geist und (oder) Stand zur Gesellschaft zählte, lebt für die Nachwelt auf einer Bühne. Zählt er auch selbst nicht zu den ganz Großen, so fällt doch der Glanz ihrer Namen auch auf den, der mit ihnen umging; der Forschungseifer, mit dem vor allem Literarhistoriker des vorigen Jahrhunderts das Leben ihrer Helden detailliert rekonstruierten, kommt auch Nebenfiguren zugute. Charlotte hat, mit Unterbrechungen, von 1787 bis 1799 immer wieder in Weimar gelebt, die meiste Zeit in einem von der und für die Familie angemieteten Haus in der Windischengasse, und was wir an Zeugnissen aus dieser Zeit über sie haben, ist reich und vielfältig, verglichen mit dem, was aus den Schatten-Zeiten vorher und nachher überliefert ist. Gemessen an der Fülle und Komplexität, die jedes Leben, auch das unscheinbarste, von seiner Nacherzählung trennen, wissen wir wohl immer noch wenig, doch die vielen Bekanntschaften, Freundschaften, Beziehungen dieser »Charlotte in Weimar« lassen davon wenigstens etwas ahnen, auch wenn wir von einer Beziehung oft nur noch wissen, daß es sie gab und nicht mehr, wie sie war. Und auch, wenn es Charlotte gelang, vieles zu verheimlichen, nur manchmal nicht die Spuren dieser Heimlichtuerei. So hören wir einmal von einem heimlichen Briefwechsel zwischen Charlotte und dem Kammerherrn von Einsiedel (»sie will nicht öffentlich dafür passieren, daß sie an ihn schriebe«) und ein andermal von einem »großen Geheimnis« zwischen Karl von La Roche, einem Sohn Sophies, und der »gelehrten Frau v. Kalb«, das uns großes Geheimnis blieb.

Die Szenerie ist uns aus vielen Briefen und Erzählungen vertraut: die Kleinstadt Weimar, deren Straßen bei jedem Regen zu Morast aufweichen, so, daß die Damen selbst Besuche auf die andere Straßenseite scheuen, und das etwas düstere Schloß; die Stadtkirche, in der Oberkonsistorialrat Herder seine sonntäglichen Predigten hält und, in ihrem Schatten, seine dunkle Wohnung, die so oft in seinen Briefen als Symbol seiner glücklosen Existenz vorkommt (»und ich sitze hinter der Kirche, arbeite, mühe mich, schreibe, pflege der

Schulen, predige etc. etc. Alles ist ein Spiel, ein Spiel ist alles und das Kunstwerk der Götter war, das Spiel der blinden Kuh uns so ernstlich zu machen als ob wir den Stein der Weisen suchten«). Die Entfernungen sind sehr klein, eins hat zum andern nur ein paar Schritte zu machen. Das schönste und prächtigste Bürgerhaus liegt, etwa zehn Minuten Fußweg vom Marktplatz entfernt, schon außerhalb des Städtchens. Es gehört dem Unternehmer und Verleger Bertuch (der und den Herder nach einem Aperçu von Schiller so haßt, wie die Schlange den Menschensohn).

Der berühmteste aller Weimarer Schauplätze, Goethes Haus am Frauenplan, hat sich uns als Denkmal erhalten, ebenso sein Gartenhaus im Park an der Ilm, wo uns (in seinen verschiedenen Partien, am »Römischen Haus«, an der »Schnecke«, im »Stern«) das ganze »Ensemble« in immer wechselnden Gruppierungen spazierengehend begegnet: Charlotte, Frau von Stein und deren Schwester, die Frau von Imhoff; Sophie von Schardt, Herder, (der der kleinen Schardt, wie sie alle nennen, sehr zugetan ist), der Kammerherr Karl Hildebrandt von Einsiedel; Charlotte, die Herzogin Luise, die Frau von Stein; Schiller und Wieland, Knebel und Schiller; Charlotte und Corona Schröter, eine nicht mehr ganz junge, ehemals sehr gefeierte Schauspielerin und Sängerin, in die der junge Körner einmal verliebt gewesen war. Schiller urteilt über sie nach seiner Art erst sehr schroff: »Ihre Figur und die Trümmer ihres Gesichts rechtfertigen Deine Verplemperung. Sie muß in der Tat schön gewesen sein, denn 40 Jahre haben sie nicht ganz verwüsten können. Übrigens dünkt sie mir ein höchst gewöhnliches Geistesprodukt zu sein«, lernt sie aber dann doch schätzen: »Die Schröter hat Charlotten und mir die Iphigenia nach Goethes erstem Manuskript ... vorgelesen ... [Sie] liest gut, sehr gut, weit weniger gezwungen als Gotter, mit Affekt und richtiger Auseinandersetzung ... Wir sehen einander jetzt oft, fast drei- bis viermal die Woche; sie ist doch eigentlich eine von unsern behaglichsten Bekanntschaften und uns sehr attachiert.« Für Charlotte (die freilich einmal schreibt, die Schröter »ziehe sie herab«) scheint sie so etwas wie eine ständige Begleiterin, eine Gesellschafterin gewesen zu sein, aber wir wissen nichts weiter über dieses Bündnis der schönen, gefühlvollen Corona und der klugen Frau von Kalb.

»Du weißt doch, daß wir die Frau von Kalb, die älteste der Schwestern, diesen Sommer bei uns gehabt. Diese ist ein braves, ganz vorzügliches Weib; ihr wahrer, reicher Verstand unterhält mich sehr oft; sie hat ein ganz eigenes Gepräg, aber der Wert davon ist unverkennbar.« Karl Ludwig von Knebel, der das im September 1787 seiner Schwester Henriette schreibt, ist von Anfang an einer der engsten Weimarer Freunde Charlottes. Er privatisiert, nachdem er erst als Offizier, dann als Weimarer Prinzenerzieher resigniert hat – militärischer Drill und Hofintrigen waren ihm gleichermaßen unerträglich. Daß er, obwohl klug und talentiert, zu eigenständiger künstlerischer oder philosophischer Arbeit nicht begabt genug ist, ist der große Kummer seines Lebens; immerhin ist er ein ganz beachtlicher Übersetzer der von ihm geliebten klassisch-lateinischen Autoren wie Lukrez und Properz; eine Wahlverwandtschaft, möchte man glauben, wenn man das Portrait seines »römischen« Charakterkopfes sieht. Seine schönste Begabung, die zur Freundschaft, ist auch seine vergänglichste. Sensibel, reizbar (und wetterfühlig: er führte zeitlebens ein Wetter-Tagebuch, so daß wir immer wissen, wann es in Weimar regnete und wann die Sonne schien), hat er Frauen besonders gern um sich, die in ihm freilich immer nur den Freund und Vertrauten ihrer Herzensgeheimnisse sehen und nie, wie er es wohl oft gewünscht hat, ein Herzensgeheimnis mit ihm haben. Am meisten liebt er die Frau von Stein, »Sie ist ohne alle Prätention und Ziererei, gerad, natürlich, frei, nicht zu schwer und nicht zu leicht, ohne Enthusiasmus und doch mit geistiger Wärme, nimmt an allem Vernünftigen Anteil und an allem Menschlichen, ist wohl unterrichtet und hat feinen Takt, selbst Geschicklichkeit für die Kunst… Nach ihr ist Frau von Kalb mir sehr wert. Reicher und wärmer als die erstere, doch hat sie die ganz bestimmte reine Linie von derselben noch nicht. Die kleine Schardt rundet sich etwas zu sehr in ihre kleine häusliche Existenz, mit einem elenden Mann.« Das ist die Rangliste 1788, die sich auf den »Plätzen« natürlich immer wieder ändert und verschiebt. Nur die Frau von Stein, mit der ihn eine lebenslange Freundschaft verband, blieb wohl immer oben. Auch Lorchen, Eleonore von Kalb, steht hoch in seiner und seiner Schwester Gunst. »Artiges kleines Glück«, »liebe süße Lore«, »süßer blonder Schatz« heißt sie in dem Briefwechsel der Geschwister Knebel, der sie auch einmal in einer kleinen Szene mit Charlotte zeigt: »Die kleine Kalb ist gar artig und wünscht sich, nur immer aus dem Properz zu hören. Sie glaubt, sie sei Cynthia; wenigstens hab' ich es ihr weißgemacht. Jüngst sagte ihre ältere Schwester zu ihr: ›Du verstehst es ja doch nicht und hörst nur die Worte!‹ ›Ja!‹ sagte sie; ›wer wollte aber auch die schönen Worte nicht schon gerne hören!‹« Sehr oft ist Lore nicht in Weimar; wem sie dort begegnet ist, den scheint sie gleich für sich gewonnen zu haben, auch Herder, der ihr sogar ein Neujahrsgedicht aus »schönen Worten« schrieb und es im »Göttinger Musenalmanach« veröffentlichte.

An Leonore von Kalb

Siehe dort schwebt sie hernieder die Hora des kommenden Jahres,
    im verschwisterten Chor, Grazien führen den Reihn;
Jeglichem lächelt sie Freude, der sie mit Liebe begrüßet,
    schenket jedem so gern, was er bescheiden begehrt.
Liebend nahet sie Dir, sie bekränzt mit ätherischen Blumen,
    die in Elysiums Flur sproßten, Dein lockiges Haar;
Schlinget den Arm um Dich und bringt dir süße Geschenke,
    sanfte Freuden und Scherz mit dem verschwisterten Kuß.

Was die Bekanntschaft mit Herder für Charlotte bedeutet, hat sie ihm so gesagt: »Lieber, vortrefflicher Freund! Sie erteilen durch ihre Güte für mich meinem Dasein einen Wert, den ich sonst nicht kannte. Jetzo noch schätzt Ihr Geist die werdende Veredelung in mir, die Ihr Werk sein wird; denn die Tugend üben und glücklich sich fühlen unter edlen Menschen – beweist Fähigkeit zur Tugend. Die Verschiedenheit der Grundsätze und Meinungen sind meiner Seele merklich und ich könnte es, wie das Klima für den Körper unter Temperaturen verteilen, die gut oder schlimm auf mich wirken.«
Daß das Klima im Herderschen Haus ihr besonders wohltat, versichert sie in vielen Briefen und noch als alte Frau, der sich das »übrige« Weimar längst verdüstert hatte: »In Weimar war mir immer zumute, als wäre ich im schweren Nebel nach Ungewittern. Bei Herder fand ich unbefangener seelische Mitteilung; er wußte wohl: es ist nicht für Feder und Schreibtisch, das Leben will uns, und wir wollen das Leben! . . . Der starrsüchtigen Bewunderung bin ich nicht fähig, die Gemütlichkeit wird dadurch gehemmt, der Fluß des Lebens gebrochen.« Als ungenannten Gegenspieler Herders hatte sie dabei Goethe im Sinn.
Charlotte hat Herder wohl geliebt, aber (in ihrem Selbstverständnis) mit der Liebe einer Schülerin zu ihrem Lehrer. Deshalb war diese Beziehung die dauerhafteste, beständigste all ihrer Weimarer Freundschaften (daß das Verhältnis in Herders letzten Lebensjahren getrübt war, war eher seine als ihre Schuld); deshalb erlebt sie nur die alltäglichen Enttäuschungen, die niemandem erspart blei-

ben, der ihn näher kennt: »bei Herders bin ich gerne. Ebbe und Flut bin ich bei ihnen gewohnt, das tut mir nichts mehr.« Herder ist launisch: einerseits von außerordentlicher Liebenswürdigkeit, wie sie Caroline Schlegel besonders hübsch bezeugt hat: »Madame Herder habe ich mir kleiner, sanfter, weiblicher gedacht. Aber für die fehlgeschlagne Erwartung hat mich der Mann belohnt. Der kurländische Akzent stiehlt einem schon das Herz, und nun die Leichtigkeit und Würde zugleich in seinem ganzen Wesen, die geistreiche Anmut in allem, was er sagt – er sagt kein Wort, das man nicht gerne hörte – so hat mir denn seit langer Zeit kein Mensch gefallen, und es scheint mir sogar, daß ich mich im Eifer sehr verwirrt darüber ausgedrückt habe.« Doch so gewinnend Herder sein kann, so verletzend ist er oft auch, aus tiefer, innerer Unzufriedenheit, die er aus seiner äußeren Lage ableitete, die aber keine äußere Lage je hätte ändern können, wie er selbst im Grunde wußte. Ihm fehlt eine Charaktereigenschaft, die auch Charlotte fehlt – das Glück, denn als Herderschen Gedanken überliefert sie in den »Erinnerungen«, daß »Glück oder Unglück eine subjektive Eigenschaft ist, wie Gesundheit, Körperstärke. Wagen gewinnt und Kühnheit gehört zum Glück; man muß auch moralischen Mut haben, sprach er. Das Glück ist eine geheimnisvolle Fähigkeit an sich.«

Seine Humanitätsphilosophie macht sie sich so sehr zu eigen, daß von ihr bemerkt wurde, sie spreche so, wie Herder in den »Briefen über die Humanität« schreibe. Auf dieses Werk beziehen sich die folgenden Briefzeilen Charlottes: »Nun zu ihrem Büchlein, über welches ich Ihnen viel zu sagen hätte – warum kann ich nicht an Ihrer Seite sitzen! Ich habe es langsam gelesen – denn oft war meine Stimmung trübe, mein Befinden beschwerlich; aber so oft ich las, fand ich entweder den Glauben meiner Seele, oder meine Vernunft wurde von Ihrem Geist genährt, gestärkt und überzeugt. Diese Sammlung von Vortrefflichkeiten aus dem Leben, dem Geist der Menschheit gesammelt: wie reich ist dieser Genuß für ein denkendes Wesen, ein liebendes Gemüt!« Andere Kommentare zu Herders Schriften gehen an ihn über die Frau Caroline, die einen großen Teil seiner Korrespondenz führt:

»Herder ist mir immer mehr, je mehr ich lebe und denke. Herders Schrift über die Gabe der Sprachen las ich wieder vor wenigen Tagen« (gemeint ist: »Von den Gaben der Sprachen am ersten christlichen Pfingstfeste«) »ob ich gleich nie über diese Begebenheit als Wunder nachgedacht hatte, so war mir doch diese Erklärung so erfreulich und für die Hoffnung des Geistes so erhellend, daß ich gestärkt durch sie mir vornahm, das Neue Testament wieder einmal als Genuß gebende Lektüre zu lesen. Ich glaube auch, daß wir im Zeichen der bessern Zeit seien, wenn die Theologie nicht mehr studiert wird, um durch *tote, verworrene, dunkle* Begriffe den *innersten* Kern des Wesens noch mehr zu verunglückseligen, als die menschliche Natur *tragen kann.* Es scheint mir nicht, als wenn die *Kirchen* zur Kirche gehörten – wenigstens unter ihnen findet man nicht die auserlesenen; der *Staat* hat sich ihrer bemächtigt und von ihm werden nicht die Lehren Jesu in Ausübung gebracht: der Einigkeit, der Gemeinschaft der Güter, der möglichsten Entfernung von allen irdischen Sorgen, daß die zeitliche Zeit [so!] nicht die Kräfte des Geistes und Herzens aller verschlinge und zernichte.«

Die Kräfte des Geistes und Herzens, so stellt sie sich vor, müßten auf die Betrachtung des »Wesentlichen« verwendet werden können, so, wie es einst die Mystiker predigten und lebten. Wenn Charlotte in ihren »Erinnerungen« Herder einen »Mystiker« nennt, will sie damit allerdings nicht seine besondere Art von Religiosität und religiöser Lehre charakterisieren, sondern seine Fähigkeit, als Psychologe das »Wesentliche« eines Menschen zu erfassen: »Im Mittelalter nannte man einen Mystiker ›den innigen Menschen‹, das hätte man von ihm auch sagen mögen; denn ihm ward schnell klar, selbst empfindlich, fühlte er, was anderen verborgen geblieben, ja was selbst das Individuum ohne seine Erkenntnis nicht in sich verstanden haben würde.« Auch sie selbst hat sich durch ihn besser verstehen gelernt: »Sie, sagte er einst zu mir, können noch zu keinem festen Entschluß gelangen, weil die Einbildung Sie verhindert, die Wirklichkeit zu sehen, die ewig nur in schwankenden Bildern vor Ihnen steht. Mit Feuer und Geschick beginnen Sie, aber Ihr Blick schaut nicht die Schranken, noch die Untiefen der Lebensbahn. So lassen Sie ein Projekt nach dem andern fallen, doch wenige haben den Trost beim Verlust, den Sie besitzen, die Elastizität des Gemüts, die nichts ganz vernichten kann; denn die Spenden der Phantasie bleiben unerschöpflich.«

Als Herder im Winter 1787 seinen sechsten Sohn Alfred taufen läßt (der nur wenige Wochen später wieder stirbt), wird Charlotte neben Knebel und der Frau von Stein zu Gevatter gebeten, worauf sie großen Wert gelegt haben soll.

Ende März 1788 fährt sie mit ihrem Mann für drei Wochen nach Waltershausen durch den tief verschneiten Thüringer Wald. »Der

Schnee lag oft 4 bis 5 Fuß tief« (erzählt sie Herders). »Die Tannen waren ganz verschneit und standen da wie weiße Pyramiden. Die blendende Weiße schmerzte unseren Augen und die scharfe Luft gab uns ein kupferfarbenes Teint. Es ist ein Glück, daß wir der Gefahr entgangen sind – sie schien unvermeidlich. Oft haben wir auf Tier und Menschen warten müssen, die unsern Wagen wieder aus tiefen Gleisen und Gruben zogen – und immer unbeschädigt. Einige Stunden von Schleusingen fanden wir keinen Schnee mehr. Die Luft war milder, und die Gegend gehörte schon mehr dem Frühling. Waltershausen hat mit Tiefurt viel Ähnlichkeit.«

Wie damals, als sie nach Mannheim fuhr, macht sie eine Reise in den Frühling, aber diese führt sie von Schiller weg. Der hatte inzwischen das unverheiratete Fräulein von Lengefeld wiedergesehen, auch eine von allen zärtlich »Lottchen« genannte Charlotte, das für ein paar Tage zu Maskenbällen und Redouten nach Weimar gekommen war, und mit ihr eine Verabredung für den Sommer erneuert, den er in ihrer Nähe bei Rudolstadt verbringen will. Wie um jeden Argwohn zu zerstreuen, bringt er Charlotte das Stammbuch Lottchens, in das sie die ahnungslosen Verse eingetragen hat:

> Da nimm die Hand! am Lebensufer blühen
> Uns spät noch Blümchen, und kein bittrer Schmerz
> Soll unsern Glanz mit Wolken überziehen,
> Nichts trüben unser Herz.

> Wann spät am Abend uns die Händ' entsinken,
> Und kühle Grabeslüfte um uns wehn,
> Dann laß uns sterbend noch einander winken:
> Uns drüben bald zu sehn!

20. KAPITEL

Gestorbene Hoffnungen

»Ein Mensch, ein Wesen mit dem man leben möchte: dieser Wunsch ist der größte Irrtum, und wird fast stets zum lächerlichen Verbrechen.« In diesem Fazit, das die alte Frau sich erinnernd an das Ende ihrer Liebesbeziehung zu Schiller stellt, stecken alle Liebesenttäuschungen ihres Lebens. Aber auch darum fällt es so bitter aus, weil für sie die Agonie dieser Liebe so entsetzlich lange währt, zwei Jahre lang, bis zur Eheschließung zwischen Schiller (der inzwischen nach Plan Professor für Geschichte in Jena geworden ist) und dem Fräulein Charlotte von Lengefeld im Frühjahr 1790. Charlotte merkt natürlich, daß sich Schiller von ihr entfernt, aber sie kann es nicht fassen, will es nicht wahrhaben. Sie versteht nicht. Rückblickend noch tröstet sie sich mit Erklär ..gen, die keine sind: entscheidende Briefe, die nie ankommen, andere, die keine Antwort finden, Mißverständnisse und Verstimmungen, die aus Charlottes Achtung vor der Konvenienz entspringen. Einmal bekommt Schiller in Weimar Besuch von seinem Dresdener Freund Huber und will ihn mit Charlotte auch persönlich bekannt machen, die Huber aus Erzählungen und Briefen ja längst vertraut ist. Doch die ist gerade mit Mann und Schwager in Gotha. Kurz entschlossen folgen die beiden ihr zu Pferd dorthin, doch wird ihr Besuch abgewiesen. »Sie war just bei einem großen Diner unter 12 unbekannten steifen Gesichtern, wo sie nicht gleich loskommen konnte«, schreibt Schiller, wohl nicht ganz wahrheitsgemäß und Verletztheit und Ärger (über den langen vergeblichen Ritt) verbergend an Körner. Charlotte spricht (in den »Erinnerungen«) davon: »Als wir eben zu einem Mahl fahren wollten, ließ sich Schiller mit Huber melden. Daß ich diesen Besuch nicht annahm, hat mir ersterer verdacht.« Umsonst hat sie Schiller immer wieder zu erklären versucht, daß sie als Frau es sich nicht leisten könne, die Anerkennung und den Halt der Gesellschaft zu verlieren: »Der Mann sieht die Verhältnisse, wählt daraus und sucht mit Unterscheidung zu sammeln; das Weib hingegen ist einer Gesinnung, hat weder Wahl noch Unterscheidung. Es ist ihr Gesetz und weil sie dies nur faßt, so kann sie die Unterscheidung der Gesinnung nicht wahrnehmen, wohl aber die der bürgerlichen Verhältnisse. So forderte er schriftlich oft, ich möchte doch zu ihm kommen, er könne nicht ausgehn. Obwohl geneigt, konnte ich doch wissen, daß solches unmöglich . . . Auch dieses Versagen tadelte er.« In diesen Sätzen steckt verzweifelte Ironie. Natürlich wäre Charlotte fähig zur Wahl und zur Unterscheidung von Gesinnung, aber die Gesellschaft weigert sich, persönliche Wahl und Unterscheidung anzuerkennen. Ihre Normen scheren alle über einen Kamm. Wenn sie, Charlotte, sich deshalb ganz mit der ihr (von Männern) zugeteilten gesellschaftlichen Rolle identifiziert – kann sie ein Mann deshalb tadeln?

Solche Vorfälle, in denen Charlotte einen Grund für Schillers Distanzierung vermutet, liefern ihm dafür einen guten Vorwand; sehr mutig kann man sein Verhalten Charlotte gegenüber nicht gerade nennen. Er sagt ihr nichts von seiner neuen Liebe, seinen Heiratsplänen, seiner Verlobung. Sie muß sich mit eifersüchtigen Mutmaßungen abquälen. Zugleich versucht er, seine Verlobte und deren Schwester Caroline (mit beiden verbindet ihn in der Brautzeit eine merkwürdige Doppel-Liebe) gegen Charlotte einzunehmen, vielleicht auch, um eine für ihn unangenehme Aussprache zwischen den Frauen zu verhindern: »Ich bin doch nicht ganz ohne Neugierde, wie eure erste Zusammenkunft mit der Kalb ablaufen wird. Bei ihr wird sie *studiert* sein, wenn sie darauf vorbereitet worden ist; überrascht ihr sie aber, so sollte es mich wundern, wenn ihre Empfindungen so ganz ohne Äußerung blieben. Sie hält viel auf *Repräsentation* und auf den sogenannten *Anstand*, der sie oft tyrannisiert. Ich vermute, sie wird gegen Lottchen *abgemessen* sein, und überlegt; desto natürlicher müßt ihr euch gegen sie betragen.

Ich habe es nie leiden können bei der Kalb, daß sie soviel mit dem *Kopf* hat tun wollen, was man nur mit dem Herzen tun kann. Sie ist durchaus keiner Herzlichkeit fähig. Sonst hat man doch in Verhältnissen wie meins gegen sie war, Momente der Wärme, die sie auch wirklich hatte; aber ich zweifle, ob sie Wärme geben kann. Ihr lauernder Verstand, ihre prüfende kalte Klugheit, die auch die zärtesten Gefühle, ihre eignen sowohl als fremde, zerschneidet, fordert einen immer auf, auf seiner Hut zu sein.«

Nachdem die ersten Begegnungen zwischen Charlotte und den Schwestern Lengefeld freundschaftlich-zurückhaltend verlaufen sind, wird er deutlicher: »Nur, meine Liebste, laß Dich von der Gefälligkeit und Freundschaft, die sie Dir immer mehr beweisen wird, nicht zu Hoffnungen verleiten, als könntest Du Dir wirklich eine Freundin in ihr erwerben. Ich muß hier den Apfel der Zwietracht zwischen euch werfen, aber ich kann nicht anders. Die Kalb kann Dich nicht lieben, selbst wenn sie es noch so sehr wollte. Gewisse Dinge verzeihen sich niemals; liebtest Du nach mir einen andern, und ich machte die Entdeckung, daß Du mich nie geliebt hättest, ich könnte es mir durch keine Anstrengung abgewinnen, der Freund dieses andern zu sein. Weibliche Seelen sind eben so wenig dieser Großmut fähig.«

In den vertrackten Formulierungen, die das, was sie zugeben müssen, nicht zugeben wollen, spricht sich Schuldbewußtsein und Verlegenheit aus, doch er hat Erfolg. Die Schwestern sehen Charlotte so, wie Schiller sie ihnen entworfen hat: »es ist wahr, der Ausdruck ihres Gefühls elektrisiert nicht, zu etwas Individuellem wird es nicht mit mir und ihr kommen. Ich kann mir nun denken, wie euer Verhältnis war, aber nicht recht, wie sie Dich anfänglich anzog, sie hat so gar keinen ungezwungenen Ton und etwas Studiertes und Prämeditiertes.« ... »Nein, gewiß Lieber, sie ist nicht gemacht, Dir zu gehören, sie hat so viel Härten in ihrem Wesen, die dich nicht glücklich gemacht hätten.«

Als es im Briefwechsel zwischen Schiller und Lotte/Caroline Unregelmäßigkeiten gibt, als Briefe verspätet ankommen (an sich nichts Ungewöhnliches im damaligen Postverkehr), verdächtigen sie alle drei Charlotte, der offenbar alles zuzutrauen ist: »Wären wir zusammen in Italien«, so meint Lottchen, »wo das Klima die Menschen noch lebhafter macht und die Leidenschaften heftiger ausbrechen, so könnte mir ein Dolchstich in die andre Welt helfen.« Auch ein anonymer Brief, der Lottchen den guten Rat gibt, »sich nicht so um den Herrn Rat Schiller zu bemühen... Jagen Sie nicht so nach Poeten, sondern bilden Sie sich lieber zu einer guten Hausfrau«, wird ihr angelastet.

Mit einer gewissen grausamen Befriedigung sehen Schiller und seine Freundinnen zu, wie Charlotte, der die Wahrheit über die nahe Hochzeit von Dritten zugetragen wird, ihre Selbstkontrolle verliert. »Sie ist jetzt nicht edel und nicht einmal höflich genug, um mir Achtung einzuflößen«, berichtet Schiller, und weiter: »Da ich ihr neulich schrieb, ›ich zweifle, ob sie jetzt die Stimmung schon gefunden hätte, worin unsre Zusammenkunft für uns beide erfreulich sein könnte, und daß ich dieses aus einigen Vorfällen schlösse‹, so antwortet sie mir nun: Ich irre mich sehr, wenn ich ihr jetziges Betragen mit jener *Tollheit*, mit *jenem ungeschickten Traum*, der lange schon nicht mehr in ihrer Erinnerung sei, in Zusammenhang brächte, und dergleichen mehr. Darauf schrieb ich ihr: Die Versicherung, die sie mir gebe, daß das Vergangene in ihrer Erinnerung ausgelöscht sei, erlaube mir endlich, freimütig über das Glück mit ihr zu sprechen, das meine nahe Verbindung mir gewähre. Ich sprach nun mit vollem Herzen von unserer Zukunft, und dies hat sie nicht ertragen. Hat sie es nicht durch die Platitude verdient, womit sie ihre eigene Empfindung herabsetzt?« Daß die »Platitude« ein verzweifelter, untauglicher Versuch Charlottes ist, das Gesicht zu wahren und mit der Verleugnung der Vergangenheit auch das Leid auszulöschen, was ihr daraus erwachsen ist, hätte Schiller schon verstehen können, der sich einer ähnlichen »Platitude« schuldig gemacht hatte (»Liebtest Du nach mir einen andern, und ich machte die Entdeckung, daß Du mich nie geliebt hättest«); doch daß Charlotte sich so viele Blößen gibt, dient ihm zur Beruhigung des Gewissens. Lottchen, von Bemerkungen der verwundeten Charlotte an ihrer verwundbarsten Stelle getroffen, lobt den Bräutigam: »Daß Du der (Kalb) recht viel von unserm künftigen Leben gesagt hast, ist recht gut; sie sieht nun vielleicht ein, daß Du mich wirklich liebst. Es scheint ihr daran zu liegen, diesen Glauben den Menschen zu nehmen, und sie hat unter die Leute gebracht, Du liebtest mich nicht um meinetwillen, sondern Linen wegen, und was sie mehr sagt . . . Es scheint ihrem Stolz ganz undenkbar, daß Du sie um meinetwillen hättest vergessen können.«

Aber so sehr sich Charlotte auch selbst ins Unrecht setzte, wohl kann Schiller all die Zeit doch nicht gewesen sein, am wenigsten bei der Lektüre des folgenden Briefes, den ihm Lotte zehn Tage vor der Hochzeit über eine zufällige Begegnung mit »der Kalb« schrieb: »Gestern waren wir bei der Stein. Die Kalb ließ sich melden. Du hast keinen Begriff, wie sie aussieht und tut . . . Sie sah aus, wie ein rasender Mensch, bei dem der Paroxysmus vorüber ist, so erschöpft, so zerstört, das Gespräch wollte gar nicht fort. Der ganzen Familie fiel es auf, daß sie noch nie so gewesen wäre. Sie klagte über den Kopf; sie saß unter uns wie eine Erscheinung aus einem anderen Planeten, und als gehörte sie gar nicht zu uns. Ich fürchte wirklich für ihren Verstand. Sie ist mir sehr aufgefallen, und hätte sie nicht wieder die unverzeihlichen Härten und das Ungraziöse in ihrem Wesen, sie könnte mein Mitleid erregen. Aber so stößt mich so vieles zurück. Ich beklage sie wohl, aber sie rührt mich nicht.«

Besonders unangenehm für Schiller ist, daß sich Charlotte mittlerweile endgültig zur Scheidung von ihrem Mann entschlossen hat, ein Entschluß, zu dem er selbst geraten und ihr damit auch Hoffnung auf eine spätere Heirat gemacht hatte. Er muß deshalb als berechtigt anerkennen, wenn sie ihn in dieser »geheimen« Angelegenheit (gewiß auch ein Vorwand, ihn zu sehen) öfter konsultiert. »Sie verlangte, und konnte es auch mit allem Recht von mir verlangen, daß ich nach Weimar zu ihr kommen und über diese neue Lage der Dinge mit ihr beratschlagen solle.«

Die »neue Lage der Dinge« ist ein Brief Heinrich von Kalbs, in dem dieser zwar grundsätzlich erkläre, er wolle ihrem Willen nicht Gewalt antun, sich aber »auf eine Liebe beruft, die sie ihm nie gezeigt und nie für ihn gefühlt hat, und auf die seinige, die sie nie erfahren hat. Sein Brief zeigt Delikatesse und Empfindung, aber er ist schlaff und unmännlich und verbessert seine Sache nicht.«

Von Charlottes Scheidungsplänen wissen auch ihre andern Weimarer Freunde. »Ihr Verhältnis wird sich über kurz oder lang ändern«, schreibt Caroline Herder ihrem Mann, der nach Italien abgereist ist, gerade als Goethe von dort zurückkehrt. Ein Bekannter, der junge Domherr Fritz von Dalberg, hat ihn um seine Begleitung gebeten. Seine fehlende Glücks-Eigenschaft läßt ihn bald etwas finden, das ihm die ganze Reise vergällt, die er in der Verbannung hinter der Kirche so sehr ersehnt und Goethe geneidet hatte: Charlottes Schwägerin Sophia von Seckendorff, die sich, wie er erst unterwegs erfährt, sehr gegen die Etikette zur Mitreise entschlossen hat. Sie scheint wohl hübsch, aber nach allen Zeugnissen nicht sonderlich sympathisch, hochmütig und oberflächlich, gewesen zu sein, wenn Herder auch an ihr vor allem deshalb Anstoß nimmt, weil sie ihn als Begleiter Dalbergs – so sieht es sein verletzter Stolz – überflüssig macht. In Rom endlich trennt er sich von dem Paar und setzt die Fahrt alleine fort (zeitweise findet er Anschluß bei der Herzoginmutter Amalie, die auch gerade in Italien reist), doch seinen Ärger schleppt er weiter mit. Charlotte, die selbst in Mannheim unter Sophia gelitten hatte, nimmt an Carolines empörten Erzählungen warmen Anteil, der sicherste Weg zum Herzen dieser Frau, die sich mit ihrem Mann weit mehr identifiziert, als ihnen beiden gut tut. Die Anekdote, die man in Weimar von den Eheleuten erzählt, ist, wenn nicht wahr, so doch sehr gut erfunden: »Herder und seine Frau . . . bilden zusammen eine Art von heiliger Zweieinigkeit, von der sie jeden Erdensohn ausschließen. Aber weil beide stolz, beide heftig sind, so stößt diese Gottheit zuweilen unter sich selbst aneinander. Wenn sie also in Unfrieden geraten sind, so wohnen beide abgesondert in ihren Etagen, und Briefe laufen Treppe auf, Treppe nieder, bis sich endlich die Frau entschließt, in eigener Person in ihres Ehegemahls

144

Zimmer zu treten, wo sie eine Stelle aus seinen Schriften rezitiert mit den Worten: ›Wer das gemacht hat, muß ein Gott sein, und auf den kann niemand zürnen‹ – dann fällt ihr der besiegte Herder um den Hals und die Fehde hat ein Ende.«

Herders Reise ist gewiß auch eine Flucht vor der allzu engen, oft quälenden Beziehung zu seiner Frau, die sich dann doch in den Reisebriefen beider – ein wahres Wechselbad aus Verletzung und Vergötzung – fortsetzt. Eifersucht muß Caroline von Anfang an bekämpfen, schreibt ihrem Mann von Angstträumen, von vielsagenden Winken des Schicksals: »Noch eins muß ich Dir sagen, das Manuskript der Ebräischen Poesie lag auch verirrt unter den Amtspapieren; ich schlug es auf und las: Ich habe einen Bund gemacht mit meinen Augen, daß sie nicht schauen nach fremden Frauen. Ich lächelte fast, daß mir gerade das gesagt wird.« Unbegründet ist diese Eifersucht gewiß nicht, obwohl Herder, wie er wiederholt versichert, ihr physisch treu bleibt. Aber seine Seelenfreundschaften, vor allem die zu der in Rom lebenden Malerin Angelica Kaufmann, von der er seiner Frau Briefe lang in höchster Begeisterung vorschwärmt, sind für Caroline gewiß nicht leichter zu ertragen, als »echte Untreue«, selbst wenn sie sich heroisch bemüht, gute Miene zum bösen Spiel zu machen: »O wie danke ich Gott, daß er Dir die treffliche Angelica gezeigt und gegeben hat. Ja ich gönne Dir, Du mein Einzigguter, dieses reine, schöne Glück.«

Ambivalent sind auch Herders Gefühle für Goethe. Die Haßliebe, das quälende Gemisch aus Liebe und Eifersucht, die er für ihn empfindet, nimmt er gleichfalls auf diese Reise mit, die selbst schon als Reise auf den Spuren Goethes Ausdruck dieser Haßliebe ist. Mit seiner römischen Seelen-Freundschaft will er, so scheint es, über Goethes sinnliche Freundschaften in Rom moralisch triumphieren (deren poetische Frucht die »Römischen Elegien« sind); weil Goethe in Italien die Kunst sucht und findet, sucht er dort das Leben. Sicher ohne zu ahnen, daß Herder die Spannung »Kunst und Leben« bald zu einem Abgrund zwischen ihnen aufreißen wird, schreibt Goethe, Herders Briefe aus Italien lesend: »Wie viel menschlicher ist er, wie viel menschlicher reist er als ich.«

Die Empfängerin dieser Zeilen, die Frau von Stein, hat Goethe zu dieser Zeit schon an die Kunst und an die Sinnlichkeit verloren, die in Weimar in Gestalt einer Christiane Vulpius herumläuft. Sein Verhältnis zu diesem Mädchen, das in Bertuchs sogenanntem »Industriekomptoir«, dem Dachgeschoß seines Hauses, künstliche Blumen herstellt, kann ihm die Frau von Stein nach einer vieljährigen, innigen, reichen Liebesbeziehung nicht verzeihen, kann sie nicht ertragen. Tief gekränkt und getroffen zieht sie sich zurück, sieht sich plötzlich wieder beschränkt auf ihre unglückliche Ehe mit einem alten kranken Mann. Die beiden Leidensgenossinnen Charlotte von Stein und Charlotte von Kalb schließen sich eng aneinander an, so eng, daß ihre von allen bemerkte Vertrautheit bei den Schwestern Lengefeld und Schiller auf Beunruhigung stößt. Die Frau von Stein ist nämlich auch, oder bisher vor allem, eine enge Freundin Lottes, die fürchtet, daß die Kalb von der Stein etwas über sie und Schiller erfahren könnte, doch Caroline findet heraus: »die Vertraulichkeit... geht nur auf ihre Ehegeschichten, und über Lottchen hat sie ihr seit vergangenem Herbste nicht gesprochen«. Als sie dann doch über Lottchen sprechen, verstecken sie beide ihr Wissen: »Die Stein hat mir letzthin eine Unterredung mit ihr und Lottchen erzählt« (schreibt Caroline an Schiller); »die Kalb hat unwissend getan, doch so zweifelnd gesprochen, daß die Stein vermutete, du müßtest gegen die Kalb dich einmal verraten haben. Komisch ist es, daß beide das Geheimnis wissen, und Eine es der Andern verbergen will.«

Die Atmosphäre der Weimarer Gesellschaften im Sommer – Herbst – Winter 1788/89, zu denen sich so viele leidende, aneinander leidende Personen versammeln, ist kühl, bedrückt, beklommen, auch wenn Goethe seine italienischen Schätze vorführt, naturwissenschaftliche Experimente zur Unterhaltung anstellt und aus seinem »Tasso« vorliest.

Caroline schreibt die erste Szene gleich ab und schickt sie ihrem Mann nach Italien, mit Goethes Gebrauchsanweisung, »daß wir den *Tasso,* der viel Deutendes über seine eigne Person hätte, nicht deuten dürften, sonst wäre das ganze Stück verschoben« – eine Mahnung, der Charlotte offensichtlich nicht gefolgt ist: »Die gute Kalbin, die wirklich eine gute Seele ist, grüßt Dich herzlich. Sie war diese Woche bei mir; wir haben viel von Dir gesprochen, und sie achtet und liebt Dich hoch. Sie nimmt Goethens *Tasso* gar zu speziell auf Goethe, die Herzogin, den Herzog und die Steinin; ich habe sie aber ein wenig darüber berichtigt. Das will ja auch Goethe durchaus nicht so gedeutet haben.«

Eine angenehme Abwechslung ist vor allem den Frauen in dieser Zeit ein Besuch von Karl Philipp Moritz (dem Verfasser des »Anton Reiser«), der sie mit ästhetischen Vorträgen unterhält und so beeindruckt, daß Herder aus der Ferne ganz eifersüchtig wird.

»Den Montag war die Stein, die Kalb und Moritz zum Coffee bei mir; gegen Abend kam Goethe und Knebel. Wenn wir Frauen mit Moritz allein sind, da geht es ganz hübsch; er ist alsdann unser Prophet und unsere Kenntnisse nehmen jedesmal zu« (25. Dezember 1788) ... »Die Kalb war gestern auch bei mir, da er gerade da war, und da den Tag vorher *Cabale und Liebe* von Schiller gespielt worden, so mußte sie's dulden, daß er das Stück zergliedere, und bewies, daß kein Funke poetisches Drama darinnen sei« (19. Januar 1789).

Charlotte mag dabei weniger an Moritz' Kritik gelitten haben, als an den Erinnerungen, die das Reden über ein ihr so nahes Stück hervorrufen mußte. Von ihrer Entfremdung mit Schiller scheint Caroline Herder (obwohl sie sich für Charlottes engste Vertraute hielt) lange nichts gewußt zu haben, ebensowenig von der Rolle, die er für ihre Scheidungspläne spielte. Dafür hat Charlotte ihren Bekannten andere Gründe genannt, solche, von denen sich besser öffentlich sprechen ließ. Wir kennen sie aus einem Brief Knebels, in dem er von einem Ball bei Charlotte auf ihre Ehe- und Scheidungsgeschichten zu sprechen kommt. Das freundliche Bild, das er dabei von ihr entwirft, rückt die vielen bösen Worte von Schiller und seinen »Bräuten« ein wenig wieder zurecht.

»Alles war artig, mit Geschmack und Überfluß angeordnet, und sie selbsten war das Artigste von der Gesellschaft. Ohne sich fühlen zu lassen, wußte sie alles angenehm zu erwecken; sie tanzte und sang nachher sehr artige Lieder und gab den Geist zu der Gesellschaft. Indes dauert mich die arme Kalb. Ihre Prozeßsachen stehen schlecht, und der Herr Schwager hat alles ins Verderben gebracht. Sie beträgt sich wirklich wie eine große Frau, und ist großer Entschlüsse fähig. Sie will sich von ihrem Mann trennen, weil sie sagt, sie könne von ihrem Vermögen nichts mehr abgeben, und müsse ihr einziges Kind besorgen. Diese Umstände aber greifen sie an, das merkt man wohl.«

Die großen Entschlüsse führen zu nichts. Zwar willigt »die Familie« in die Scheidung ein, will ihr aber das Sorgerecht für den Sohn Fritz entziehen. Ob sie ihren Sohn aufgegeben hätte, wenn sie noch auf Schillers Hand hätte hoffen können, ist eine offene Frage. Ohne ihn bedeutet ihr auch die Scheidung nichts mehr, was den Kampf mit der Familie lohnen würde. Ihre Biographen melden, ohne zynisch sein zu wollen, eine neue Annäherung der Eheleute von Kalb, die durch eine neue Schwangerschaft Charlottes gewissermaßen bewiesen wird. Der Präsident bittet (aus Kalbsrieth) Bertuch: »Von der erfolgreichen Niederkunft meiner Schwägerin geben sie mir sobald als möglich Nachricht und empfehlen unserem Hufeland... dem armen Kinde eine gute Amme zu verschaffen. Ich fürchte, das Kind ist verloren, wenn die Mutter es stillt.« Bertuchs Geburtsmeldung haben wir nicht, dafür eine (Ende September 1790) von der Frau von Stein an Knebel: »Charlotte v. Kalb ist mit einer Tochter niedergekommen, hat eine olla potrida von Gevattern und das Kind heißt *Rezia.*« Den Namen »Rezia« hat Charlotte aus Wielands »Oberon«, zu den Paten gehören u.a. die Herzoginmutter Anna Amalia, der Erbprinz zu Sachsen-Weimar, aber auch Goethe, Wieland, Herder, ihre Schwester und die Frau von Uechtritz.

Ihren Briefwechsel mit Schiller hat sie irgendwann bald nach dessen Heirat verbrannt, jedenfalls sagt sie das in den »Erinnerungen«. »Ich bewahrte sie in einem Kästchen, das mit schwarzem Maroquin überzogen war; Frau von Schardt sah dies und sagte: ›o tun sie doch das Kästchen weg, so eben sah das Särglein aus, worin meine Kinder sind begraben‹ – es waren totgebor'ne Kinder.«

21. Kapitel

Revolution

Mit dem Ende der Liebesbeziehung zu Schiller brechen Charlottes Erinnerungen ab. »Die Empfindungen können wiederholt, nicht erhöht werden«; in den wenigen Seiten, die der abschließenden »Briefopferungsszene« noch folgen, verbindet sie ihr Schicksal mit Familien- und mit Weltgeschichte, fügt sie die individuelle Katastrophe in zwei übergreifende Katastrophen ein. Die eine ist der sich abzeichnende finanzielle Ruin der Familie, die andere ist die französische Revolution, die eine ganze Weltordnung untergehen läßt. Auch wo sich die Verhältnisse zunächst nicht ändern, bedeutet die Revolution doch, daß sich »im Kopf« der Menschen alles ändert: »Die Ideen, so man während dieses Streites wagen durfte, werden vielleicht mehr siegen, als der blutigste Kampf«, schreibt Charlotte schon bald. Mit diesen Ideen ist fortan jeder Aristokrat, jede Person von Stand konfrontiert, die zuvor ihre Privilegien mit Selbstverständlichkeit und ohne schlechtes Gewissen genossen. So werden für Charlotte die Stunden, die sie 1790/91 im Kreis der Herzoginmutter Amalie erlebt, zum verlorenen Paradies aristokratisch-geselliger Kultur, wird die Herzogin zu ihrem Sinnbild: »Es waren Tage und Stunden, die nie wiederkehren können ... Jedes kann nur von sich zeugen, doch so war es mir, als hätte die Gegenwart der Unvergeßlichen in freier, leichter Mitteilung sich so anmutig, beseelend geäußert; wer hätte nicht solcher Gunst Dauer gewünscht! ...Doch so harmloser Genuß konnte in den Stürmen, die von Westen tobten, nicht länger bestehen; in der sich immer vermehrenden Sorge verstummte der Frohsinn der Leichtgesinntesten.«

Heinrich von Kalb kostet die Revolution seine Stellung, vernichtet seine Existenz. Karrierehoffnungen, die in ihm noch kurz vorher durch eine außerplanmäßige Beförderung zum Major erweckt wurden, zerstört ein Gesetz der Nationalversammlung aus dem Jahre 1790. Es sieht eine Neuorganisation des Heeres vor, hebt den Rang des Majors auf und dankt die aktiven Offiziere aller Grade und Waffen praktisch ab bzw. setzt sie »bis zur Weiterverwendung« auf halben Sold. Auf diese Nachricht hin reist Heinrich von Kalb sofort nach Paris zum Grafen Fersen, dem Obersten seines Regimentes, der ihm seine Stellung nicht wieder verschaffen kann, ebensowenig wie der König, der die Beschlüsse der Nationalversammlung bestätigen, formell genehmigen muß. Charlotte erzählt (die Reise ihres Mannes mit Geheimnis und Abenteuer umhüllend), er sei Mitwisser des geheimen Plans zur Flucht der französischen Königsfamilie gewesen, die von Fersen, dem Geliebten Marie-Antoinettes, organisiert und finanziert wurde; weitere Nachrichten über seine Aktivitäten stammen aus unsicherer Quelle. Heinrich von Kalb, so heißt es, habe von Fersen den Auftrag bekommen, »alle Haupt- und Nebenwege von Paris bis Belgien so gründlich zu erkunden, daß er im Bedarfsfall, ohne jede weitere Nachfrage, bei Tag und Nacht als Wegweiser dienen könnte. Dieser Aufgabe nun habe Major von Kalb mit allem Eifer sich unterzogen, mit voller Aufbietung seines Kredits sich monatelang in der betreffenden Gegend aufgehalten und sodann dem Grafen Fersen gemeldet, daß er zur Führung bereit sei.« Ob nun Legende (wie wahrscheinlich) oder nicht, seine Führung wurde nicht gebraucht. Ende Juni 1791 erfährt »die Welt« von dem gescheiterten Fluchtversuch der Königsfamilie. Heinrich von Kalb, der endgültig seinen Dienst quittieren muß, zieht sich nach Thüringen, nach Waltershausen und Kalbsrieth zurück, »sich noch lange mit der Meinung nährend, daß ihn nächstens ein Schreiben von Fersen wieder zurückrufen würde, . . .noch ein Dezennium gefesselt von schmeichelnder Hoffnung.«

Seine Versuche, über den früheren Gönner und Regimentsinhaber, den Herzog Karl II von Zweibrücken, zu einer Anstellung zu kommen, schlagen fehl, tragen ihm nur den Titel eines Herzoglich-Zweibrückenschen Oberstleutnants ein, von dem er nie Gebrauch macht; ebenso erfolglos sind seine Bewerbungen bei Karls Nachfolger Max Joseph, der 1799 als Maximilian II Joseph die Regierung von Pfalz-Bayern übernimmt. Erfolglos bleiben auch die gewiß sehr zahlreichen Bittbriefe seiner Frau, die sich bei einflußreichen Persönlichkeiten für ihn einsetzt.

Wie überall in Europa werden auch in Weimar die französischen Ereignisse mit leidenschaftlicher Anteilnahme verfolgt; einen großen Teil des Tages nimmt in der ersten Zeit gemeinsame Zeitungslektüre ein. Parteien bilden sich, gute Freunde sehen sich plötzlich in feindlichen Lagern. Charlotte von Stein, mit dem ganzen Hof auf Seiten der Royalisten, gerät wiederholt in so heftigen Streit mit ihrem Verehrer Knebel, dem republikanischsten aller Weimarer, »daß die Imhoff glaubte, sie werde ihm eine Ohrfeige geben, und seine eigene

Schwester wünschte, sie möchte es getan haben.« »Knebel ist ganz toll« (schreibt sie). »Wir haben uns über die Franzosen so entzweit, daß er in acht Tagen nicht wieder zu mir kommen will.« Auch Herder tritt für die Revolution ein und bekommt deshalb Schwierigkeiten mit seinen fürstlichen Arbeitgebern. »Herder hat sich schriftlich gegen die Herzogin über die Franzosen verteidigt und gesagt, nicht die Franzosen liebe er, sondern den Triumph der Vernunft. Ist's möglich, daß man den Triumph der Räuber den Triumph der Vernunft nennen kann?« Das ist wieder die Stimme der Frau von Stein.

Goethe, so distanziert wie niemand sonst in Weimar, gibt sich als über den Dingen stehender Beobachter und behandelt ein Ereignis literarisch als Farce (in seinem Stück »Der Bürgergeneral«), dem, wie Herder sagt, an Merkwürdigkeit und Folgen kaum etwas aus der neueren Geschichte gleichkommt. In den »Venezianischen Epigrammen« verteilt er weise Worte nach beiden Seiten:

Frankreichs traurig Geschick, die Großen mögen's bedenken;
Aber bedenken fürwahr sollen es Kleine noch mehr.
Große gingen zugrunde: doch wer beschützte die Menge
Gegen die Menge? Da war die Menge der Menge Tyrann.

Lange haben die Großen der Franzen Sprache gesprochen,
Halb nur geachtet den Mann, dem sie vom Munde nicht floß.
Nun lallt alles Volk entzückt die Sprache der Franken.
Zürnet, Mächtige, nicht! Was ihr verlangtet, geschieht.

So etwas sendet er seinen Freunden aus Venedig (wohin er gereist ist, um die Herzogin Amalie abzuholen) – an Herder (»hier schick ich ein Blatt Epigramme«), wie auch an Charlotte: »Hier schicke ich ein Blättchen Epigrammen, welche ich den Freunden mitzuteilen bitte ... Sagen Sie Herdern, daß ich der Tiergestalt und ihren mancherlei Umbildungen um eine ganze Formel näher gerückt bin und zwar durch den sonderbarsten Zufall. Auch hab ich durch die Betrachtung der Fische und der Seekrebse gewonnen.«

Auch als er 1792/93 seinen Herzog auf der »Kampagne nach Frankreich« begleitet, wo die mit den französischen Royalisten verbündeten deutschen Fürsten unter Führung des Herzogs von Braunschweig gegen die neuorganisierten französischen Revolutionsheere kämpften und vernichtend geschlagen wurden, bleibt er Zuschauer und sein Interesse an Osteologie und Mineralogie irritierend stark.

Schiller hält sich zurück – und träumt von der »Ästhetischen Erziehung des Menschen«, eine Schrift, die Charlotte (als sie ihm wieder schrieb) in einem ausführlichen Brief kommentierte. »Ich habe Ihr Schweigen über die politischen Ereignisse unserer Tage sehr geehrt; – aber oft sehnte ich mich, Sie darüber zu hören, ich denke, lese und träume nur davon – aber davon zu schreiben steht mir nicht an.«

Ihre Herkunft und Erziehung stellt Charlotte auf die Seite der Royalisten, und da finden wir sie auch in ihren Phantasien und Träumen. Im Denken ist sie von der Notwendigkeit einer Veränderung überzeugt. In den Anfängen scheint sie mit Herder und Knebel die Revolution als einen Triumph der Vernunft genommen zu haben. »Wie schnell geht's nicht mit der Veränderung der französischen Verfassung. Was sagen Sie zu der gänzlichen Abolition [Abschaffung] des Adels. Ich finde dies nicht nur allein zweckmäßig, sondern – um den Haß des Volkes gegen die Aristokraten zu tilgen, selbst von denen letztern klug – und für den philosophischen Bürger gut – wenn dieses falsche Prinzip der Ehrbegierde verbannt ist.« Hintergrund dieser Briefäußerung (an Knebel) ist das Dekret der französischen Nationalversammlung vom 19. Juni 1790, das mit den Worten beginnt: »Der erbliche Adel ist für immer abgeschafft.« Daß sie, eine Adelige, zu einem so uninteressierten Urteil fähig ist, ist nicht selbstverständlich; mit ihrer ganzen Zeit freilich sieht sie Politik, alle Interessenkonflikte und Klassengegensätze aufgehoben in der Moral: »Die Verschiedenheit der *Art* ist viel größer als die der Stände und der Reichtümer; Vernunft könnte sich über manches erheben und müßte endlich alles gleichen.«

Schon bald aber wird auch den Republikanern und republikanischen Sympatisanten das Zauberwort »Vernunft« zur ohnmächtigen Beschwörungsformel. Der König von Frankreich stirbt auf dem Schafott (und in Weimar schlägt ein Mann wie rasend mit dem Degen auf eine Ansammlung von Leuten ein, weil er sich für den König von Frankreich hält, der guillotiniert werden soll. Sophie von Schardt kann sich nur knapp vor ihm retten). Politik zeigt sich wieder wie das Wetter manchmal, als pure zerstörerische Unvernunft, als Fatalität: »Wir hatten und haben eine sehr üble Witterung. Der Frost hat dem Wein und Obst schrecklich geschadet, das beständige Regenwetter verzögert die Heuernte und zerstört sie wohl gar – und nebst diesen Übeln, die doch oft die Natur wieder zu vergüten weiß, sind so viele politische Leiden, die jetzt so schreckliche Wunden der Menschheit schlagen. Die Belagerung von Mainz – ich habe noch nichts bestimmtes darüber gehört; die ganze Zeit über hat man zwar heftig in Würzburg kanonieren hören.« Das ist im Juni 1793, Charlotte in Waltershausen; wenig später geschieht, was natürlicherweise den Frauen am allermeisten zu Herzen geht, die Königin Marie Antoinette wird hingerichtet. Ihr Tod leitet Robespierres Schreckensherrschaft ein: »Man sieht jetzo keinen fröhlichen Menschen mehr. Das Unglück unserer Tage preßt allen Schwermut in die Seele! meine Nerven leiden – der Name Mensch erschreckt mich – und ich fliehe gerne den Anblick dieser gequälten oder quälenden Gestalten.« Zwischen 1789 und 1795, so hat ein Historiker bemerkt, seien nicht sechs Jahre, sondern sechs Jahrhunderte verstrichen.

In der Revolutionsgeschichte übertrifft Wahrheit die Dichtung. Sie ist reich an interessanten, farbigen, exemplarischen Charakteren (man denke nur an die großen Gegenspieler Danton und Robespierre), reich an dramatischen, rührenden, schrecklichen Szenen. Besonders fasziniert ist Charlotte von dem Grafen von Mirabeau, eine ihrer bedeutendsten und zwiespältigsten Figuren, der geschildert wird »als eine Art Ungetüm mit massigen Schultern, mächtigem Haarwuchs und scheußlichem, von Pockennarben durchfurchten Löwengesicht, in dem unter dichten schwarzen Brauen die blutunterlaufenen Augen stolz aufleuchten«. Er war der Liebling des Volkes, Verfasser einer Schrift gegen den Despotismus, als Vertreter einer konstitutionellen Monarchie aber eher gemäßigt, ein großer, leidenschaftlicher Redner, ein Feuergeist (wie man früher sagte), der sich durch seinen Kräfte verschwendenden Lebenswandel zu früh zerstört hat – wäre er am Leben geblieben, so ist spekuliert worden, hätte die Revolution einen anderen Verlauf nehmen können. Nach seinem Tod 1791 wurde er im Pantheon feierlich beigesetzt.

»Mirabeaus Werke, auch besonders die Briefe, die nach seinem Tod erschienen sind, müssen Ihnen für Ihr Pantheon ein seltenes Wesen, für Ihr Museum eine reiche Ernte sein«, schreibt Charlotte (1793) an Herder; wenig später wurde Mirabeau, inzwischen als Verräter des Volkes »entlarvt«, aus dem Pantheon wieder ausgestoßen – und ausgerechnet durch Marat »ersetzt«, den man schon bald für ein weit größeres Scheusal hielt.

In ihre »Cornelia« hat Charlotte zwei große dramatische Szenen der Revolutionsgeschichte aufgenommen. In der einen geht es um die letzten entscheidenden Konvents-Diskussionen: soll der König hingerichtet werden, gibt es noch eine Möglichkeit, ihn zu retten?

Charlottes verkürzte Nacherzählung nach den Redeprotokollen erscheint wie eine ohnmächtige Beschwörung, ein Appell an Menschlichkeit und Vernunft, der durch das Geschehene immer schon überholt ist.

Daß sie dann den König zum Märtyrer und zum Heiligen erklärt, in ihrer feierlichsten, verstiegensten, unerträglichsten Sprache, erscheint uns heute wohl eher peinlich und unangemessen, doch ist diese Deutung zu ihrer Zeit beinahe so etwas wie ein Allgemeinplatz – und nicht nur bei Royalisten. Schlüsse auf Charlottes politische Gesinnung lassen sich daraus noch nicht ziehen: wohl ist der Königsmord vor der Idee ein Frevel, aber [auch] die Idee des Königtums selbst ist ihr eine Ungeheuerlichkeit. »Ein Monarch, auch der beste sein wollende, ist immer furchtbar: mit dem Donner der Götter ist auch das gute und strafende seiner Gebote, wie das Schicksal, einem blinden Fatalismus untertan.«

Charlottes zweiter Auszug aus der Revolutionsgeschichte geht sie besonders an: es ist die seltene Geschichte einer Heldin, die der Marat-Mörderin Charlotte Corday. Der zeitgenössischen Diskussion, wie diese Tat moralisch zu bewerten sei (Jean Paul etwa hat sich in seinem biographischen Essay über die Corday – im Resultat nicht sonderlich überzeugend – an dieser Frage abgearbeitet), hat sich Charlotte entzogen: »Für solche Erscheinung hat Keines weder Tadel noch Billigung.« Sie erzählt von dem Tyrannenmord im Bad sehr knapp und schmucklos; den Schwerpunkt ihres Berichts legt sie auf die bewundernswert gefaßte Haltung der Corday nach der Tat und dann vor Gericht. »Vor das Gericht geführt, erschien Charlotte Corday in fester Gelassenheit. Man verliest die Anklageakte und schreitet zum Zeugenverhör. Charlotte unterbricht den ersten Zeugen und sagt:

›Ich allein habe Marat getötet!‹

›Wer hat Sie zu diesem Morde bewogen?‹ fragte der Präsident.

›Sein Verbrechen.‹

›Was verstehen Sie darunter?‹

›Das Unglück, das er angestiftet hat.‹

›Wer hat Sie zu dieser Tat aufgefordert?‹

›Ich mich selbst. – Ich hatt' es längst beschlossen und wollte meinem Vaterlande den Frieden geben.‹«

»Antworten im Stil Corneilles«, hat ein französischer Historiker dazu bemerkt. Auf die Frage: »Glauben Sie denn, daß Sie alle Marats getötet haben?« soll die Corday nach den Protokollen geantwortet haben: »Wenn dieser tot ist, werden die andern vielleicht Furcht empfinden.« Charlotte läßt sie – wohl kaum bewußt gegen die historische Wahrheit verstoßend – etwas anderes sagen: »Glauben Sie denn, daß Sie alle Marats getötet haben?«

»Nein«, erwiderte sie traurig, »nein!«

22. Kapitel

Spes fefellit

»In diesem Jahr 1791 reiste auch der Präsident v. Kalb nach Paris, von dem Grafen B. aufgefordert, einen Ankauf im Berg- und Salinen-Wesen zu unternehmen, weil damals viele Domänen verkauft wurden. Vor und nach der Rückkehr, welche nach einem Jahr erfolgte, hatte ich bedeutende Summen zu unterschreiben, welche zu der Acquisition von Saar-Alp verwendet wurden, und es wurde verschrieben und gehofft für die verschiedensten Unternehmungen und für den verwickelten Kampf um unser Allodial-Vermögen; bis alle Erden-Hoffnung ein Ende hatte, und allzu schwerer Kummer den Sterbenden gebeugt.«

Zu zwei Sätzen (den letzten der »Erinnerungen«) ist hier geschrumpft, was ein halbes Leben gedauert und seinen Niederschlag in einem Berg von Akten und Korrespondenzen gefunden hat. Was Charlotte ihren Freunden in Weimar erzählt hat: sie müsse sich scheiden lassen im Interesse ihres Kindes und weil sie nicht noch mehr von ihrem Vermögen abtreten könne, ist zwar wohl nicht ihr eigentlicher, aber doch ein sehr guter Grund für diesen Entschluß gewesen. Wäre sie bei ihm geblieben, dann hätte sie vielleicht das Schlimmste, den völligen Ruin der Familie, verhindern können. Offiziell nämlich sind sie und Lore Besitzerinnen der Familiengüter (Caroline hat ihnen ihren Anteil käuflich abgetreten). Um Schulden zu machen und um Hypotheken aufzunehmen, braucht der Präsident ihrer beider Unterschrift. Erst 1796 treten Charlotte und Eleonore »ihr besitzendes Reichsfreies, dem löblichen Canton Rhön-Werra incorporiertes und der fürstlich Hennebergischen Herrschaft Sachsen-Römhild Erblehnbares Rittergut Waltershausen« an ihre Ehegatten ab; ein Jahr später werden »die Herren Gebrüder Kalb von Kalbsried« »in Rücksicht auf die ihnen beiwohnenden ... verdienstvollen Qualitäten«, vor allem aber, weil sie durch Landbesitz im Fränkischen die Voraussetzung für eine Aufnahme erfüllt haben, als Mitglieder der fränkischen Reichsritterschaft angenommen – eine Mitgliedschaft, an der beide Teile bald mehr Ärger als Freude hatten. Die offizielle Übernahme des Besitzes beseitigt für den Präsidenten auch noch die letzten Hindernisse und Hemmungen beim Schuldenmachen.

Zwischen 1783 und 1785, also schon in den ersten Jahren des Kalbschen »Regimentes«, steigt die Verschuldung von 18 000 auf 35 000 Gulden an, doch entsprechen ihr zu dieser Zeit noch Außenstände in etwa gleicher Höhe. 1790 aber sind die Güter schon »real« mit 25 000 Gulden belastet (was der Präsident natürlich immer abstreitet). Fünfzehn Jahre später, 1805, sind dazu mindestens weitere 170 000 Gulden Schulden gekommen (obwohl dazwischen eine Zeit von vier Jahren liegt, in der die fränkische Reichsritterschaft ihren frischgebackenen Mitgliedern weiteres Schuldenmachen verbot).

Was war mit diesen riesigen Summen geschehen? Wohl noch den geringsten Teil davon verschlang die den Kalbs nachgesagte aufwendige Lebensführung. Viel mehr schon – als Folge der Besitzergreifung – ging durch die hohen Prozeßkosten verloren (viele haben sich damals arm prozessiert).

Im Zentrum der Streitigkeiten (die viele verwirrende Einzelpunkte umfassen) steht die Trennung des Mannslehens vom Allodium, dem frei verfügbaren Familienvermögen. Mit diesem Streitpunkt aber sind letztlich mächtigere Interessen, die des Würzburger Lehenshofes auf der einen, die der Reichsritterschaft auf der anderen Seite, angesprochen, die verhindern, daß aus Vergleichsabsichten der Kontrahenten etwas wird. Dem Prozeßgegner (die Marisfelder Linie, vertreten durch den Bamberger Obersten August Marschalk von Ostheim) steht zu, was ein Würzburger Lehensbrief aus dem Jahre 1664 an Gütern und Wäldern um Dankenfeld erwähnt; was nicht darin vorkommt, können die Allodial-Erbinnen für sich beanspruchen. Damit ist manches klar, aber eben nicht alles: handelt es sich etwa bei dem »gehültz bey Seßbühel, daß Seeholz und inn der Zettlitz genanndt« um *einen* Wald, wie die Vertreter der Erbinnen behaupten, oder um zwei verschiedene Wälder, wie von ihren Prozeßgegnern behauptet wird? Auch als alles andere faktisch längst entschieden ist: an dem Streit um die Bedeutung eines Kommas – trennt es eine Aufzählung, folgt ihm eine Apposition – schleppt sich der Prozeß weiter, auch wenn die verprozessierten Summen den Wert der umstrittenen Wälder längst überstiegen haben mögen.

Als Charlotte 1789 in Weimar über ihre schlecht stehenden Prozeßangelegenheiten spricht, ist ein Urteil noch nicht gefällt, Gerüchte über den mutmaßlichen Prozeßausgang waren aber wohl schon zu ihr gelangt. Im Juli 1790 wird der Oberst Marschalk von Ostheim im wesentlichen in seinen Ansprüchen bestätigt, Trabelsdorf wird für Mannslehen erklärt, außerdem sollen an ihn, nach besagtem

Lehensbrief, Wälder und Grundbesitz um Dankenfeld abgetreten werden. Die von den Kalbs angerufene zweite Instanz bestätigt dieses Urteil sechs Jahre später. Der Präsident kämpft auf seine Weise, mit Vandalismus, dagegen an: der kaiserliche und Reichshofrat untersagt in einem Reskript den Allodial-Erbinnen, »die zum Rittergute Trabelsdorf gehörigen Waldungen durch Fällung einer übermäßigen Menge Brennholzes und besonders von Holländerbäumen zu verwüsten«, welches Verbot offenbar wenig genützt hat, weil bald neue Reskripte ähnlichen Inhalts mit Strafandrohung ergehen. Der Prozeßgegner hatte sich freilich seinerzeit nicht feiner verhalten; als er endlich »gewonnen« hat, bittet er beim hochfürstlich Bambergischen Hofskriegsrat um Erlaubnis, die Einweisung in die ihm zugefallenen Güter mit Kanonenschüssen feiern zu dürfen, »um sein desfallsiges Vergnügen vollkommen an den Tag legen zu können«. Dafür will er einige Kanonen »von geringem Kaliber« und Constabler zu ihrer Bedienung von Forchheim nach Trabelsdorf abkommandieren. Der Fürstbischof genehmigt diese Bitte wohl, rät aber, »von dieser Feierlichkeit abzustehen; denn nicht nur könnte solche vom Gegenteil« (d. h. von der Gegenpartei) »spöttisch, sondern sogar bei dem Reichsgerichte als übertrieben und gewaltsam ausgeschrien werden«.

Um die Waldungen bei Seesbühl wird noch bis zu ihrem endgültigen Verlust (für die Seite der Erbinnen) im Jahre 1806 prozessiert.

Den größten Teil des geliehenen Geldes hat der Präsident in seine zahlreichen Projekte und Spekulationen gesteckt, die Charlotte in ihrer Erzählung nur andeutet. Johann Ludwig Klarmann, der durch ungemein fleißiges Akten- und Quellenstudium wenigstens teilweise Licht ins Dunkel der Kalbschen Erbschafts- und Vermögensangelegenheiten gebracht hat, nennt Johann August von Kalb einmal den »Vielgeschäftigen«, ein sehr passendes episches Attribut und das freundlichste, das sich für ihn finden läßt: seine rastlose Aktivität fordert auch dem eine gewisse Bewunderung ab, der sich mit ihren Zielen und Mitteln nicht befreunden kann.

Wie hat er es nur fertiggebracht – als entlassener Weimarer Finanzminister denkbar schlecht empfohlen – immer wieder Leute zu finden, die ihm Vertrauen und Kredit schenkten? Der Traum vom Glück des großen Geldes muß ihm bei jedem neuen Projekt zum Glauben geworden sein und seine Beredsamkeit überzeugend, seine Argumente unwiderstehlich gemacht haben: selbst die eigene, vielfach durch ihn enttäuschte Familie räumte ihm immer wieder neuen Kredit ein.

Es gibt kaum etwas, was der Präsident nicht versucht hat. Er ist (kurz) Angestellter des Fürsten Johann von Schwarzenberg mit der weitgehenden Vollmacht, »in den fürstlichen Angelegenheiten alle von was immer für eine Art seiende, auf die Administration der fränkischen Reichslande und den Wohlstand der Untertanen abzielende Untersuchungen« vornehmen zu können. Sein jährliches Honorar beträgt 3000 Gulden, außerdem wird ihm eine »anständige« Wohnung im Schwarzenbergischen Schloß zugesichert und, im Falle einer Vertragsrücknahme, eine Gratifikation. Worin seine Tätigkeit dann besteht, bleibt unklar: für 800 Gulden verteilt er Kleesamen an die Schwarzenbergschen Untertanen, läßt sich für den Fürsten ein paar Dienstreisen nach Wien bezahlen und verlangt dann seine Kündigung, um seine Weimarer Pension nicht zu verlieren. In Weimar nämlich hat man herausbekommen, daß er ein anderes festes Einkommen habe und die Pension damit hinfällig sei; der Präsident verweist das entrüstet »unter die vielen falschen Sagen«: »Endestgesetzter hat sich zum Vergnügen gerechnet, dem würdigen Fürsten von Schwarzenberg auf seiner ohnweit einem Marschalkschen Gute gelegenen fränkischen Grafschaft einige ökonomische Einrichtungen zu treffen, aber von Besoldung ist dabei weder die Rede gewesen, noch hat solche davon sein können.«

In Mannheim lernt er den General Thompson kennen, der als Günstling des bayerisch-pfälzischen Kurfürsten Karl Theodor später zum Reichsgrafen von Rumford erhoben wurde und einer Armenspeisung der Napoleonischen Kriege – der Rumfordschen Suppe – den Namen gab, aber auch sonst ein Mann von Erfindungsgeist war. Zusammen legen sie dem Kurfürsten ein »Projekt zur Einführung von Staatspapieren zur Bezahlung vor, welches jedes Jahr 80 000 Gulden für die natürlichen Kinder (des Kurfürsten) abwerfen sollte«; so der österreichische Gesandte Graf Lehrbach in einem Bericht an den Staatskanzler in Wien, in dem allerdings nicht steht, wie dieses Projekt funktionieren sollte. Kalb selbst stellt die Sache anders dar. Der Plan, den er dem Kurfürsten von der Pfalz auszuarbeiten und vorzulegen veranlaßt worden sei, »ist der Entwurf zur Anlegung einer Hofstaats-Bank, die außer dem … Hauptcomptoir zu Mannheim zwei Comptoirs in München und Düsseldorf haben soll … Außer der Erleichterung der Zirkulation soll die Erniedrigung der Zinsen von Hypotheken auf 4 %, Aufhilfe des Kredits und Einschränkung des schändlichsten Wuchers Hauptzweck sein«, eine Bank nach seinen Träumen also.

Als aus diesem Plan (wie auch immer er beschaffen war) nichts geworden ist, geht Kalb mit Lore für eine Zeit nach Weimar, wieder den Kopf voll geheimer Pläne. Er habe sehr trifftige Ursachen, so erklärt er Bertuch, »seinem Weimarischen Aufenthalt das Ansehen ewiger Dauer zu geben«. Jedenfalls gelingt es ihm hier, Charlottes Scheidungspläne zu verhindern. Aus dieser Zeit hat sich ein kurioses Detail bewahrt: bei einem Empfang, den Bertuch für einen prominenten Weimar-Besucher, den frommen Schweizer Dichter von Salis, gab, haben die Brüder Kalb beide auf die Bibel geschimpft.

Diese Bibelfeindlichkeit hindert den Präsidenten allerdings nicht, sich um die Ansiedlung einer Brüdergemeinde bei Waltershausen zu bewerben, um den »in dessen Gegend ganz fehlenden Kunstfleiß und Handel hervorzubringen«. Aussicht auf Erfolg hat dieser Antrag nicht, zu viele andere Bewerbungen liegen schon vor, doch ohnehin scheint das nur ein beiläufiger Einfall Kalbs gewesen zu sein. Viel mehr beschäftigen ihn die Bergbau- und Salinen-Spekulationen, »denen sich« (so Klarmann) »der überaus tätige Mann ... 24 Jahre lang, vom Jahre 1790 bis an sein Ende, mit außerordentlichem Eifer, aber mangelndem Glücke hingab.« Sein Geschäftspartner dabei ist fast immer Bertuch, der aus »taktischen Gründen« vielfach als Alleinunterzeichner der Genossenschaft Kalb-Bertuch auftritt.

Die erste große Salinen-Hoffnung liegt in Frankreich, wo die Geschäftspartner die großen Salzbergwerke in Nancy und Château Salins pachten wollen. Bertuch, so ist geplant, soll von Nancy aus die Aufsicht führen, doch die Folgen der französischen Revolution machen auch diesem Projekt ein Ende. Zum Kauf der von Charlotte erwähnten Saline in Saar-Alb in Lothringen dagegen kommt es, allerdings (nach zehnjährigen Präliminarien) erst 1802. Der »étranger nommé le Baron de Kalb« wird bald darauf, weil er seinen Anteil nicht bezahlt, von den übrigen Teilhabern, enteignet, was die Behörden für unrechtmäßig erklären. Gegen Zusicherung einer Beteiligung am künftigen Erlös der Saline tritt er seine Eigentumsrechte offiziell ab; an diesen Strohhalm klammert sich nach seinem Tod die Schwägerin Charlotte.

Damit noch längst nicht genug. Bertuch und Kalb versuchen, Salinen in Bocklet und Kissingen zu pachten; die dazu notwendige Kaution von 30 000 Talern wird über eine Hypothek auf die Marschalkschen Güter besorgt. Der Tod des Kalb günstig gesonnenen Würzburger Fürstbischofs ist »schuld« am Mißlingen dieses Plans. Als Mitpächter einer heruntergekommenen Saline, die wiederhergestellt werden soll, zieht der Präsident sogar zeitweise in ihre Nähe, nach Offenau.

Versuche, über Kohle zu Reichtümern zu kommen, scheitern an den schlechten Fundorten. Es wird nichts aus Probebohrungen in Sulzfeld, Bischofsheim und Rothof, es wird nichts aus Junkershausen, wie Pfarrer Nenninger in sein Gemeindebuch eintrug: »1796. Fund von Steinkohlen in dem Wasserrisse des Junkershäuser Löhleins ohnweit des weißen Turms. Präsident v. Kalb und Legationsrat Bertuch beordern sogleich den Berginspektor... dahin, um durch einen großen Bohrer die Stärke des Steinkohlenlagers zu untersuchen... Spes fefellit.«

Spes fefellit – die Hoffnung hat getrogen – das wäre ein passender Grabsteinspruch für den Präsidenten gewesen, dem Charlotte den Nachruf schrieb: »Doch sei der Präsident von Kalb nie dem Hohne hingegeben. Er war mit Anstrengung tätig, und hat viel gelitten in dem schweren Kampf der Verhältnisse. Ihm selbst brachten seine vielfachen Pläne nie Gelingen, wenngleich sie in späterer Zeit sich meist als wohl begründet erwiesen und andern reichen Gewinn brachten.

Ein schnödes Krämerleben ist so ein Geschäftstreiben, da wird gewogen und erwogen, gerechnet und berechnet, und oft geirrt; nur von Prozeßgewinnen und Kaufgelingen (ist) die Rede, bis das Geschick, des ewigen Haders müde, die Waage bricht, und so die letzte Hoffnung zusammenstürzt und wir zerschmettert liegen. An Einsicht fehlte es dem Präsidenten gar nicht, aber er überschätzte immer Mittel und Kräfte, und die rücksichtslose Spekulation, die ihm das böse Urteil zuzog, schien ihm Verstand und Klugheit. Der Geist der spekulativen Intrige waltete im vorigen Jahrhundert in der verschiedensten, ja selbst in romantischer Gestalt.«

Über den Mann, der sie immerhin ruiniert hat, kann Charlotte so verstehend nur reden, weil auch in ihr viel von dem Zeitgeist der »spekulativen Intrige« lebte. So wie der Präsident überschätzt sie immer Mittel und Kräfte und hat deshalb keinen Erfolg mit Plänen, die im Ansatz wohlgegründet sind; so wie er läßt sie sich durch Fehlschläge nicht entmutigen, Herders Urteil bestätigend: »So lassen Sie ein Projekt nach dem andern fallen, doch wenige haben den Trost beim Verlust, den Sie besitzen, die Elastizität des Gemüts, die nichts ganz vernichten kann; denn die Spenden der Phantasie bleiben unerschöpflich.«

Von all den Literarhistorikern, die sich mit Charlotte beschäftigt haben, hat, soweit ich sehe, niemand ihren Vorschlag aufgenommen, eine Verbindung zu sehen zwischen den Spekulationen idealistischen und dann erst recht romantischen Denkens und Philosophierens, und dem Glücksritter- und Spekulantentum der Zeit, das auf der Grundlage eines immer abstrakter werdenden Wirtschaftsystems blühte. Für sie war die scharfe Trennung von ideellem und materiellem Bereich, von Geist und Geld eine Selbstverständlichkeit (eine Vorstellung, die auch uns noch weit vertrauter ist), und so haben sie Charlottes Spekulationen, bzw. die Versuche dazu als Peinlichkeit empfunden, haben sie verschwiegen oder mit ihren bedrängten finanziellen Verhältnissen zu entschuldigen gesucht. Die bot auch Charlotte selbst als Entschuldigung vor der Welt auf. Im Grunde aber trieb sie wohl weniger die Not, als (wie den Präsidenten) eine durch Verarmungsangst gewiß gesteigerte Leidenschaft, von der ihr Mann möglichst nichts wissen sollte. Mit den Neunziger Jahren, als sich der Prozeßverlust wohl abzeichnet, aber noch längst nicht alles verloren war, beginnt ihr Geschäftreiben, zunächst vor allem der Handel mit Wein, um dessen Verkauf und Vermittlung zum Verkauf sie sich bei all ihren Weimarer Freunden so unermüdlich verwendet, daß bald alle wissen: die Kalb sei materiell geworden. Sogar an Goethe (»man denke doch, den Dichter der Iphigenie«, empört sich ein Biograph) hat sie sich herangetraut. Im Sommer 1794 hat sie ihn zum ersten Mal um Hilfe beim Verkauf »auf gut Glück und Spekulation« erstandener Rheinweine gebeten.

Goethe hat ihr darauf freundlich-neckend geantwortet: »Sogleich habe ich mich, liebe Freundin, wegen des Weinverkaufs umgetan, meine Negotiation will mir aber nicht gelingen, man lobt den Wein, sucht aber gegenwärtig keinen so teuern, indem man eher eines Tischweins bedarf. Hätte ich doch nicht geglaubt, daß meine Freundin sich vom Geiste der Spekulation würde anhauchen lassen.« »Sie haben wohl recht, mein verehrtester Freund (gab Charlotte im gleichen Ton zurück), der Geist der Spekulation hat mich in Versuchung geführt und verführt! Ich war ohne guten Rat – darum hatte er Gewalt über mich – so ist's ja von jeher dem Weibe gegangen!!«

23. Kapitel

Lebendig begraben

Im Sommer 1792 zieht sich Charlotte, für dauernd, wie sie damals glaubt, aufs Land, nach Waltershausen zurück. Sie fügt sich damit den Wünschen ihres Schwagers und ihres arbeitslos gewordenen Mannes: »Ich habe mich lange genug unter Menschen, zu Land und zu Meer herumgetummelt, spricht er, jetzt ist mir Weib und Kind, und Haus und Garten um so lieber.« So spricht sie auch selber – als ob das ihr Aufgezwungene eigener, freier Entschluß wäre: »Die Stimme der Vernunft sagt mir, bleibe auf dem Lande, sorge für die Erziehung deiner Kinder – und für das sicherste Glück ihrer zukünftigen Tage; ich bin also lebhaft überzeugt, daß dies die vorteilhafteste Lebensweise ist, die ich für meine Zufriedenheit wählen kann! – Kennten Sie meine Lage, Sie würden sich wundern, warum ich diesen Aufenthalt nicht schon längst wählte. Sonst hatten aber 3 das Recht über dieses Gut zu disponieren, und ich mußte erwarten, ob ich es meiner Familie erhalten konnte.« Wirklich ist Charlotte kurz zuvor zur Alleinbesitzerin von Waltershausen geworden, aber das hat nicht sie, sondern der Präsident »disponiert«. Scheinverkäufe, bei denen die Schwestern einander ihren Vermögensanteil ganz oder teilweise übereignen – oft mehrmals den gleichen – gehören zu seinem Verwirrspiel. Zwar sei ihr die Trennung von Weimar schmerzlich (so schreibt sie der Frau von Stein), aber ganz könne sie von Weimar nie Abschied nehmen, »sondern ich werde oft, wie meine Nachbarn, die Katholiken zu der hehren heiligen Jungfrau, eine Wallfahrt halten, und die Tempel Apolls, der Freundschaft und Harmonie besuchen«. Während sich hier Wehmut, kaum noch spürbar, in konventionelle Höflichkeit verhüllt, scheinen sich Schmerz und Unmut über die unerwünschte Verbannung in einem Brief an Körners heftiger ausgesprochen zu haben. Dora Stock plaudert seinen Inhalt an Schillers junge Frau aus: »Die Kalb hat an Körner geschrieben und förmlich Abschied von ihm genommen. Ihre Briefe, so schreibt sie, könnten jetzt kein Interesse mehr für ihn haben, da sie sich ganz von der Welt zurückzöge und künftig auf ihrem Landgute leben würde, welches zwar alte, doch dicke Mauern hätte, und wo Ökonomie ihre einzige Beschäftigung wäre. Hast du nichts davon gehört?«

Dabei gibt es für Charlotte gar nichts mehr aufzukündigen an einer Freundschaft, die mit der Liebesbeziehung zu Schiller natürlicherweise enden und sich auf seine Frau vererben mußte. Charlotte scheint ihren Brief bald bereut und Abbitte geleistet zu haben, denn als Körners wenige Jahre später nach Jena kommen und sie nicht besuchen, schreibt sie ihnen noch einmal einen förmlichen Abschiedsbrief, was ihr dann auch gleich wieder leid tut.

Daß die Ökonomie ihre einzige Beschäftigung und Zufriedenheit sei, will Charlotte auch Herders und sich selber weismachen, aber wie sie sich auch müht, die Rolle der stets tätigen ländlichen Hausfrau zu spielen, wie das Fräulein von Sternheim ein Muster weiblichtugendhafter Pflichterfüllung, sie überzeugt dabei so wenig wie ein Kind, das den brav gelernten Katechismus aufsagt. »Ich lebe jetzo zufrieden und tätig in meinem kleinen Wirkungskreis. Ich kenne nur die Genüsse der Einsamkeit, weil ich die Langeweile verbannt habe. Nie möchte ich diese Gegend wieder verlassen; ich fühle: hier ist meine Heimat. Leere Verhältnisse der Societät aufzusuchen: ach, das wäre wieder so viele verschwendete *Zeit* – und was habe ich anders als *diese* zu genießen und zu nutzen! Auch hier werde ich erkannt und ich merke es: ich finde Vertrauen und Zuneigung unter den hiesigen Einwohnern.«

Der gute Vorsatz, nie mehr diese Gegend zu verlassen, hielt nur zwei Monate, wurde allerdings mit gutem Grund gebrochen: Charlotte, die wieder schwanger war, reiste nach Jena, um sich dort ärztlich überwachen und entbinden zu lassen. Knapp anderthalb Jahre später, Anfang 1795, hat sie von Weimar aus Goethe geradezu angefleht, sie vor einer neuen Verbannung nach Waltershausen zu retten. Man wolle sie dorthin zurückschicken, weil der Schwager mit dem Weimarer Herzog prozessiere: »Mein Mann findet dadurch den Aufenthalt ganz unmöglich.« Goethe, so bittet sie, solle seinen ganzen Einfluß beim Herzog geltend machen, damit dieser Streit geschlichtet werde: »Ist nur etwas noch in mir, was Rettung und Erhaltung verdiente – so muß ich hier und in dieser Gegend bleiben. Es wäre unverzeihlich, wenn ich mir eine Lage wollte rauben lassen, die mich in den Stand setzte, mich endlich mit reger Vernunft meiner Kinder anzunehmen; und Anstalten für sie zu benutzen, welche Aufklärung und Kultur hier schon gebildet haben ... Und dies alles, wofür ich nur allein lebe, was mein ist – und noch mehr werden kann, Alles, das höchste Gut, das ich kenne – was mir als Mensch – als Mutter, als Freundin heilig ist – alles! das Leben – soll ich verlas-

sen! Das will, das gebietet, darum quält mich meine ganze Verwandtschaft! – und glauben Sie nicht, daß sie einen andern Ort vorschla-
gen, wo nach ihrer Meinung ähnliche Vorteile für die Bildung der
Kinder zu erreichen wären. (Für mich zwar wäre jeder andere Ort
eine Wüste.) Aber nein – ich soll nach Franken ins Grabfeld zurück –
meine Kinder sollen so unbrauchbar und unleidlich – daher so schäd-
lich – wie der übrige baronisierte Pöbel (sein) – Jahrhunderte schon
klagt und schimpft man über die Verderbtheit des Adels. – Und das
stets überhand nehmende Übel droht seiner Vertilgung – aber sie
haben keine Ohren zu hören! – ich soll nach Waltershausen zurück –.
Ach ich will ihnen das große Tableau meiner dortigen Existenz nicht
schildern. Das Tier kann dort verdauen und schlafen, dasjenige aber,
welches nur etwas von einer bessern Natur in sich kennt und fühlt,
kann dort nicht schlafen und verdauen. Wenn es lebt, so fühlt es nur
die Zerstörung, die Atonie, die Agonie seines menschlichen Daseins,
seiner geistigen Natur!«

Am Ende dieses Zitats ist Charlotte endlich zu sich gekommen,
hat ihre und nur ihre Verzweiflung über die edlen und falschen
Vorwände gesiegt: »Lebendig begraben zu sein ist ein erschreck-
liches Los.« Freilich sind die falschen Vorwände wohl auch ein neuer
Traum über den Trümmern einer zerstörten Hoffnung. Das Weimarer Gymnasium soll für die Bildung ihres Sohnes Fritz nun leisten,
was sein Hauslehrer Hölderlin nicht hatte leisten können.

Bald nach ihrem Rückzug aufs Land hat Charlotte im beschränk-
ten Wirkungskreis einer Frau und Mutter große Pläne für die Erziehung ihres Sohnes, die außerdem noch einen doppelten Vorteil haben: sie helfen ihr zu einem gebildeten Gesprächspartner in der
ländlichen Einsamkeit, so hofft sie, und sie geben ihr einen Grund,
die nach der Heirat abgerissene Verbindung mit Schiller wieder
anzuknüpfen. Es ist schon lustig, wie sie »übermotiviert«: »In einer
Angelegenheit, die mich nicht persönlich betrifft, die aber, weil sie
meinen lieben Fritz bestimmter angeht, mich sehr interessiert – in
dieser Sorge möchte ich Ihnen gerne klagen, Sie um Ihren Rat bitten! Darf ich in diesem Fall Ihnen meine Sorgen, Erfahrungen, Wünsche vortragen? – Es ist nicht Eitelkeit, wieder an einen berühmten
Mann zu schreiben, nicht Schwäche von mir, wenn ich an Schiller
schreibe: was mich dazu drängt, über die Wahl eines Hofmeisters an
Sie zu schreiben, sind die unangenehmen Erfahrungen, die ich während der Wahl und jetzo über diesen Gegenstand gemacht habe. Ich
blicke um mich – ich frage mich ängstlich, wen darfst du, wen kannst

du fragen? – Wer ist in der Lage, Dir raten und wählen zu können? Wessen Kopf hat Menschen-Charakter-Kenntnis, um es zu können? Wer kann Fähigkeiten prüfen – und ihren vorteilhaftesten Gebrauch bestimmen? Wer kann von andern sagen: Dies ist ein edles Wesen, ein offnes, gutes Gemüt – er kann ein Kind zum guten, mutvollen, edlen, denkenden Jüngling bilden. Er kann selbst der werdenden Menschheit ein Muster sein? – So frage, so denke ich sorgenvoll Tag und Nacht – und das Resultat dieses sehnsuchtsvollen Nachdenkens war dies: unter deinen Bekannten ist es Schiller – Schiller kann es allein.«

Mehr will sie nicht schreiben, ehe ihr Schiller nicht die Erlaubnis dazu ausdrücklich gegeben habe; übrigens wisse ihr Mann noch nichts von diesem Plan. Schiller, sich in ihrer Schuld wissend, sagt ihr in einem sehr verbindlichen Brief Hilfe zu. An Körner schreibt er: »Die Kalb hat wieder angefangen sich zu regen. Sie hat mich gebeten, ihrem Sohn einen Hofmeister ausfindig zu machen, und ich übernahm diesen Auftrag mit um so größerer Bereitwilligkeit, je wichtiger es mir ist, ihr zu zeigen, daß sie in jeder *schicklichen* und *gerechten* Sache auf mich rechnen kann. Kaum erklärte ich ihr meine Bereitwilligkeit dazu, so bin ich auch sogleich mit Brief über Brief belagert und erhalte eine schöne Versicherung nach der andern.«

Die Hofmeistersuche, die nun als gemeinsames Anliegen gelten kann, macht den Hauptinhalt dieser Briefe aus; Charlotte, die mit ihrer Zeit von der Erziehung wahre Wunder erwartet, entwirft ihr Ideal eines Lehrers. Ein Ausbund aller Tugenden soll er sein. Keine nützliche, angenehme Eigenschaft des Geistes darf ihm fehlen. Wie der Künstler, der seine Bildsäule mit Leidenschaft für seine Kunst bearbeitet, soll er an seinem Zögling arbeiten, jeden Fehler ausbessern, ihm jede mögliche Vollkommenheit geben. »Sind meine Forderungen übertrieben, ein allzu kühnes Verlangen meines Verstandes, meiner Einbildungskraft, so verzeihe es die Menschheit, wenn ich in diesem Augenblick die Schwäche ihrer Natur vergaß – o, ich glaube noch an Perfektibilität, an möglichste Vollkommenheit.«

Fritz hat wohl schon einen Lehrer, aber der taugt nicht viel. Münch (so heißt er) ist dem Präsidenten durch Bertuch empfohlen worden; Charlottes eigenmächtiger Versuch, ihn abzuschaffen, ist so etwas wie eine kleine, innerfamiliäre Revolte. Knabenerziehung gilt damals noch als Männersache, Söhne sind viel zu wichtig, als daß man sie den unwissenden und als allzu weich und nachgiebig verschrienen Frauen anvertrauen könnte, die sich nur um ihre Töchter kümmern dürfen (und auch da reden die Väter, die sich oft zu Pädagogen berufen fühlen, noch alles besser wissend mit). Die Erziehung Münchs scheint vor allem in Prügeln bestanden zu haben; die »Nullität ist sein Verbrechen – oder vielmehr das Gebrechen seiner Natur«, urteilt Charlotte. Schon äußerlich ist er unansehnlich, weshalb sie sich, schon um des Kontrastes willen, bei Schiller einen gutaussehenden Hofmeister »bestellt«: »Auch bei diesem Wunsche ist etwas Eitelkeit verborgen – einige, die ihn (Münch) wählten, werden in andern nur das Äußere bemerken können und nach diesem werden sie urteilen ... Münch hat ein verkümmertes, borniertes Ansehn nebst allen Façons eines Schneidergesellen.«

Schiller bemüht sich, Charlottes hochgespannte Erwartungen zu dämpfen und schlägt ihr einen verarmten livländischen Adeligen vor, Gustav Behaghel von Adlerskron, der bei ihm in Jena studiert hat, sehr glücklich über die Stelle ist und sich überschwenglich bei Schiller bedankt. Doch die Vermittlung scheitert an Charlottes Mann, der erklärt, »nie einen Menschen seines Standes als Hofmeister seines Sohnes zu sehen; angeborne anerzogne Grundsätze von beiden Seiten, das point d'honneur als Offizier, alles dies könnte zu Mißhelligkeiten und vielleicht widrigen Situationen Anlaß geben, denen wohl nicht auszuweichen wäre«. Sie selbst habe darüber keine Meinung, fügt Charlotte hinzu, was natürlich heißt, daß sie anderer Meinung ist, »denn mir ist ein Mensch ein Mensch, und diese klassifiziere ich bloß nach gut und bös, dumm und klug«.

Verstimmt durch diese Ablehnung, findet Schiller schließlich einen anderen, nach Wunsch bürgerlichen Kandidaten: »Einen jungen Mann habe ich ausgefunden, der eben jetzt seine theologischen Studien in Tübingen vollendet hat, und dessen Kenntnissen in Sprachen und den zum Hofmeister erforderlichen Fächern alle, die ich darüber befragt habe, ein gutes Zeugnis erteilen. Er steht und spricht auch das Französische und ist (ich weiß nicht, ob ich dies zu einer Empfehlung anführe) nicht ohne poetisches Talent, wovon Sie in dem schwäbischen Musenalmanach vom Jahre 1794 Proben finden werden. Er heißt Hölderlin und ist Magister der Philosophie. Ich habe ihn persönlich kennen lernen und glaube, daß Ihnen sein Äußeres sehr wohl gefallen wird. Auch zeigt er vielen Anstand und Artigkeit. Seinen Sitten gibt man ein gutes Zeugnis; doch völlig gesetzt scheint er noch nicht, und viel Gründlichkeit erwarte ich weder von seinem Wesen noch seinem Betragen.«

Charlotte antwortet Schiller, der gerade zum erstenmal Vater geworden ist, aus Jena, ein paar Tage, nachdem sie (am 7. Oktober) ihren dritten Sohn, August, geboren hat. Eine bestimmte Nachricht wegen der Einstellung Hölderlins kann sie ihm noch nicht geben, weil ihr Mann auf Reisen (nach dem belagerten Mainz und nach Mannheim) ist und erst noch um seine Zustimmung gefragt werden muß, an der sie nicht zweifelt. Ende des Monats bestätigt sie: »Die Antwort meines Mannes erteilt mir die vollkommenste Freiheit bei der Wahl eines neuen Lehrers und Hofmeisters für Fritz – und ich gebe Ihrer Wahl das Zutrauen – und die Hoffnung meiner Seele.« Sie hoffe, für Münch werde sich bis Weihnachten eine andere Versorgung gefunden haben. Schiller teilt das Hölderlin als verbindlichen Einstellungstermin mit, doch als der Ende Dezember, mitten im tiefsten Winter, in Waltershausen eintrifft, weiß dort niemand etwas von ihm. Charlotte ist noch in Jena, der Major von Kalb nur grundsätzlich informiert, der alte Hofmeister noch ahnungslos im Amt.

Zufällig hat Charlotte in Jena auch noch Adlerskron kennengelernt, dessen Arbeitgeberin sie fast geworden wäre. Bei ihren Begegnungen im Haus einer gemeinsamen Bekannten haben beide einander höchst interessiert »studiert«. Charlotte, so meint jedenfalls Adlerskron, habe nicht viel über ihn herausbekommen, weil er ihre Absicht durchschaut und sich keine Blößen gegeben habe. Das Ergebnis seiner Studien hat er Schillers Schwägerin in einem sehr ausführlichen Brief mitgeteilt.

»So wie ich sie kennen gelernt habe, ist sie eine Frau von vielem Verstand und Belesenheit, die eine scharfe Beurteilungskraft besitzt, und dabei sehr klug ist, nur zu viele weibliche List, Eitelkeit und feine Verstellungskunst hat, oft auch gewöhnliche Weiberschwachheiten. Äußerst viele Güte des Herzens scheint sie zu haben und besondere Züge des Charakters, die ihr nur allein eigen und beinahe mit männlichem Stolz verwebt sind. An Forschungsgeist, an Welt, an Erfahrungen fehlt es ihr nicht, nur zu oft überläßt sie sich dem Schwung ihrer Einbildungskraft, verfällt dann in Empfindelei und überläßt sich ihren Lieblingsideen, wobei innere Gefühle sie bis zu Tränen in eine tiefe Melancholie bringen. Äußerst leicht war sie zu affizieren, ja manche Begebenheiten konnten ihr ganzes Gemüt erschüttern, so, daß es sichtbar an ihrem Körper wurde. Gewiß wäre sie mir interessant geworden, wenn sie ihrem enthusiastischen Gefühl und einem solchen Charakter gemäßes Genie besäße und dabei mehr natürliche Sanftmut und Anmut in ihrem Charakter und in ihrem Äußeren hätte. Sie ist in allen Fällen kein gewöhnliches Weib ...

Beim Abschied mußte ich ihr versprechen, zu schreiben; das macht mich wirklich verlegen, denn ich weiß nicht, was ich ihr schreiben soll, und doch möchte ich eine Korrespondenz mit ihr haben, denn als Menschenbeobachter würde ich hier vielen Stoff zu neuen Belehrungen bekommen. Bei allen meinen Erfahrungen und Beobachtungen, wie arm ist die Welt für mich; sie hat nur eine, und ihr gleicht kein Weib, kein Wesen wird ihr gleichen können, nur hohe Geister werden Ähnliches mit ihr haben, wenn sie das Schöne und Große so empfinden, wie es in allen Zügen ihres Charakters ausgebreitet ist.«

24. Kapitel

Ein Rad, welches schnell läuft

»Der liebe Vaterlandsboden gibt mir wieder Freude und Leid.

Ich bin jetzt alle Morgen auf den Höhen des korinthischen Isthmus, und, wie die Biene unter Blumen, fliegt meine Seele oft hin und her zwischen den Meeren, die zur Rechten und zur Linken meinen glühenden Bergen die Füße kühlen.« Mit dieser großen Gipfelschau beginnt Hölderlin seinen »Hyperion«; von den Bergen, die er sich zum Eigentum gemacht hat, umfaßt der Blick seiner Seele gleichsam das ganze Erdrund.

»Ich habe mich nun im Innern des Hauses und der Menschen, die ich vor mir habe, und auch draußen in meinen Tannenwäldern und auf meinen Bergen umgesehen«, schreibt er gleich nach der Ankunft in Waltershausen. Den Rundblick von seinen Bergen dort begrenzen wohl wieder Bergketten, doch die Seele zieht auch hier weitere Kreise: »Letzten Sonntag war ich auf dem Gleichberge, der sich eine Stunde von Römhild über die weite Ebene erhebt. Ich hatte gegen Osten das Fichtelgebirge (an der Grenze von Franken und Böhmen), gegen Westen das Rhöngebirge, das die Grenzen von Franken und Hessen, gegen Norden den Thüringer Wald, der die Grenzen von Franken und Thüringen macht, gegen mein liebes Schwaben hinein, südwestlich den Steigerwald zum Ende meines Horizonts. So studiert ich am liebsten die Geographie der beiden Halbkugeln, wenn es sein könnte!«

In solchen Gipfelmomenten ist die Welt ein Zuhause, sind das Allernächste, Vertrauteste und das Allerfernste, Fremdeste in einem schwebenden Gleichgewicht. Weiter unten in der Wirklichkeit aber wird daraus rastlose Bewegung, die immer zugleich Heimatsuche und Flucht ist.

Kurz vor Weihnachten 1793 reist Hölderlin in Stuttgart ab. Sein Weg führt ihn über Nürnberg nach Erlangen (wo er am Christtag in der Universitätskirche eine »herrliche, schön und hell gedachte Predigt« hört) nach Bamberg (»auf einem verdammt kalten und unsichern Weg, wo man uns wegen der Diebsbanden in den Wäldern einen Husaren entgegenschickte«), durch »das himmlische Tal, das von der Itze durchflossen wird«, bis Coburg und von dort »mit Extra-

170

post« nach Waltershausen, »traf an HE. Major von Kalb (der in französischen Diensten war, und unter Lafayette den Amerikanischen Krieg mitmachte), den humansten, gebildetsten Mann, eine Freundin der Frau von K[alb], die noch mit zwei Kindern in Jena ist, meinen künftigen Zögling, einen schönen guten Buben, aber auch noch den Hofmeister an, der wie das ganze Haus, noch kein Wort von meiner Ankunft wußte, und mich ungeachtet seines klugen, edlen Benehmens in große Verlegenheit setzte«.

Das Fürstentum Ansbach-Bayreuth, durch das Hölderlins Reise führt, ist seit kurzem preußisch, der letzte Markgraf, der ohne Erben war, hatte sein Land den Preußen regelrecht verkauft und sich mit seiner Geliebten und späteren Frau, der Lady Craven, nach England zurückgezogen. Alles ist unruhig wegen des Krieges im Westen, der sich weiter auszubreiten droht. »Im Vorbeigehn! in ganz Franken bemerkt ich zu meinem großen Verdrusse, wie Ihr denken könnt, laute Unzufriedenheit mit der wohltätigen preußischen Regierung. Es sollen in den fränkisch-preußischen Landen nächstens 60 000 Mann ausgehoben werden.« Trotz der drohenden Soldatenrekrutierung, der beängstigenden Gerüchte hofft man in Waltershausen noch, vom Krieg verschont zu bleiben: »Ihre Besorgnisse wegen des Kriegs scheinen mir . . . etwas zu groß zu sein«, schreibt Hölderlin der Mutter. »Wenn wir auch nicht Friede bekämen bis Ostern, welches doch sehr wahrscheinlich ist, so scheint es überhaupt nicht, als wollten sich die Franzosen weit von ihrem Vaterlande entfernen. Der Major kündete mir schon an, sobald sie gänzlich über den Rhein herüber wären, müßt ich mit meinem Fritz nach Jena, weil auch ihm in diesem Falle etwas bange wäre.«

Wie Charlotte – und mit ähnlichen Formeln wie sie – gibt sich auch Hölderlin Mühe, den Empfängern seiner Briefe die Vorteile des einsamen Landlebens anzupreisen, aber schon sehr bald (Ende Februar 1794) hat er einen Strahlenkranz von Fluchtwegen aus seiner neuen Mitte Waltershausen ausgemacht. »Ich lebe zwar ziemlich einsam, aber ich finde dies gerade günstig für die Bildung des Geistes und Herzens. Die Menschen, mit denen ich umgehe, sind wenige, aber es sind verständige und gute Menschen. Das Örtchen, wo ich für jetzt lebe, ist zwar etwas entfernt von Städten und ihren Neuigkeiten und Torheiten, aber seine Lage ist sehr angenehm, und das Schloß steht auf einem der schönsten Hügel des Tals, und auch der Garten ums Haus herum gibt mir schon jetzt manche frohe Stunde, und wenn ich ausfliegen will, habe ich nordwärts 5 Stunden von hier im Sächsischen – Meiningen, im Würzburgischen 8 Stunden von hier Schweinfurt usw. Gotha liegt ungefähr eine Tagreise von hier, jenseits der Thüringer Gebirge, die hier einen sehr schönen Prospekt geben. Bis Ostern werd ich wohl eine kleine Reise dahin machen.«

Hölderlins Gesprächsmöglichkeiten mit dem Major von Kalb sind sehr begrenzt. Über Revolution und politische Verhältnisse sind sie wohl völlig verschiedener Meinung, die aristokratischen Vergnügungen, die Kalb seinem Hofmeister anbieten kann, werden kaum zum Gedankenspiel: »Ich kann mit dem Major auf die Jagd, wenn ich will, hab aber bisher wohlweislich noch keinen Hasen geschossen.« Entspannt kann sein Verhältnis zu dem Mann nicht sein, der Wert darauf legt, im Hofmeister seines Sohnes einen »eindeutigen« Dienstboten zu haben. »Ohne Zwang, den Etikette und Stolz sonst einem auferlegt in meiner Lage« lebt er nur, als der Major verreist (und die »gnädige Frau« noch in Jena ist). Dafür macht ihm hoher Besuch – einmal kommt der Herzog von Meiningen nach Waltershausen – diesen Zwang doppelt bewußt, der Herzog mag sich noch so »populär« geben: »Sie können denken, welch ein Kontrast es ist, sich an den Herd der Mutter hinzudenken – unmittelbar nach solchen Paradestunden.«

Am ehesten kann er noch mit dem Pfarrer Nenninger reden, dessen Bescheidenheit, Wärme und beinahe eleganten Anstand schon Knebel bei einem früheren Besuch rühmte. Weil er so gastfreundlich ist, kennt man seinen Pfarrhof in der ganzen Gegend als »Gasthof zur goldenen Bibel«. Aber bei aller Sympathie sitzen sie bei abendlichen Gesprächen einander doch gegenüber wie Bewohner zweier Welten. Hölderlin, der am »Hyperion« denkt, träumt, arbeitet, mit seinen hohen Ideen, seinem Leiden an der wirklichen, seinen Träumen von einer besseren Welt, seiner Griechenland-Sehnsucht; Nenninger mit seinen zwei Leidenschaften, zum einen der Obstbaumzucht (»wo ich einen Baum antreffe, pfropfe ich ihn«), zum andern der »Diplomatik«, die Erforschung alter Urkunden und Siegel. So ganz hat ihn der »furor diplomaticus« ergriffen, daß er davon träumt, seine Pfarrstelle mit der eines Archivarius zu vertauschen; Veröffentlichungen wie der »Aufsatz über die Nützlichkeit eigener Pfarrsiegel« oder die »Tabellen über die Aufzeichnung und Aufbewahrung der kirchlichen Urkunden« sind sein ganzer Stolz. Nur ein Weinrausch könnte die beiden zu Brüdern machen: »tränken wir hier nicht Bier statt Wein, so wäre sicher auf Erden kein vertrauter Paar als er und ich«, schreibt Hölderlin, den oft beschäftigt haben mag, daß Nenninger als angestellter Pfarrer das ist, was er zum großen Kummer der Mutter nicht werden will – besonders natürlich, wenn er ihn in der Waltershausener Kirche als Prediger vertrat: »Am Ostermontage habe ich auch wieder gepredigt. Ich sage das Ihnen, liebe Mutter! weil ich weiß, daß es Ihnen so höchst tröstlich ist.«

Als Charlotte Mitte März 1794 endlich in Waltershausen eintrifft, mit der vierjährigen Rezia (Edda genannt) und dem kleinen August, gewinnt er durch sie wohl an Unterhaltung, an geistiger Anregung, verliert aber an Unbefangenheit und Freizeit – was man, wie ich vermute, aus seiner Versicherung des Gegenteils schließen kann: »Wenn wir in Gesellschaft zusammen sind, wird meist vorgelesen, abwechslungsweise, bald von Herrn, bald von der Frau von Kalb, bald von mir, und über Tische oder auf Spaziergängen oft in Ernst und Scherze, wie es jedem gelegen ist, davon gesprochen. Wenn ich aber über einer eignen Arbeit etwas zerstreut bin und Gesichter schneide, so weiß man schon, wies gemeint ist, und ich brauche nicht unterhaltend zu sein, wenn ich nicht in der Laune bin.«

Hölderlin ist in seinen Briefen über sein Inneres, über seine ›wahren‹ Gedanken und Gefühle von äußerster Verschlossenheit. Sie zu verbergen, ist das wichtigste Mittel die Verstellung, die ihm schließlich in seiner Krankheit zur zweiten Natur geworden war. Sie macht, daß für uns sehr vieles in seinem Leben Geheimnis geblieben ist, daß wir auch nicht wissen, was sich »wirklich« abgespielt hat zwischen ihm und dem Major, Charlotte, Fritz. Daß sich überhaupt etwas abgespielt hat zwischen ihm und Charlottes Gesellschafterin Wilhelmine Kirms, das glauben wir erst zu wissen seit den fünfziger Jahren, als der Hölderlin-Forscher Adolf Beck seine Funde dazu publizierte.

1797, Hölderlin war inzwischen Hauslehrer der Familie Gontard in Frankfurt, schrieb der Kaufmann Schwendler, ein Sohn des betrügerischen Amtmanns der Marschalkschen Familie, aus Frankfurt an die Hofrätin Heim in Meiningen, also an die Frau Ludwig Heims, der einst Charlottes Schwester Wilhelmine hatte heiraten wollen. Kürzlich habe er Hölderlin in einem Konzert getroffen und lange mit ihm gesprochen, »nur nicht von der Kirms. Ich glaube ohnedies, daß er mich vielleicht, wenn er vermutet, daß ich etwas davon weiß, lieber 10 Meilen weiter gewünscht hat. Ein hübscher Mann ist es. Ich wünschte selbst zu wissen, wie er jetzt wegen der Kirms gestimmt ist, möchte aber nicht gerne gerade zu ihm sagen, daß ich davon weiß.«

Charlotte hatte die 20jährige Wilhelmine, die in Weimar sehr unglücklich mit einem doppelt so alten, kränklichen Mann verheiratet
war, im Sommer 1792 mit sich als Gesellschafterin aufs Land genommen, eine von Wilhelmine wohl geplante Scheidung wurde durch
den Tod des Mannes überflüssig. »Die Gesellschafterin der Majorin,
eine Witwe aus der Lausitz, ist eine Dame von seltnem Geist und
Herzen, spricht Französisch und Englisch, und hat soeben die neuste
Schrift von Kant bei mir geholt. Überdies hat sie eine sehr interessante Figur. Daß Dir aber nicht bange wird, liebe Rike! für Dein
reizbares Brüderchen, so wisse 1) daß ich um 10 Jahre klüger geworden, seit ich Hofmeister bin, 2) und vorzüglich, daß sie versprochen
und noch viel klüger ist als ich. Verzeihe mir die Possen, Herzens-
schwester!«

Wohl doch keine Possen. Das Sterberegister der Hofkirche zu Meiningen nämlich vermerkt am 20. September 1796: »Nachmittags um
2 Uhr starb an den Blattern der verwittibten Frau Rätin Maria Wil-
helmina Kirms ... eine Tochter Louise Agnese 1 Jahr 9 Wochen 5
Tage alt.« Louise Agnese muß also Mitte Juli 1795 geboren sein,
neun Monate früher lebten Wilhelmine Kirms und Hölderlin noch
unter einem Dach, beide verließen etwas später um die gleiche Zeit
den Dienst der Frau von Kalb.

Was der Kaufmann Schwendler und die Hofrätin Heim wußten,
davon muß Charlotte natürlich als erste informiert gewesen sein.
Aber sie hat das Geheimnis bewahrt.

Hölderlin spricht in seinen Briefen von ihr immer lobend und
immer ohne Wärme. Er zitiert seinen Freunden, was sie ihm schreibt
und sagt, um zu demonstrieren, welch hoher Art sie sei, er macht
sich zum bloßen Spiegel ihres Selbstentwurfes ins Große. Was darin
erscheint, ist eine Statue, hat fast schon etwas Parodistisches: »Sie
erzeigen der Menschheit einen Dienst durch die Bildung eines echten denkenden Menschen – schrieb sie in einem Briefe, den ich
aufbewahren werde.«

»Diesen Nachmittag wurd ich im Schreiben durch die Majorin
unterbrochen. Sie sah, daß ich an Dich schrieb, und trug mir auf, Dir
recht herzlich zu danken für Deinen Gruß, Dir zu schreiben, daß sie
an die Fortdauer unserer Freundschaft, mehr als bei irgendeiner
glaube, nach allem, was sie von uns wisse, denn wenn einmal Wesen
zu diesem Zweck sich die Hand reichen, daß sie durch Anteil an
allem, was Geist und Gemüt interessierte, an allem, was das Sein
erhöhe, erweitere, verherrliche, sich stärken und emporhelfen, dann

seien sie auf ewig verbunden, denn ihre Liebe sei, wie der Fortschritt ihrer Vervollkommnung, unendlich. Dies ist beinahe wörtlich, was sie sagte.« Dem Studienfreund Hegel, der mit ihm als Kalbscher Hofmeister im Gespräch gewesen war, dann aber eine Stelle in der Schweiz angenommen hatte, spielt er sie gar gegen die große Natur der Alpen aus: »Deine Seen und Alpen möchte ich wohl zuweilen um mich haben. Die große Natur veredelt und stärkt uns doch unwiderstehlich. Dagegen leb ich im Kreise eines seltnen, nach Umfang und Tiefe, und Feinheit und Gewandtheit ungewöhnlichen Geistes. Eine Frau von Kalb wirst Du schwerlich finden in Deinem Bern. Es müßte Dir sehr wohltun, an diesem Strahle dich zu sonnen. Wäre unsere Freundschaft nicht, Du müßtest ein wenig ärgerlich sein, daß Du Dein gutes Schicksal mir abtratest. Auch sie muß beinahe denken, daß sie verloren habe, bei meinem blinden Glücke, nach allem, was ich ihr sagte, von Dir. Sie hat mich schon sehr oft gemahnt, an Dich zu schreiben; auch jetzt wieder.« Man glaubt, Irritation zu spüren über Charlottes Versuche, ihm nahezukommen, in seine Freundschaften einzudringen; das verbotene Verhältnis zu Wilhelmine muß ihm diese »versuchte Nähe« noch unerwünschter gemacht haben, als sie ihm schon von Natur aus war.

Wenn sich Hölderlin ihr verweigert hat, dann vielleicht auch aus der intuitiven Erkenntnis ihrer gemeinsamen »Bedürftigkeit«, die Charlotte nicht nur erkannt, sondern auch formuliert hat, in einem Brief an Schiller, um den Hölderlin glückloser geworben hat als sie (»Warum muß ich so arm sein, und so viel Interesse haben um den Reichtum eines Geistes? Ich werde nie glücklich sein«). »Das einzige Wesen, welches manchmal unzufrieden – mit Hölderlin – ist, ist er selbst« (schreibt Charlotte im Herbst 1794 über ihren Hofmeister). »Ich kenne – durch mich – ich hörte oft die Klagen über den Verlust oder Nicht-Besitz *des selbständigen Glücks oder innern Seins – der reinen unbefangnen Aufnahme und Einwirkung der Gegenstände außer uns, so wenig getrübt durch Affekte als Vorurteile.*« Und sie versucht sich zu trösten: »Der reine hohe Besitz eines solchen Daseins gehört *nur den Unsterblichen.* Wer wägt nicht mit sich ab, was er sein könnte, möchte und ist – und dieser Rückblick, dies In-sich-Schaun, ist wirklich ein Übel, eine Krankheit, die der bessern Menschenart anklebt. Aber ich möchte mit Herder sagen, der es mir so oft versicherte – es ist das übelste, ärmste Sein, welches ich in Betrachtungen über mich selbst hinbringe.« Und als sie etwas später wiederum Schiller über Hölderlins hartes Verhalten gegen Fritz klagt, fällt sie sich selbst ins Wort.

»Hölderlin ist sehr empfindlich; lassen Sie sich also nicht merken, daß ich etwas über diesen Gegenstand Ihnen schrieb – ich vermute, H[ölderlin] ist etwas überspannt – und so sind vielleicht auch seine Forderungen an das Kind. Aber was darf ich von Überspannung sagen – ich, die (ich) so oft über gänzliche Disharmonie meines Wesens zu klagen habe.«

Was als idealistischer Entwurf einer Muster-Erziehung begonnen hat, endet als Tragikomödie. Hölderlin, der ein dreiviertel Jahr lang mit entschlossener Munterkeit alles in Waltershausen positiv gesehen und seinen Schützling Fritz über den grünen Klee gelobt hat, ändert plötzlich seinen Ton. Harmonie wandelt sich – von Brief zu Brief mehr – zu gänzlicher Disharmonie (an der auch die heimliche und folgenreiche Leidenschaft zu Wilhelmine einen uneingestandenen Anteil haben könnte). Der kleine Fritz, so stellt sich jetzt heraus, ist in Wahrheit verwildert, verdorben (wie Hölderlin anfangs meint) durch die rohe Behandlung seines Vorgängers. Nach anfänglichen pädagogischen Erfolgen, die alle in Erstaunen setzen, fällt das Kind in seine ihm eigene Trägheit und Stumpfheit zurück, schlimmer noch: ein Laster zeigt sich wieder, auf das man ihn schon vorher hingewiesen hatte, wie schlimm es damit steht, ist ihm zu entdecken vorbehalten: Fritz onaniert. Das erklärt Trägheit, Stumpfheit, Lernunwillen nach der Meinung der damaligen Medizin und Pädagogik mehr als hinreichend: man kann in vielen Werken von den gräßlichen, gar tödlichen Folgen der Selbstbefriedigung lesen. Noch gräßlicher scheinen uns heute die vorgeschlagenen Gegenmittel. Hölderlin versucht es offenbar mit dem Mittel der pausenlosen Überwachung. Das Resultat ist ein unwürdiges Katz- und Maus-Spiel zwischen Lehrer und Schüler, bei dem man nicht nur den um seinen Schlaf gebrachten Hölderlin bedauern muß: »Ich ließ ihn keinen Augenblick beinahe von der Seite, bewachte ihn Tag und Nacht aufs ängstlichste, sein Körper wie seine Seele schien sich zu erholen, und ich hoffte wieder. Aber er wußte am Ende meiner Aufmerksamkeit doch zu entgehen, und seine Verstocktheit, die Folge jenes Lasters, stieg besonders zu Ende des Sommers zu einem Grade, der mir beinahe auch meine Gesundheit, alle Heiterkeit, und so auch meinen Geisteskräften ihre gehörige Tätigkeit raubte.« Als er es nicht mehr aushält, schickt man ihn, offenbar auf inständiges Bitten, nach Jena, das ihm Zerstreuung, Kontakt mit der Universität, mit Männern wie Schiller und Fichte bietet und Fritz die Möglichkeit zu ärztlicher Behandlung und zu Tanzstunden – die sollen (wie körperliche Bewegung überhaupt) gegen sein Laster helfen. Aber auch dort wird es nicht besser, eher noch schlimmer. »Inzwischen kam die Majorin. Das edle Weib litt sehr viel über ihr Kind, auch über mich. Schiller und sie baten mich, es nur Einmal noch zu versuchen … Wir reisten nach Weimar ab, und da dort das Übel mit jedem Tage bei dem Kinde trotz der Bemühungen der Ärzte und meiner fortdauernden Anstrengung zu-, meine Gesundheit, mein Mut, meine Heiterkeit mit jedem Tage abnahm, wie es notwendig war, erklärte mir die Majorin, daß sie mich nun nicht länger könne leiden sehn …, versprach mir, ihren ganzen Einfluß zu meinem künftigen Glücke aufzubieten, und versah mich mit Geld für ein Vierteljahr.«

Ihr Versprechen hat Charlotte gehalten (die groß darin war, andere Leute für sich einzuspannen, aber auch darin, etwas für andere zu tun). Einmal mit einem Brief an Hölderlins Mutter, deren wieder enttäuschte Erwartungen ihn am allermeisten belasteten: »Ihr Herr Sohn hat seine Geschäfte als Erzieher bei meinem Sohn aufgegeben. Diese Nachricht wird Sie gewiß nur auf einen Augenblick, vielleicht beunruhigen, was ich Ihnen ferner sagen werde hingegen, Sie erheitern und die Teilnahme des mütterlichen Herzens Sie beglücken … Mein Fritz hat nicht die seltenen Geistes- und Gemütsanlagen, daß er es verdient hätte, wenn ein junger Mann, so ausgezeichnet durch Kenntnisse und Geisteskräfte, ihm die schönste Zeit seines Lebens und die besten Stunden jedes Tags, wodurch seine Freiheit beschränkt und die Kultur seines Geistes verzögert worden wäre, gewidmet hätte. Hölderlin muß sich so bilden, daß er einst zum Vorteil des allgemeinen Guten und Schönen mitwirken kann! Es wäre der ärgste Raub gewesen, wenn ich ihn in dieser Lage, das Kind an ihn und ihn an das Kind, hätte länger fesseln wollen. Ich möchte auch nicht, daß H(ölderlin) je durch Umstände in den Fall versetzt würde, wieder eine Erziehung zu übernehmen. Sein Geist kann sich zu dieser kleinlichen Mühe nicht herablassen. – Oder vielmehr sein Gemüt wird zu sehr davon affiziert. – Es gibt sonderbare Erscheinungen an der menschlichen Natur, warum nicht auch an der Natur der Kinder! – ich möchte selbst kein fremdes Kind erziehen. Meine nehme ich, wie sie sind und hoffe von der Liebe, der Zeit und Mühe das beste!!

Nun zum eigentlichen Zweck dieses Briefes. Ihr Sohn hat in dieser Gegend, Jena und Weimar, unter den wichtigsten Männern Gönner und Freunde gefunden. – Er ist jetzo in Jena, auf der Universität in Deutschland, die sowohl durch Aufklärung, als durch die Energie der Ideen, die dort vorzüglich im Schwunge sind, sich auszeichnet. Es ist vielleicht kein Ort in der Welt, wo er jetzo so alle Resultate der Wissenschaften vereiniget findet und auf die eigene Kultur seines Geistes fruchtbar kann wirken lassen. Freuen Sie sich, einen Sohn zu haben, der diese Vorzüge zu würdigen und zu benutzen im Stande ist... Aber entfernen Sie alle kleinlichen Sorgen von ihm – daß keine unnütze Bekümmernis seine Zeit trübe und seine Bildung verzögere. – Das Pfund, welches Sie ihm jetzo von seinem Eigentum geben, wird tausendfältig wuchern. – Und ich weiß gewiß, das mütterliche Herz wird es, ohne zu zagen, tun.«

Da hat Charlotte Hölderlins Mutter freilich schlecht gekannt. Wenn man diesen warmen, einfühlsamen und energischen Brief liest, möchte man denken, jede der beiden Frauen wäre mit dem Sohn der andern besser dran gewesen.

Ihr zweiter Brief geht an Schiller. Darin bestätigt sie Hölderlins Version der Geschichte, nennt allerdings als entscheidendes Motiv für seinen Abschied seinen Wissensdrang: »Sie und Fichte ziehen ihn an... Ihre Güte für ihn kann sehr viel tun. – Suchen Sie ihm auch leichtere Arbeiten zu verschaffen, die auf eine schleunige Art seinen Unterhalt erleichtern, und ihn von Sorgen befreien, die wohl seine praktische Philosophie vermehren würden, aber nicht die Ruhe seines Lebens.« Den abschließenden Wunsch hat sie auch für sich selbst gesprochen: »Und Ruhe, Selbstgenügsamkeit – und Stetigkeit werde doch endlich dem Rastlosen. Es ist ein Rad, welches schnell läuft!!«

25. Kapitel

Das eigenste Sein

»Goethe und das Leben ist mir immer noch eins; ich arbeite mich in beide hinein.«

»Er ist Goethe. Und was ihm scheint und er sagt, ist wahr.« Rahel Varnhagen, von der diese und viele ähnliche Sätze stammen, hat einen Kult um Goethe getrieben, hat ihn angebetet – *nur* angebetet, nicht geliebt, wie sie hervorhebt. Bettina Brentano (von Arnim) hat sich ihm zu Füßen geworfen und auf den Schoß gesetzt, hat ihn vergöttert und ihren Gott anmutig, scherzhaft, innig, überschwenglich mit ihrer Liebe beschenkt und belästigt. Beide haben Goethe mythisiert (bzw. den Mythos Goethe aufgegriffen) und ihre Anbetung, ihre Liebe deshalb öffentlich werden lassen können. Charlotte, die niemanden anbeten konnte, hat Goethe ihre Liebe, ihre Verehrung in Briefen angetragen, die nur ihm allein gehören sollten. »Die Liebe – ich rede von der Liebe, die man in sich bildet und sozusagen selbst zur Liebe wird, nicht von der, die man haben will. Freilich verweilt sie oft mit festerer, dauernder Betrachtung bei höheren Wesen. Und leise entsteht der Wunsch: durch sie zu sein, für sie zu sein. Freundschaft ist das reinste Verlangen, die köstlichste Habe der Sterblichen ... Die erste Liebe ist Gottes Art – und geht über alle Vernunft, sagt, wenn ich nicht irre, ein Apostel. Die zweite Liebe geht wohl mit der Vernunft, und ich kann ja wohl sagen, schreiben, denken – *ich liebe Dich!* – Ich streiche diese Worte aus und daran ist auch Mißtrauen und Unglauben schuld.«

Auch ohne daß es ausgeschrieben ist, steht das »ich liebe dich« in allem, was Charlotte an Goethe schrieb, vom Winter 1793/94 bis ins Jahr 1796. Er vor allem war es, so läßt sich vermuten, der sie nach der Geburt von August so lange in Jena und Weimar hielt und sie ihr Hofmeisterprojekt und Hölderlin fast vergessen ließ, wenn sie auch wieder einen guten, vorzeigbaren Grund zum Bleiben in Krankheiten ihrer Kinder hatte, die von ihr gesundgepflegt werden mußten: »Sobald es meine Mutterpflicht erlaubt, komme ich nach Weimar – wo es mir eine hohe Freude sein wird, Stunden zu verleben einer belehrenden, nährenden, reifen Unterhaltung, durch die nur einigen Menschen möglich zu begreifende Entschleierung Ihres großen, schönen Geistes: zu sein, indem einem das Sein eines andern klarer wird – ist auch eine Existenz.« Ihre Beziehung zu Goethe, bis dahin eine Freundschaft ohne Nähe, muß sich verändert haben in dieser Zeit, so, daß Charlotte noch vor ihrer Abreise programmatisch schreiben konnte: »Mein Gemüt sucht sie und möchte behalten, was es erworben hat.« Mindestens behalten, muß man wohl hinzufügen: natürlich hat sie das »Erworbene« zu vermehren gesucht. Darum schrieb sie ihm ja, schon gleich nach der Ankunft in Waltershausen und immer wieder, Briefe aus der Tiefe ihres Wesens, voll scheuer Selbstpreisgabe. »Sie erlaubten mir, Ihnen zu schreiben. – Tadeln Sie mich nicht, daß es so bald geschieht. Hätte jetzo gleich Unbestimmtheit mich zurück gehalten, vielleicht hätte ich nie wieder voll Zuversicht an Sie die Feder gefaßt. Hätte ich so oft schreiben können, als ich an Sie dachte – oder dachte, was man nur ein(em) Wesen, wie Sie sind, sagen und fragen kann – so wäre mein Wesen Ihnen viel deutlicher geworden. Ach darum ist die Unterredung so schön, weil man dann ist, in Briefen erzählt man nur von sich. Die gebogene Stellung, wie widrig.«

Die Autobiographie, die der greise Bernhard Rudolf Abeken, ehemals Gymnasialprofessor, um 1865 verfaßte, ist, wie einst die Lebensbeschreibungen der Frommen, um Gottes willen, um Goethes willen geschrieben: »Goethe in meinem Leben«, nannte er sie, und erklärt und entschuldigt sein Verfallensein an den großen Mann mit Worten Ottiliens aus den »Wahlverwandtschaften«, also mit Goethe selbst: »Gegen große Vorzüge eines Andern gibt es kein Rettungsmittel als die Liebe.« Als der junge Abeken 1808 (als Hauslehrer der Schillerschen Kinder) nach Weimar kam, hatte der Kult um den Meister dort längst jene seltsamen Formen angenommen, die wir aus Thomas Manns Persiflage in der »Lotte in Weimar« kennen, aber schon viel früher mokieren sich Besucher über seine feierliche Selbstinszenierung im Kreise verehrender Meyer, Riemer, Eckermänner. Caroline Schlegel etwa sprach spöttisch »vom Allerheiligsten«, das »wir selbst besitzen«: »Er lebt alleweil mitten unter uns, gestern hab' ich mit ihm soupiert, heute werd ich mit ihm soupieren und nächstens gebe ich ihm selbst eine Fête.« – »Hm, sagte der Gott. Er frisset entsetzlich«, charakterisierte Jean Paul die monumentale Einsilbigkeit und den kolossalen Appetit des Gefeierten, den man ihm übrigens auch ansah. Aber trotz solch entmythologisierenden Spottes haben sich auch die bedeutendsten Zeitgenossen Goethes seiner Faszination nicht entziehen können, ja, dieser Spott selbst ist oft ein

Versuch, gegen die übermächtige Persönlichkeit Goethes Eigenstän-
digkeit und Freiheit zu bewahren. Fast jeder von ihnen hat ein Kapitel »Goethe in meinem Leben« in seiner Biographie: Herder, der ihn
erst liebte, dann haßte; Schiller, bei dem Haßliebe am Anfang seiner
Geschichte mit Goethe stand: »Eine sonderbare Mischung von Haß
und Liebe ist es, die er in mir erweckt hat, eine Empfindung, die
Brutus und Cassius gegen Cäsar gehabt haben müssen; ich könnte
seinen Geist umbringen und ihn wieder von Herzen lieben«; und so
ganz schwand ihm dieses Gefühl wohl auch während ihrer Freundschaft und Interessengemeinschaft nicht, von deren Anfängen 1794
Charlotte durch Goethe selbst erfuhr: »Noch muß ich sagen, daß seit
der neuen Epoche auch Schiller freundlicher und zutraulicher gegen
uns Weimaraner wird, worüber ich mich freue und in seinem Umgang
manches Gute hoffe.« »Es freut mich sehr, daß Schiller sich Ihnen hat
nähern können« (schrieb sie in gleicher Förmlichkeit zurück) – »dies
war längst einer meiner liebsten Wünsche – geben Sie ihm oft die
Freude, Sie zu hören – und in Ihrer Nähe den Wert seines Geistes zu
empfinden.« Jean Paul verfaßte einen ganzen Roman, den »Titan«,
seinen ehrgeizigsten, größten, um sich mit Goethe und dem, was er
ästhetisch-moralisch vertrat, auseinanderzusetzen; Kleist warb »auf
den Knien seines Herzens«, vergeblich: sein ganzes Wesen und Schaffen war die Negation jener schönen Ordnung der Natur, die Goethe
auch seinen Besuchern zu demonstrieren nicht müde wurde: »Einen
Tag verlebten wir bei Frau von Stein zu einer Collation« (erzählt
Charlotte in den Erinnerungen). »Goethe stand am Fenster, hatte eine
Glasscheibe in der Hand und einen Bogen, zeigte, wie bei jeder
Bewegung des Bogens der Sand auf dem Glase verschiedene Figuren
bildete. Das Geringste war ihm bedeutend, was zum Gesetz der
Ordnung gehörte, und so interessierte ihn dies wunderbare Spiel
lebhaft; und wie unzerstörbar die geheimnisvolle Ordnung der Natur,
konnte wohl auch dieses Experiment beweisen; die Winde zerstreuen
den feinen Sand, doch der leise Strich des Bogens zwingt die Körn-
chen zu bestimmten schönen Formen.«
Nur Hölderlin hat es fertiggebracht, Goethe zu übersehen, weil er
so sehr auf seinen Gott Schiller fixiert war. Bald, nachdem er mit
Fritz von Kalb nach Jena gekommen war, hatte er, bei einem Besuch
bei Schiller, seine Unglücksstunde, vielleicht eine Schicksalsstunde,
wie spekuliert worden ist.
»Ich trat hinein, wurde freundlich begrüßt, und bemerkte kaum im
Hintergrunde einen Fremden, bei dem keine Miene, auch nachher

lange kein Laut etwas Besonderes ahnen ließ. Schiller nannte mich ihm, nannt ihn auch mir, aber ich verstand seinen Namen nicht. Kalt, fast ohne einen Blick auf ihn, begrüßte ich ihn, und war einzig im Innern und Äußern mit Schillern beschäftigt; der Fremde sprach lange kein Wort. Schiller brachte die Thalia, wo ein Fragment von meinem Hyperion und mein Gedicht an das Schicksal gedruckt ist, und gab es mir. Da Schiller sich einen Augenblick darauf entfernte, nahm der Fremde das Journal vom Tische, wo ich stand, blätterte neben mir in dem Fragmente, und sprach kein Wort. Ich fühlt es, daß ich über und über rot wurde. Hätt ich gewußt, was ich jetzt weiß, ich wäre leichenblaß geworden. Er wandte sich drauf zu mir, erkundigte sich nach der Frau von Kalb, nach der Gegend und den Nachbarn unseres Dorfes, und ich beantwortete das alles so einsilbig, als ich vielleicht selten gewohnt bin. Aber ich hatte einmal meine Unglücksstunde. Schiller kam wieder, wir sprachen über das Theater in Weimar, der Fremde ließ ein paar Worte fallen, die gewichtig genug waren, um mich etwas ahnden zu lassen. Aber ich ahndete nichts. Der Maler Meyer aus Weimar kam auch noch. Der Fremde unterhielt sich über manches mit ihm. Aber ich ahndete nichts. Ich ging und erfuhr an demselbem Tage im Klub der Professoren, was meinst Du? daß Goethe diesen Mittag bei Schiller gewesen sei.«

Für alle, die um Goethe warben, ihm dienten, ihn liebten und haßten, an ihm litten, ihn von ferne verehrten, war er (mit einem Wort Charlottes) »der Geist, der am hellsten die Welt erblickt und ausspricht«; von der Teilhabe an solch geistigem Reichtum und Licht erhoffen wir Glück.

Charlotte zeigt sich Goethe in ihrer ganzen Bedürftigkeit. Er soll den Prozeß mit dem Herzog für ihre Familie retten und sie aus Waltershausen. Das kann und will er nicht. »Sie sollen von den Angelegenheiten des Prozeß Kalb kein Wort mehr von mir hören … Ein dünner Faden führt durchs Labyrinth, und nur allein windet man sich durch seine Irrgänge.« Er soll ihr helfen, die Spannungen mit Körners aufzuheben, an denen sie, wie sie einräumt, selbst schuld ist: »In einer hypochondern Stimmung nahm ich es schmerzlich, daß ich ihn« (Schiller) »bei seinem Hiersein gar nicht gesehn – und Körners unter so vielen nur auf wenige Stunden sehen konnte … In der Einsamkeit wenn eine Laune sich befestigt … erscheinen leicht alle Wesen, die uns bedeutend sind, gleich quälenden Dämonen. Ich schrieb so, was ich wohl denken durfte, aber nicht schreiben sollte, an Körner, daß ich nicht nur auf so wenige Stunden allein hinüber fahren möchte. Bald tat es mir aber leid, daß ich sie bei ihrer Anwesenheit gar nicht sprechen würde. – So schrieb ich an Schillern selber, bekannte ihm meine ganze Stimmung – bat, daß Körner und seine Frau, die Schillern nach Weimar auf einen Mittag kommen möchten ... Es sind 8 Tage ich habe nichts gehört. – Ich möchte gerne diese Dissonanz in meinem Sein wieder aufheben. Wollen Sie das edle Wesen sein, welches mir diese Wohltat erzeigen möchte?« Als Goethe sein höfliches Bedauern ausspricht (»ich muß gestehen, daß es mir leid tat, Ihr Verhältnis gegen diese Sozietät so wunderlich verrückt zu sehen«) sind Körners schon abgereist. Und was wäre auch Hilfe in einem besonderen Fall gewesen, da sie ihm immer wieder von ihrer existentiellen Hilfsbedürftigkeit, von ihrem Leiden an der Welt der Anderen mit solcher Radikalität spricht: »Ach Sie wissen ja, was wir alle für Masken bekommen haben – wie der Mensch vermummt ist – und der Geist nicht erweckt. Und wo er auch ist, wie bei mir, regt er sich nur mit kleinem Fittich, wo die Federn verdorben oder ausgezogen sind – das Bild ist nicht schön, aber leider wahr.«

»Lieber vernichtet – stumm – einsam, einsam! als verworren mit diesen heterogenen, unlauteren Vermischungen. Unter allen Widerwärtigkeiten Leibes und der Seele sind die kalten, leeren, essigsaueren Qualen der Geselligkeit wie man sie findet mir die schwersten gewesen! – weil ich, wenn ich heraus kam, mich nicht wieder hatte – laut rief ich meinen Namen – aber ich erschien nicht.«

»Wie wenige denken können, das war mir längst begreiflich. Daß aber sowenige leben können und dürfen, wird mir immer klarer. Ich wundere mich nicht, daß man sowenig Wert auf das Leben legt! Das schale Ding – durch die Form, die ihm unsere Sozietät gegeben. –

Wenn ich ans Fenster gehe, so wird es mir so klar und hoch zumute. – Gehe ich aber zu andern, zu Kranken, Trocknen, Kargen, so werde ich schnell elender als sie; und ahnde wirklich die Spur jeder Krankheit, jedes Übels. – Diese rauben mir meine Welt.«

Der Blick aus dem Fenster – das ist der Blick auf Goethe, der sich gerettet hat (das ist ihr Glaube an ihn), was ihr die Welt beschädigte, ja, raubte: »Wohl verteilt die Welt und die Zeit mancherlei Rollen – glücklich, wer sein eigenes Sein dabei erhält oder daraus rettet. Die meisten suchen in diesem Zufall ihr Glück, ihre Pflicht und ihren Ruhm – einigen erhält es das Leben, die meisten aber werden vernichtet, so, daß an ihnen nichts mehr ist, als Schale, wandelnde

Leichname. Ich weiß aber dennoch ein Dasein, welches nicht zu diesem Spiel gehört: – das leben Sie! – Und bei Ihnen hören auch die Rollen auf, so die Welt verteilt, und eine andre Zeit beginnt!« Man hört hinter diesen Worten einen der berühmtesten Verse des Angelus Silesius, der »Zufall und Wesen« überschrieben ist:

> Mensch, werde wesentlich; denn wenn die Welt vergeht,
> So fällt der Zufall weg, das Wesen, das besteht.

Es sind religiöse Metaphern und biblische Dualismen – vom Geist, der lebendig macht, vom Buchstaben, der tötet, von Zeitlichkeit und Ewigkeit, von der lebendigen Seele und ihrer körperlichen Hülle, in die Charlotte ihre Empfindungen und Leiden zu fassen sucht: das gibt ihnen existentielles Pathos, etwas von einer Rebellion gegen den Weltzustand. Dabei spricht sie von Erfahrungen, die wir alle nachempfinden können: von der Qual des Umgangs mit uns fremden Naturen, in dem wir uns selbst zu verlieren scheinen, von der Distanz, die gesellschaftliche Konventionen, Masken, Rollen zwischen uns schaffen, von Kälte, Fremdheit und der Sehnsucht nach einem Menschen, der uns zu dem erlöst, was wir sein könnten – zu unserm »eigensten Sein«, von dem wir freilich nicht recht wissen, was es ist, wenn wir danach graben. Wir meinen wohl beides: ein besseres Selbst, das (nach Schiller) in jedem individuellen Selbst steckt: »Jeder individuelle Mensch, kann man sagen, trägt, der Anlage und Bestimmung nach, einen reinen, idealischen Menschen in sich, mit dessen unveränderlicher Einheit in allen seinen Abwechselungen übereinzustimmen die große Aufgabe seines Daseins ist.« Und wir meinen das »nur« individuelle Selbst, das uns allein eigene, unverwechselbare Wesen. »Wie himmlisch ist das Zusammenfinden von Wesen, die sich geben wie sie sind – nur der Wahrheit, Schönheit und dem Verstand huldigen, das Höchste lieben mit allem Leben und Sein.« So Charlotte, besseres und nur-individuelles Selbst zusammenfügend, an Goethe. Ihre Werbung um ihn ist die Werbung um sein »eigenstes Sein«. Bei ihr, so bietet sie ihm an, kann er zu sich kommen, sie kann ihn erlösen aus der Scheinhaftigkeit des gesellschaftlichen Rollenspiels: »Ich weiß nicht, woher es kömmt, daß ich Ihnen so leicht schreiben kann. Wenn ich Sie sehe, oft, nicht immer, wenn ich ein Billett von Sie bekommen habe, dann sag ich mir oft, das ist der Mensch nicht, an den ich geschrieben habe; dann verschwindet mir alles das, besonders wenn ich allein bin, und ich – ahnde – ich glaube ein Wesen und an das schreibe ich.«

»Ich war im Geist oft wieder in Jena, dachte an Ideen, die Sie in mir erweckten, an die Strahlen, die mir so manches beleuchteten – und wie mir so manches anders sein, anders vorkommen würde, wenn ich mehr um Sie wandelte. Da war der Sommertag in dem Schatten des Buchenwaldes, bei dem Gesang der Nachtigallen, umweht von süßen Düften, mir nicht mehr so schön als der Wintertag an der beeisten Saale, unter den entblätterten Bäumen und der rauheren Luft. – Ist mir das Schicksal günstig, so bin ich künftigen Winter wieder an diesen Orten, und wie sollte es mich freun, wenn ich dann oft Sie sähe – nicht den Welt- und Hofmann oder dergleichen, sondern Goethe, wie ich ihn einigemal bei Herders fand! und auch allein hörte – Wenn Sie laut sein wollen, was Sie sind – wenn Sie ahnden, daß man Sie verstehen könnte.«

»Ich verstehe Sie wie mich dünkt, meist mehr – Sie werden verkannt.«

Charlottes Angebot ist das gewöhnliche Angebot der Liebenden, die immer den Anspruch haben, sie und nur sie allein könnten den Geliebten zu sich erlösen, aber es ist doch noch mehr, weil die Spaltung in »Weltmann und Goethe« dem Goetheschen Selbstentwurf wohl zugrunde liegt. Jeder Besucher des Weimarer Goethe-Hauses kennt seine zwei Welten, die kalten Prunkräume oben, in denen sich der »Gott« und Hofmann, der Goethe »für die Welt« seine antikisierende Kulisse schuf, und, wie der Kern in der Schale, die Räume unten, das einfache Arbeitszimmer, die karge schmale Schlafstätte. Wie gut Charlotte wirklich verstanden hat, wovon auch diese Räume reden, sehen wir aus ihren Briefen an Goethe und noch einmal in einer Bemerkung der alten Frau: »er hat wohl selten abandon gehabt.«

Goethe hat sich von ihr, wie später von Bettina, lieben lassen, hat auf ihre leidenschaftlichen, verzweifelten, werbenden und resignierenden Briefe kaum geantwortet. Zum Verstehen bietet er ihr den Autor Goethe an, der ihren Wunsch, den Menschen Goethe verstehen zu dürfen, wohl nur noch heftiger macht. Seine wenigen Billette an sie sind meist knapp, ausgesucht höflich, vielfach von Buch- und Manuskriptsendungen eigener und fremder Werke begleitet. Es ist eine Zeit reicher literarischer Produktivität, die beflügelt wird durch die neue Freundschaft zwischen ihm und Schiller und eine gemeinsame Zeitschriftengründung, die »Horen«. Schiller veröffentlicht seine großen ästhetisch-philosophischen Schriften, den Aufsatz über »naive und sentimentalische Dichtung«, Goethe den »Reineke

Fuchs«, die »Unterhaltungen deutscher Ausgewanderten«, darin das »Märchen«, den »Wilhelm Meister«.

»Hier liebe Freundin, kommt Reineke Fuchs der Schelm und verspricht sich eine gute Aufnahme.«

»Tausend Dank für Ihren Reineke – ich wollte ihn lesen, aber siehe, ich bin zu hypochonder, als daß ich mich möchte und könnte mit den Taten und Ruhm dieses Erzschelms abgeben; besonders jetzo, wo diese Art so grausam herrscht. – Diese Stimmung wird bald vorübergehn und dann will ich mit doppelter Lust die Wahrheit, Kunst und Schönheit dieses Werks bewundern.«

»Ich sehne mich nach dem 3ten Teil Ihres Wilhelms wie nach der Wärme des Sonnenlichts, wie nach dem Besuch eines vertrauten Gemüts.«

»Den 3. Band von W[ilhelm] Meister habe ich noch nicht gelesen – er ist noch beim Buchbinder. Aber das Märchen. Ich will es wiederlesen, und dann will ich Ihnen meinen Wahn und Traum von diesem Märchen sagen. – Es haben schon viele über meine Deutung gelächelt und andere gestutzt – für mich ist viel Wahrheit und Sinn darin und das Licht, welches mir das Ganze beleuchtet, wird hoffe ich, noch kommen.«

»Ich verlange zu hören was Sie über meine neuesten Produktionen sagen. Besonders freue ich mich auf Ihre Auslegung des Märchens.«

Goethe also antwortet nicht, nicht so, wie sie es wünschte. Aber er nimmt ihre Briefe an, erlaubt ihr zu schreiben und weiterzuschreiben. »Leben Sie recht wohl und lieben Sie mich, sagen Sie mir manchmal ein Wort, ich schreibe auch und schicke was, damit, wenn wir uns wiedersehen, auch kein Augenblick durch *Erneuerung* der Bekanntschaft verloren gehe.« Mehr als höfliche Ermunterung enthält ein Brieflein, das ihrem Glauben an ihn fast so etwas wie Wahrheit zugesteht: »Lassen Sie mich Ihnen sagen, daß ich« (ihren Brief) »zu kurz fand und daß ich immer so fort gelesen hätte und nun immer wieder von vorne anfange. Sie irren sich nicht so ganz, wenn Sie mir schreiben.« Aber damit hat er wohl schon mehr gesagt, als er ihr sagen darf: »Sie fanden den Brief zu kurz, Sie lesen ihn oft wieder? – O wenn Sie solche Briefe gerne lesen, so kann ich Ihnen viel schreiben – dann eile nur Feder! ich habe ein ganz unbekanntes Leben.«

Goethe hat Charlotte nicht betrogen, hat nicht mit ihr gespielt, hat ihr keine falschen Hoffnungen gemacht. Seine Grausamkeit ist, daß er sie nicht liebt, obwohl sie doch weiß, daß er lieben kann und weiß, wie er lieben könnte. »Wer sind Sie denn – Sie! Sie sind vieles aber Sie sind auch noch der Egmont und Alba in einer Person – und gegen mich meist nur der Alba! – Der Töter aber – oft, gewiß mehr als das Schwert.«

Der folgende Brief steht nicht am Ende der Goethe-Briefe Charlottes. Aber es ist ein Endzeitbrief, in dem der Tod, den ihr Alba-Goethe immer wieder zufügt, sich zum Herrscher der Welt erhoben hat. Dunkel und mit dem Witz der Verzweiflung kündet er von allen nur denkbaren Schrecknissen, von individuellen und historischen Katastrophen. Von der glaubenszerstörenden kritischen Philosophie Kants ist ausdrücklich die Rede, die Toten der französischen Revolution fallen einem ein, das Sterben alter Freundschaften, der Zerfall der Weimarer Gesellschaft, von dem man schon in dieser Zeit viel hört. Charlottes Brief hat diese oder auch andere »aktuelle« Anlässe überdauert, er aktualisiert sich immer neu.

»Sonderbar! Aber ich glaube wirklich, es ist der lebendige Tod, der mich hinderte, Sie und Schillern zu besuchen. Denn wie ich höre, so ist nach Stand und Würden ein jeder etwas mit dieser Epidemie behaftet! – Die – wenn noch einige Paroxismen mich anwandeln sollten – an und in mir nur ein vollkommenes Zeugnis ihrer Wirkung geben würde; – und ein jeder Kenner und Liebhaber dieses modischen Seins könnte an mir diese Gabe der Zeit beobachten und demonstrieren. Denn weniges ausgenommen so ist fast alles mäusetot: als da sind Liebe und Haß – Freude und Schmerz – Furcht und Hoffnung! – Und wir harren in den Leichenhäusern auf den Gottes-Blitz, der uns erwecken werde (daß man immer gibt, wo schon die Fülle ist – in unsern Zeiten ein Leichenhaus mehr – heißt das nicht auch wieder den Eimer ins Meer getragen?) Aber viele sind berufen und wenige auserwählt. Denn die da erleuchtet werden, wandlen über die Schwelle der kalten- zur reinen – und endlich in den 3ten Himmel ins Reich der kritischen Vernunft! . . .

Wenn ich nicht willkommen bin – so lassen Sie mir nur sagen, ich möchte zu Hause bleiben, so will ich im Glauben leben – und nicht im Schaun; denn nach meiner Erfahrung ist der Glaube das Beste, was uns werden kann, und express für uns Frauens in die Welt gekommen – –

Der Doktor war hier und sagte ich habe etwas Katharrfieber – werfen Sie also dies Ungemach zu den übrigen Unarten, die Ihnen bekannt sind – und entschuldigen gefälligst die Tollheit Ihrer Verehrerin
C. Kalb.«

26. Kapitel

Junius-Stunden

Im Sommer 1796 muß Heinrich von Kalb nicht mehr zu Kriegs-
schauplätzen an den fernen Rhein reisen, der Krieg kommt nach
Waltershausen. Zwar haben im Jahr zuvor Preußen und Frankreich
einen Separatfrieden geschlossen, der Krieg zwischen Frankreich und
Österreich aber wird weitergeführt: in Italien, wo Napoleon Bonaparte überraschend Sieg auf Sieg erringt, und auf deutschem Boden.
Im Juli hat die französische Armee auf ihrem Vormarsch (mit dem
Ziel Wien) Franken erreicht; die Österreicher, geschwächt durch
Truppenabzüge an die italienische Front, können sie vorläufig nicht
aufhalten. Der Würzburger Fürstbischof flieht aus seiner Residenz
und läßt seinen Untertanen eine Verordnung zurück: Beamte und
Obrigkeiten sollen treu auf ihrem Posten ausharren, die Geistlichen
alles zur Rettung des Kirchenvermögens tun. Sein Bamberger Kollege folgt diesem Beispiel. Ende Juli wird Würzburg von den Österreichern geräumt und den Franzosen (ohne Kampf) eingenommen.
Nachrichten von Plünderungen, Brandstiftungen, Mißhandlungen
durch die Revolutionstruppen verschrecken die Bevölkerung, die
sich ihrerseits zu rächen sucht, »nicht allein durch Verweigerung der
Quartiere und Nahrung, sondern sogar durch Meuchelmorde und
Totschläge«, wie es in einer der vielen Proklamationen heißt, die
nach beiden Seiten solchen Übergriffen strenge Strafen androhen,
ohne viel zu nützen. »Die Lawine des Krieges, in der fortgerissene
Menschen und Dörfer liegen, wälzt sich näher«, schreibt am 3. August Jean Paul seiner neuen Freundin Charlotte von Kalb nach Weimar. Zwei Tage später hat die Kriegslawine Waltershausen erreicht.
Einige Einwohner treiben ihr Vieh in die umliegenden Wälder, Pfarrer Nenninger ergreift mit all seinem Hab und Gut und unter fal-
schem Namen die Flucht, doch bleibt der Ort, wie er später ins
Pfarrbuch einträgt, »zum Glück ... auf dem Hin- und Hermarsch der
Franzosen völlig verschont«. Denn der Spuk ist schnell vorbei. Den
Österreichern gelingt es überraschend, die Franzosen unter Jourdain
zurückzutreiben. Am 3. September schlagen sie ihn vor Würzburg
und haben damit die republikanischen Heere vorläufig aus Franken
vertrieben. »Wären die Franzosen menschenfreundlicher mit den

Franken umgegangen« (bemerkt Nenninger) »so würde sie der größte Teil des Landes auf alle mögliche Weise unterstützt haben, weil die französische Revolution sehr viele Freunde unter den Franken hatte« – auch er selbst zählte dazu. Bei Bertuch in Weimar sind in dieser Zeit fast täglich Kuriere mit Nachrichten über den Vormarsch und die Belagerung der Franzosen eingetroffen; auch Charlotte wird sie ängstlich, gespannt erwartet haben.

Aus Hof, von Jean Paul, kommt wenig Post. Erst auf ihr ungeduldiges Anmahnen versichert er, daß er noch nicht vergessen habe: »Die Abendröte des untergegangenen Junius steht jetzt hinter einem Berg oder Grab und schimmert mich an – ach sie bleibe, bis die Sonne wiederkömmt.« Doch am gleichen Tag – es ist der 17. August und ein Briefschreibetag – erzählt er seinem Freund Christian Otto von einer gerade aufgehenden Sonne: »Vormittags war die Gemahlin des russischen Gesandten in Dänemark (Krüdener) bei mir und gab mir eine trunkne Freude und Rührung wie ich noch bei keiner Frau gehabt.« Juliane von Krüdener ist, wie Charlotte, seine Leserin.

Anfang März 1796 hatte Jean Paul, durch seinen Roman »Hesperus« zu plötzlichem Ruhm gekommen, in seinem ungeliebten, provinziellen Hof einen Brief von Frau von Kalb, geborene Marschalk von Ostheim, erhalten, der ihn in die »heilige Stadt« Weimar rief:

»In den letzten Monaten wurden hier Ihre Schriften sehr bekannt; sie erregten Aufmerksamkeit, und vielen waren sie eine sehr willkommene Erscheinung. Mir gaben sie die angenehmste Unterhaltung, und die schönsten Stunden in dieser Vergangenheit verdanke ich dieser Lektüre, bei der ich gern verweilte, und in diesem Gedankentraume schwanden die Bildungen Ihrer Phantasie gleich lieblichen Phantomen aus dem Geisterreiche meiner Seele vorüber.

Oft ward ich durch den Reiz und Reichtum Ihrer Ideen so innigst beglückt, dankbar ergriff ich die Feder. Aber wie unbedeutend wäre dies einzelne Zeichen von einer Unbekannten gewesen! Also untersagte ich mir, an Sie zu schreiben, bis in einer glücklichen Stunde ich Ihr Lob von Männern hörte, die Sie längst kennen und verehren. Dann ward der Vorsatz von neuem in mir rege. Jetzo ist es nicht mehr die einsame Blume der Bewunderung, die ich Ihnen übersende, sondern der unverwelkliche Kranz, den Beifall und Achtung von Wieland und Herder Ihnen wand! . . .

Sie finden hier noch mehrere Freunde, deren Namen ich Ihnen auch nennen muß: Herr von Knebel, der Übersetzer der Elegien von Properz in den Horen, Herr von Einsiedel und von Kalb.«

Wer ein Buch liebt, liebt immer auch eine Person: den Autor, weil er sich von ihm verstanden fühlt, sich in seinen Gefühlen und Gedanken wiederfindet. Auch ohne es zu wollen, wäre jeder (oder fast jeder) Schriftsteller schon ein Verführer, doch weil es ihm natürlich darum gehen muß, gelesen zu werden, gehört die Werbung um den Leser zum Beruf. Jean Paul hatte diese Berufskrankheit stärker als andere. »Der Flegel ist keiner, weiß nicht, ob er ein Mensch, ein Engel, ein Flegel oder Satanas werden möchte. Wegen seiner unruhigen Begierde, sich in alles zu denken und zu fühlen, glaube ich, hat er am meisten Neigung zu dem letzten, nämlich zur Versuchung.« So hat Charlotte später eine Romanfigur Jean Pauls – »Vult« aus den »Flegeljahren« – charakterisiert, und Jean Paul gemeint, dessen poetischen Verführungskünsten auch sie erlegen war.

»Komm liebe müde Seele, die du etwas zu vergessen hast, entweder einen trüben Tag oder ein überwölktes Jahr, oder einen Menschen, der dich kränkt, oder einen, der dich liebt, oder eine entlaubte Jugend, oder ein ganzes schweres Leben; und du, gedrückter Geist, für den die Gegenwart eine Wunde und die Vergangenheit eine Narbe ist, komm in meinen *Abendstern* und erquicke dich mit seinem kleinen Schimmer.«

Das ist, in der »Vorrede« zum »Hesperus«, der Lockruf an die Frauen; nicht wenige von ihnen nehmen die Einladung in die Dichtung für eine durch den Dichter und schreiben ihm schwärmerische Briefe, in denen sie ihm sagen, »was sie kränkt«: »J'épancherai mes peines dans votre sein, je prendrai des conseils de votre raison, et du moins je ne mourai pas, sans avoir connu un mortel digne de mes adorations« – ich werde meinen Kummer an Ihrer Brust ausschütten, mir von Ihnen Rat holen und ich doch wenigstens nicht sterben, ohne einen Sterblichen gekannt zu haben, der meiner Anbetung würdig war – schreibt etwa die (unglücklich in Hinterpommern verheiratete) Südfranzösin Josephine von Sydow, deren Anbetung sich Jean Paul besonders gern gefallen läßt (»Der Lorbeer hat größeren Wert, wenn man ihn aus einer weiblichen und einer ausländischen Hand empfängt«). Doch mehr als um die Quantität eines weiblichen Lesepublikums geht es ihm um den Beifall weniger, die er sich männlich denkt, um den »höheren Menschen«, der unser Leben kleiner findet, als sich und den Tod, und um den großen Mann, das Genie, »den das Unglück, wie der Blitz den Menschen, zwar *entseelt*, aber nicht *entstellt*«. Charlottes Lockung mit den Großen in Weimar (denen sie sich nachordnet und zuordnet zugleich), vor allem mit dem von Jean Paul hochverehrten Herder, trifft also ins Schwarze. Jean Paul ist entzückt, eine Korrespondenz entwickelt sich zwischen ihm und ihr, die bald sein neuestes Werk, den »Siebenkäs« empfängt; als er selbst noch auf sich warten läßt, wird sie dringender.

Weimar, den 13. Mai:

»Zwei Drittel des Frühlings sind vorüber (wie ich eben im Kalender sehe), die Bäume stehen noch unbelaubt im schönen Park, die Nachtigall hat noch nicht gesungen, und Sie waren noch nicht hier. Alle Zeichen des Frühlings bleiben aus. Welches erwartet die andern?« Knapp einen Monat später ist Jean Paul in Weimar. Noch in Reisekleidern und »mit zitternder Freude« bittet er Charlotte um eine »einsame Stunde«.

»Sie sind – sind Sie denn der Jean Paul Richter?« sagt sie in der ersten Verwirrung; vielleicht hat sie etwas Mühe, den idealischen Jean Paul, den sie aus seinen Schriften liebt, in diesem langen, dünnen, blonden, unruhigen Mann wiederzufinden, der da vor ihr steht. »Gestern ging ich um elf Uhr ... zur Ostheim« (schreibt er am 12. Juni an Otto). »Ich hatte mir im Billett eine *einsame Minute* zur ersten ausbedungen, ein Coeur à Coeur (tête à tête). Sie hat zwei große Dinge, große Augen, wie ich noch keine sah, und eine große Seele. Sie spricht *gerade* so, wie Herder in den Briefen der Humanität schreibt. Sie ist stark, voll, auch das Gesicht – ich will sie Dir schon schildern. $^{3}/_{4}$ der Zeit brachte sie mit Lachen hin – dessen Hälfte aber nur Nervenschwäche ist – und $^{1}/_{4}$ mit Ernst, wobei sie die großen fast ganz zugesunknen Augenlider himmlisch in die Höhe hebt, wie wenn Wolken den Mond wechselweise verhüllen und entblößen ... ›Sie sind ein sonderbarer Mensch‹, das sagte sie mir dreißigmal. Ach hier sind Weiber! Auch habe ich sie alle zum Freunde, der ganze Hof bis zum Herzog lieset mich.« Doch der Höhepunkt dieses Tages ist für ihn nicht die Begegnung mit der Ostheim, wie er sie immer nennt, weil es klangvoller ist und sie (von ihrem Mann) für ihn frei macht, sondern die mit Herder, den er ganz zufällig während eines Spazierganges mit Charlotte und Knebel trifft: »Wie sich das alles himmlisch fügt«, sagt Knebel, »dort kömmt Herder und seine Frau mit den 2 Kindern.« – Und wir gingen ihm entgegen und unter dem freien Himmel lag ich endlich an seinem Mund und an seiner Brust und ich konnte vor erstickender Freude kaum sprechen, und nur weinen und Herder konnte mich nicht satt umarmen. Und als ich mich umsah, waren die Augen Knebels auch naß.«

Wie Jean Paul in den folgenden Tagen und Wochen an Otto aus

Weimar schreibt, das erinnert in vielem an Schillers erste Weimar-Briefe an Körner. Er kann gar nicht so viel erzählen, wie er erlebt, oft werden aus den Briefen atemlose Protokolle. Ruhm und Anerkennung sucht und findet *er* unter der schöneren Verkleidung der Liebe; der freundschaftliche Enthusiasmus, den ihm die meisten Weimarer entgegenbringen, tröstet ihn, wenn auch nicht völlig, über Goethes und Schillers Distanziertheit hinweg. Selbstwertgefühl und Menschenkenntnis schießen in wenigen Wochen »wie ein Pilz mannshoch in die Höhe«, sein Glaube an den Menschen sinkt tief, als er sieht, daß die von ferne angebeteten Großen so fehlerhaft, so eitel, nachtragend, geltungssüchtig sind wie Menschen überall (»ach meine Ideale von größeren Menschen«); auch seine Vorstellungen von weiblicher Tugend und Unschuld erleiden eine schwere Erschütterung: »Ach wie meine Seele sonst so heilig war und so dumm! Der Teufel hole das erste zerrüttende Wort, das mir die Kalb sagte und was fortbrannte.«

Charlotte, die seine Führerin ist in diesen turbulenten Tagen (und wie bei Schiller nicht immer eine verläßliche), erscheint im bunten Wechsel seiner »Gastwirts-Protokolle« gleichsam als Konstante: »Sonnabends Mittags aß ich im Gasthof, abends bei der Ostheim, zwischen Herder, Einsiedel, Knebel, Mde Herder, – Sonntags Mittags solo bei der Ostheim, abends bei Herder – Montags solo bei Ostheim, abends auch – Dienstags bat mich Knebel, ich war aber schon bei Oertel, abends bei der ewigteueren Ostheim – Mittwochs aß ich bei der Geheimen Rätin von Koppenfels in Rohrbach, abends bei Oertel – Donnerstags Tiefurt, bei der Herzogin, Ostheim, Ostheim, Ostheim . . .« Für Charlottes Geschmack speist er immer noch viel zu viel auswärts: »Morgen gehen sie mit Böttiger in die Komödie, zu Herder, Einsiedel; alle Welt will ihn haben, bei Gott, alle Welt.« »Aber um Gottes willen, zeige Dich keinem andern als mir; alle die Dich fassen, werden für dich sterben wollen. Nein, um Gottes willen nicht; wie in einem Spiegelzimmer stehst Du da und wirfst über alle Deine Gestalt; blickt aus (ihm) mit Deinem Geist und Gemüt; aber wir, wir sind keine Spiegel, so glatt und klar, nein, nein, nein! Eine idealische Schilderung liebt die Seele, einen idealischen Menschen liebt das Herz – und will es, und will es und will ihn.«

Daß Charlotte Jean Pauls Narzißmus so schnell erkennt, macht sie nicht etwa vorsichtig. Zu groß ist die Seligkeit, ihn gefunden zu haben. Sie kann endlich wieder lieben, er liebt – und spielt Liebe – mit. Sie grüßt ihn als »Unsterblichen«, er grüßt im höchsten, feierlichsten Stil zurück: »Wenn es schön ist im drückenden Zimmer jede Empfindung aus dem fremden Auge zu trinken und dann gefüllt an das Angesicht zu sinken, das in der Liebe glänzt: so ist es viel schöner, mitten im donnernden Zauberkreise der allgewaltigen Natur zwischen Bergen, Strömen und Sternen ans geliebte Herz zu fallen und leise zu sagen: du bist das Universum um mich.« Und er schreibt ihr, was wie ein Versprechen klingt: »Ich reiche dir die Hand über Zeit und Raum, es war eine Zeit, eh' ich dich kannte und liebte; die Ewigkeit beginnt für die Liebenden.«

Sie öffnet sich ihm ganz in diesen Tagen, erzählt ihr ganzes Leben, ihr ganzes Leiden, beichtet ihre Sünden. Er hört zu, studiert sie fasziniert und verrät sie dem Freund. »Sie ist ein Weib wie keines, mit einem allmächtigen Herzen, mit einem Felsen-Ich, eine Woldemarin . . . Ich lege dir ihren heutigen (inostensibeln) Brief an mich bei, da sie nach Jena ging, um die Krebsamputation einer Freundin durch ihre Nähe zu lindern.«

Die Freundin ist Charlottes alte Tante, die Frau von Stein aus Nordheim; dies ist der inostensible Brief nach dem von Jean Paul erwähnten, den Otto natürlich auch zu lesen bekam (Jean Paul schickte ihm Charlottes Briefe in chronologischer Reihenfolge zu):

»Guter – – zu gut! – – ich kann heute keinen Gedanken vollenden, ich habe nicht viel geschlafen. Heute wird man die Operation vornehmen, die Kinder sind schmerzlich bewegt. Der Sohn hat mir gestern einen Schmerz ausgedrückt, der mein Herz gewaltig zusammenzog, aber weinen kann ich nicht . . . Der Arzt soll, nachdem er das Übel besehen, bedenklich worden sein. Sie war voll Ruhe und himmlischer Resignation, über allen Ausdruck liebenswürdig; ich muß mich ankleiden, ich muß hin.

Um 10 Uhr. Hier bin ich wieder mit ihren Kindern, ich sprach sie . . . Das Übel, was sie verhindert, nicht das Gute, was sie getan, ist ihr Trost . . .

Was soll ich über Ihren Brief sagen? die Sehnsucht fühlt' ich auch, als ich ihn las. O, hätte ich sie noch gewaltiger empfunden! Ich weiß gewiß, daß Sie gestern einmal sehr lebhaft an mich dachten, vielleicht war es in der Komödie; es war mir oft so, und ich war nicht hier. Wie unendlich schön – nur durch ein ganzes Leben, nur hin durch eine ganze Ewigkeit kann man solche Gesinnungen verstehen lernen und für sie dankend sein. Ich bin so gar nichts, daß auch nur in diesem ganz mich umwehenden Bewußtsein ich mein Dasein bemerken kann, und in diesem stören mich die Worte: Beste, Gewaltige, und können mich kalt und hochmütig machen. Goethe hab' ich immer wahr gefunden in seinen Äußerungen. Die Zukunft wird's Ihnen zeigen. Sie sind ein Wesen, das ihn interessieren muß. Es ist ½ 12 Uhr. Die Schüler singen eben auf dem Markt die Arie: ›Wie sie so sanft ruhn, alle die Seligen‹. Die Operation muß vorüber sein; ist's eine Ahndung, ist sie nicht mehr? Es ist vorbei – sie lebt und hat geredet.«

Anfang Juli reist Jean Paul ab, die Ankunft Heinrich von Kalbs knapp verfehlend. »Que le temps me dure passé loin de toi!«, ruft Charlotte ihm nach. So beginnt ein damals sehr bekanntes Lied von Rousseau, ein Schlager der Zeit. Es ist das Lied ihrer Junius-Stunden-Liebe. Vielleicht hat Charlotte es Jean Paul vorgesungen, vielleicht haben sie es gemeinsam gesungen:

Que le temps me dure	Ohne deine Blicke
passé loin de toi!	ist die schönste Flur,
Toute la nature	ist für mich die Erde
n'est plus rien pour moi.	eine Wildnis nur!
Le plus verd bocage,	Nichts kann mich beglücken,
si tu n'y viens pas,	bin ich ohne dich;
n'est qu'un lieu sauvage,	und aus Augenblicken
pour moi sans appas.	werden Jahr' für mich.

Die Melodie ist einschmeichelnd und einfach, noch einfacher als der Text: eine »Air à trois notes«. »Guter Rousseau! wie oft haben in diesem nicht harmonischen, sondern melodischen Dreiklang deine Träume ... zu mir herüber geklungen! O vor deinen drei Tönen wachen drei sehnsüchtige Seufzer auf in der dürftigen Brust, und wir sehen uns um, und die Vergangenheit und die Gegenwart und die Zukunft gingen vorüber.«

Das steht in einer kleineren Schrift Jean Pauls, dem »heimlichen Klaglied der jetzigen Männer«. Es scheint, als habe er auch noch das geringste Motiv dieser Junius-Stunden poetisch ausgenutzt. Wichtigeres aber bewahrt er sich für seinen schon als Hauptwerk angekündigten großen Roman, den »Titan«, auf.

27. KAPITEL

Testament für Töchter

»Bedenke aber, daß der Brief an eine Frau ist«, schreibt Jean Paul seinem Freund Otto, dem er seinen Antwortbrief auf Charlottes ersten Weimarer Brief zur Begutachtung zuschickt. Was das bedeutet, kann man im Konzept noch nachlesen:

»Es sollte ein besserer Autor sich hinsetzen und so zu sich sagen: nun da ich die Weiber so gut kenne – da ihre ...Masken nur *Schleier* sind, die ihre innere Schönheit eben so gut erhöhen als bewachen – da ich besser als 100 andre sehe, daß dem weiblichen *Herzen*, das eben so gut dichterisch und idealisch ist als der *Kopf*, die Erde wenig mehr zu geben hat als Seufzer und Wünsche – da ihr Mai des Lebens, anstatt daß unsrer so schön ist wie ein gallischer, so naßkalt und bereift ist wie ein deutscher, besonders der heurige – da sie wie Nachtigallen von lauter Dornen die Wolle holen müssen, woraus sie sich in einer stachlichten Taxushecke ihr Lager bereiten: was könnte ich Schöners tun als die Feder nehmen und ihnen – nicht jämmerliche deutsche Schmeicheleien, die ihnen in Büchern und an alle gerichtet nie gefallen, sondern – Morgenträume und sanftere Seufzer geben als ihnen das Leben abzwingt.«

Vorstellungen dieser Art hat er gerade (eleganter) in der »Vorrede« zu seinem neuen Roman »Siebenkäs« verwertet, der etwa zur gleichen Zeit wie dieser Brief an Charlotte abgeht. »Bloß einigemal urteilt sie als Frauenzimmer«, bemerkt er, als er ihre Antwort mit ersten Einfällen und Eindrücken dieser Lektüre dem Freund hinüberschickt. Als »Frauenzimmer« mag Charlotte den »satirischen« Jean Paul nicht sonderlich (und darf ihn auch nicht mögen, weil sich Satire dem unweiblichen Geist der Verneinung verdankt); sie schätzt auch den »realistischen« Jean Paul und seine Derbheiten und Zynismen nicht: »Einige Worte hätte ich gern weggewischt, denn ich bin auch manchmal überfein und lese mit allen fünf Sinnen.« Schon sehr bald aber beurteilt Charlotte seine Schriften mehr als Frau, als ihm lieb ist. Wo Jean Paul über das Weibliche phantasiert, kann sie authentisch davon sprechen. In Briefen wie in Gesprächen vertritt sie ihm gegenüber mit ihrer Sache zugleich die Sache ihres Geschlechts, was der besonderen, privaten Liebesgeschichte exemplarischen Rang gibt. »Die Stellen in ihren Schriften über Weiber haben meist einen kleinen Irrtum«, sagt sie ihm – und auch, worin dieser kleine Irrtum besteht: »Alles, was über diese Wesen sich [des Mannes] Geist vorstellt, gehört zum Idealischen, zum Unnützen, zur Ausartung.«

Da hat sie schon gemerkt, daß seine Junius-Liebesschwüre im hohen Stil, seine blumigen Brief-Schmeicheleien nichts sind, als schöne Worte, Almosen für eine, der »die Erde wenig mehr zu geben hat, als Seufzer oder Wünsche«. Wenn er ihr (selten) schreibt, dann in einer Weise, die sie zugleich halten und fern halten soll – »die Ferne heiligt die Seele und wärmt das Herz«. Sie versteht das »bleib mir vom Leibe«, versteht, daß Jean Pauls Art, über und mit Frauen zu reden, in einer sehr genauen Beziehung steht zu seiner Art, mit ihnen umzugehen: »Männer wollen nur die Überzeugung, sie könnten uns Freunde sein; und wir betrügen uns über Euch bis ans Ende ... nur aus Bedürfnissen suchen sie uns; übrigens sind wir ignoriert. Weh uns, wenn wir gar Göttinnen werden! dann müssen wir wie diese unsichtbar sein.«

Zum erstenmal erschreckt Charlotte Jean Paul mit solchen unbequemen Ansichten in ihrem Brief über seine »Geschichte meiner Vorrede« (zum »Leben des Quintus Fixlein«) und besonders über den ihr angefügten Text »Die Mondfinsternis«. Jean Paul, der als Autor in der Vorrede auftritt, erzählt sie der Leserinnen-Projektion Johanne Pauline, der die Heirat mit einem ungeliebten Mann bevorsteht und die poetischen Trostes deshalb besonders bedürftig ist. Sonderlich tröstlich freilich ist gerade »Die Mondfinsternis« nicht. Sie handelt von Tugend und Verführung und ist ein klassisches Beispiel jener doppelten Moral, wo »der Mann für sich das Evangelium in dem selbstsüchtigen Eigennutz will, aber für die Frauen das strenge Gesetz« (Charlottes Worte). Als böser Genius des 18. Jahrhunderts tritt die Verführerschlange auf, die den unschuldigen Mädchenseelen, die noch ungeboren bei Eva, der Mutter der Menschen, auf dem Mond ruhen, gar gräßlich ausmalt, wie sie ihnen nach der Geburt, im Leben, einst die Tugend rauben werde. »Kennst du die Schlange nicht?« fragt die Schlange ihr erstes Opfer Eva (was bei der Schrekkensgestalt »mit spielenden seelenmörderischen Augen, mit blutrotem Kamm, mit beleckten durchbissenen Lippen und hungrig und schadenfroh zuckendem Schweif« nur eine rhetorische Frage sein kann). »Ich will deine Töchter verführen«, sagt die Schlange zu Eva, »deine weißen Schmetterlinge will ich auf dem Morast versammeln.« Dann aber tritt zum Glück der Genius der Religion auf, der tröstend versichert, er werde die meisten der unschuldigen Mädchenseelen vor diesem Schicksal schon bewahren können.

Dieses moralisch-allegorische Schauermärchen bietet Jean Paul seinen Leserinnen ausdrücklich als »Geschenk« an, doch bei Charlotte kommt er damit schlecht an. Ihr empörter Kommentar bringt die weitreichenden Implikationen eines Textes ans Licht, der auf den ersten Blick nur als Geschmacklosigkeit verärgert.

»Ich muß es Ihnen sagen: einige zarte poetische Züge sind darin, das Ganze aber hat einen so christkatholischen Geschmack. Die Geschichte der Verführung, die ich bis in den Tod hasse, kommt darin gräßlich vor. Ach, ich bitte, verschonen Sie die armen Dinger, und ängstigen Sie ihr Herz und Gewissen nicht noch mehr. Die Natur ist schon genug gesteinigt! Ich ändere mich nie in meiner Denkart über diesen Gegenstand ...

Die Religion hier auf Erden ist nichts anderes, als die Entwicklung und Erhaltung der Kräfte und Anlagen, die unser Wesen erhalten hat. Keinen Zwang soll das Geschöpf dulden, aber auch keine ungerechte Resignation; immer lasse der kühnen, kräftigen, reifen, ihrer Kraft sich bewußten und ihre Kraft brauchenden Menschheit ihren Willen. Aber die Menschheit und unser Geschlecht ist elend und jämmerlich, und Gesetz, Kirche und Gesellschaft machen sie immer jämmerlicher. All unsere Gesetze sind Folgen der unseligsten Armseligkeiten und Bedürfnisse und selten der Klugheit. Liebe bedürfte keines Gesetzes.

Die Natur will, daß wir Mütter werden sollen, vielleicht nur, damit wir, wie einige meinen, Euer Geschlecht fortpflanzen. Dazu dürfen wir nicht warten, bis ein Seraph kommt; sonst ginge die Welt unter. Und was sind unsere stillen, armen, gottesfürchtigen Ehen? Ich sage mit Goethe und mehr als Goethe: ›Unter Millionen ist nicht einer, der nicht in der Umarmung die Braut bestiehlt.‹

Ich sage dies alles in Beziehung auf Ihre Vorrede. Ich verstehe diese Tugend nicht und kann um ihretwillen keinen selig sprechen.«

Ihrer flehenden Bitte, diese Vorrede nicht drucken zu lassen, folgt Jean Paul nicht. Eindruck macht ihm ihr Brief schon. Er wird an Otto weitergegeben mit der Bemerkung: »Hier in diesem Briefe ist ihre ganze exzentrische Kraft«, doch will er ihr über das »Einmengen« in sein ästhetisches Leben einmal für immer die entschiedenste Meinung sagen. Seine Position in der Sache ist schwach: »Vortrefflich gesunde Naturen wie Sie haben wohl ähnliche Meinungen über Verhältnisse, aber für Schwächlinge ist es Arsenik.« Verzeihen kann er ihr das nicht. Seine vorläufige (kleine) Rache besteht vor allem darin, daß er ihr von zwei langen Abschiedsabenden mit der Frau von Krüdener spricht, von deren großen Ähnlichkeiten und Unähnlichkeiten mit ihr er mündlich erzählen müßte. Die eigentliche »Vergeltung« folgt im »Titan«.

In der französischen Revolution waren zum erstenmal in der Geschichte Frauen aufgetreten, die auch ihren Anspruch auf Freiheit und Gleichheit öffentlich anmeldeten. Die 36jährige Marie Aubry, die sich als Schriftstellerin Olympe Marie de Gouget nannte und auch gegen die Sklaverei in den französischen Kolonien geschrieben hatte, verfaßte 1791 eine »Deklaration der Rechte der Frau und Bürgerin«, die sie der Königin Marie Antoinette widmete. In einer »Vorrede« berief sie sich zur Unterstützung ihrer Forderungen auf die Natur, die auch die Männer so oft bemüht haben, um bestehende Ungleichheit in ihrem Namen zu verteidigen: »Suche, untersuche und unterscheide, wenn du es kannst, die Geschlechter in der Ordnung der Natur. Überall findest du sie ohne Unterschied zusammen, überall arbeiten sie in einer harmonischen Gemeinschaft an diesem unsterblichen Meisterwerk. Nur der Mann hat sich aus der Ausnahme ein Prinzip zurechtgeschneidert. Überspannt, wissenschaftsblind, aufgeblasen und degeneriert, will er – in diesem Jahrhundert der Aufklärung und Scharfsichtigkeit – despotisch über ein Geschlecht befehlen, das alle intellektuellen Fähigkeiten besitzt.«

Der Artikel I ihrer Erklärung (»Von der Nationalversammlung am Ende dieser oder bei der nächsten Legislaturperiode zu verabschieden«) heißt: »Die Frau ist frei geboren und bleibt dem Manne gleich in allen Rechten. Die sozialen Unterschiede können nur im allgemeinen Nutzen begründet sein.« Verabschiedet wurde diese Deklaration nie. Als Marie Aubry die Schreckensherrschaft Robespierres öffentlich kritisierte, wurde sie mit vielen anderen Frauen – wie die Königin – ein Opfer der Guillotine. Ihre Forderungen aber wurden, vorerst von einzelnen, selten auch von Männern, überall aufgenommen. In Deutschland etwa machte sich der Schriftsteller und Jurist Theodor Gottlieb von Hippel 1792 Gedanken »Über die bürgerliche Verbesserung der Weiber«, in England schrieb Mary Woolstonecraft ihre berühmte »Vindication on the Rights of Women«. Ein Echo der revolutionär-emanzipatorischen Töne findet sich auch in der Schrift der Germaine de Staël, die unter dem Titel »Sur l'influence des passions sur le bonheur des individus et des nations« (»Über den Einfluß der Leidenschaften auf das Glück ganzer Nationen und einzelner Menschen«) 1796 erschien. Ein Jahr später lag sie auch in deutscher Übersetzung vor und wurde viel diskutiert.

»Lesen Sie vor allen Dingen ein Werk von Madame Staël« (schreibt Charlotte an Jean Paul), sur L'influence des passions ... Lesen Sie's, lesen Sie's – ach, ich wünsche nichts so lebhaft. Ich hab' es verschrieben, sobald ich's habe, schicke ich es Ihnen. Vieles, was ich Ihnen nicht gesagt habe, steht in diesem Buch. Es ist alles wahr. So habe ich mich noch durch keine Seele verstanden gefunden.«

Als Jean Paul es dann liest, hat er schon vergessen, daß Charlotte es ihm so sehr empfohlen hatte, muß aber bei der Lektüre dauernd an sie denken: »Nie, Freundin, hab' ich Sie soviel sprechen hören, als seit 8 Tagen. – Mad. de Staël ist Ihre Schwester Rednerin, und in dem, was ich las, glaubte ich den Wiederhall unserer Juniusstunden zu hören. Noch kein Weib schrieb so über die Liebe, und noch keins so über alles andere. Aber es ist leichter der Bewunderer als der Jünger zu sein, und ich bedauere und bewundere dieses energische Herz.« Seine Vergeßlichkeit straft Charlotte durch den kühlen Ton ihrer Antwort ab: »Schon lange hatte ich Ihnen das Buch der Frau v. Staël als ein sehr merkwürdiges Produkt des weiblichen Genies empfohlen – es freut mich, daß Sie es so wichtig ... fanden ... Sie wäre weit größer, wenn Sie mehr Haltung hätte, in der Idee und im Stil.«

Germaine de Staël spricht in ihrem Buch über die gesellschaftliche Stellung der Frau – samt ihren betrüblichen Konsequenzen. Darum geht es ihr im Kern, auch wenn sie noch über vieles andere redet. Wenn sie auf »Frauenschicksal« zu sprechen kommt, dann hat ihre sonst oft etwas »haltlos« dahinfliegende Rhetorik plötzlich einen Gegenstand und revolutionäres Pathos, so in den Artikeln über die Eitelkeit und über die Liebe: »Bei den Weibern ist alles entweder Eitelkeit oder Liebe.« Eitelkeit, weil ihnen die Männerwelt den Weg zu Ruhm und Ehre verschließt: »Das Weib besteht nicht durch sich selbst; selbst in dem Ruhme findet es keine hinreichende Stütze. Seine natürliche Schwäche, aus der es sich nie erheben kann, und seine gesellschaftlichen Verhältnisse erinnern es mit jedem Tage an seine Abhängigkeit, und aus dieser reißt es sich selbst mit einem unsterblichen Genius nicht los.« So bleibt der Frau im Leben nur das Lieben übrig: »Hört mich ihr Weiber, Ihr, Schlachtopfer des Tempels, wo man Euch zu vergöttern scheint, hört mich! Enterbt ist die Hälfte des Menschengeschlechtes sowohl von der Gesellschaft als von der Natur ... Bei den Weibern ist die ganze Historie ihres Lebens nur Liebe; nur Episode ist die Liebe in der Geschichte der Männer.«

Daß sie mit alledem recht hat, räumt auch Jean Paul ein. An Charlotte schreibt er: »Ein männliches Herz ist der Tummel- und Zimmerplatz der ganzen Welt, das Kampffeld der politischen Verhältnisse und die Grotte der Freundschaft. – Der in so viele Arme zerteilte Strom der Liebe geht dann freilich nicht so tief und breit dahin als der, der unzerlegt aus einem weiblichen Herzen fließet, das selten mehr umfängt, als das, was es geheiratet und was es geboren hat.« Im »Titan« schärft er diesen Gedanken zum Bonmot: »Die Männer haben immer zu tun und schicken die Seele auswärts, die Weiber müssen den ganzen Tag daheim bei ihrem Herzen bleiben.« Von Charlotte muß er sich darum fragen lassen, weshalb er dann in seinen Werken von einer Liebe dichte, die er im Leben weder geben noch haben wolle.

»Dichterbiographen wie Du, das heißt, wie Du allein bist, sehen, fassen, bilden, zeichnen und schaffen tief die Menschheit. Aber die Wirklichkeit eines festen, unzerstörlichen, liebenden Gemüts fassen sie nicht. Ich glaube fast, sie sind besorgt, daß in den Zügen, in der Seele der Menschen etwas ist, was ihren Idealen gleicht. Sie sind eifersüchtig auf die Kinder ihres Gemüts und ihrer Phantasie. . . . die Liebe, von der die Männer singen, ist dem Weib die ewigste Wahrheit.«

In der Forderung nach Gleichberechtigung hätte Charlotte mit den Frauen der Revolution die Rettung aus einer Lage sehen können, die sie (in einem Brief an Goethe) so beschrieb: »Mich dünkt, das ganze Leben eines Weibes . . . ist mit nichts erfüllt, als stets den Schutt wegzuräumen, der von den Decken unserer großen moralischen, kirchlichen und Polizei-Gebäude über sie fällt und zu ersticken sucht.« Doch solche revolutionären Konsequenzen zieht sie nicht (ebenso wenig wie die Madame de Staël). Sie sucht ihren Sieg als Aristokratin, als einzelne auf dem Kampfplatz der Ideen, identifiziert sich mit der ihr als Frau zugestandenen Liebesnatur und steigert sie ins Große. Männer können durch ihre Taten, ihre Werke zu irdischem Ruhm kommen, vor Gott aber bedeutet das Lieben der Frau mehr: Liebe ist göttlich nach platonischer und nach christlicher Lehre.

Die höchste Form der Liebe ist die Liebe zu Gott. Davon »handelt« die Autobiographie der französischen Quietistin Jeanne de Guyon, die Charlotte Jean Paul so dringend empfiehlt wie das Buch der Madame de Staël: als etwas ganz Besonderes, als Seelenwerk: »Auch hat es eine Frau geschrieben. Ich bemerke, daß die Welt und der Mann und der Dichter und der Schriftsteller ebensowenig dies geistige, herzliche, weibliche Wesen kennt, als wie Fichte den Theologen schuld gibt, daß sie Gott nicht kennen.«

Die große Auseinandersetzung zwischen Jean Paul und Charlotte ging in den »Titan« ein, ebenso wie die Bücher, auf die sich Charlotte Jean Paul gegenüber berief, Madame de Staëls Buch »Über den Einfluß der Leidenschaften« und das »Seelenwerk« der Jeanne de Guyon: »Ich lese jetzt das Leben der herrlichen Guyon« (schreibt Linda, Charlottes poetische »Übersetzung«, in ihrem Geiste, vielleicht auch mit ihren Worten dem Geliebten), »diese weiß, wie man liebt – dieser göttliche Affekt gegen das Göttliche, dieses Selbst-Verlieren in Gott, dieses ewige Leben und Bestehen in *einer* großen Idee – diese wachsende Heiligung durch die Liebe und die wachsende Liebe durch die Heiligung.« Diese Linda aber sagt auch – und kehrt damit von den glänzenden Ideen-Höhen zur wahren Bedürftigkeit des weiblichen Herzens zurück:»Nur die Weiber lieben, es sei Gott oder euch leider.« Denn je größer und unbedingter die Forderungen des Herzens sind, desto größer sind auch Schmerz und Enttäuschung und Abhängigkeit – so lange man noch schwach genug ist, nur einen Menschen und nicht gleich Gott zu lieben. Mit ihrem Fluchtversuch, der sich doch als Sackgasse erwies, war Charlotte natürlich nicht allein. Andere versuchten »einzeln« Ähnliches wie sie: Bettina von Arnim zum Beispiel, die ihre Liebesreligion lebte und schriftlich »predigte«. Die alte Charlotte hat bemerkt, auch über Bettina könne man sagen: »Herz, du hast zuviel gehofft.«

Jean Paul hat den »Geschlechterkampf« mit Charlotte spannend gefunden und stimulierend für sein Werk, gelernt, angenommen hat er von ihr nichts. Er blieb bei seiner gönnerhaften Geringschätzung des weiblichen Geschlechts, nachzulesen etwa in dem »Privilegierten Testament für meine sämtlichen Töchter«, dessen Botschaft Charlotte so zusammengefaßt hat: »Das Testament der Männer an die Töchter lautet ungefähr so: Ihr habt kein Recht ans Leben, keine Liebe gibt's für euch, ihr werdet verachtet oder genossen. Ihr müßt lieben und einen einzigen beglücken, aber ihr dürft weder Verstand noch Willen haben; keinen Wunsch, keine Freude und Teilnahme dürft ihr bezeigen, nicht euer Verlangen allein, auch das unsere wird euch in der Erinnerung als Schuld angerechnet ... Ich kenne nichts Schwächeres und Lächerlicheres an einem Mann, als wenn er solche Offenbarungen des weiblichen Herzens bekennt, und gewiß nicht vertilgen, sondern uns kund tun möchte. Genug schriftlich!«

28. Kapitel

Raubvögel

Über zwei Jahre muß Charlotte warten (so lange wie ehemals auf
Schiller) bis sie Jean Paul in Weimar wiedersieht. Dort macht sie ihm
im Dezember 1798 einen Heiratsantrag:
»Aber zu einer wichtigen Nachricht.
Durch meinen bisherigen Nachsommer wehen jetzt die Leidenschaften. Jene Frau – künftig heiße sie die *Titanide*, weil ich dem
Zufall nicht traue – die von Weimar zuerst nach Hof an mich schrieb,
die ich Dir bei meinem ersten Hiersein als eine Titanide malte, mit
der ich, wie Du weißt, einmal eine Szene hatte, wo ich ... im Pulvermagazin Tabak rauchte; diese ist seit einigen Wochen vom Lande
zurück, und will mich heiraten und sich scheiden ... Kurz nach
einem Souper bei Herder und einem bei ihr, wo er bei ihr war (er
achtet sie tief ... und küßte sie sogar im Feuer, neben seiner Frau),
und als der Widerschein dieser Ätnasflamme auf mich fiel, sagte sie
mir es geradezu ... Im Lenz, im Lenz! – Mit drei Worten! O ich
sagte der hohen heißen Seele einige Tage darauf *Nein*! Und da ich
eine Größe, Glut, Beredsamkeit hörte, wie nie; so bestand ich darauf, daß sie keinen Schritt *für*, wie ich keinen *gegen* die Sache tun
wolle. Denn sie glaubt, ihre Schwester und deren Mann, der Präsident, und ihre Verwandten würden alles tun, Ach! im März wäre
alles vorbei, nämlich die Hochzeit.
Ich habe endlich Festigkeit des Herzens gelernt – ich bin ganz
schuldlos – ich sehe die hohe genial[isch]e Liebe, die ich Dir hier
nicht mit diesem schwarzen Wasser malen kann – aber es passet
nicht zu meinen Träumen.« (29. Dezember 1798)
Etwas von der fieberhaften Erregung dieser Tage spiegelt sich in
den Billetten und Brieflein, die Charlotte Jean Paul zwischen den
Gesprächen immer wieder herüberschickte. Wir sehen sie hin und
hergeworfen zwischen Hoffnung und Verzweiflung, bis sie sich an
der Hand Jean Pauls – ein vortrefflicher Arzt für Seelenwunden, die
er selbst geschlagen hat, in eine »heilige Resignation« rettet (Rück-
schläge blieben dann freilich nicht aus):
»Guten Morgen, wie gehts denn Dir, liebe Seele? Ich schaffe schon
wieder an einer neuen Welt.«

»Ich gehe mit leichtem Schritt den Berg hinan, denn die Wahrheit, die Liebe und die Begeisterung begleiten mich.«

»Ich fange an zu zittern und Todeskälte umfaßt mich. Ich kann nichts tun, bis ich weiß, ob Sie den Abend kommen.«

»Ich habe kein Auge geschlossen. Diese Stelle in dem Billett: »Warum erlaubst – die Bedingungen – zeigen kann« hat mir alle Rast genommen. Hab' ich denn diese Bedingungen je gefordert – nenne sie mir, damit ich es beantworten kann.«

»›Daß ich meine Lippen auf die Wunden Deines Herzens legen werde. Sei still, liebe Seele!‹«

»›Werde ruhig und hoffend!‹ Bei der ewigen Wahrheit, bei meiner Seligkeit, ich will es werden.«

Charlotte ist 37 Jahre alt, als sie ihren leidenschaftlichen Anschlag auf Jean Pauls Hand und Herz unternimmt. Sie ist in Panik und ganz verblendet. Daß sich Schwager und Schwester für eine Scheidung – und die Heirat mit einem unvermögenden, bürgerlichen Poeten – einsetzen würden, kann sie nur geglaubt haben, weil sie es so sehr wünschte. Noch seltsamer hört sich ihr (von Jean Paul überlieferter) Plan an, auch den geschiedenen Ehemann mit einer neuen Frau zu versorgen. Ausgesucht hatte sie ihm die Engländerin Emily Gore, die mit dem Vater, einem Kaufmann, und der Schwester Elise seit Jahren zur Weimarer Gesellschaft gehörte – Elises Verhältnis mit dem Herzog Karl August war in der Stadt ein offenes Geheimnis. Ob Emily von dem ihr zugedachten Glück an der Seite des Herrn von Kalb gewußt hat, scheint zweifelhaft. Das von Charlotte imaginierte Happy End (»im Lenz, im Lenz«) kann man sich im Komödienstil ausmalen: Heinrich – Emilie, Charlotte – Jean Paul, zwei glückliche Paare Hand in Hand vor dem Hintergrund von Kalbsrieth oder Waltershausen. Aber auch die hochdramatischen Szenen zwischen Jean Paul und Charlotte sind, von ferne gesehen, nicht ganz ohne Komik. Sie spielen die Geschichte von der Verführung der Unschuld mit vertauschten Rollen. Und die Unbedingtheit von Charlottes Wünschen und Forderungen kontrastiert so kläglich mit der Bedingtheit der Verhältnisse, in die sie sich zu fügen hatte oder doch fügte: »Wenn Sie für diesen Abend kein Projekt haben, so kommen Sie nach der Suppe, etwa um 8 Uhr, zu mir. Wir wollen zu den Kindern gehen, Punsch trinken und Klavier spielen und singen. Heinrich von Kalb wird Ihr Besuch auch recht sein. Tun Sie aber nur, als wenn Ihr eigener Genius Sie hierher führte und nicht meine Bitte, damit der Weihnachtsabend ein heiliger Abend für mich werde!! –«

Charlottes Heiratsantrag ist nicht die erste und einzige Versuchung dieser Art, die Jean Paul in dieser Zeit abweisen muß: mehrere Damen hatten es auf seine Freiheit, auf seine Unschuld, am liebsten auf beides abgesehen. Sie sind eheerfahren, unglücklich verheiratet, verwitwet oder geschieden (wie Emilie von Berlepsch, deren Heiratsantrag Jean Paul sogar erst einmal annimmt, um dann sein Wort gleich wieder zurückzunehmen, was zu schrecklichen Szenen mit hysterischen Anfällen und Blutspucken führt). Sie sind Leserinnen, allem Großen, Edlen, Schönen schwärmerisch zugetan, oder schriftstellern gar selbst, wie Juliane von Krüdener und die Frau von Berlepsch. Sie haben Vermögen oder geben sich (wie Charlotte) vermögender, als sie sind, in der Hoffnung, den armen Poeten mit der Aussicht auf ein sorgenfreies Leben und Arbeiten locken zu können. Sie haben (was nicht ihre Schuld ist) zu viel Zeit, und sie sind von Adel, was ihnen in ihrem Selbstverständnis das Recht gibt, gegen die Konvention als Werbende auftreten zu dürfen. Doch eben das »von« in ihrem Namen (das sie für einen Vorteil halten) macht Jean Paul für sie unerreichbar. Sie können den Standesunterschied überbrücken (oder glauben es doch zu können). Jean Paul kann es nicht.

Noch ohne Kenntnis der »großen Welt« hatte er seinem Roman-Helden Siebenkäs das eigene, aus Faszination, Scheu, Angst gemischte Gefühl »höheren Frauen« (also Frauen von Stand) gegenüber geliehen; dieses Gefühl bleibt ihm auch, als diese Frauen ihn suchen, um ihn werben und als ihresgleichen behandeln wollen: »Überhaupt steig' ich ja in die Nester der höheren Stände nur der Weiber wegen hinauf, die da wie bei den Raubvögeln größer sind als die Männchen.« Charlotte ist für ihn das größte all der Raubvogelweibchen, die ihm begegnen. Er nennt sie »Titanide«, wählt sie sich aus zur Göttin seines »Titan« und schiebt sie damit aus seinem Leben in die Dichtung ab. Umsonst bittet sie: »Nenne mich nicht Titanide! Man fühlt wenig Mitleid, Liebe und Schmerz für das Kühne, Sonderbare.« Sein Lebenstraum, in den Charlotte nicht »passet«, ist idyllisch.

Hermine (oder auch manchmal Rosinette) heißt das sanfte, einfache Mädchen, mit dem er sich in der »Konjektural-Biographie«, der Beschreibung seines »bevorstehenden Lebenslaufes«, verheiratet. Auf einem Landgut namens Mittelspitz, das in einem schönen Tal gelegen ist, will er mit seiner Hermine wohnen, will Familien- und Hausvater werden, und wenn der Pate Christian Otto zur Taufe des jüngsten Kindes zu Besuch kommt, bleibt die Hermine selbstverständlich in der Küche, »nur in der Dämmerung und abends hat sie eine gute Stunde für uns. Die gute Seele will lieber den Freund entbehren, den sie mit mir liebt, um mehr für ihn zu sorgen; so sind die guten Weiber; die weiblichen Kraftgenies hingegen sind wie wir.«

Wohl hat Charlotte versucht, Jean Paul auch in die Idylle zu folgen, sich wenigstens an ihrem Rande als mütterliche Freundin, als Vertraute anzusiedeln:

»Otto wird mit Amöne zu mir kommen und zu jedem häuslichen Fest bei Dir mich abholen; und wenn ein Leiden im Hause ist oder ein krankes Kind, so wird Hermina zu mir schicken, um den beruhigenden Rat meiner stets gegenwärtigen Liebe zu hören. Und wenn ich schwächer werde und nun mein einsames Zimmer nicht mehr verlassen kann, wird immer eines oder einige die Abende bei mir zubringen, und wir werden in traulichem Gespräch unsere Gedanken, Erfahrungen und Lektüre wechseln. Und wenn einst unter dem Schatten einer Linde sich ein frischer Rasen hebt, und die Kinder am liebsten in dieser Dämmerung verweilen und mit kleinen Erinnerungen von mir ihr kurzweiliges Spiel unterbrechen, dann wird der Vater nicht fragen, wenn sie nach Hause kommen, was habt Ihr getan? sondern, wo habt Ihr gespielt? und es wird lange eine Sage im Dorfe sein, daß auf dem Grabe Deiner Freundin die Kinder am frohsten und traulichsten spielen.«

Doch der falsche Ton dieses sich bescheidenden Anpassungsversuchs ist zu spüren; ihrem »Selbst« viel näher ist Charlotte, wenn sie so spricht: »O mein Freund, mein holder, mein liebenswürdiger, mein gütiger! O dürfte ich auch sagen, mein *treuer*! Was ist alles Herrliche ohne das Beständige! Aber glaube mir, ich bin eigennützig und mehr noch. Mich kann jede Sehnsucht von Dir verwunden, und wäre sie nach dem Paradies. Warum willst Du etwas anderes wünschen, als was ich wünsche?« Solche Sätze nahm Jean Paul fast unverändert in seinen »Titan« auf.

Die Jahre, die Charlotte auf Jean Pauls Rückkehr nach Weimar warten mußte, waren sehr dunkel für sie, dunkel auch im wörtlichen Sinne, weil sie, vielleicht infolge psychischer Erregung, viele Wochen lang fast erblindet war und nicht mehr schreiben und lesen konnte: »Mein Mann hat mir Ihren letzten Brief vorgelesen . . . und meinem Sohn diktiere ich meinen Brief.«

Was sie von Jean Paul hören kann, ist fremd, verrät Gleichgültigkeit und zeigt, daß er sich für alles andere und alle anderen mehr interessiert als für sie. Sie schickt ihm verletzte und verletzende, schroffe Briefe, antwortet auf sein echtes Desinteresse mit gespielter Kühle und will sich damit doch nur ein Zeichen seiner Betroffenheit, seiner alten Liebe, und ein sanftes und besänftigendes Wort erzwingen: »Ich lese in meinen Briefen, ich mag schreiben, was ich will, nur die Worte: Halte meine Seele fest, dann will ich den Flug ins Unendliche wagen!«

Das will Jean Paul nicht lesen. Weil er nicht liebt, ist er nur gekränkt, rügt sie wegen »ihrer etwas winterlichen Gesinnung« und straft sie, wie er es gern tut, mit dem überschwenglichen Lob einer anderen Frau, der Emilie von Berlepsch, die Charlotte bei einem Besuch Emiliens in Weimar wohl kennen, aber verständlicherweise nicht lieben lernt: »Frau von Berlepsch sah ich oft. Hat Sie Ihnen gefallen, so haben Sie sehr wohl getan, sich dieser angenehmen Empfindung zu überlassen; ich hab' keine Empfindung für sie und auch keine gegen sie, und so wird es der Frau von Berlepsch gegen mich auch gehen. Sie bedarf meiner in ihrer Welt gewiß nicht, und in meinem Alter stiftet man schwer neue Verbindungen.« »Die meisten Menschen stecken zu tief in ihrem sumpfigen Ich, um den reinen Abriß eines fremden zu sehen«, gibt Jean Paul giftig zurück.

Aus den Qualen von Dunkelheit, Eifersucht, verletztem Stolz sucht sich Charlotte in die Empfindungslosigkeit zu retten, weil sie alles das schon erlitten und erlebt hat, fühlt sie sich schon beinahe unverletzlich: »Ja ich merke fast, daß ich älter bin, als die Ältesten im Volk. Es kann mich gar nichts mehr verwundern, und ich glaube, auch nicht leicht betrüben.« Aber nur zu gern läßt sie sich dann (im Oktober 1798) von Jean Paul aus Kalbsrieth nach Weimar holen: »Ich fand die alte Liebe wieder und bringe die alte mit«, schreibt er, nur seine Zunge sei bedachtsamer geworden, und nährt damit, wie schon so oft, ihre ersterbenden Hoffnungen, verlängert ihre Leiden, die auch noch nach dem abgewiesenen Heiratsantrag den Vorsatz frommer Resignation immer wieder verdrängen. »Ja mein Teurer, ich sage Dir jetzo nicht, wie oft ich gelitten habe, wie zerstörend, so, daß ich mein Herz Deiner Gewalt entziehen *müßte (wenn Du es nicht haben willst)* als länger den Tod der Liebe so oft zu schmecken. Denn sie erwacht immer wieder in Deiner Gegenwart, ach leider auch durch Deine Bücher, und ich muß mit St. Preux« (dem Helden von Rousseaus »Nouvelle Héloïse«) »sagen: On veut te fuir, le fantôme est dans ton coeur. Du bist nicht schuld daran, ich weiß wohl, verzeih also meiner Klage.« Aber Charlotte bringt es nicht fertig, ihr Herz Jean Pauls Gewalt zu entziehen. »Ich würde sehr einsam sein und arm und mangelnd, wenn Dich meine Seele wieder verlöre«, sagt sie demütig und versucht, sich wenigstens einen bescheidenen Platz in seinem Leben zu retten, wenigstens als Vertraute, als mütterliche Freundin. Für ein paar Monate nimmt sie Amöne Herold, eine frühere Freundin Jean Pauls, jetzt die Braut seines Freundes Christian Otto, bei sich auf, erst in Weimar, dann in Kalbsrieth. Amöne möchte unbedingt ihrem Zuhause, ihrem harten, engherzigen Vater entkommen. Otto möchte vor der Hochzeit noch etwas Zeit für sich allein haben. Charlotte glaubt an eine Liebe zwischen Jean Paul und Amöne und sucht seine mit ihrer Nähe. »Ich liebe Amöne, weil sie liebenswürdig ist, weil Du es wünschest, und fast einzig wegen meiner zarten, lieblichen, erwärmenden und belebenden Idee über sie«, schreibt sie ihm; doch der gute Wille reicht nicht hin, die Begegnungen dieser drei auf so komplizierte Weise miteinander verbundenen Personen können harmonisch nicht sein. »Der gestrige Abend war mir nicht ganz recht; es war eine Heterogenität und das Fräulein war hofmeisterlich.« »Ich gehe vielleicht diesen Abend zu Herders, wenn Sie nicht vielleicht lieber mit Amöne allein dort sind.« Schließlich: »Ich bin ihr sehr gut, aber Weimar ist kein gedeihlicher Boden für uns drei.« Doch was soll sie mit Amöne allein in Kalbsrieth?

Im Sommer 1799 gibt Charlotte ihre Weimarer Wohnung endgültig auf und geht nach Hause zu ihrer Familie: »Nur fünf Stunden fuhr ich, so kam ich schweigend an. Die Kinder waren um meinen Wagen versammelt, und Heinrich und die Bärbel und die andern. Das kleine Hündchen meines Sohnes Fritz sprang in den Wagen und leckte mir die Wange. Die Bärbel reichte, küßte, drückte mir die Hand, August brachte mir sein neuestes Kleinod, ein junges Kätzchen. Edda, meine süße, schon wie die Mutter verkannte Edda, eine niedliche Zeichnung von ihrer Hand. Sie war sehr liebenswürdig, sehr sanft, und so blieb sie die ganze Zeit. Da ich mich jetzo dem Ausbruch des freudigen Wohlgefallens nicht mehr überlassen darf, so bin ich ernst mit ihr, aber weil doch die Liebe einen Ausdruck haben muß, so treten mir oft von inniger Freude über sie zitternd fast Tränen der Wehmut in die Augen.«

Immer noch hört sie nicht auf, Jean Paul zu erwarten, der seinen Besuch versprochen hat, aber ausbleibt. Stattdessen dringen Gerüchte von seiner bevorstehenden Heirat zu ihr, hört sie von seiner Ernennung zum Hildburghausener Legationsrat: »Was Sie manchmal für Einfälle haben! Jeder ausgezeichnete Mensch raubt sich jeden Rang und bekennt einen Unglauben, der sich einen Titel geben läßt. Ein

Titel ohne Amt ist mir so widerwärtig wie ein hölzernes Schaugericht.« In ihrer Rüge (sie muß Jean Paul, der solche Schaugerichte oft und oft satirisch gegeißelt hat, empfindlich getroffen haben) steckt noch einmal Eifersucht: die Ahnung oder schon das Wissen, daß Jean Paul mit diesem Titel den Abstand zur Hildburghausener Hofdame Caroline von Feuchtersleben verringern möchte, um deren Hand er sich bewirbt; wenig später kann sie zur Verlobung gratulieren.

»Fräulein von Feuchtersleben wird als eine verständige, angenehme Person geachtet; ich und Herr von Kalb freuen uns Ihrer Verlobung.« Karoline von Feuchtersleben kann sich ihres Bräutigams nicht lange freun. Keineswegs ein weibliches Kraftgenie und Jean Paul zutiefst ergeben, verliert sie ihn vielleicht, weil er in letzter Minute doch davor zurückschreckt, fürs Leben in ein Raubvogelnest heraufzuklettern, und wenn es nur ein kleines »von« ist. Nach kurzer Zeit löst er die Verlobung, die er gegen den Widerstand von Karolines adelsstolzer Verwandtschaft erst hart erkämpft hatte – und reist nach Berlin, wo er in Caroline Meyer endlich die Hermine der »Konjekturalbiographie« fand.

In Charlottes ehemalige Weimarer Wohnung ziehen Schillers ein. Lotte Schiller, die dort eigentlich nicht wohnen will, ist froh, daß die Kalb ihre Spuren verdrängt habe, »und man wird nicht mehr an sie erinnert.«

29. Kapitel

Die letzte Pfeife

Dem Anbruch eines neuen Jahrhunderts ist man feierlichere Betrachtungen schuldig, als einem gewöhnlichen Jahreswechsel. Friedrich V., der als Landgraf von Hessen-Homburg (noch) eines der kleinsten deutschen Fürstentümer regierte, gab sich, fromm und gutwillig, wie er war, alle Mühe, dem Anlaß gerecht zu werden: in der Silvesternacht auf das Jahr 1800 (sie fiel auf einen Dienstag) tunkte er die Feder zu folgenden Betrachtungen ein:

»Wie in einem Zauberspiegel gehen alle Träume der Kindheit, alle erfüllten und vereitelten Hoffnungen und Wünsche der Jugend, alle Auftritte meines Lebens, alle Aussichten, alle Schicksale meines herannahenden Alters vor meiner Seele vorüber; ein undurchdringlicher Nebel verschleiert die Zukunft.

Ungefähr viermal sah ich den Geist der Zeit eine verschiedene Färbung annehmen. Die erste Periode war etwas schwerfällig, zum Aberglauben geneigt, aber ein Grundzug war die Ehrlichkeit; die zweite war die empfindsame, gezierte; die dritte war gelehrt, genial, überfeinert, die vierte zügellos, frech, ungläubig. Schon fängt der Geist der neuesten Zeit an, eine andere Färbung anzunehmen; möchte er sich zum Guten wenden!

Neun Revolutionen, von welchen die ungeheuerste noch fortdauert, ebensoviele große Kriege, schreckliche physische und vulkanische Naturumwälzungen; das Aussterben einiger souveräner Häuser; der Untergang einiger Reiche; die Entstehung neuer Staaten; eine Menge philosophischer Systeme, eines auf des andern Trümmern erbaut; wichtige Erweiterungen mancher Wissenschaften, besonders auf dem Gebiete der Naturkunde; Gelehrte, Könige, Kriegshelden, Staatsmänner ohne Zahl, kühne Weltumsegler; unermeßliche Entdeckungen; ein fünfter Weltteil mitten aus dem großen Gewässer aufsteigend – schimmern vor meinem Auge!

In diesem Wendepunkt zweier Jahrhunderte ist es wohl geboten, einen Einblick in sich selbst zu tun. Mögen Andere den Moment vertändeln, verspielen, vertrinken, vertanzen, verschlafen; ich will eine ernste Selbstprüfung halten, mich fragen, ob ich besser geworden bin, und dann einen festen Vorsatz fassen, auf dem Boden der

Religion, die der einzige Schild ist und Hafen, der mir übrigbleibt. Was wird die Zukunft bringen? Wie wird es mit dem Kriege, mit dem Vaterlande, mit Homburg, mit den Meinigen, mit mir selbst gehen? Welcher Geist der Zeit wird zur Herrschaft gelangen? Werden wir im Wirbel der politischen Ereignisse verschlungen werden? Wird uns die Sonne niemals wieder leuchten? Werden Redlichkeit, Treue, Glauben, Sittlichkeit und Religion sich wieder erheben? Denn völlig unterliegen können sie nicht, so gewiß ein göttliches Wesen das Szepter der Welt führt. Ungern scheide ich von meinen Phantasien. Ich muß abbrechen; die letzten Rauchwolken meiner letzten Pfeife in diesem Jahrhundert gehen mit ihm zu Ende.«

Als der Landgraf die letzte Pfeife des Jahrhunderts raucht, ist er in Frankfurt, wo Susette Gontard wohnt, Hölderlins Geliebte, seine Diotima. Hölderlin hält sich in Homburg auf, dem Residenzstädtchen des Landgrafen, wo er, nach dem unwürdigen Ende der Hauslehrerzeit bei den Gontards (Charlottes ahnungsvolle Beschwörung: Hölderlin dürfe nie wieder Hauslehrer werden!) Zuflucht gefunden hat bei dem Freund Isaak von Sinclair, der trotz seiner Jugend als Regierungsrat des Landgrafen einer der höchsten Beamten des Fürstentums ist. Wenige Stunden Fußweges voneinander entfernt, träumen die Liebenden ohne Hoffnung von besseren Zeiten für sich und ihre Liebe. Von der seligen, quälenden Nähe unter einem Dach sind ihnen nur Briefe und Blicke geblieben und schon dies Wenige, wie selten haben sie es, und mit welchen Mühen, Ängsten, Gefahren ist es erkauft:

»Du kömmst also den 1sten Donnerstag im Monat, wenn es schön Wetter ist; gehet es nicht, kömmst Du den nächsten und so immer nur an einem Donnerstag, damit das Wetter uns nicht irrt. Du kannst dann auch morgens von H ... weggehen, und wenn es in der Stadt 10 Uhr schlägt, erscheinst Du an der niedrigen Hecke, nahe bei den Pappeln, ich werde dann oben an meinem Fenster mich einfinden, und wir können uns sehen, zum Zeichen halte Deinen Stock auf die Schulter, ich werde ein weißes Tuch nehmen; schließe ich dann in einigen Minuten das Fenster, ist es ein Zeichen, daß ich herunter komme, tue ich es aber nicht, darf ich es nicht wagen; Du gehest, wenn ich komme, an den Anfang der Einfahrt nicht weit von der kleinen Laube, denn hinter dem Garten kann man wegen dem Graben sich nicht erreichen, und eher bemerkt werden, so deckt mich die Laube, und Du kannst wohl sehen, ob von beiden Seiten niemand kömmt, um daß wir so viel Zeit gewinnen, unsere Briefe durch die Hecke zu tauschen.«

Vielleicht geht Susette der »Hyperion« so durch die Hecke zu, an dem Hölderlin zuerst in Waltershausen dichtete: »Hier unsern Hyperion, Liebe! Ein wenig Freude wird diese Frucht unserer seelenvollen Tage Dir doch geben. Verzeih mirs, daß Diotima stirbt. Du erinnerst Dich, wir haben uns ehmals nicht ganz darüber vereinigen können. Ich glaubte, es wäre, der ganzen Anlage nach notwendig.« »Wem sonst als dir«, hat er ihr hineingeschrieben.

Das Scheitern dieser Liebe ist verschlungen in Hölderlins berufliches Scheitern. Nach der Trennung von den Gontards wieder ohne Stellung, sucht er überall nach Möglichkeiten, sich ein eigenes Einkommen, eine bürgerliche Existenz zu verschaffen – und muß dann doch wieder als Hauslehrer in die Fremde reisen. Große Hoffnungen setzt er für eine Weile in den Plan, eine literarische Zeitschrift zu gründen, doch die berühmten Leute, allen voran Schiller, die er um Mitarbeit und Hilfe anschreibt, reagieren meist kühl und abweisend. Seine Bitte, Schiller möge ihm Vorlesungen, eine Privatdozentur an der Universität zu Jena vermitteln, bleibt unerfüllt und unbeantwortet. Darüber war Susette, die im Sommer 1799 in Weimar gewesen war, beinahe froh, wie sie in einem Brief gesteht, der um die Jahreswende 1799/1800 geschrieben ist.

»Nun muß ich Dir doch noch sagen, woher meine Abneigung gegen Deinen Aufenthalt in Jena kömmt ... Alles kömmt eben daher, weil *Weimar* nur eine halbe Tagereise von *Jena* ist. Ich kam diesen Sommer zufällig in das Haus einer Dame, welches zwar *unbewohnt* der Frau La Roche und ihrer Enkelin zum Quartier eingeräumt war, ich glaube, diese Wohnung kann Dir nicht unbekannt sein. Nun hörte ich vor einiger Zeit vor ganz gewiß, daß Schiller, diesen Winter, nach Weimar in dieses Haus ziehen würde; Du könntest doch nicht umhin ihn zu besuchen, es könnte Dir wohl nicht angenehm sein, und was ich dabei empfinden würde, fühlte ich genug an meinem hochklopfenden Herzen, als ich zufällig einige Stunden dort zubrachte.«

Gespenster der Vergangenheit und der Zukunft versammelt Jean Paul anläßlich der Jahrhundertwende zu einer »Wunderbaren Gesellschaft« in der Neujahrsnacht. Mit dem widrigen »Schwedenkopf« Pfeifenberger bildet er (in der karikierten Maske Friedrich Schlegels) den auch vom Landgrafen beschworenen »zügellosen, frechen, ungläubigen« Geist der jüngsten Periode ab, den er teuflisch hoffen läßt, »daß die kultivierte Zukunft keinen Gott und Altar mehr haben werde«, und außerdem: »die Völker, die Weiber, die Neger und die

Liebe« werden frei werden. Mit einer jungen Generation von Schriftstellern und Philosophen, die, geschart um die Brüder Schlegel, um Fichte, Jena für kurze Zeit zu einem Zentrum der »romantischen« Bewegung haben werden lassen, sind neue radikale Ideen und Lebensformen aufgetreten, im ästhetischen, im moralischen Bereich. Friedrich Schlegel lebt nicht nur mit Dorothea Veit in wilder Ehe zusammen, er verherrlicht diese freie und sinnliche Liebe auch in seinem Roman »Lucinde«, der Skandal macht und unter den Jüngeren begeisterte Anhänger findet. Daß Charlotte an der »Lucinde« Gefallen gefunden habe, hören wir gehässig von den Herders, die, wie die meisten älteren, die politische Revolution weit besser verkraften konnten, als die ästhetisch-moralische. Verbittert, vereinsamt kämpfen sie beinahe gegen alle Welt, gegen die Kunstvergötzung Goethes und Schillers (wie sie es nennen) ebenso wie gegen die »freche Unmoral« der Romantiker. Wer diese ihre Feinde verteidigt, wer gar mit ihnen umgeht, ist für das Ehepaar schon ein Verräter: »Frau von Kalb hat uns für Fichte dahin gegeben. Wir müssen also nicht viel wert sein«, klagt Karoline Herder Knebel, dessen Gabe zu versöhnen, Gegensätze auszugleichen, den Weimarern mit ihm verlorengegangen war. Zum geheimen oder offenen Spott seiner Freunde und Bekannten hat der fast Fünfzigjährige doch noch geheiratet, die 22jährige Luise Ruhdorf, Kammersängerin bei der Herzoginmutter Amalie, die das Projekt eifrig unterstützt hatte. Knebels Schwester Henriette aber ist die Sache so peinlich, daß sie für Jahre jeden Verkehr mit dem Bruder abbricht, der sich mit seiner jungen Frau nach Ilmenau aufs Land zurückgezogen hat. »Ich bin neugierig, wie lange es dieser Philomele bei ihrem Vulkan-Anakreon in den Tannenwäldern gefällt.« Charlottes Neugierde wurde nicht lange auf die Probe gestellt. Schon nach wenigen Wochen lief Luise ihrem Ehemann erst einmal davon. »Knebel soll sehr unglücklich sein – er tut mir leid … Die Ruhdorf schickt sich nur für lose Bande. Ernste Forderungen sind an solche Naturen nicht zu machen.« Was so kläglich begann, wurde dann doch noch zu einer leidlichen Ehe.

Nach Ilmenau zurückgezogen hat sich auch Corona Schröter, die, obwohl vielumschwärmt, doch nie geheiratet hatte (Varnhagen allerdings behauptet, sie habe in heimlicher Ehe mit dem Kammerherrn von Einsiedel gelebt). Als sie schon 1802 stirbt, entwirft ihr die Weimarer Prinzessin Caroline (die erzogen wird von Knebels Schwester) einen Grabstein, der auch ein Protest sein soll gegen das schnelle

Vergessen, in das Weimar (in seiner Mitte Goethe mit seiner abergläubischen Scheu vor Tod und Unglück) seine Toten, seine Abgeschiedenen fallen läßt. Mit klassizistischem Dekor, Harfe, Lorbeerzweig, Schmetterling und Tränenkrug in den vier Ecken ist es das Grabmal einer ganzen abgelebten Epoche. Auch der alte Wieland, kränkelnd, beleidigt durch Angriffe der Schlegels und die beharrliche Mißachtung Schillers und Goethes, hat sich aufs Land, auf ein neuerworbenes Gut nach Oßmannstedt zurückgezogen; weil er von Ökonomie und Landwirtschaft keine Ahnung hat, ist der Besitz bald hochverschuldet und muß wieder verkauft werden. Ein Wiedersehen mit Sophie von La Roche, die im Sommer 1799 nach Weimar kommt (und in Charlottes verlassener Wohnung unterkommt), um ihren Jugendgeliebten noch einmal zu sehen, um die Erinnerung an glückliche Tage zu beschwören, fällt für beide Seiten eher quälend aus. Für die meisten der alten Freunde Charlottes war der Jahrhundertwende-Rückblick wohl gezeichnet von Trauer und Resignation, auch für die Frau von Stein, die Goethes Abkehr im Leben nie mehr verwunden hat. »Ich war vorgestern in der Gesellschaft der Kalb« (erzählt sie Knebel im Frühjahr 1799), »sie frug mich, ob Goethe mich besuchte, ich sagte: nein. Welche Härte, rief sie aus, und wollte es ihm vorhalten; in Eil’, denn mein Wagen stand schon vor der Tür, bat ich sie recht sehr, es nicht zu tun, denn ich liebe meine Einsamkeit und bin gar nicht auf Visiten gestimmt. Wenn sie mir nur nicht etwas Albernes macht; ich habe es gar nicht gern, wenn man zu Goethe von mir spricht; ich habe ein zu lebhaftes Gefühl davon, daß er kein Interesse an mir nehmen kann, ich aber habe noch soviel Interesse an ihm, daß ich nicht leiden kann, daß man ihn damit plagt.«

Charlotte sieht um 1800 auf die Trümmer ihrer Liebe, ihrer Ehe, ihres Vermögens und ihrer Freundschaften. Vor zwei Jahren sei sie »unter sonderbaren Schmerzen und Tränen untergegangen« (schreibt sie Anfang 1802), »und als ich erwachte, fand ich mich nicht mehr.« In ihrer Trostlosigkeit war ihr Heinrich von Kalb, sonst immer der Allerfernste, auf einmal der Allernächste gewesen: er weinte »mit mir, und es war der einzige, dem mein Schmerz etwas verständlich war«; aber auch von ihm ist sie unwiderruflich getrennt. Seit über zehn Jahren hat er andere Freundinnen, seit der Geburt Augusts, die offenbar sehr kompliziert verlief, ist die »copula carnalis« zwischen den Eheleuten aufgehoben, wie Jean Paul dem Freund Otto zu berichten wußte. Als sichtbares Zeichen der Zerrüttung, Charlotte zur öffentlichen Beschämung und Qual, wird ihm Anfang Februar 1800 von einer Geliebten, der Schullehrerstochter Barbara Tod aus Trabelsdorf, ein Sohn geboren; noch zwei Kinder, ein zweiter Sohn und eine Tochter, Luise, folgen. »Ich bin nicht heiter, matt, ganz einsam, und durch die Mühe, die ich mir immer bei den Versöhnungen des liebenden Paars gab, ganz verworren«, klagt Charlotte Jean Paul, die so allein, so wurzellos ist, wie vielleicht nie zuvor.

Es sei ein Rad, welches schnell rollt, hatte sie von Hölderlin gesagt. Auch ihre Unrast tritt in den ersten Jahren des neuen Jahrhunderts mehr nach außen, als je zuvor. Meiningen – Offenau – Wimpfen – Heilbronn – Offenbach (wo sie Sophie von La Roche ein letztes Mal sieht) – Mainz – Wiesbaden – Mannheim – Erlangen – Weimar sind die Hauptstationen ihrer Flucht-, Geschäfts- und Badereise, bei der sie immer wieder auf Hölderlins Spuren trifft.

»Mainz, den 15. Mai«

Ein Jahr schon bin ich in dieser Gegend, am Main und Rhein, bewohnte Wimpfen und Heilbronn, Heidelberg, Offenbach. An jedem Ort waren Sie gewesen. Anfang Juni gehe ich ins Wiesbad. Im Juli bin ich wahrscheinlich in Mannheim, später im Herbst wohl wieder in Franken. Wenn Ihnen eine Reise in diese Gegend führt, will ich Ihnen wenigstens meine Gegenwart bekannt machen. Ihnen einen Brief voll tiefen Inhalts zu schreiben, war nach solcher langen Entfernung und Schweigen unmöglich. – Wir kannten uns – was die Zeit und die Gelegenheit und unsre Entwicklung uns erlaubte zu sein. – Rastlose denkende Wesen sind in 6 Jahren ganz noch was anderes geworden, so schnell die Veränderung im Äußern in jüngeren Jahren, so schnell die Veränderung in Urteil, Denken und Gesinnung in reiferen. Auch meine Seele hat sich mehr entwickelt ... Kein Wort mehr – Es ist wohl sonderbar, daß mit dem reinsten Egoismus sich endlich die Seele sagt: Du kannst nichts mehr verlieren, aber leider du wirst doch noch leiden.«

Etwas später, im Herbst und Winter 1802/3 ist sie in Bad Homburg, wo sie sich mit Sinclair und dessen Mutter anfreundet und Beziehungen zum Landgrafen und seinem Hof anzuknüpfen sucht: »Kalb wünscht für mich und Edda einen Aufenthalt an irgendeinem angenehmen Hof.« Der in Homburg allerdings ist so sonderlich angenehm nicht: »Hier ist es wie in einem Dorf ... Alle drei Wochen gehe ich an Hof; einmal ins Konzert, ein andermal an Tafel. Der Landgraf ist ein Mann, mit dem wohl jeder Gutdenkende gerne ist ... Die Prinzessin Auguste ist bedeutend, aber meine Indolenz, vielleicht auch kränkliche Stimmung hindert mich, sie mehr aufzusuchen. – Es wundert mich, daß der Landgraf nicht suchte, etwas besser sein Haus durch Wesen zu ornieren. Ich finde keine Worte pour ces gens de la cour.«

Noch während Charlotte sich in Homburg aufhält, ist Hölderlin von seiner letzten Hauslehrerstelle in Bordeaux in einem Zustand zurückgekehrt, der Familie und Freunde erschreckt. Seine Geliebte, Susette-Diotima, die einem plötzlichen Fieber erlegen ist, findet er nicht mehr lebend (Pierre Bertaux allerdings hat die Vermutung aufgestellt, Hölderlin habe sie auf dem Totenbett noch gesprochen, deshalb seine plötzliche, unbegreifliche Verstörung). Wieder bietet Sinclair dem Freund in Homburg eine Zuflucht an, und er unterstützt seine Bitte mit dem Hinweis auf Charlottes Anwesenheit: »um ihretwillen auch wird es mir sehr lieb sein, wenn Du kommst: ihr lebhafter Geist erfordert mehr als einen Gegner, und bei ihrer Bildung wird nichts verschwendet, wie in ihrem Umgang nichts versäumt wird.« Hölderlin schickt vorläufig seine große »Dem Landgrafen von Homburg« gewidmete Hymne »Patmos«, die beginnt:

Nah ist
Und schwer zu fassen der Gott.
Wo aber Gefahr ist, wächst
Das Rettende auch.
Im Finstern wohnen
Die Adler, und furchtlos gehn
Die Söhne der Alpen über den Abgrund weg
Auf leichtgebaueten Brücken.
Drum, da gehäuft sind rings
Die Gipfel der Zeit, und die Liebsten
Nah wohnen, ermattend auf
Getrenntesten Bergen,
So gib unschuldig Wasser,
O Fittige gib uns, treuesten Sinns
Hinüberzugehn und wiederzukehren.

Etwas später (Charlotte ist längst wieder abgereist) kommt er selbst und erhält sogar eine Stelle, die eines Hofbibliothekars. Die Prinzessin Auguste, des Landgrafen Tochter, verliebt sich in ihn. Doch das findet Augustes Schwester Marianne erst viel später heraus, als sie schon längst mit dem preußischen Prinzen Wilhelm verheiratet ist und eine Hofdame hat, die Edda von Kalb heißt.

30. Kapitel

Nicht bei Troste

»Die letzte Fluchthöhle des aus einer festen Brusthöhle vertriebnen Herzens ist das Zwerchfell; es gibt ein Lachen des Zweifelns wie des Verzweifelns. Aber wo wird im ganzen mehr gelacht als in einer Irrenanstalt?« In seiner »Vorschule der Ästhetik« diagnostiziert Jean Paul als Krankheit seiner Zeit die »Tollheit«. In einer allgemeinen Haltlosigkeit glaubt er Ursache und zugleich Wesen dieser Tollheit zu erkennen, meint damit allerdings nicht (was naheliegen würde) politisch begründete Haltlosigkeit – den Zerfall des deutschen Reiches und seine unabsehbaren Folgen, den noch andauernden Krieg – sondern spirituelle, den Verlust fester, »objektiver« Glaubensgewißheit und die an ihre Stelle getretene Verherrlichung subjektiver Willkür. »Viel dürfte zur Tollheit auch der poetische Idealismus in seinem Bunde mit dem Zeitgeist hinwirken. Einst, wo der Dichter noch Gott und Welt glaubte und hatte, wo er malte, *weil* er schauete – indes er jetzo malt, *um* zu schauen –, da gab es noch Zeiten, wo ein Mensch Geld und Gut verlieren konnte und mehr dazu, ohne daß er etwas anderes sagte als: Gott hat es getan, wobei er gen Himmel sah, weinte und darauf sich ergab und still wurde. Was bleibt aber dem jetzigen Menschen nach dem allgemeinen Verluste des Himmels bei einer hinzutretenden Einbuße der Erde?... Er ist dann ohne Halt des Lebens, oder wie das Volk sich richtig ausdrückt, nicht mehr bei *Troste*.«

Damit zielt Jean Paul natürlich wieder auf seine Pfeifenberger-Schlegel-Fichte, räumt aber ein, selbst angekränkelt zu sein, teilzuhaben an dieser allgemeinen Tollheit: »Ich warne aber nicht ohne Grund. Hat man es schon vergessen, daß erst neuerlich in der Ostermesse 1803 ein herrlicher deutscher Kopf voll Kraft und Witz völlig rasend geworden – ich meine den Bibliothekar Schoppe im 4ten Titan? – Wer von uns ist sicherer? Jeder ist unsicherer.«

Insgesamt aber ist Jean Pauls Analyse und das Schicksal, das er seiner Romanfigur bereitet, eher denunziatorisch als selbstkritisch, womit er in der Poesie keinen großen Schaden anrichtet. Man kann sich allerdings fragen, ob es nicht auch die »Weimarer Ästhetik« mit ihren Vorstellungen von Harmonie und gesunder, schöner Natur war, die allzu schnellen Tollheits-Erklärungen auch im Leben Vorschub leistete. Es scheint, als ob, mit Jean Paul zu sprechen, damals wirklich jeder unsicherer war. Das Schicksal des Hölderlin-Jugendfreundes Siegfried Schmidt, dem man offenbar ohne hinreichenden Grund einen Anstalt-Aufenthalt aufzwang, ist dafür ein Beispiel, und, bis zu einem gewissen Punkt, auch das Hölderlins.

»Daß die Majorin Kalb übergeschnappt sei, das haben wir hier im Vertrauen gehört. Ist es an dem?« fragt (Anfang 1801) Karoline Herder (»die alte Klatsche« hat sie ein Zeitgenosse genannt) bei Knebel an. Dessen Antwort fehlt uns, dafür haben wir ein Dementi von Heinrich Beck, den die reisende Charlotte in Mannheim wiedergetroffen hatte. Er hielt ihr, wie sonst kaum jemand, auch im Unglück die Treue: »Charlotte wird von ihrer ganzen Familie verkannt; und wie viel ist sie mehr! Ihr Wesen hat freilich etwas Wild-Idealistisches – Abgerissenes von so vielen ordinären Begriffen und Konventionen – kannst Du glauben, daß die Ihrigen sie sogar für halb verrückt angaben? Als ich sie gesprochen hatte – bewies ich so kräftig das Gegenteil, daß man nun nie mehr ihren Namen nennt.« Schiller, der Adressat dieser Zeilen, neigte allerdings längst dazu, »Wild-Idealistisch-Abgerissenes« für verrückt zu halten. Seine Frau war nach Kräften an der Verbreitung der skandalösen Neuigkeit beteiligt: »Die Kalb jammert mich; bei deiner Erzählung ihres geistigen Zustandes lief mir's ganz kalt über die Haut« – so Minna Körner aus Dresden an Lotte Schiller. Charlotte erfährt in Weimar von dem Gerücht, was über sie in Umlauf ist: »Viele haben mir hier gesagt, man habe von Mannheim aus geschrieben, ich sei verrückt, wahnsinnig... Mich läßt es ganz ruhig, es hat mich weder verwundert, noch geärgert. Ich kann auch niemand verwehren, mich vor verrückt zu halten, wenn er glaubt, meint, oder seiner Vorstellungsart nach *muß*!«

Becks Erzählung läßt erkennen, daß Charlotte nach dem Zusammenbruch all ihrer Hoffnungen nicht nur mit Apathie, Erstarrung, stoischem Gleichmut reagierte, sondern auch mit heftigem Trotz und Verletzung der Konvention. Ganz unglaubwürdig also schien das Gerücht nicht, dessen Urheber der Präsident von Kalb und seine Schwester, Sophia von Seckendorff, waren. Vielleicht wollten sie damit eine Entmündigung Charlottes vorbereiten, denn ein anderes als ein finanzielles Interesse läßt sich als Motiv schlecht denken.

Der Prozeß um die Dankenfelder und Trabelsdorfer Güter ist längst verloren, schleppt sich aber im Streit um Einzelheiten (die Wälder bei Dankenfeld) immer noch fort. Schlimmer ist, daß auch der ehemals so sichere »feste« Besitz der Familie so gut wie dahin ist. Waltershausen, das Stammgut der Marschalk von Ostheim, ist so hoch verschuldet, daß es nach fehlgeschlagenen Verkaufsmanipulationen der Gebrüder Kalb schließlich unter gerichtliche Verwaltung gestellt wird, weil Hypothekengläubiger Forderungen von über 100 000 Taler eingeklagt haben. Noch schlechter steht es mit Kalbsrieth, dessen Schuldzinsen im Jahre 1800 schon höher sind, als die Pachtgelder. Der Präsident will das Gut dem Geschäftsfreund Bertuch verkaufen (und sich damit möglichst bewahren); weil nach dem Heiratsvertrag Charlottes ihr »Wittum«, ihr Witwengeld von 825 Gulden auf Kalbsrieth versichert ist und mit dessen Verkauf verlorengehen würde, versucht ihre Verwandtschaft mütterlicherseits (die Steinsche Familie), sie zum Einspruch gegen den Verkauf zu bewegen, wogegen der Präsident die Nachricht von seiner übergeschnappten Schwägerin lanciert haben mag. Zu dem Einspruch scheint es dann nicht gekommen zu sein, vielleicht deshalb nicht, weil der Verkauf Kalbsrieths ohnehin am Veto der Weimarer Regierung scheiterte.

Seine letzte verzweifelte Hoffnung setzt der Präsident (dem man sogar seine Pension gepfändet hat) auf die große Politik, die Änderung der Herrschaftsverhältnisse.

Schon seit 1796 gibt es zwischen Preußen und der französischen Republik geheime Verträge, die vorsehen, daß die fränkischen Bistümer Würzburg und Bamberg säkularisiert werden und an Preußen fallen sollen. Nach dem Rastatter Kongreß und dem Frieden von Lunéville (1801) sucht Preußen mit diesen Plänen Ernst und zugleich dem Anachronismus der fränkischen Reichsritterschaft ein Ende zu machen. Zwischen dem Minister von Hardenberg und dem Präsidenten von Kalb kommt es zu einem geheimen Pakt: Kalb erklärt sich (selbstverständlich nicht umsonst) bereit, »seine« Güter im Steigerwald, die *seine* eigentlich schon längst nicht mehr sind, aus dem Verband der fränkischen Reichsritterschaft herauszulösen und der preußischen Landeshoheit zu unterstellen – die Existenz Waltershausens verschweigt er dabei einfach. Doch beide Partner haben falsch kalkuliert. Nach dem berühmten »Reichsdeputations-Hauptschluß« vom 25. Februar 1803 fallen die Bistümer Würzburg und Bamberg an Bayern. So schließt der Präsident mit Bayern den Vertrag, den er mit Preußen leider nicht mehr schließen kann. Aus seinem Triumph über die »österreichisch-pfäffischen Schurken zu Würzburg und Bamberg« wird allerdings bald ein Fiasko. Die Reichsritterschaft, erbittert über das, was sie nicht zu Unrecht als Verrat an ihrer ohnehin vom Untergang bedrohten Körperschaft ansieht, beginnt gegen die Gebrüder Kalb einen »Krieg«. Sie erklärt die Unterwerfungsakte für null und nichtig, sie läßt an Kirchen- und Wirtshaustüren Pamphlete gegen die Familie anschlagen und sie klagt in Wien: die Herren von Kalb sollen als ehrlos aus der Reichsritterschaft ausgeschlossen werden und außerdem eine hohe Geldbuße zahlen müssen. Den »Verfolgten« leistet die bayerische Regierung nur zögernd Hilfe, da ihr sehr wohl bewußt ist, daß die Familie viel zu heruntergekommen ist, als daß ihr Beispiel der freiwilligen Unterwerfung bei den einflußreicheren Familien der Reichsritterschaft Schule machen könnte. Zudem fühlt sie sich bald selbst betrogen, als sie von der Existenz Waltershausens erfährt. Um eine Ausrede ist Charlottes Schwager auch hier nicht verlegen; er verweist auf den geplanten Verkauf des Gutes: »Hätten wir nicht das Gut Waltershausen als einem Dritten angehörig angesehen, so hätten wir es der Landeshoheit Seiner Kurfürstlichen Durchlaucht, unseres Allergnädigsten Landesherrn, mit dem Trabelsdorfer und Dankenfelder Eigentum zugleich unterworfen, da wir gar wohl bescheiden, daß wir nicht zugleich auf Höchstdessen landesherrlichen Schutz Anspruch machen und reichsunmittelbare Güter besitzen können.«

Der Frieden von Preßburg macht diesen Verwirrungen dann ein Ende: die fränkische Reichsritterschaft in ihrer Gesamtheit wird zur Unterwerfung unter die Krone Bayerns gezwungen und hört auf, als selbständige Körperschaft eine eigene Geschichte zu haben. Damit wird auch der völlige Ruin aktenkundig, den der Präsident jahrelang durch taktische Manöver nicht nur Fremden, sondern auch seiner eigenen Familie zu verheimlichen gewußt hatte. In ihrer Angst und Unsicherheit bat Charlotte (1802) des Präsidenten »ältesten Freund« Bertuch um ein klärendes Wort: »Da ich mir Ihren Besuch wünschte, wollte ich, wenn es *möglich wäre, von Ihnen* wissen oder erfahren, ob Sie glauben, daß etwas oder wie viel von dem Kalbischen Vermögen *gerettet werden kann.* Nicht zum Mißbrauch, aber im Fall der Not für meine Selbsterhaltung zu sorgen. Ich kann des Präsidenten Äußerungen an mich darüber nicht erklären: Nichts, etwas, viel – so wechselt es stets. –

Ich habe mir *immer* den Verfall des Vermögens als sehr möglich gedacht. Können Elemente, Wasser und Feuer, Besitz und Habe zerstören: wie viel mehr nicht Leidenschaft, Irrtum, Kühnheit, Mißbrauch! Viel Unglück auch – aber oft wurde der Tiger mutwillig geweckt. Ich bin ruhig darüber, es werde oder vergehe. Nur die

Hoffnung mag ich nicht, und die Geduld, die Wahrheit möchte ich gerne wissen!« Zwar ist sie bald im Besitz der erstrebten Wahrheit: »Ich vermute nicht allein, ich weiß es – ich habe gar nichts mehr«, aber schon wenig später verrät sie dieses Wissen wieder an die Hoffnungen auf eine wunderbare Wende ihrer Glücksumstände.

Der ewige Widerstreit zwischen unserm Denken und unserm Tun: In der »Idee« nimmt Charlotte den Verlust von Geld und Gut gelassen hin wie ein Philosoph oder wie der von Jean Paul beschworene Christ alter Zeiten, bleibt sie bei Troste, doch was sie im Kopf so ruhig aufgibt, versucht sie in verzweifelter Aktivität noch zu erjagen, wenn nicht »viel«, dann doch »etwas«. »Entweder ist alles verloren – oder es müssen andere Personen erscheinen, neue Spieler gewonnen werden« sagt sie und sucht nach neuen Spielern, reisend und durch unzählige Bittbriefe – in deren Flut sie auch noch Bittbriefe für andere einschließt. So setzt sie sich (von Meiningen aus) bei Wieland für den Sohn des »hiesigen« Schulmeisters ein, der eine Hofmeister-Stelle bekommen soll (aus ihrem Brief erfahren wir, daß auch Wieland zu den Gläubigern des Präsidenten gehört). So versucht sie gleich mehrere Bekannte, darunter Goethe, für das Schicksal des Heidelberger Professors Wolfter und seiner Familie zu interessieren: »Seit vielen Jahren erhält er weder Pension noch Besoldung. Er war Lektor bei der Kurfürstin zu Mannheim, jetzt zu Heidelberg. Ein schönes Gut, welches er über den Rhein hat, ist ihm von den Franzosen genommen worden... Jetzt hat er an Bonaparte geschrieben, wir wollen nun warten, ob ihm das Glücksrad entgegenrollt – an *Schmiere* oder Salbung hat er es nicht fehlen lassen. Mir ist die Familie interessant, weil sie ihre jetzige Lage mit Verstand trägt«, eine Lage, die in dieser Zeit allgemein zu werden droht: »Dauert diese Lage in der Pfalz noch länger, so wird der Hungertod epidemisch.« Um die Not ihrer Familie lindern zu helfen, fertigt Wolfters Frau feine Handarbeiten an, was mühsam ist und schlecht bezahlt, aber für Frauen gibt es kaum gesellschaftlich akzeptierte Möglichkeiten zur Selbsthilfe. Sie können gerade noch verschämt versuchen, ihren Schmuck zu verkaufen (auch Charlotte bietet ihren der Fürstin von Rudolstadt an), dann sind ihre »Ressourcen« meist schon erschöpft. Handelsgeschäfte sind etwas, wofür man sich vor der Welt entschuldigen muß, wenn auch Charlottes durch Not gesteigerte heimliche Passion jetzt durch die Umstände bis zu einem gewissen Grad legitimiert scheint.

»Aber eilend erlauben Sie mir eine Anfrage. Ich habe Schokolade, die ich gerne bald los wäre... Ich handle jetzo mit allem, was mir vorkommt.« – – »Ich möchte also von Ottos Schwiegervater den Preis-Courant haben, wie er den Kattun an andere Kaufleute überläßt, im Stück, sechs Stücken und dergleichen, immer die schönsten und modernsten Muster . . . Sie werden doch nicht über mich lachen, daß ich mich mit dergleichen abgebe? Das Leben ist rund und man muß es von allen Seiten fassen.«

Sie würde keine fremden Kinder erziehen wollen, hatte Charlotte an Hölderlins Mutter geschrieben; nun auf einmal kann sie sich nichts Erstrebenswerteres denken. Der Plan, ein Erziehungs-Institut für Mädchen zu gründen, dem sie dann vorstehen wollte, begleitet sie viele Jahre als eine »idée fixe«. Vielleicht hält sie auch deshalb mit solcher Hartnäckigkeit daran fest, weil er sich mit ihrem eigenen Leiden an der Welt so gut verbinden läßt: dem Leiden durch die fehlende »Glücks-Eigenschaft«, die sie ihren Zöglingen durch Erziehung verschaffen möchte, dem Leiden durch die falsche, widersinnige, auf Unkenntnis und Desinteresse gründende Mädchenerziehung ihrer Zeit: »Das Weib wird ganz verkehrt behandelt. Nach meiner Erfahrung wird es, wo es erzogen werden soll, so behandelt: In der Kindheit muß es denken, als Jungfrau muß sie spielend gefallen pp. Nur als Weib soll sie arbeiten.« . . . »Hätte der rohe Mann . . . nicht noch Romane, wo von uns die Rede ist – er wüßte gar nichts von uns, als daß wir Tiere sind – Nein, nein, bis jetzo noch müssen die Frauens auch die absonderlichsten Romane in Schutz nehmen.«

In Programmen für die Praxis entwickelt sie ihre pädagogischen Vorstellungen, die so verschwommen und konventionell sind, wie ihre Ideen über Frauenleben präzis, frei und kühn. Höhere Töchter sollen zu ihr kommen, »christliche Sittenlehre und Hoffnung« soll die Quelle des moralischen Unterrichts sein, gründlicher und mannigfaltiger Unterricht in weiblichen Handarbeiten soll vorzüglich ihre Zeit ausfüllen. Danach stehen Tanz, Musik, Zeichenunterricht auf dem Stundenplan, es folgen die Sprachen (Deutsch, Französisch); die übrigen »geographischen und historischen Stunden und die Lektüre überhaupt wird man immer so zu leiten suchen, daß Erfahrungen und Kenntnisse dadurch vermehrt werden, die der weiblichen Jugend nützlich und vorteilhaft sein können.«

Schiller, dem Charlotte einen solchen Entwurf mit der Bitte um Beurteilung und möglichst Hilfe schickt, rät dringend ab (ganz in dem Sinne, in dem sie selbst Hölderlin abgeraten hatte): ihr Geist sei viel zu individuell gebildet, nehme eine höhere Richtung und einen kühneren Gang, als daß sie sich jemals zu normaler Erziehungsarbeit verstehen könnte. Jean Paul meint, mit dem Abraten müsse man sich nicht erst Mühe geben: »die Zöglinge werden fehlen.« Er behält natürlich mehr als recht, denn selbst zu einer Schulgründung kommt es nie. Als Charlotte ihn 1802 besucht, zieht er das Fazit ihrer Bemühungen: »Frau von Kalb war hier; ganz dieselbe in Kraft, Geist und Traum; die arme schwimmt in ihrer Flut und hält sich an jeden Zweig, der neben ihr – mitschwimmt.«

Hier, das ist Meiningen, Charlottes Kindheitsort, wo Jean Paul mit seiner jungen Frau die ersten Ehejahre verbringt und schon bald Vater eines Sohnes wird, was ihn (ungewöhnlich bei Vätern) ein wenig ärgert. Denn Erziehung ist (im Kopf) auch seine Passion, und er ist der Überzeugung, daß »Eltern-Erziehung an einem Knaben (das Universum, und die Vergangenheit sind seine Hofmeister) wenig vermöchte, aber an einem Mädchen alles.«

Seine Frau Caroline war ihm dafür ein Beweis. »Nun ists gut und die Welt wieder offen und der Himmel und ich haben meine Frau wieder. Mitten in den Wehen heute brachte sie mir doch mein Frühstück von Pflaumenkuchen. Doch mußte diese Geduldige schreien vor Schmerz. Ach wie lernt' ich da die armen Weiber wieder achten und bedauern!«

31. Kapitel

Kinderstube

»Aber jetzt, . . . da Sie eben aus meiner Kinderstube gekommen sind, führen Sie mich einmal in die Ihrige.« Um einander zu zeigen, was sie sind, erzählen Liebende am liebsten von dem, was sie einmal waren, von ihrer Kindheit. So auch in Jean Pauls »Titan« der junge strahlende Fürstensohn Albano und seine spanische Geliebte Linda de Romeiro: »Ich hing an allem Lebendigen bis zum Schmerz; ein sterbender Kanarienvogel machte mich einmal krank, und die Totenmesse, glaubt' ich, werde für ihn gelesen. Auch an Gott und Geistern hing ich trunken. Im Feuer, das ich im Dunkeln einmal aus dem Zucker schlug, blitzten sie mir vorüber. Ich habe nie gespielt, sondern früh gelesen. Da ich sehr ernst war und meine Gestalt sich zeitig entwickelte, so wurd' ich früh als Erwachsene behandelt, und ich begehrt' es auch. Niemand war mir ernst genug, außer der Vormund, der mit heimlicher Hand meine Entwicklung regierte. Vor Büchern und im Reisewagen da verging mein erstes Leben. Ich beneidete die Männer um ihr Wissen und ihre Freiheit, aber sie gefielen mir nicht, die Weiber noch weniger. Ich galt für stolz – und früher war ich's auch – und für phantastisch; ich nahm es nicht übel und sagte: ›Ihr habt euere Weise und ich meine‹.«

In Lindas Kinderstube erkennen wir ohne Mühe die Charlottes wieder, die im »Titan« zum zweitenmal in ihrem Leben von einem Dichter als Spanierin ›entdeckt‹ bzw. zur Spanierin verkleidet wurde, zum Inbegriff also von Hoheit, Stolz, Leidenschaft, von Ernst und Feuer. Ein seltsamer Zufall will es, daß Jean Paul von dem Hauptschauplatz dieser Kindheit seinen »Titan« Band für Band in die »Welt« schickt, zuallererst immer den »vier Schwestern auf dem Thron«, denen er das Werk dedizierte, nämlich der Fürstin Friederike von Solms, der Fürstin Therese von Thurn und Taxis, der Herzogin Charlotte von Hildburghausen und der Königin Luise von Preußen, die den Richters zur Hochzeit ein silbernes Teegeschirr geschenkt hatte. »Möge Titan, wenn der Himmel seinen Frühling zuschließet, Ihnen ein Paar Wolken daraus wegnehmen und ihnen etwas von dem Himmel austeilen, den Sie oft ausgeteilt.«

Längst schon hatte sich Charlotte Jean Pauls Besuch in Meiningen gewünscht. Ob sie gleich diesen Ort nicht gern habe, so fühle sie sich doch dort immer gedankenvoller, stiller als anderswo. »Mich zieht eine Gewalt in die Vergangenheit hin; Du mußt den Ort sehen, damit Du das Theater meiner Jugend kennenlernst.«

Nun ist er mit seiner jungen Frau dort, in einer Wohnung, die ihm die Gräfin Schlabrendorff besorgt hat, eine seiner ehemaligen Verehrerinnen – und mehr. Früher hatte sie ihn durch ihre erotische Freizügigkeit erregt und verwirrt (»Unser Weg ging bergunter, d.h. schnell, wir legten in Sekunden Wochen zurück. Sie hatte noch die Hof-Brillanten an Fingern und am Halse; und als ich wahrlich an dem letzteren nicht weiterrückte, als ein Rasiermesser an unserem ... so schnallte sie das Collier ab und machte ungebeten die tiefern schönen Spitzen auf ... Ihr Globulus hatte die Farbe und Weichheit der Wolkenflocken«), jetzt rühmt er ihre wohlerzogene Tochter. Sie ist eine Nichte des Herrn von Wechmar auf Roßdorf, des gewissenhaften Vormunds der Marschalkschen Geschwister, dessen Besitzergreifungsexpedition am Anfang des Familienruins stand. Und sie heiratet (in Jean Pauls Meininger Zeit) den Meiningischen Kabinettsekretär Friedrich Schwendler, Sohn des betrügerischen Amtmanns Schwendler und Bruder des Kaufmanns, der Hölderlin in Frankfurt begegnet war. »Es ist ein kalter, junger, schöner, rechtschaffener Mensch«, sagt Jean Paul von ihm, der später in Weimar Karriere machte und sogar geadelt wurde.

Charlottes Wunsch, Jean Paul an den wichtigsten Stätten ihrer Kindheit zu sehen, überdauert auch seine Heirat. »Gehen Sie doch ja bald nach Völkershausen, zu meinem Onkel von Stein, den Alten freut es, ob er zwar radotiert und alles verwirrt und vergißt. Er hat ein schönes Haus und *schöne Waldspaziergänge.* Es liegt eine Stunde von der Fasanerie. Seine ziemlich schöne Schwiegertochter wird Ihnen gefallen, mein Herr Cousin weniger ... Gehet hin! Im Garten hatte ich im achten Jahr die Lust mit dem Reh. Es starb und wurde heftig beweint.« (In Lindas Kindheitserzählung hat es sich zum Kanarienvogel verwandelt.)

Auch nach Waltershausen soll er natürlich kommen. Wieder und wieder bittet sie ihn um seinen Besuch, vergeblich: »Kalb ist böse, daß Sie nicht gekommen sind, daß Sie ihn und mich nicht besucht haben.« Jean Paul lernt das Gut nur aus der Verkaufs-Beschreibung kennen (»Wenn Sie reiche Leute kennen, die Güter kaufen, denen können Sie es schicken«).

Weil ihn auch ihr inständiges Bitten nicht zu einem Besuch bei ihr bewegen kann, besucht sie schließlich ihn, zuerst im Februar 1802 (welchem ersten Besuch dann noch weitere folgen): »Eben kommt Frau von Kalb. Ihre Erscheinung kommt wie ein Frühling in den Meiningischen Winter an Kunst, dessen kalte und reine Luft aber stärkt.« Lange hat es Jean Paul in dieser stärkenden Luft nicht ausgehalten.

Meiningen ist so provinziell wie eh und je. Es hat Straßenbeleuchtung bekommen, inzwischen, und einen Blitzableiter: Herzog Georg persönlich besichtigt die neue Erfindung. Es gibt ein neues, von dem inzwischen verstorbenen Pfranger bearbeitetes, von Reinwald herausgegebenes Gesangbuch und neue Kirchenbücher. Der Herzog hat einen Park anlegen und die nahegelegenen Bade- und Ausflugsorte Bad Liebenstein und Altenburg modernisieren lassen. Sein größter Stolz aber ist die Gründung einer Forstakademie in Dreißigacker, an der Cramer, ein durch seine Schauerromane damals sehr bekannter Schriftsteller, als Lehrer angestellt ist. Immer noch gibt es höfische Feste im barocken Stil, muß die Bevölkerung die Familienfeste des fürstlichen Hauses begehen helfen. »Die Gevatterinnen, gegen 200 an der Zahl, zogen paarweise in weißer, jedoch nach der Ortssitte verschiedener Kleidung in der durch Los bestimmten Reihenfolge an ihren Platz: ihnen folgten die anwesenden fürstlichen Personen aus Gotha, Coburg und Rudolstadt, der Hofstaat und die Landeskollegien; über 5000 Zuschauer waren zugegen. Vor der Taufe, welche der Oberhofprediger Volkhardt verrichtete, wurde der Gesang: Mein Herz ist Gott geweihet etc. unter Instrumentalbegleitung angestimmt. Die neugeborne Prinzessin wurde von der Herzoginmutter Charlotte Amalie, dem Herzoge von Gotha und den Prinzessinnen von Coburg und Rudolstadt und 22 durchs Los bestimmten Mädchen aus der Taufe gehoben und erhielt unter dem Donner der Kanonen den Namen Ida.«

Der germanische Name ist neu. Verändert hat sich auch durch die Revolution das Selbstverständnis der Regierenden. Zwar sind sie froh, daß es für die meisten von ihnen so weitergeht wie bisher, aber sie haben ein etwas schlechtes Gewissen dabei. Zu einem Reformer von oben (wie Albano am Ende des »Titan«) ist der Herzog Georg nicht geworden. Aber er gibt sich Mühe, ›populär‹ zu sein, was zum Beispiel heißen kann, daß er (Jean Paul ist eingeladen) mit Gefolge ein Bauerntheater im Meiningischen Oberland besucht: »In Neuhaus gab uns ein Liebhabertheater von 4 Bauern eine kurze Komödie. Den Tag vorher wurde das Stück 3mal gegeben, weil man wegen des zu kleinen Dach- und Theaterbodens immer die alten Bauern hinaus- und frische hineinlassen mußte. Das Fräulein wurde von einem Kutscher erträglich gemacht, die Bewegungen ausgenommen, wenn man scharf sein will. Am besten aber wurde der alte Herr Baron gegeben von einem Mann, der eher aufs Theater als ins Zuchthaus sollte, wohin er doch nach einigen Tagen Meineids wegen bestimmt war. Von Zeit zu Zeit wurde dem Herzoge, dem Prinzen von Hessen Philippstal und dem fürstlichen vorn mitsitzenden Gefolge ein Krug gutes Bier gebracht, das unter uns hinauf- und hinablief.«

Wer da wem eine Komödie vorspielt, ist kaum noch zu unterscheiden. Der auf halbem Wege steckenbleibende gute Wille zur Gleichheit macht die Ungleichheit nur um so deutlicher, auch bei des Herzogs angestrengten Bemühungen um Jean Pauls Freundschaft, die diesem wohl schmeicheln, ihm aber doch eher unbequem sind. »Ich glaubte nie, daß ein Fürst mein *Freund* werden würde, und das ist beinahe der Herzog, ob ich gleich so oft ich will, seine zu häufigen Abend-Einladungen verneine – fast sechs in jeder Woche – Er kommt oft zu uns; neulich aß er sogar bei uns; freilich ließ er, weils schnell ging, sein Essen auch gar herholen.« Jean Paul wiederum kann seinen geistigen Rang ebensowenig loswerden wie der Herzog seinen gesellschaftlichen. »Er hat viel Sinn und Kenntnis und Güte, aber, wie hier niemand, keine Poesie und Philosophie.« Damit ist er noch wohlwollend. Als Schiller den Herzog kennenlernte (der ihm zur Heirat einen Hofratstitel geschenkt hatte), sagte er, es sei ihm nicht möglich gewesen, die Bekanntschaft fortzusetzen, »denn der Mensch ist gar auf der Welt nichts«.

Reinwald geht aus Geiz mit niemandem um und auch Ernst Wagner, der sich um Jean Paul bemüht, kann ihm nichts sein. Er ist auf dem Gut des Herrn von Wechmar als Aktuar und Gerichtshalter angestellt, versteht sich aber als Dichter. »Willibalds Ansichten des Lebens« heißt sein bekanntester, in der Nachfolge des »Wilhelm Meister« geschriebener Roman. »Unter bessern und sichereren Verhältnissen hätte es wohl ein guter Kopf werden können«, urteilt Charlotte, die später, als sie seine Fürsprache braucht, freundlicher über ihn redet. So hat Jean Paul als einzigen, der für ihn in Meiningen geistig und menschlich zählt, nur den Präsidenten Heim, Wilhelmines abgewiesenen Liebhaber, der sich inzwischen als Geologe einen Namen gemacht hat. Fast täglich besucht er Jean Paul nach dem Diner »mit Mineralien, um zu reden und zu verdauen.« Früchte dieser mineralogischen Gespräche sind die Kapitelüberschriften in

Jean Pauls in Meiningen begonnenem Roman »Flegeljahre«: Katzensilber aus Thüringen – Vogtländischer Marmor mit mäusefahlen Adern – Marienglas – Trödelschnecke – Polierter Bernsteinengel, und vieles Kuriose mehr aus Heims Mineraliensammlung. Auch die Frauen Richter und Heim besuchen einander viel und die Abende bringt man oft gemeinsam »in Familie« zu.

Charlotte, deren Besuch für Meininger Verhältnisse also schon fast so etwas wie ein kulturelles Ereignis ist, wird von den Richters freundlich empfangen: »Ihr Wesen gefället mir noch so sehr wie meiner Caroline.« Seine Liebesgeschichte mit ihr ist für Jean Paul tot und in den »Titan« begraben; sein junges Eheglück macht ihn ohnehin großmütig und wohlwollend gegen alle Welt. Caroline nimmt, anders als Lotte Schiller, die ehemaligen Freundinnen ihres Mannes sehr gutmütig an und ihm sogar die Korrespondenz mit ihnen ab, für die ihm nun Interesse und Zeit fehlen. Charlottes Briefwechsel »mit dem Ehepaar Richter« ist bis 1821 überliefert.

Für Charlotte werden das ersehnte erste Wiedersehen und seine freundliche Kälte zur Qual. »Ich wurde in Meiningen krank, durch Versteinerung usw., das viele Reden in den Stunden, wo ich um Sie war, was ich nicht gerne mag und in meiner Natur nicht liegt, das Wort: *Sie kennten* mich und mir würde die Linda gefallen, die ich so innig haßte, wenn ich mir die Mühe geben würden möchte, selbst eine Idee zu hassen. – Ich habe eine Tiefe in der Gesinnung, die vielleicht nur ein Pascal ... verstehen würde. Den Abend und den letzten Morgen kam so vieles über mich wie Hagelschlag. Ich fuhr einsam, wie immer den Winter, weg und trat ins Zimmer. Kalb war freundlich, aber er sagte: ›Hast Du Deinen Verehrer (auch jetzo mit mehr Umschreibung, aber wie oft und viel habe ich es schon hören müssen) gesehen?‹ Also dieser Gedanke ist auch in ihm, wie er in so vielen ist, die mich sahen. Wir müssen uns sprechen und bald und in Gegenwart von Kalb.« Verlangte sie von Jean Paul das Ableugnen einer Beziehung, die sie zugleich so verzweifelt am Leben zu erhalten suchte? Im »Titan« lag sie schließlich aller Welt – und all ihren (einstigen) Freunden und Bekannten vor Augen.

Die Liebesgeschichte zwischen Linda und Albano wird im 4. Band des Romans erzählt, der zur Zeit von Charlottes Besuch (im Februar 1802) noch nicht gedruckt war; Jean Paul hat ihr also wohl das Manuskript zur Lektüre empfohlen, mit deutlicher Anspielung auf ihre Nähe zur Linda, zu der wohl auch andere Freundinnen einzelne Züge beigesteuert haben – Emilie von Berlepsch, Juliane von Krüdener – aber die wesentlichsten verdankt sie doch Charlotte, auch wenn sich Emilie, weniger tiefsehend als Charlotte, freudig in Linda wiederzuerkennen glaubte: »Daß mir diese Linda das liebste nächste Wesen im ganzen Buch ist, werden Sie leicht glauben.«

Linda hat Charlottes Kinderstube, sie liest ihre Lieblingsbücher, sie schreibt ihre Briefe.

Charlotte an Jean Paul: »Mich kann jede Sehnsucht von Dir verwunden, und wäre sie nach dem Paradies.«

Linda an Albano: »Albano, hast Du eine andere Sehnsucht als ich, begehrst du mehr auf der Erde als mich, mehr im Paradies als mich: so sag es, damit ich aufhöre und sterbe.«

Charlotte an Jean Paul: »Ich bin treu wie eine Deutsche und meine Treue ist nicht eine Tugend, eine Pflicht, eine Empfindung, sondern sie ist das Feuer selbst, was den Kern meiner Existenz erwärmt.«

Linda an Albano: »Welcher Mann hat denn Treue, die rechte, die keine Tugend und keine Empfindung ist, sondern das Feuer selber, das den Kern der Existenz ewig belebt und erhält? –«

Charlotte an Jean Paul: »Ich will nichts, aber Dir will ich das Ölblatt und den Myrtenzweig bringen und Violen und Rosen um Dein Haupt winden.«

Linda an Albano: »Komm, ich will dir das Ölblatt und den Myrtenzweig bringen und um das Haupt Rosen und Violen winden.«

Linda teilt mit Charlotte gute und schlechte Eigenschaften, hat ihre »gesellschaftliche Artigkeit« ebenso wie ihre Heftigkeit, deren Emblem der »Vulkan« ist: bei ihrem ersten Auftritt steht sie gegen den Vesuv gewandt. Alles was ihr eigentümlich ist, bis hin zu den großen, seelenvollen Augen, läßt sich auch bei Charlotte wiederfinden, eben nur weniger groß, weniger schön, fränkisch statt spanisch und getrübt, verunklärt durch all das, was eine wirkliche Person von ihrem zur Idee geläuterten poetischen Abbild trennt. Charlotte sah in der Ideeisierung den Verrat des Dichters an der Wirklichkeit, Jean Pauls Verrat an ihr: »Wir sind ihm alle nur Ideen und als Personen gehören wir zu den gleichgültigsten Dingen. Ideendarstellungen des Lebens in der Masse der ihm bekannten Welt aufzusuchen – das ist's, was ihn reizt, beschäftigt. Er hat einen sehr freien Sinn und einen unbefangenen Blick; er durchschauet leicht eine Kette von Umständen, die einen Charakter bilden.« Die Beobachtung ist scharfsinnig und grundsätzlich richtig, aber eben nur grundsätzlich, weil sie (vielleicht in unbewußter Selbstverteidigung) unterschlägt, daß Charlotte Jean Pauls Verfahren noch vor ihm auf sich selbst anwandte, indem sie sich und ihre besonderen Erfahrungen beständig auf allgemeines, auf die Idee zu bringen suchte und seiner Poetisierung damit gleichsam auf halbem Wege schon entgegenkam.

Sie hat Jean Paul Modell gesessen zu seiner bedeutendsten, seiner glänzendsten Frauenfigur. Sonnenhaft überstrahlt Linda die Natalie, Klothilde, Liane, Idoine, die blassen sentimentalischen Mädchen, die sonst in seinen Romanen wohnen, und der Rang dieser Ideen-Figur ist begründet im Rang Charlottes.

»Wenn Albano so über den weiten reichen Geist Lindas hinsah – sie, zugleich ihrer Liebe lebend und jede fremde beschirmend und doch gleichsam vom Wissens-Durste trunken – zugleich ein Kind, ein Mann und eine Jungfrau – oft hart und kühn mit der Zunge, für und gegen Religion und Weiblichkeit und doch voll der zärtesten kindlichsten Liebe gegen beide – glühend zerschmelzend vor dem Geliebten und schnell erstarrend bei kaltem Anrühren – ohne alle Eitelkeit, weil sie immer vor dem Throne einer göttlichen Idee stand und der Mensch nie eitel ist vor Gott, aber sich alles zutrauend und vor niemand demütig, ohne doch sich oder andere zu vergleichen – voll männlicher kecker Aufrichtigkeit und voll Achtung für Gewandtheit und listigen Weltverstand – so ohne Eigennutz und kindlich über Frohe froh, ohne besondere Sorge und Achtung für Menschen – so unbeständig und unbiegsam, jenes im Wünschen, dieses im Wollen – aber ewig ihr Auge und Leben gegen die Sonne und den Mond des geistigen Reichs, gegen Würde und Liebe gerichtet, gegen das eigne und gegen ein geliebtes Herz: – wenn Albano das alles vor sich spielen und weben sah, so lebt' er gleichsam auf dem einfachen und doch unabsehlichen, dem beweglichen und doch allgewaltigen Meere, dessen Grenze bloß der klare Himmel ist, der keine hat.«

32. Kapitel

Götterkrieg

»Gerade die Vermeidung des Ungeheuren, das edle Maß, wodurch allen Bildungen ihre Grenzen vorgeschrieben wurden, ist ein Hauptzug in der schönen Kunst der Alten; und nicht umsonst drehet sich ihre Phantasie in den ältesten Dichtungen immer um die Vorstellung, daß das Unförmliche, Ungebildete, Unbegrenzte erst vertilgt und besiegt werden muß, ehe der Lauf der Dinge in sein Gleis kömmt.« So deutet Karl Philipp Moritz in seiner Götterlehre die Geschichte vom Krieg der »neuen Götter« unter der Führung Jupiters gegen die erste Göttergeneration, die Titanen, von denen es bei Moritz heißt: »Die Titanen sind das Empörende, welches sich gegen jede Oberherrschaft auflehnt; es sind die unmittelbaren Kinder des Himmels und der Erde, deren weit um sich greifende Macht keine Grenzen kennet und keine Einschränkung duldet.« Zehn Jahre tobte, der Sage nach, der Götterkrieg unentschieden, bis sich Jupiter den Beistand von drei hundertarmigen Riesen erbat. »Als diese nun an dem Treffen teilnahmen, so faßten sie ungeheure Felsen in ihre hundert Hände, um sie auf die Titanen zu schleudern, welche in geschlossenen Phalangen in Schlachtordnung standen. Als nun die Götter aufeinander den ersten Angriff taten, so wallte das Meer hoch auf, die Erde seufzte, der Himmel ächzte und der hohe Olymp wurde vom Gipfel bis zur Wurzel erschüttert.

Die Blitze flogen scharenweise aus Jupiters starker Hand, der Donner rollte, der Wald entzündete sich, das Meer siedete, und heißer Dampf und Nebel hüllte die Titanen ein.

Kottus, Gyges und Briareus standen voran im Göttertreffen, und mit jedem Wurfe schleuderten sie dreihundert Felsenstücke auf die Häupter der Titanen herab. Da lenkte sich der Sieg auf die Seite des Donnerers. Die Titanen stürzten nieder und wurden so weit in den Tartarus hinabgeschleudert, als hoch der Himmel über der Erde ist.«

Als »Streit der Kraft mit der Harmonie« deutet Jean Paul, der Moritz natürlich gelesen hatte, seinen »Titan«, der wie er sagt, eigentlich »Anti-Titan« heißen sollte: »Jeder Himmelsstürmer findet seine Hölle.« Mit gleichsam titanischem Anspruch erklärt er den Titanen seiner Zeit den Krieg, als da sind »die allgemeine Zuchtlosigkeit des Säculums, dieses irrende Umherbilden ohne ein punctum saliens und jede genialische Parzialität« (zu deutsch: Einkräftigkeit). Bei näherem Hinsehen freilich schrumpft das »Säculum« zum klassischen Weimar und zum romantischen Jena zusammen, und der Götterkrieg zur Schriftstellerfehde. Jean Paul erzählt die Geschichte seiner intellektuellen Versuchung durch die Geister von Weimar und Jena; daß er sich versuchen läßt, müssen die Versucher mit ihrem Sturz bezahlen. Nicht ohne eine gewisse Unverfrorenheit leiht er, dessen Romane man stets ihrer Formlosigkeit wegen zu kritisieren pflegte – im Namen klassischer Harmonie – nun diesen Harmoniebegriff aus, um mit dessen Hilfe die »genialische Parzialität« der Klassiker oder Klassizisten zu bekämpfen. Doch meint er, wo er von Harmonie spricht, eher Religion und Moral.

Die wichtigsten Figuren des Romans haben an seiner zentralen Idee teil: Albano, ein spanisch-deutscher Graf, der jugendliche Held und Liebhaber, durch feurigen Enthusiasmus, seine Freunde: Roquairol, unfähig, noch »echt« zu empfinden, weil er sich beim Empfinden immer zuschauen muß, und Schoppe, der Humorist, den Bindungslosigkeit und »bodenlose« Selbstreflexion in den Wahnsinn treiben; Don Gaspard, Politiker und Weltmann, ein Goethe- und Schiller-Amalgam (von Goethe hat er die »geistige Statur«, von Schiller die Physiognomie); Linda de Romeiro, die (wie sich spät herausstellt) Tochter des Don Gaspard, die »Titanide« des Romans.

Ihre Einkräftigkeit ist die Liebe. Als Venus stellt sie Jean Paul im großen Stil einer barocken Oper erstmals seinen Lesern und dem ihr als Geliebten zugedachten Albano vor: »Indem er über das Meer hinblickte, dessen Küsten in die Nacht versunken waren und das unermeßlich und finster als eine zweite Nacht dahin lag: so sah er zuweilen einen zerfließenden Glanz darüber schweifen, der immer breiter und heller floß. Auch zeigte sich eine ferne Fackel in der Luft, deren Lodern lange Feuer-Furchen durch die flimmernden Wellen zog. Es kam eine Barke näher mit eingezognem Segel, weil der Wind vom Lande ging. Weibliche Gestalten erschienen auf ihr, worunter eine nach dem Vesuv gewandte von königlichem Wuchs, an deren rotem Seidenkleide der Fackelschein lang herunterfloß, das Auge fest hielt. Wie sie näher schifften und das helle Meer unter den schlagenden Rudern auf beiden Seiten aufbrannte: so schien eine Göttin zu kommen, um welche das Meer mit entzückten Flammen schwimmt und die es nicht weiß.«

Albano und Linda begegnen sich, in einem kurzen nächtlichen

Gespräch über Tod und Unsterblichkeit erkennen sie einander als große Seelen. »Albanos Geist«, so heißt es, »stand von der Fürstenbank auf, um die hohe Verwandte zu grüßen, und sagte: ›Unsterbliche! und wär es sonst niemand!‹«

Das ist eine Verlobung und gleich zu Beginn der Gipfelpunkt einer Beziehung, deren Zerstörung Jean Paul in oft widersprüchlicher Verflechtung psychologisch motiviert und ideologisch begründet. Albano hat sich mit Linda zuviel zugemutet. Sie ist zu unbequem. Ihre unweiblich freien, ja radikalen Ansichten sprengen die Grenzen von institutionalisierter Religion und Moral; so ist sie eine erklärte Feindin der Ehe (in die sie sich dann doch Albano zuliebe fügen möchte), tritt sie auf als Verteidigerin des Selbstmords und der Madame de Staël, deren »unmoralische Selbstmordsucht« von Albano kritisiert wird: »›Lieber Gott‹ (rief Linda) ›ist nicht das Leben selber ein langer Selbstmord? – Albano, alle Männer sind doch irgendwo Pedanten, die guten in der sogenannten Moralität, und Sie besonders.‹« Das trifft ins Schwarze und verwundet (wie so vieles, was Linda sagt) nicht nur durch den Inhalt, sondern auch die sentenziöse Schärfe, den Mangel an »weiblicher« Konzilianz. So wird Albanos Liebe allmählich von beleidigter Eitelkeit zersetzt. Als Linda ihm zumutet, die Liebe, von der er redet, zu seiner »eigensten« Wahrheit zu machen, bricht der »Geschlechterkampf« offen aus.

So wie Schiller Charlotte in Mannheim um des literarischen Ruhmes willen verlassen hatte – das jedenfalls war seine »offizielle« Begründung gewesen –, so will im »Titan« Albano Linda verlassen, um auf seiten der französischen Revolutionsarmeen in den Krieg und aus Italien in den Norden zu ziehen, für den Ruhm aus großen Taten. Seine Schwester Julienne will ihn abhalten. Da sucht er Unterstützung bei Linda – und findet in ihr eine Kriegsgöttin gegen den Krieg und seine kriegerischen Pläne, deren Lebens- und Liebesphilosophie und -phantasie eine ganze männliche Weltordnung herausfordert.

»›Schwester, Linda, was hab' ich denn noch getan auf der Erde?‹ – ›Diese Frage; – und diese ist genug vor Gott‹, sagte Julienne, bewegt von der wund-stolzen Bescheidenheit des Jünglings und von seiner schönen Stimme, welche zornig so klang wie gerührt. ›Worte! was sind Worte?‹ (sagt' er) ›O man schämt sich freilich, daß man etwas früher nur denken und sagen muß, eh' mans tut, obgleich der dürftige Mensch nicht anders kann, sondern jede Tat wie eine Statue vorher im elenden Wachs der Worte modellieren muß. Ach Linda, liegen hier nicht überall um uns Taten, statt der Worte und Wünsche? – Hab' ich nicht auch einen Arm, ein Herz, eine Geliebte und Kräfte wie andere und soll mit einem morschen mürben spanischoder deutschen Grafenleben aus der Welt gehen? – O meine Linda, streite du für mich!‹

›Ich bin‹ (sagte sie, scharf nach der großen Kaskatella blickend, die hoch aus Bäumen herniederstürmte) ›nicht von vielen oder beredten Worten und verstehe Sie auch nicht ganz. Ich muß mir immer die Worte in Ideen und Wahrheiten übersetzen und vermag es nicht allzeit. Bei Ihren Worten, Graf, denk' ich mir gar nichts. Wem die Liebe nicht allein genügt, der ist von ihr nicht erfüllet worden. Freilich, so mit dem Herzen alles vergessend wie wir, so konzentriert in *eine* Idee des Lebens sind die Männer nie. Ach, und so wenig ist der Mensch, ein Menschenbild ist ihm mehr und jede kleine Zukunft!‹

›Auch du, Brutus?‹ sagte Albano betroffen. ›Würden Sie‹ (fuhr er sich fassend fort) ›dem Elysiums-Leben auf Ischia eine Ewigkeit für einen Mann geben? Würden Sie ihn als Jüngling ins Kloster der seligsten Ruhe schicken? Gewiß nur als Greis. Jenes hieße den Baum mit dem Gipfel in die finstere Erde pflanzen.‹

›Das ist wieder der Deutsche‹ (sagte sie) ›nur immer recht Betriebsamkeit. Die ruhigen Neapolitaner, die Völker am Apenin, an den Pyrenäen, am Ganges, in Otaheiti, voll Genuß und Beschauung, sind diesem Spanier ein Greuel. Ich dächte, wenn ein Mensch nur für sich etwas würde, nicht für andere, das reichte zu. Was *große Taten* sind, das kenn' ich gar nicht; ich kenne nur ein *großes Leben*; denn jenen Ähnliches vermag jeder Sünder.‹ –

›Wahrlich, das ist wahr‹, (sagt' er) ›es gibt nichts Erbärmlicheres als einen Menschen, der sich durch dies oder das zeigen will, was ihm selber groß, selten und ohne Verhältnis zu seinem Wesen vorkommt und ihm daher gar nicht angehört. Jede Natur treibt ihre eigne Frucht und kann es nicht anders; aber ihr Kind kann ihr niemals groß erscheinen, sondern immer nur klein und gerecht. – Ist's anders, so ist ihr eine ganz fremde Frucht an den Zweig gegangen.‹

›Albano! wie wahr! Aber ihr hattet sonst nie einen halben Willen, wie ist's?‹ sagte Linda. ›Jetzt auch nicht!‹ sagt' er ohne Härte. Man ist am sanftesten, wo man am stärksten ist mit dem Entschluß. Er suchte nun seine eignen Worte – das Öl und den Wind für sein Feuer – recht zu sparen und zu meiden; um so mehr, weil Worte doch gegen nichts helfen, sondern vielmehr das fremde Gefühl anstatt aus- nur anblasen; dabei wurd' er noch der häufigen Fälle eingedenk, wo er

Linda mit einem einzigen Worte bei aller Unschuld zur Flamme aufgetrieben.

Sie standen, und er schauete hin über das göttliche Land, als Linda, nach einem stummen Blicken in sein Antlitz, ungeachtet ihres scheinbar-ruhigen Philosophierens, auf einmal heftig seine Hand anfaßte und rief: ›Nein, du darfst nicht, bei meiner Seligkeit, bei allen Heiligen – bei der heiligen Jungfrau – bei dem Allmächtigen! – du darfst, du sollst nicht!‹ Einen Raub gibt es, wogegen ewig der Mann unaufhaltsam entbrannt aufsteht, und beging' ihn eine Göttin aus Liebe und böte sie dafür eine Welt von Paradiesen: es ist der Raub seiner Freiheit und freien Entwickelung. Ja, daß es Liebe ist, aber zugleich despotische, zugleich Freiheit übende und raubende, das erbittert ihn nur noch mehr, und aus dem *Nebel* des Irrtums wird später das *Gewitter* der Leidenschaft. – Linda wiederholte: ›Du darfst nicht.‹ Er sah ihr bewegtes glänzendes Antlitz an, dessen südliche Heftigkeit doch mehr einem Enthusiasmus glich als einem Zorn, und sagte fest: ›O Linda, ich werde wohl dürfen und wollen!‹ ›Nein, ich sage Nein!‹ rief sie.« –

Lindas Position ist stark in dieser großen Auseinandersetzung, ihre Argumente treffen Albano, wo er am verwundbarsten ist: denn ist es nicht wahr, daß er stets die Gegenwart an die Zukunft verrät, die Liebe zu einem besonderen Menschen, zu Linda, an die Liebe zum Menschenbild, daß er vor den konkreten Forderungen des Augenblicks ins Vage, Unverbindliche ausweicht? Ist es nicht wahr, daß er Linda nur darum verlassen kann, weil er von der Liebe nicht wie sie erfüllt ist? Das weiß er auch, möchte Linda aber nicht gern zugeben, was sie ihm immer wieder auf den Kopf zusagt: daß er nämlich, »wie oft die Männer, noch mehr lieben wolle, als er liebe.« Albano hätte Linda antworten können, daß ihre Forderungen die menschliche Natur überforderten, daß die Liebe als Lebensinhalt nicht genügen könne, daß der Mensch vertrieben sei aus dem Paradies des selig-selbstgenügsamen Seins. Was er ihr tatsächlich entgegenzuhalten hat, ist die Ideologie des »Status quo«. Pathetisch wird das Recht des Mannes – nicht des Menschen – auf Freiheit und freie Entwicklung behauptet, wird von der Frau verlangt, sie habe ihre Wünsche und Bedürfnisse diesem (einmal heilig genannten) Recht unterzuordnen. Schillers Lied von der Glocke ist nicht fern:

Der Mann muß hinaus	Und drinnen waltet
Ins feindliche Leben,	Die züchtige Hausfrau,
Muß wirken und streben	Die Mutter der Kinder,
Und pflanzen und schaffen,	Und herrschet weise,
Erlisten, erraffen,	Im häuslichen Kreise,
Muß wetten und wagen,	Und lehret die Mädchen,
Das Glück zu erjagen.	Und wehret den Knaben
. . .	Und reget ohn Ende
	Die fleißigen Hände . . .

Linda, die sich mit einer solchen Welt- und Gesellschaftsordnung nicht abfinden mag, wird despotischer – in einem Brief sagt Jean Paul noch deutlicher unweiblicher – Liebe beschuldigt. »Ja mein Albano, gehe fort, zu Deinem Ruhm und zum Glück der Menschheit, ich werde Deine Rückkehr erwarten«, hätte sie antworten müssen, wäre sie von echter weiblicher Liebe erfüllt gewesen.

In der »ideellen« Auseinandersetzung mit Linda also behauptet sich Albano nicht allzu überzeugend, psychologisch freilich ist seine Irritation sehr verständlich. Nicht was Linda fordert nämlich, sondern wie sie es fordert, herrisch, ohne Konzilianz, ist das eigentliche Ärgernis. Gegen diesen Angriff auf seine persönliche Freiheit ist Albano mit Recht so empfindlich wie jeder andere Mensch – Jean Paul entwickelt im »Titan« sehr differenziert, wie sich Albano wundstößt an Lindas Unverbindlichkeit, an ihrer Empfindlichkeiten nicht achtenden Entschiedenheit, an dem aristokratischen Despotismus ihrer Natur, und man kann wohl davon ausgehen, daß er damit auch von den Verletzungen spricht, die ihm Charlottes Despotismus zufügte.

Nach ihrer großen Auseinandersetzung sind die Liebenden eigentlich schon geschiedene Leute. Zwar wird der Streit noch für eine Weile ausgesetzt, zu schlichten ist er nicht. Mit der Prinzessin Idoine tritt Albanos zukünftige Frau auf, deren Liebe nicht unweiblich selbstsüchtig ist, wie nach Jean Paul die Lindas, sondern rein und uneigennützig. Linda lernt die Rivalin kennen. »Ich habe nichts wider sie und nichts für sie«, bemerkt sie (Charlotte über Emilie von Berlepsch zitierend). Sie ahnt, daß ihr Albano im Herzen schon untreu geworden ist, doch weil er als Held eines »hohen Romans«, anders als sein Autor, eine Verlobung nicht lösen darf, weil er um seiner Ehre willen »stets nach der Pflicht der Treue handeln würde«, muß ihm Linda auf andere Weise aus dem Weg geräumt werden.

Albanos Freund Roquairol, in Liebe zu Linda entbrannt, lockt sie mit einem Brief in der Handschrift Albanos zu einem Rendezvous in den Schloßpark:

»Du Meine! Sei es wieder! Ich will noch sterben, aber für dich, nicht für ein Volk auf dem Schlachtfeld. Vergib das Gestern und beglücke das Heute. Ich habe meinen Vorsatz einer Reise wieder aufgegeben, um dir heute noch an das Herz zu stürzen und deinen Himmel auszuschöpfen und meinen zu füllen... Komme diesen Abend – ich flehe dich bei unserer Liebe an – um 8 Uhr entweder, wenn es hell ist, in die Tartarus-Höhle, deren Totengräber-Putz und Orkus-Ameublement dir gewiß nur lächerlich sein wird, oder, wenn es wolkig ist, in das Ende des Flötentals... Ich erwarte und begehre keine Antwort von dir, sondern Schlags acht Uhr schleich' ich durch das Elysium, um zu sehen, wo die Göttin steht, der Himmel, die Sonne, die Seligkeit, du.

Dein Albano«

Linda merkt den Betrug nicht. Auch beim Treffen im nächtlichen Park hält sie Roquairol, der mit verstellter Stimme zu ihr spricht, für Albano – sehen kann sie ihn nicht, weil sie nachtblind ist. So gelingt »der Riesenschlange« Roquairol, dessen stürmischem Drängen Linda nicht zu widerstehen vermag, der Mord an ihrer Unschuld, die Verführung:

»Jetzt sah er am Himmel die Sturmwolken wie Sturmvögel zwischen den Sternen und neben dem zornigen Blutauge des Mars schon heller fliegen; der Mond, der ihn verjagte und verriet, warf bald das Richter-Auge eines Gottes auf ihn. Im Hohne gegen das Schicksal riß er auf für seine küssende Wut den Nonnenschleier und Heiligenglanz ihrer jungfräulichen Brust. Fern stand der Leuchtturm des Gewissens, von dicken Wolken umzogen. Linda weinte zitternd und glühend an seiner Brust. ...

Plötzlich fingen im Tal die Flöten an, die der fromme Vater zu seinen Abendgebeten spielen ließ. Wie Töne auf dem Schlachtfeld riefen sie den Mord heran – da schmolz Lindas goldner Thron des Glücks und Lebens glühend nieder, und sie sank herab, und das weiße Brautkleid ihrer Unschuld wurde zerrissen und zu Asche.«

Wenig später bekennt sich Roquairol öffentlich zur Verführung Lindas, in einem Trauerspiel, in dem er die Hauptrolle spielt und sich am Ende, Leben und Spiel zur Deckung bringend, erschießt. Linda, bis dahin ahnungslos über den Betrug, erklärt sich feierlich zu seiner Witwe. Albanos Weg zu Idoine ist frei.

Jeder Himmelsstürmer im »Titan« hat seine eigene Hölle. Weil

Linda die Liebe über das Gesetz stellt, und damit zur Rebellin wird gegen die männliche Herrschaft, trifft sie die ganze Strenge des Gesetzes, als sie diese unbedingte Liebe in der Hingabe an den Geliebten (wie sie meint) lebt.

Über Linda aber nimmt Jean Paul wohl auch späte Rache an Charlotte und ihrem Fixlein-Brief, an ihrem: »die Geschichte der Verführung, die ich bis in den Tod hasse«, an ihrem »ich kann um solcher Tugend willen niemand selig sprechen«, an ihrem »Liebe bedürfte keines Gesetzes«. Lindas Verführung ist eine Verführung Charlottes »in effigie« und überdies wohl auch eine Indiskretion. Zwar hatte Jean Paul an Otto einmal geschrieben, er dürfe von Charlottes theoretischer Freigeisterei über die Sinnlichkeit nicht auf die Praxis schließen, doch hat er ihm auch von stürmischen erotischen Szenen mit Charlotte (wo er im Pulvermagazin Tabak geraucht habe) erzählt.

Aber Linda ist zum Glück mehr als ihr Fall, mit dem sich Jean Paul wohl mehr schändete, als sie. Ihre bedeutende und unverwechselbare Art zu sein, wird in einer ganzen Reihe von Szenen, in fast jeder ihrer Äußerungen anschaulich, und wenn es auch keinen Beweis dafür gibt, daß uns Jean Paul damit auch Charlotte ein wenig anschaulich macht – glauben, vorstellen können wir uns das schon. Hier leistet die Dichtung für unsere Phantasie mehr, als es alle Briefe und Quellen vermögen, sie zeigt, was wir sonst wohl im Kopf rekonstruieren und begreifen, aber eben nicht sehen, nicht erfahren können. Wir kennen Jean Pauls Brief an Otto, in dem er von seinem ersten Treffen mit Charlotte erzählt. Er enthält gewiß anschauliche Details, doch wieviel mehr »Präsenz« hat Linda in dem großen Streit mit Albano – »›Ich bin‹ (sagte sie, scharf nach der großen Kaskatella blickend, die hoch aus den Bäumen niederstürzte) ›nicht von vielen und beredten Worten und verstehe Sie auch nicht ganz‹« – wie lebendig wird sie uns in Jean Pauls Erzählung ihrer ersten Unterhaltung mit Albano:

»Das Gespräch floß jetzt ebener. Sie sprach von seinem Vater und drückte als Mündel ihre Dankbarkeit aus: ›Es ist eine mächtige Natur, die sich vor allem Gemeinem bewahrt‹, sagte sie, sogleich gegen die vornehme Sitte schon teilnehmend von Personen sprechend... Dian, zu allgemeinen Betrachtungen verdorben und nur zu individuellen tüchtig, unterbrach sie mit Fragen über einzelne Kunstwerke in Neapel; sie teilte sehr offen ihre eigentümliche Ansicht mit, obwohl ziemlich entscheidend. Albano dachte zuerst an seinen zeichnenden Freund Schoppe und fragte nach ihm; ›bei meiner Abreise‹ (sagte sie) ›war er noch in Pestitz, ob ich gleich nicht begreife, was ein so ungemeines Wesen da will – es ist ein gewaltiger Mensch, aber verworren und nicht klar. Er ist sehr ihr Freund.‹ – ›Was macht‹ (fragte Dian scherzend) ›mein alter Gönner, der Lektor Augusti?‹ – Sie antwortete kurz und fast über dessen vertrauliches Fragen empfindlich: ›Es geht ihm gut bei Hofe. – Wenigen Naturen‹ (wandte sie sich, über Augusti fortfahrend, an Albano) ›geschieht so viel Unrecht des Urteils als solchen einfachen, kühlen, konsequenten wie der seinigen.‹ Albano konnte nicht ganz Ja sagen; aber er erkannte in ihrer Achtung für die fremdeste Eigentümlichkeit froh die Schülerin seines Vaters, der ein Gewächs nicht nach der glatten oder rauhen Rinde, sondern nach der Blüte schätzte. Nie zeichnet der Mensch den eignen Charakter schärfer als in seiner Manier, einen fremden abzuzeichnen. Aber Lindas hohe Offenherzigkeit dabei, die feingebildeten Weibern so oft abgeht als kräftigen Männern Feinheit und Hülle, ergriff den Jüngling am stärksten, und er glaubte zu sündigen, wenn er nicht seine große natürliche gegen sie verdoppelte.« –

Solche Portraits konnten Charlotte wohl milder stimmen, die bei ihrer schroffen Ablehnung des »Titan« nicht blieb. Im Juni 1802 schrieb sie Jean Paul noch etwas schnippisch, aber schon versöhnlich: »Über den »Titan« will ich einiges sagen. Ich wünschte mir in jedem Jahr vier Bände, puisque cela m'amuse, und bei einigen Stellen habe ich *Sie* auch *lieb*, und das ist mein Verhältnis zu dem Autor.«

Und im September 1803 bekannte sie sich zur Linda, in einem Reisebrief aus Bamberg, den Jean Paul sehr lobte, weil er so heiter, gewandt und witzig sei und – was er nicht sagte – weil er ihm die Absolution erteilte. »In Bamberg im Einhorn, auf dem Steinweg, verließ ich den Präsidenten mit meinem letzten Willen. Das Haus hat ein großes Zimmer mit zwei Betten. . . . Ich sah die weite Straße hinauf, aber mir fiel nichts bei als: Hier gibt's das beste Rindfleisch, Brot und Bier ec. Ich ging auf den Gang dem Hof zu, und aus Mangel von Aussicht und Einsicht mußte ich etwas Tolles finden und erfinden. Im Tempel der Proserpina war ich. Den Eingang besetzten Amore mit wallender, schaukelnder Fackel. Sappho singt dort ihr ewiges Lied und Eurydice lauscht nach Orpheus-Tönen. Da waren auch Linda und Roquairol. Da ward ein anderes Gespräch im Flötental. Aber heute finde ich die Worte nicht mehr. Stehet mir der Genius bei und Dein Buch, einziger Jean Paul, und dergleichen Geistigkeiten mehr, so versuche ich den Versuch und mache das Arge ärger.«

Wenn Charlotte gefürchtet hat, ihre vielen Bekannten könnten sie mit der gefallenen Linda identifizieren – der Gedanke muß, eben weil sie so sehr auf ihren guten Ruf bedacht war, schrecklich für sie gewesen sein – dann hat sich diese Furcht wohl als unbegründet erwiesen – fast müßte man sagen: leider. Denn schon die ersten Bände des Werkes wurden vom Publikum nur lau und ohne Enthusiasmus aufgenommen, der letzte, vierte, bedeutendste Band mit der Linda-Geschichte offenbar kaum noch gelesen. Was Jean Paul der Lese-Welt hatte zeigen wollen, nämlich sich als Klassiker, konnte er ihr nicht zeigen – sie hörte ihm nicht mehr zu. Charlotte gehörte zu den ganz wenigen, die seine Anstrengung honorierten: »Sie schreiben immer lichter, schöner.«

33. Kapitel

Stilleben

»Berlin liegt in den Sandwüsten Arabiens; man mag nun hineinkommen, von welcher Seite man will, aus Ost oder West, aus Süd oder Nord, so wird man von den keuchenden Postpferden in einem Sandmeer fortgeschleppt; im Sommer brennt die Sonne auf diesem Sande doppelt stark, und einige von Raupen abgefressene Kieferstämme geben den einzigen dürftigen Schatten, der zu finden ist. Von Bergen findet das Auge weit und breit keine Spur, und wo man etwas Wasser findet, da ist ein Sumpf, um den eine Schar von Kiebitzen ihren angenehmen Gesang erhebt. Was man auf den Feldern erblickt, sind einzelne Kornhalme, deren Samen die Vögel hier verloren zu haben scheinen...«

Im Juli 1804 bringt ein Reisewagen Charlotte von Kalb und ihre Tochter Edda durch die märkischen Sandwüsten in Preußens Hauptstadt Berlin. Der Zerfall der Familie ist damit besiegelt. Der älteste Sohn Fritz ist in die preußische Armee eingetreten und liegt mit seinem »Ansbachischen Husaren-Bataillon« bei Neustadt a.d. Aisch in Franken; August, der jüngere, lebt noch bei seinem Vater, dessen Freundin und den Stiefgeschwistern in Trabelsdorf. Zudringliche Gläubiger und Schikanen des Prozeßgegners werden ihnen das Leben auf dem längst nur noch »angemaßten« Gut sauer gemacht haben.

Berlin ist damals eine Stadt aus vielen einzelnen Dörfern um zwei neue Stadtteile, die Friedrichstadt und die Neustadt, die als Musterplanungen vom Reißbrett viel bewundert und bestaunt wurden, aber auch viel kritisiert, weil in ihnen sich abbildete, was man für preußisches Wesen hielt: Rationalismus und Militarismus.

Alles »in der Bauart, in Anlage der Straßen, in der ganzen äußeren Erscheinung (hat) eine gewisse prahlende und trockene Monotonie« (bemerkt etwa der schwedische Reisende Atterboom), »die ohne Zweifel entweder den Berliner Charakter allegorisch schildert oder doch stark auf denselben einwirkt. Der Beschauer wird bald all der Richtschnurbauten, Linien und geometrischen Figuren überdrüssig, wie zierlich sie auch ausstaffiert sind, und glaubt beständig, unter Reihen von lauter Kasernen zu wandeln. Dieser Eindruck kann um so weniger Illusion genannt werden, da es fast unmöglich ist, Füße und Augen nach irgendeiner Richtung zu wenden, ohne auf Soldaten, Paraden, Märsche und Manöver zu stoßen.« Die Staats- und Stadtkritik aus der Perspektive des Romantikers – dem Heidelberg und Flußtäler zwischen ruinenbestandenen Bergen Inbegriff städtebaulicher bzw. landschaftlicher Schönheit sind – vergißt über dem absolutistischen freilich das romantische Berlin. In der kurzen Regierungszeit Friedrich Wilhelms II. hatte es sich zur geistig und kulturell lebendigsten Stadt in allen deutschen Landen entwickelt. Ehemals »Hauptquartier« der Aufklärung, »befehligt« vom Buchhändler, Verleger, Autor Friedrich Nicolai, war es zu einem wichtigen Zentrum der romantischen Bewegung geworden, die von den Berlinern Tieck und Wackenroder ausgegangen war. Um und nach 1800 lebten sie irgendwann alle einmal in Berlin: Friedrich Schlegel, als Stubenkamerad Schleiermachers, und sein Bruder August Wilhelm, der in den Wintern 1802–1804 vielbesuchte Vorlesungen über Literaturgeschichte hielt, Clemens Brentano, Fouqué, Achim und Bettina von Arnim, Kleist und E.T.A. Hoffmann. In den Salons, am berühmtesten die von Rahel Levin und Henriette Herz, hatte sich eine freiere »Geselligkeit« entwickelt, in der geistiger Rang mehr zählte als gesellschaftlicher. Auch das Theater, dem Iffland als Leiter vorstand, zog viele Besucher an. Selbst Schiller, der im Frühjahr 1804 in Berlin eine begeistert gefeierte Aufführung seiner »Jungfrau von Orleans« erlebte – Iffland setzte in alter Anhänglichkeit an Mannheimer Tage Schillers Stücke besonders gern auf den Spielplan – dachte an einen Familienumzug nach Berlin: »Berlin gefällt mir besser, als ich erwartete. Es ist dort eine große persönliche Freiheit und eine Ungezwungenheit im bürgerlichen Leben. Musik und Theater bieten mancherlei Genüsse, obgleich beide bei weitem nicht leisten, was sie kosten.« Der junge geistig-kulturelle Ruhm der »Wunderstadt«, wie Charlotte ironisch sagt, spielte bei der Wahl ihres neuen Wohnortes nur noch eine Nebenrolle. Um Theater, Konzerte, Gesellschaften geben oder besuchen zu können, muß man Geld haben, mit Charlotte zu sprechen: »Das Gute, Schöne und Feinste zu wissen und zu genießen, ist nur durch Geld bedingt.« Das hoffte sie in Berlin besser verdienen zu können, als anderswo. Die Residenzstadt mit wohlhabenden Einwohnern, mit Manufakturen und Industriebetrieben bot gute Einkaufs- und Verkaufsmöglichkeiten, bei einflußreichen Leuten aus Regierung, Verwaltung, Hof, Diplomatie konnte sie auf Vermittlung, Fürsprache, Gunst- und Gnadenbezeugungen für die Familie und Edda hoffen. Der Minister Hardenberg war ein ehemaliger Gönner des Präsidenten, die Prinzessin »Wilhelm« von Preußen kannte sie von Bad Homburg her. Auch nähere, aus Jena zugezogene Bekannte fand sie in Berlin: ihren Arzt Hufeland, den Historiker und Diplomaten Woltmann, der in Berlin unter anderem die Interessen Hessen-Homburgs vertrat, und ihr am wichtigsten von allen, Fichte mit seiner Familie.

Charlotte, die nördliches Leben so wenig liebte, hatte sich ihren Aufenthalt in Berlin befristet gedacht; als sie 1843 dort starb, waren fast 38 Jahre daraus geworden – ein halbes Leben. Zweimal ist sie in dieser Zeit noch gereist – ihre zweite Reise zog sich über drei Jahre hin –, sonst waren ihre größten Bewegungen Wohnungswechsel in Berlin. Anfangs wohnt sie ganz nah bei Fichtes (»so daß wir uns zum Fenster hinaus sprechen können«, wie Johanna Fichte schreibt); Woltmanns nehmen sie sommers in ihrem Tiergarten-Haus auf (»die Frau von Kalb lebt nun auf dem allereingeschränktesten Fuß bei Woltmanns«); sie logiert in dem Haus, in dem Schlegel seine Vorlesungen hielt und in einem andern, das für Jean Paul einmal wichtig gewesen war, wie sie ihm brieflich vorhält: »Sie waren oft bei Frau Hastfer, in diesem Logis wohne ich.« Wilhelmine von Hastfer, eine geborene Klencke, die sich von ihrem Mann scheiden ließ und wieder heiratete, ist bekannter unter ihrem zweiten Ehe- und Künstlernamen Helmina von Chézy. Sie war eine Enkelin der Karschin und versuchte sich als Dichterin; daß sie das Libretto zu Webers »Euryanthe« schrieb, begründet ihren bescheidenen Ruhm bei der musikalisch interessierten Nachwelt. Als junge Frau muß sie bezaubernd hübsch, sehr zart, sentimental, schwärmerisch und ein wenig töricht gewesen sein. Jean Paul war bei seinem Berlin-Besuch entzückt von ihr gewesen, und Charlotte war dieses Entzücken offenbar nicht verborgen geblieben.

Als Edda Hofdame geworden war, wohnte Charlotte immer wieder in deren Dienstwohnung im königlichen Schloß; von 1820 bis zu ihrem Tod hat sie – eine Gnade der Prinzessin – dann ganz bei der Tochter gelebt. Aus ihrer zwei Treppen hoch gelegenen »Zelle« im Schloß ist die alte blinde Frau kaum noch herausgekommen.

Charlotte selbst hat dieses lange Stilleben als ein »zu sich kommen« gedeutet und schon vorgebildet gesehen in dem Fenster-Zimmerchen, das sie sich als Kind im Ballsaal zu Völkershausen geschaffen hatte, um inmitten ihrer spielenden, lärmenden Altersgenossen für sich zu sein. Das Berliner Stilleben erzwangen Bedürftigkeit und Stolz, Alters- und Augenschwäche, eigentlich trieb sie ihre Natur. Und im übrigen bin ich einsam, heißt der Refrain ihrer Berliner Briefe, einsam aus Not und Wunsch:

»Ich lebe sehr einsam und immer noch beschränkt.«

»Immer werde ich *kränklich oder tief unbehaglich*, wenn ich unter Menschen bin ... Ich vegetiere im eigentlichen Sinne, es reizt mich kein *Wollen*, keine Hoffnung, keine Neigung und kein lebendiges Wort.«

»Ich lebe *ganz isoliert*. Eine Frau, die in einer großen Stadt keine Equipage hat, kann nur in ihrem Zimmer existieren. Übrigens glaube ich auch nicht, daß etwas mir *Angenehmes* oder geistig Zuträgliches sich hier für mich finden könnte, als die Musik. Wenn ich große Konzerte zuweilen hören könnte! Noch hätte es ohne Sorge nicht sein können, denn die Ruhe geht mir über alles. Außer diesem Zustand will ich nicht leben, und jeder Genuß läßt mir nur Mangel empfinden. Nur in der innigsten Ruhe und Freiheit können freie Künste genossen und erkannt werden. Es ist in Berlin nicht teuer leben, aber meine Revenuen erhalte ich so unordentlich, wodurch ich oft geniert bin.«

»Öder und einsamer ist aber mir noch keine Zeit vergangen als die in Berlin.«

»Ich will dem Umgang mit Fremden ganz entsagen; denn dem Alter ist immer alles fremd, es ist ihm stets, als wären Kinder oder Spielleute um ihn, gegenseitige Aufmerksamkeit und Mitteilung findet es nicht mehr. Im Grabe sind die Freunde meiner Jugend, im Grabe oder entfernt die Freude meines Lebens.«

»Ich bin immer nach meiner Neigung sehr einsam, Freunde finden sich nicht leicht und Bekannten bin ich gleichgültig. So bleibt denn dieses Stilleben für mich das Erquicklichste.«

Erst in ihren spätesten Jahren hat sie in der Einsamkeit doch manchmal zu innerem Frieden gefunden: »Ich bin aber kindisch genug, zu meinen, daß ich einen geheimen Schutzgeist habe, denn es ist ungewöhnlich, 79 Jahre alt, blind und dennoch zufrieden zu sein.«

Es war ein langes Warten auf den Tod. Mit Berlin kam das Alter. »Sie würden sich wundern, wie man in sechs Jahren so altern konnte, wie ich es bin«, schrieb Charlotte 1809 an Caroline Richter. Das rasche Schwinden ihres Augenlichts spiegeln die Briefe, die immer unleserlicher werden. Dem Empfänger bereiteten sie wohl meist eher Pein, als Freude, nicht nur, weil das Entziffern mühselig war, auch, weil jeder Leser dazu verführt wird, von den verwirrten Schriftzügen auf geistige Verwirrung zu schließen. Charlotte wußte, daß ihre Briefe »widrig« waren, mochte aber nur ungern einem Schreiber diktieren – wozu sie schließlich doch gezwungen war –, der als Fremder ein unbefangenes, vertrautes »sich-Mitteilen« unmöglich machte.

Ruhig wurde sie durch das Stilleben nicht. Bis zum Ende hatte sie den Kopf voller Pläne und Spekulationen, bewahrte aber auch ihre Geistesschärfe und ein lebendiges Interesse für Tagespolitik, Weltbegebenheiten, philosophische und literarische Neuerscheinungen – selbst wenn sie, persönlich von Dichtern enttäuscht, immer wieder beteuert, nur noch Interesse an Werken mystisch-religiöser Natur zu haben: »Ich lese mit Anteil Schriften, wie es die Werke der Guyon, Fénélon sind . . . Alles andere ist mir fern wie die Jugend.« Die Lektüreliste, die man aus ihren Briefen zusammenstellen könnte, widerspricht dem, und wenn ihr schon die die eigene Jugend fremd geworden war, so rettete sie jugendliche Neugier ins Greisenalter.

Die »unbedeutendste Existenz, die ein Sterblicher nur führen kann«, hat Charlotte ihr Berliner Leben einmal genannt, doch wenn wir ihm folgen, sehen wir es immer in Berührung mit dem geistigmenschlich-politisch Bedeutsamen. Der junge Historiker Leopold von Ranke war noch von der 80jährigen so beeindruckt, daß er sie öfter besucht hat. Verlorengegangen war mit der Jugend aller Glanz des Lebens, und wenn Charlotte auch manchmal rückblickend die Vergangenheit von sich abstoßen wollte, wie eine Schlange ihre alte Haut, so erinnerte sie sich daran doch auch wehmütig als an ein goldenes Zeitalter der Freundschaft und Liebe: »Was mir jetzo erscheint, dünkt mir so fremd in der Welt des Gemütes, des Geistes, und der Zeit, so roh und einiges so schroff, daß ich gerne die Augen schließe und von den Seligen träume, die da waren.«

Sie überlebte wie Goethe alle, fast alle, die sie einmal kannte, die ihr nah und lieb waren, sie überlebte auch Goethe. Schon 1803 war ihr »Lehrer« Herder gestorben; Goethe trug damals in seine Annalen ein, die Verletzungen der letzten Jahre über den Tod hinaus festhaltend: »Ein großer jedoch leider schon vorauszusehender Verlust betraf uns am Ende des Jahres: *Herder* verließ uns nachdem er lange gesiecht hatte. Schon drei Jahre hatte ich mich von ihm zurückgezogen, denn mit seiner Krankheit vermehrte sich sein mißwollender Widerspruchsgeist und überdüsterte seine unschätzbare einzige Liebesfähigkeit und Liebenswürdigkeit. Man kam nicht zu ihm ohne sich seiner Milde zu erfreuen, man ging nicht von ihm, ohne verletzt zu sein.

Wie leicht ist es, irgend jemand zu kränken oder zu betrüben, wenn man ihn in heiteren offenen Augenblicken an eigene Mängel, an die Mängel seiner Gattin, seiner Kinder, seiner Zustände, seiner Wohnung, mit einem scharfen, treffenden, geistreichen Wort erinnert. Dies war ein Fehler früherer Zeit, dem er aber nachhing und der zuletzt jedermann von ihm entfremdete.

Fehler der Jugend sind erträglich, denn man betrachtet sie als Übergänge, als die Säure einer unreifen Frucht; im Alter bringen sie zur Verzweiflung.«

Anderen Freunden – Jean Paul, Charlotte – ist Herder in seiner »einzigen Liebesfähigkeit und Liebenswürdigkeit« durch den Tod gleichsam zurückgegeben. Jean Paul fügt einen schönen Nachruf in seine gerade fertige »Vorschule der Ästhetik« ein, rühmt ihn, der stets mehr durch seine Person wirkte als durch seine Werke, nicht als Dichter, sondern als »Gedicht, von irgendeinem reinsten Gott gemacht«; er lobt seinen Reichtum, der es unmöglich mache, ihn zulänglich zu schildern (»den Sternenhimmel malt keine Sternenkarte«), bestimmt ihn mit dem Satz: »Überall das Entgegengesetzte organisch-dichtend sich anzueignen, war sein Charakter« – und bringt es sogar fertig, das Widrige seiner letzten Jahre sanft zum Beweis seiner Größe umzuwenden:

»Ein *Vater* und Schöpfer der Zeit wird sehr bald deren Zuchtmeister und Feind; indes ihr bloßer *Sohn* nur ihr Schüler und Schmeichler wird. – Bloß für die Jugend oder Schwäche ründet sich die Gegenwart zu, ohne Bedarf einer Zukunft; aber ein Sieger und Gegenfüßler irgendeiner Gegenwart ist auch einer für jede. So glich der geliebte Geist den Schwanen, welche in der harten Jahreszeit die Wasser offen erhalten durch ihr Bewegen.«

»Liebenswürdiger Geist, Herder hat Deine süße, hohe verklärende Klage vernommen, und, in Liebe selig, ist Deine Liebe ihm die göttlichste Seligkeit«, schreibt Charlotte an Jean Paul und fällt in wehmütiger Rührung in die Vergangenheit zurück: »Jean Paul, Du erschufst mein Elysium, und die Heimat meiner Seele ist bei Dir! Ich auch führte Dich in Knebels Garten, wo Du Herdern fandest.« Die »Vorschule« hat sie so begeistert gelesen, wie kein anderes Werk Jean Pauls: »Comment puis-je exprimer mon étonnement? Es gibt ein Bewundern, was Erstaunen ist. So faßt mich unsäglich das Lesen der *Ästhetik*. Ich kann nicht davon schreiben; das könnte Goethe, Schiller und alle hohen Geister dieser Zeit, aber nicht die, so nur leben von den Brosamen, die von des Herrn Tische fallen.«

Wenige Wochen nach diesen Zeilen und der »Vorschul«-Lektüre erfuhr sie vom Tod Schillers, den zu lieben sie »treu wie eine Deutsche« nie aufgehört hatte. »Obwohl meine Seele nur mit einem Andenken sich beschäftigt, kann ich nicht davon schreiben«, heißt es in ihrem Kondolenzbrief an die Witwe, in dem sie – in der Form eines Nachrufs – bekennt, was ihr heilig ist, was ihr und Schiller einst gemeinsam heilig war: »Sein Genius ist der Welt eine hohe, einzige Gunst, unvergänglich! Unendlich ist der Gedanke an *ihn* in den Herzen seiner Freunde. Der Wechsel der Empfindung, selbst die Sehnsucht vermindert sich in dem Gemüt dessen, der die Ewigkeit denkt und mit der Gewalt der Liebe zu seligen hohen Ahnungen und Erkenntnissen geleitet wird.«

Die Ehe der Charlotte von Kalb nimmt ein knappes Jahr später ein ihr gemäßes trübes Ende. Am 8. April, dem Osterdienstag des Jahres 1806, erschießt sich Heinrich von Kalb im Münchner Gasthof »Zum goldenen Hahn«. Der Wirt findet ihn erst Stunden später. Niemand im Haus hat den Schuß gehört. In seinem Abschiedsbrief spricht der Mann, der, weil Familienbriefe fehlen, in dieser Erzählung bisher nur ein Name und stumm war, zum erstenmal zu uns.

Er begründet seinen Schritt mit dem Familienruin. Zwar war er 1802 zum »Obersten à la suite« der kurpfälzisch-bayrischen Armee ernannt worden, ein Einkommen war mit diesem Titel nicht verbunden, und auch die hartnäckigsten Bemühungen hatten ihm keine bezahlte Anstellung verschafft. Der Bruder sitzt als Schuldner des Herzogs von Zweibrücken in Bamberger Schuldarrest. Das Gericht hat soeben über den Verlust von Trabelsdorf und Dankenfeld unwiderruflich entschieden. »Alles, alles ist verloren, und ich unterliege unter denen Streichen des Schicksals, das mich und die meinigen erdrückt, und das wir nicht verdienten.«

Er bittet den Empfänger des Briefes, den Hauptmann Leopold von Geiger, einen Schwiegersohn seines Bruders des Präsidenten, dafür zu sorgen, daß dem »so vertrauten und verfolgten Bruder die Nachricht meines Ablebens mit Behutsamkeit und Schonung hinterbracht wird; er dauert mich grenzenlos; sagen Sie ihm, daß ich bis zum letzten Lebenshauch die innigste Liebe und Verehrung für ihn in meinem Herzen trug, daß er aller meinigen Vater sein soll.«

Und er endet den Brief mit einem soldatischen Schlußwort:

»Den Tod scheue ich nicht, als Soldat trat ich ihm mehrmals unter die Augen; für mich ist er Erlösung von einem qualvollen Zustand, und nach denen Grundsätzen der Griechen und Römer, die meine

Kirchen-Väter sind, ist es erlaubt, aus diesem Leben herauszutreten, ehe Alter und Krankheit von der Bühne abruft.«

Kein Wort in diesem Brief für seine Frau, kein Wort wohl überhaupt für sie. Kein Wort der Trauer von ihr, aber Verständnis und Schuldbewußtsein: »Ob zwar schon oft der Besitz unseres Vermögens gesichert schien, so sind doch alle Bemühungen wieder zusammengestürzt und vernichtet worden. Und in solchem Sturm eines widerwärtigen Daseins, wo äußeres Unglück sich häufte, verließ der Obrist von Kalb diese Welt! Er, der ein so bittres Los finden mußte, *durch mich*! Wie es mir nun unmöglich ist, mir eine äußere Mühe zu geben! Ich lebe von einer Stunde zur andern, und obgleich die dunkle Zukunft, kann ich doch keine kleinliche Sorge haben.«

Den Selbstmord von Heinrich von Kalb adelt nichts, keine große Liebe, kein großes, existentielles Leiden, wie das Mißverhältnis zwischen »seinem Herzen und seinem Ort«, das Heinrich von Kleist in den Tod trieb. Niemand stirbt verachteter, als der vom Glücksrad der Fortuna abgestürzte. Und doch ist etwas sehr Bewegendes in des Obristen Zärtlichkeit für seinen Bruder, dessen Schande der Schuldhaft ihn zu Tode traf, während der Präsident auch mit diesem Schicksalsschlag fertig und bald wieder ein freier spekulierender Mann wurde.

Im Grunde war Kalb seines glücklosen Lebens wohl schon längst müde gewesen. Krieg und Kampf hatten ihn für den Frieden verdorben. Seit der Rückkehr aus dem amerikanischen Unabhängigkeitskrieg zehrte er nur von den Erinnerungen an diese Zeit, in der er als Soldat Abenteuer erlebt und sich bei der Belagerung und Eroberung von Yorktown rühmlich ausgezeichnet hatte. Charlotte, die dem Bedürfnis, ihr Leben zu poetisieren und zu erhöhen, nie widerstehen konnte, hat die Heldentat ihres Mannes, den größten Moment seines Lebens, in einer literarischen Fest-Phantasie »Das Mahl« gefeiert. Sie spielt zur Mannheimer Zeit und zeigt Charlotte mit Helden des Geistes und der Tat: mit Schiller, Heinrich von Kalb und einem seiner Offiziersfreunde. Man nimmt in erlesener Umgebung ein erlesenes Mahl zu sich und jeder muß eine Geschichte erzählen. Am Ende des Erzählspiels werden Kästchen mit sinnreichen Symbolen ausgeteilt. Das für Schiller ist mit einem Lorbeerkranz versehen, das für Charlotte mit Buch, Feder, Brief. Auf Heinrichs Kästchen ist ein Schuh zu sehen:

HEINRICH Was soll mir das?

WILLIAM Es ist der Schuh, den du bei der Eroberung von Charlestown verloren, wie du der Erste in der Festung warst, der Brite dem Einschuhigen den Degen übergab, und im Moment von unserm Corps: Charles down! gerufen wurde.

HEINRICH Dank – Dank! – du gedachtest, du erinnerst an einen schönen Tag meines Lebens!

Charlotte, die für Yorktown vielleicht irrtümlich, vielleicht auch um des Wortspiels willen »Charlestown« setzte, hatte 1836 noch einmal Anlaß, sich dieses schönen Tages zu erinnern, als sie von einer Erbschaft hörte, auf die Nachkommen des Generals von Kalb Anspruch erheben könnten. Dieser General hatte sich im Unabhängigkeitskrieg vielfach ausgezeichnet und war 1780 gefallen. Der Adel des gebürtigen Franken allerdings war »self-made«. Charlotte muß das gewußt haben, zog es aber vor, um der Erbschaft willen die Möglichkeit einer Verwandtschaft nicht nur offenzulassen, sondern den Nachlaßverwaltern sogar nahezulegen, in einem Schriftstück, das die Eroberungs-Geschichte (diesmal ohne Schuh) erzählt und fortsetzt: »Der Offizier Heinrich von Kalb, der unter denen war, welche die Festung zuerst erstiegen hatten, erhielt als Auszeichnung seines Eifers l'ordre pour le mérite. Als die Offiziere des Regiments Royal Deux-Ponts dem General Washington namentlich vorgestellt wurden, fragte Washington den Offizier von Kalb: ›Sind Sie verwandt mit dem General Major Baron von Kalb, dessen Verdienst wir anerkennen und der seine Ergebenheit und Treue mit dem Tode besiegelte?‹ ›Mein General, es lebt nur ein Geschlecht dieses Namens in Thüringen, nähere Erläuterungen vermag ich nicht zu geben, da ich bald das väterliche Haus verlassen habe.‹

Sogleich ward aus den Papieren und dem letzten Willen des Generals dargetan, daß er aus Thüringen sei und dasselbe Wappen führe . . .«

Zur amerikanischen Erbschaft verhalf ihr dieses Märchen nicht.

34. Kapitel

Gottähnlichkeit

Der Arzt Wilhelm Christoph Hufeland wird von seinen Bekannten
als ein streng rechtlicher, nach außen hin schroffer, bei näherem
Kennenlernen aber weicher, gütiger Mann geschildert. Viele Männer seiner (und nicht nur seiner) Zeit zeigen uns dieses Doppelge-
sicht von Strenge und Milde, nach dem »Vorbild« des strafenden
und liebenden Gottes, an den sie glaubten und den sie als Männer,
als Väter auf dieser Erde gleichsam zu vertreten hatten; viele, auch
Hufeland, sind an diesem Anspruch fast zerbrochen.

»Imitatio« war für Hufeland auch sein ärztlicher Beruf; als tägli-
ches Gebet und Credo trug der alte Mann in sein medizinisches
Tagebuch ein:

> Der Menschen Leiden zu versüßen,
> Das höchste Glück ganz zu genießen,
> Ein Helfer, Tröster hier zu sein,
> Dies, Gott, laß mich bei allen Sorgen,
> Bei Tages Last, an jedem schwülen Morgen,
> Gerührt empfinden, ganz mich weih'n
> Zu helfen, trösten, zu erfreu'n!

Große wissenschaftliche Entdeckungen verdankt ihm die Medizin
nicht. Er war ein Volksaufklärer, dem das Vorbeugen vor Heilen
ging. Er, der selbst als Kind fast an den Pocken gestorben wäre, hat
sein Leben lang gegen diese schrecklichste Seuche seiner Zeit gekämpft und unermüdlich die allgemeine Impfung gepredigt, die zu
Beginn seiner Laufbahn, als man »Menschenpocken«, noch nicht
Kuhpocken »inokulierte«, lebensgefährlich gewesen war. Eifrig pro-
pagierte er Badekuren, die Heilkraft von Nord- und Ostsee, und
verstand sich allgemein als Lehrer der »Kunst, das menschliche
Leben zu verlängern«, wie seine berühmteste, zum Volksbuch gewordene Schrift heißt. Wer sich davon neue, überraschende Einsich-
ten erwartete, würde enttäuscht sein, denn die Kunst besteht in nichts
anderem als in einem vernünftigen und mäßigen Leben mit frischer
Luft und ausgewogener Diät, wie es Ärzte auch heute noch empfehlen.

Im Arbeiten war Hufeland unmäßig, nicht nur, weil das sein strenges Berufsethos verlangte: er mußte, wie fast alle damals, weit mehr leisten, als wir heute, um auch nur ein bescheidenes Dasein fristen zu können. Seine über 400 Bücher, Aufsätze, Artikel für Fachzeitschriften hat er in den Morgenstunden zwischen 5 Uhr (im Winter 6 Uhr) und 8 Uhr geschrieben, danach noch bis in den späten Abend hinein praktiziert. Als junger Arzt in Weimar hatte er nicht nur die Bürger der Stadt, sondern auch die Bevölkerung der umliegenden Dörfer zu betreuen, was bei den schlechten Wegen vor allem im Frühjahr mühselig und gefährlich war. Kam er dann heim, mußte er seine Medikamente selbst bereiten, austeilen und schließlich auch noch über die Arbeit des Tages ein Krankenbuch führen. Auch als er zum Professor in Jena avanciert war, bewältigte er neben vier täglichen Vorlesungsstunden noch eine umfangreiche Praxis.

1799 wurde er als Leibarzt des preußischen Königs berufen; mit dieser Stellung war die Leitung der »Charité«, des Berliner Armen-Krankenhauses verbunden. Dieser ehrenvollen Beförderung verdankte er paradoxerweise die schlimmste, mühseligste Zeit seines Berufslebens. Seine Autorität als Charité-Direktor wurde untergraben durch einen der untergebenen Ärzte, der nach einem Mode gewordenen medizinischen System – dem des Engländers Brown – Kranke behandelte, während Hufeland im Hörsaal nebenan Vorlesungen über die Schädlichkeit der Brownschen Lehren hielt. Doch noch unerträglicher als der berufliche Ärger war die finanzielle Sklaverei, in die ihn seine neue Stellung brachte, war, wie er in seiner Autobiographie erzählt, »daß meine ökonomische Lage – ich hatte nur 1600 Taler Gehalt und dabei eine zunehmende Familie – mich nötigte, viel Praxis zu übernehmen, um die zum Leben und zur Equipage notwendigen 4–5000 Taler zu erwerben. Die Folge war, daß ich bald meine ganze Zeit, von früh 9 bis 4 Uhr, und abends von 5 bis 8 Uhr auf der Straße zubringen, täglich 30–40 Krankenbesuche machen mußte, und weder meiner Wissenschaft, noch dem Lehramt, noch meiner Familie leben konnte. Ich wurde beneidet, schien äußerlich glücklich. – (Ein Freund) sagte mir einst: ›Sie sind der glücklichste Mann, haben die schönste Frau, die schönste Equipage, das reichste Einkommen‹ – und dennoch fühlte ich mich innerlich unglücklich! Mein Geist konnte nicht mehr der Wissenschaft leben, meine literarischen Arbeiten lagen darnieder, für das Lehramt konnte ich fast gar nichts tun, und selbst mein Kopf ging durch die arge praktische Zerstreuung unter, meine Gesundheit fing an durch die übermäßigen Anstrengungen zu leiden. Ich fühlte, daß es in die Länge so nicht bleiben konnte. Aber wie es ändern? – Da kam im Jahre 1803 *Brandis* aus Hannover nach Berlin und trug mir die Professur der Therapie und Klinik in Göttingen... an. Dies war ganz meiner Neigung angemessen und ich ging darauf ein. Aber der König hatte von dieser Unterhaltung gehört, er wünschte mich zu behalten und sagte: ›Wenn man den Vogel behalten will, so muß man ihm ein Nest bauen.‹ Er ließ mir 20 000 Taler anweisen zum Bau eines neuen Hauses. Ich zog es vor, eins zu kaufen, was ich sogleich beziehen konnte, wozu ich aber nur 15 000 Taler erhielt.«

Die Gesellschaften im gastfreien Hufelandschen Haus gehören zu den wenigen, die Charlotte in ihrer ersten Berliner Zeit noch besucht. »Dieses Haus bildete einen Mittelpunkt für Gelehrte, Künstler, Kunstfreunde, und verschmähte es nicht, auch jüngere Männer, die auf keine Bedeutung Anspruch machen konnten, aber eine lebendige Empfänglichkeit für geistige Anregung mit sich brachten, zu diesen Kreisen heranzuziehen«, erzählt der spätere Gymnasialdirektor Friedrich Kohlrausch, der das Hufelandsche Haus als junger Mann besucht und dort auch Charlottes Bekanntschaft gemacht hat, mit der er seitdem von Zeit zu Zeit korrespondierte. »Um gleich eine Reihe Namen von Männern und Frauen zu nennen, die sich im Hufelandschen Hause kennengelernt haben, so zähle ich – außer den eigentlichen Hausfreunden, *Fichte, Zelter, Johannes Müller, August Wilhelm Schlegel* –, den Historiker *Woltmann*, den Bildhauer *Schadow*, den Anatomen *Loder, Friedrich Heinrich Jacobi*, die aus Schillers Leben bekannte *Frau von Kalb, Madame Herz*, die Schauspielerin *Unzelmann*, die nachherige *Händel-Schütz*, auf, die mir sogleich gegenwärtig sind.«

Die Reihenfolge der Namen spricht für sich. Um Hufeland versammeln sich angesehene, gebildete Männer, die sich nach anstrengender Berufsarbeit am Feierabend noch zu kultivierter Unterhaltung treffen und strebsame Jünglinge gern an ihrem Wissen, ihrer Lebenserfahrung teilnehmen lassen: »Wie förderlich die Gespräche solcher Männer unter sich über wissenschaftliche und sonst interessante Gegenstände für uns jüngere, die wir in der Mitte der zwanziger Jahre standen, sein mußten, brauche ich nicht auseinanderzusetzen«, bemerkt Kohlrausch. »Die Philosophie, die Geschichte, die schöne Literatur und Kunst, die Musik, wurden durch Männer der ersten Größe in den einzelnen Fächern vertreten, und Hufeland verstand so meisterhaft, die Einzelnen anzuregen, daß sie lebhaft aus sich herausgingen und das Beste, was sie in sich trugen, auf ihre Zunge stieg. Wenn er es dahin bringen konnte, daß zwei von verschiedenen Fächern, ein jeder die Vorzüge und Bedeutung des seinigen, gegen einander verteidigten, so hatte er seine Freude daran, denn es wurde nicht immer eine ernste Unterhaltung gepflogen, vielmehr suchten die Männer, die den Tag über streng gearbeitet hatten, am Abend gern eine Erholung im heiteren Austausch der Gedanken.« Am Rande dieses Männerzirkels stehen Schauspielerinnen und Frauen, deren Ruhm gleichsam geliehen, parasitär ist: Henriette Herz, die es verstanden hatte, sich zum Mittelpunkt einer Gesellschaft aus lauter Namen zu machen, Charlotte, einst eng befreundet mit den Helden der Weimarer Kunstepoche, die, kaum versunken, schon als Mythos wieder aufgestiegen war. Ehefrauen ohne Beruf und geliehenen Ruhm kommen nicht vor. »Interessant war sie mir besonders wegen ihrer Verbindung mit Schiller, ihres Umgangs mit Goethe«, schreibt Bernhard Rudolf Abeken, auch einer der jungen Männer, die in Hufelands Haus verkehrten, über Charlotte. Seine Autobiographie »Goethe in meinem Leben« erschien zwar erst 1866; in der Chronologie des »Erlebens« aber steht sie am Anfang der Rezeptionsgeschichte Charlottes durch Literaten und Literaturhistoriker des 19. und 20. Jahrhunderts, deren Frauen-Interpretation-Würdigung-Kritik ein so ärgerliches wie komisches Kapitel der Literaturgeschichtsschreibung bildet. Was für Kämpfe sind etwa geführt worden über die Unschuld der Frau von Stein, ihren guten oder schlechten Einfluß auf Goethe und über die Frage, ob dieser nicht besser daran getan hätte, ihr Corona Schröter vorzuziehen! Abeken, der, weil er Charlotte persönlich kennengelernt hatte, ihr gegenüber billiger war als spätere Kritiker, sieht in ihr doch schon ein Beispiel dafür, »wie namentlich Frauen durch die sogenannten höheren Ansichten von dem Rechten abgelenkt werden können... Sie konnte für ein vorzügliches Exemplar der Frauen gelten, die früher in beschränkter Sphäre allein auf die Verwaltung des Hauses hingewiesen, nun sich zu emanzipieren, in das Gebiet des Geistigen einzudringen sich bemühten und rücksichtslos die Fesseln abstreiften, die so unbequem geworden waren«. Immerhin bewundert er (»welcher Verirrungen sie sich auch mochte schuldig gemacht haben«) ihren Geist, »der die Stürme des traurigsten Geschickes überdauert hatte... die Fassung, womit sie diesem begegnete... Ich besuchte sie öfters und war Zeuge von diesem nicht gebeugten Sinn. Sie hatte das Leben und dessen Wechselfälle wie Wenige kennengelernt«.

252

Vielleicht war es ein solcher Emanzipations-Verdacht, vielleicht nur das freilich auch bezeichnende Desinteresse Friedrich Heinrich Jacobis an einer alternden, unattraktiven Frau, geistvoll oder nicht, was eine Begegnung zwischen Charlotte und ihm – im Hufeland-schen Haus – zum Mißerfolg werden ließ. Jean Paul verdankte sei-nem philosophischen Busenfreund Jacobi (mit dem er Arm in Arm gegen »Ungläubige« wie Fichte zog) wichtige Anregungen zu seinem »Titan«, dessen zentrale Idee er in Jacobis »Allwill« vorweggenom-men sah. Charlotte, die »Titanide«, hieß ihm, nach einem anderen Roman Jacobis, dem »Woldemar«, auch eine »Woldemarin«. Des-halb befremdete es ihn sehr, daß Jacobi vieles am »Titan« sehr anstö-ßig und die »Woldemarin« Linda abscheulich fand, sie gar einen »ekelhaften Drachen« nannte, der von Jean Paul viel zu gut behan-delt worden sei. »Wahrlich die Leser sind alle Albanos gegen sie gewesen« (schrieb er gegen Linda und Charlotte an Jacobi zurück), »wie übersahen sie denn: ihre Achtung für listigen Weltverstand und ihren Mangel an Sorge und Achtung für Menschen (das echte Zei-chen unweiblicher Liebe) . . ., ihre Faulheit – ihre Liebe gegen Me-dea und Mirabeau – ihren Haß auch der schönen Wirklichkeit – ihre Freigeisterei über Unsterblichkeit, über Selbstmord, Moralität – ihren Haß der Reue und des Besserns – und aller Gesetzmäßigkeit außer als äußern Schein – und ihr Lob des Wollens . . . und ihren *Haß der Ehe*, worin ja ihr Fall schon steckt«.

Charlotte, die den »Woldemar« mit leidenschaftlicher Anteilnahme gelesen hatte, wußte gewiß, daß sie Jean Paul eine Woldemarin war, von dem Briefklatsch und Jacobis Abneigung gegen Linda wußte sie nichts. Doch aus ihren Zeilen, in denen sie (im April 1805) Jean Paul um die Vermittlung eines Treffens zwischen ihr und Jacobi bat, klingt ganz hellsichtig ein eifersüchtiges Mißtrauen: »Man sagt, Ihr Jacobi reiste über Berlin und dann nach München, wo er als Präsident der Akademie mit 3000 fl. (Gulden) Gehalt angestellt werden soll . . . Wissen Sie, wie es nicht anders sein kann, von der Reise des Frd. Jacobi, so sorgen Sie, teurer Freund, daß ich ihn in Berlin sprechen kann . . . Mein Verlangen, F. Jacobi zu sehen, ist *nicht* lebhaft, aber wenn ich diesen Wunsch vernichten wollte, würde mein Gemüt noch mehr entschlafen.«

Die gespielte Gleichgültigkeit verbirgt freilich auch ein sehr drin-gendes materielles Interesse an Jacobi, den sie – als zukünftigen Präsidenten der Akademie – für ihren Erziehungs-Plan gewinnen wollte. (»Man gebe ein Kloster oder Abtei, die in München ist, zu dieser Absicht. Die Oberaufsicht habe eine Äbtissin. Diese Äbtissin kann nur von der Königin ernannt werden. Man kann sie in Grafenstand erheben, wenn sie Kalb... heißt und Gräfin von Ostheim nennen«).

Jean Paul an Jacobi: »Eine alte Freundin von mir – Frau v. Kalb aus Weimar, jetzt in Berlin – bittet mich um deine Sichtbarkeit, wenn *Berlin* den *Merkurs* Durchgang durch dich nimmt. Sie war eine innige Freundin *Herders, Goethes, Schillers* etc.; ihr Äußeres verschließt mit rauher Eichenrinde einen zarten Blütengeist. Sie hat mehr auf meine Bildung eingegriffen als alle übrigen Weiber zusammen. Ihren Charakter schildert man zum Teil mit dem Worte, daß sie mit unendlicher Tiefe jeden Charakter eben schildern kann.«

Friedrich Kohlrausch in seinen »Erinnerungen«: »Im Jahre 1804« (richtig: 1805) »kam *Friedrich Heinrich Jacobi* auf seiner Versetzungsreise nach München durch Berlin und erschien auch in einer Abendgesellschaft, die vorzüglich seinetwegen zusammengeladen war, bei Hufeland. Wir Jüngeren freuten uns sehr darauf, diesen ausgezeichneten Mann kennen zu lernen, ihn reden zu hören, sein als sehr fein gerühmtes Benehmen zu bewundern. Aber unsere Erwartung wurde insofern getäuscht, als Jacobi sich nur mit Madame Herz, der berühmten Freundin Schleiermachers, unterhielt und um die übrige Gesellschaft, als wäre sie nicht vorhanden, sich gar nicht bekümmerte. Nicht einmal der Frau von Kalb, die auch zugegen war und gern mit Jacobi sich unterhalten hätte, gönnte er irgend seine Aufmerksamkeit. Auch bei Tisch saßen die beiden beisammen und sprachen privatim miteinander, ohne an der sonstigen Unterhaltung teilzunehmen, die begreiflicherweise eben deshalb sehr lau war. Das wurde uns Jüngeren am Ende zuviel, und in einem gewissen Übermute, zu welchem uns die Güte des Wirtes und der Hausfrau verzogen hatte, stifteten wir den Sänger Ehlers an, daß er seine Guitarre nahm und mit seiner schönen kräftigen Stimme das Goethe'sche Lied: »Mich ergreift, ich weiß nicht wie, himmlisches Behagen usw.« anstimmte. Alles fuhr erfreut auf, nur die beiden sich Isolierenden blickten einen Augenblick auf, warfen dem dreisten Sänger, der sie zu stören wagte, einen fast unwilligen Blick zu und fuhren dann ungehindert in ihrer Unterhaltung fort. Diese Szene... dämpfte unsere Verehrung für Jacobi sehr, wenigstens als Menschen; wir sahen in ihm den vornehmen, selbstzufriedenen Mann, der nur den, welchen er für geistig ebenbürtig hielt, seiner Aufmerksamkeit würdigte. Übrigens war seine äußere Erscheinung einnehmend und würdig, und die Züge seines Gesichts zeugten von seiner geistigen Bedeutung. Auch mußten wir uns gestehen, daß die Madame Herz sowohl durch ihren Geist, als durch den Ausdruck desselben in ihrem fast antiken Gesichte wohl imstande sei, die Aufmerksamkeit eines Mannes, wie Jacobi, zu fesseln. Doch dies entschuldigte doch weder ihn noch sie bei uns, um so weniger, als sie ebenfalls uns junge Leute nur wenig beachtete.«

Charlotte an Jean Paul: »Der Abend bei Hufeland verging so: Ich war nichts weniger als wohl und wäre lieber in meinem Zimmer geblieben. Jacobi kam nach 8 Uhr – Hufeland präsentierte mich ihm. Er grüßte, als wenn er mich niemals habe nennen hören oder mich vielen sehr gesalzen und geräuchert zu erkennen gegeben habe. Mir ist es gleich, was ein Papst von mir denkt, und im Gefallen wetteifern möchte ich nicht mit einer Juno; ich bin eine heitere alte Frau und gefalle niemandem mehr – aber so viel Genie wie J.P. Richter muß man haben, um mich zu verstehen ... Genug, den Abend bei Hufeland war alles stupefait und insipide, und nichts war geistreich als der Bischof [und] Johannisberger.«

Jean Paul an Jacobi: »Du alter Weltmann und Weltweiser, du warst im Stande, in der rohen krustigen erdschollige Außenseite (nämlich der moralischen, nicht der bloßen körperlichen) doch die schöne, auch von *Herder* und *Goethe* so geachtete Oreade zu verkennen, die im Berge wohnt, genannt Fr. von *Kalb*? Und die sehr schön hingezogene Mittel-Marks-Ebene, *Mde. Herz,* diese kalte Musaik zufälliger Urteile, über jene zu setzen? – Ich wurde zwar von ihr in Berlin sehr gesucht; aber ich (Unverheirateter) wäre nicht einmal fähig gewesen, sie sinnlich zu lieben, geschweige anders. Gutmütig ist sie aber sehr; und für Künstler-Augen – z.B. meiner Frau – ist ihr Kopf fast nach der Antike ausgearbeitet. Kurz, ich könnte bei ihr höchstens wachen, nie – träumen.«

Charlotte an Jean Paul: »Ich kenne die Herz nicht, es war mir noch nie so, als wenn wir miteinander reden könnten. Überhaupt, ich kann hier mit niemand reden, mit Fichte und Woltmann ist es nur ein Präludieren.

Es gibt hier mitunter Tees, Göcking gibt *so einen Zustand* alle Donnerstag. Er ist mein Nachbar, bin allezeit gebeten, gehe nur das vierte, fünfte Mal hin, Mad. Herz ist auch oft da – möchte sie einmal die Langeweile und Weile lang beschreiben! – Sie ist sehr spröde im Gespräch mit Damen, wie eine, die sich nicht traut, ohne die Waffen des Geschlechts mit dem Geist zu erscheinen«.

Fremd wie der dichtende Oberfinanzrat Göcking (in seiner Jugend ein enger Freund Bürgers) bleiben Charlotte auch andere prominente Angehörige der Berliner Gesellschaft. Der schwedische Diplomat Brinkmann, einer der engsten Freunde Rahels, ist für sie kein »Bringmann«, wie sie, ein Witzwort der Zeit aufgreifend, schreibt: »Unsere Geister haben füreinander keine Frage. Übrigens glaube ich von ihm das Vortrefflichste.« Keine Frage hat ihr Geist auch für August Ferdinand Bernhardi, der als Verfasser von Satiren gegen die Aufklärung und die Berliner Gesellschaft hervorgetreten und im Hauptberuf Philologe, Lehrer war. »Mitunter kraus und scheinbar verwirrt, aber sprühend von Genialität, Kraft und originaler Laune«, nennt ihn ein Bekannter (Eigenschaften, die einer von ihm verfaßten »Allgemeinen Grammatik« nicht zum Vorteil waren). »Bernhardi hat Kopf und Laune« (bemerkt Charlotte) – könnte gebildeter sein, als er ist. Man kann ja zuweilen ein geistreiches Wort von ihm hören, aber keine Rede vollenden.«

Der Historiker Woltmann war aus Jena nach Berlin gegangen, um ein Journal für »Geschichte und Politik« herauszugeben, scheiterte aber bald an der Zensur, die immer wieder Artikel wegen ihrer pro-napoleonischen Gesinnung strich. Zeitgenossen fällt an ihm zuerst auf, wie dick er ist, wie ausgesucht er sich kleidet (»im mohnfarbenen, zierlichen Rocke, in der Weste von blauem Atlas, mit blühend weißer Wäsche und schwarzseidenen Unterkleidern« sieht man ihn); von seiner Eitelkeit gibt es viele Anekdoten. Charlotte schätzt ihn, der mit seiner Frau gemeinsam Romane verfaßte und herausgab; sie hat Grund, ihm dankbar zu sein. »Woltmann ist freundschaftlich gegen uns, er hat die Stosch-Müchler geheiratet, Verfasserin der Euphrosyne und einiger Kleinigkeiten im Damenkalender. Zuweilen bringen sie den Abend bei uns bis Mitternacht zu, und ich und meine Tochter auch bei ihnen, das könnte wohl jeden Monat einmal stattfinden. Sie kennen Woltmann, er ist ein dicker Historiker, mir ein werter Mann, mehr von ihm zu sagen, dient zum Gespräch (. . .) Sie ist hübsch, ihre Figur mädchenhaft weiblich, etwas angenehm mehr dem Manne; sie wohnen im Tiergarten.« Über all diese und andere Berliner Beziehungen Charlottes (etwa zum Buchhändler-Ehepaar Sander, zum Schweizer Historiker Johannes Müller) wissen wir nichts Näheres, auch nicht, ob und wo sich unter ihren kühlen, souverän wirkenden Urteilen Kränkung über Abweisungen verbarg. »Für den Mann, der verheiratet ist . . . bin ich wie ein Chamäleon, den jedes in einer andern Gestalt sieht«, hatte sie schon früher einmal geschrieben; in ihrem Bemühen um die Freundschaft und Nähe berühmter, kluger Männer sah sie sich wohl immer wieder auf die Freundschaft mit deren Ehefrauen beschränkt. Gewiß ist es ihr so mit Fichte gegangen, um den sie in ihrer ersten Berliner Zeit warb, als sie Fichtes fast täglich sah: »Fichte ist *sehr* edel und gut gegen mich«; schon bald aber spricht sie von Spannungen: »Anfänglich konnt' ich viel von ihm hören und reden, und er auch gerne, aber unbewußt änderte es sich. Traute Ruhe, Vertrauen und Glaube, in dir nur lebt die Seele! Wo Spannung ist, ist eine feine Folter und ihre Worte sind erzwungene, aber nicht erlöste Geister.«

»Mit Fichte war ich gerne mit ganzem Gemüt und Seele, und einige Stunden waren das Erleben des schönsten Seins. Aber er, Fichte, der wie natürlich immer Arbeit will für seinen Geist, warf einen Stein des Unmuts in die Tiefen des Glaubens und Vertrauens, das trübte mein Gemüt, und es hat das reine Wort nicht mehr finden können. Zu dieser Geisteshöhe gehöre ich nicht. Aber wer würde ihn nicht ehren! Auch ist er mir wohl gut.«

Fichte, so scheint es, hat sie in ihre Schranken, in die Schranken ihres Geschlechts zurückgewiesen. Vielleicht hat Charlotte davon geträumt, Fichte würde sie, wie einst Herder, als Schülerin annehmen. Doch sie war damals, als sie sich Herder hingegeben hatte, noch jung gewesen; sie hatte als Aristokratin in einer aristokratisch geprägten Gesellschaft eine Rolle gespielt; vor allem aber war Herder als Philosoph eigentlich ein Dichter gewesen.

Wie Leonore im »Tasso« bemerkt, brauchen die Frauen den Dichter, »der uns die letzten, lieblichsten Gefühle / Mit holden Tönen in die Seele flößt«. Und der Dichter braucht die Frauen, wenn nicht fürs Leben, so doch für seine Werke:

> Uns liebt er nicht, – verzeih, daß ich es sage! –
> Aus allen Sphären trägt er, was er liebt,
> Auf einen Namen nieder, den wir führen.

Der Philosoph kann sie entbehren. Wenn schon die Männer meist der Überzeugung waren, den Geist für sich gepachtet zu haben und der Frau dafür Qualitäten wie Herz und Gemüt zusprachen, so verankerte die Geistesaristokratie der Philosophen diese »natürliche« Ungleichheit in ihren Theorien und Systemen. Fichte ist in seiner »Grundlage des Naturrechts« besonders weit gegangen. Man kann fast beliebig zitieren: »Hinsichtlich der Einzelnatur ist das Weib etwas Mangelhaftes und eine Zufallserscheinung; denn die im männlichen

Samen sich vorfindende Kraft zielt darauf ab, ein dem männlichen Geschlechte vollkommen Ähnliches hervorzubringen.«

»Das Weib ist ... schon durch ihre Weiblichkeit vorzüglich praktisch; keineswegs aber spekulativ. In das Innere über die Grenze ihres Gefühls hinaus eindringen kann sie nicht, und soll sie nicht.«

»Ihre« (des Weibes) »eigne Würde beruht darauf, daß sie ganz, so wie sie lebt, und ist, ihres Mannes sei, und sich ohne Vorbehalt an ihn und in ihm verloren habe ... Nur mit ihm vereinigt, nur unter seinen Augen, und in seinen Geschäften hat sie noch Leben, und Tätigkeit. Sie hat aufgehört, das Leben eines Individuums zu führen; ihr Leben ist ein Teil seines Lebens geworden, (dies wird trefflich dadurch bezeichnet, daß sie den Namen des Mannes annimmt).«

»Dem Mann kommt noch eine besondere Gottähnlichkeit zu, insofern er Prinzip und Zweck des Weibes ist, ähnlich wie Gott Prinzip und Zweck der Welt ist.«

Zeitgenossen argwöhnten, Fichte habe sich bewußt eine Frau gewählt, die gutmütig, einfach, fromm und reizlos (»von allen Grazien verlassen«) war – »daß ihr Mann ein praktischer Philosoph sei, dies könne man daraus ersehen, daß er sie, bei allem Unangenehmen ihrer Figur zur Frau genommen habe«, soll sie in einem Anflug von Galgenhumor geäußert haben –, um sich die Wahrheit dessen, was er theoretisch postulierte, auch in der Lebenspraxis täglich bestätigen zu lassen, nämlich, »daß sie so ganz wie sie lebt und ist, ihres Mannes sei, und sich ohne Vorbehalt an ihm und in ihm verloren habe.«

Als Fichte 1794 als Professor für Philosophie an die Universität Jena berufen wurde, ging ihm der Ruf staatsgefährdender Gesinnung voraus. Er galt als Parteigänger der Revolution, doch der Wunsch der Obrigkeit, der Universität zum Ruhm »das neue Gestirn am Horizont der Philosophie zu gewinnen«, war stärker. Man hoffte, er werde »klug genug sein, seine demokratische Phantasie (oder Phantasterei) zu mäßigen«. Auch wußte der Regierungsrat Voigt, der die Berufungsverhandlungen führte, sehr wohl von dem Auseinanderfallen von Theorie und Praxis, hatte aus seiner Kenntnis der Weimarer Dichter und Gelehrten den »Erfahrungssatz« gewonnen, »daß die Mehrsten insgeheim dem Revolutionswesen zugetan sind, während sie, zuweilen auf die kleinlichste Weise, mit ihrer Eitelkeit an den Großen hangen.«

Im Auftreten allerdings war der mutmaßliche Revolutionär eher imperatorisch. Von seinem Lehrstuhl und den Studenten ergriff er wie im Sturm Besitz, seine blasseren Kollegen sofort in den Schatten stellend.

»Fichte war wirklich ein gewaltiger Mensch«; erinnert einer seiner damaligen Schüler) »ich habe ihn oft scherzend den Bonaparte der Philosophie genannt, und viele Ähnlichkeit ließ sich an beiden auffinden. Nicht ruhig wie ein Weltweiser, sondern gleichsam zornig und kampflustig stand der kleine, breitschultrige Mann auf seinem Katheder, und ordentlich sträubten sich seine schlichten braunen Haare um das gefurchte Gesicht, das Züge von einer alten Frau und von einem Adler trug. Wenn er stand auf seinen stämmigen Beinen, oder hinschritt, so war er festgewurzelt in der Erde, wo er ruhte, und im Gefühl seiner Kraft sicher und unbeweglich. Kein sanftes Wort ging über seine Lippen und kein Lächeln; er schien der Welt, die seinem Ich gegenüberstand, den Krieg erklärt zu haben, und durch Herbigkeit den Mangel an Anmut und Würde zu verbergen.«

So gewaltsam-zwingend wie seine Persönlichkeit wirkte auch seine Philosophie. Kaum jemand verstand sie, aber ihre zentralen Begriffe: ein »absolutes Ich«, ein »empirisches Ich« und ein »Nicht-Ich«, wurden doch bald allenthalben zitiert und persifliert. Als Goethe ein Exemplar der Fichteschen Schrift »Über den Begriff der Wissenschaftslehre« an Jacobi schickte, legte er ein Billett folgenden Inhalts bei: »Nur einen herzlichen Gruß mit beikommender Schrift. Möchtest Du liebes *Nicht ich* gelegentlich meinem *Ich* etwas von deinen Gedanken darüber mitteilen. Lebe wohl und grüße alle die guten und artigen *Nicht ichs* um dich her.« Jean Paul widmete der Auseinandersetzung mit Fichtes Ich-Philosophie eine eigene kleine Schrift, die »Clavis Fichtiana«, die er dem »Titan« anhängte.

Charlotte hatte sich damals sofort für den neuen Stern am Philosophenhimmel interessiert. Sie sei begierig, »von ihm, seiner Lehre und deren Folgen zu hören«, schrieb sie an Goethe, der es jedoch nicht für geboten hielt, ihr eine Fichteschrift in die Hand zu geben: »Von Fichtes philosophischen Blättern sende ich nichts, wenn Sie von dem Inhalte irgend Notiz nehmen wollen, so wird ein mündlicher Vortrag höchst nötig sein.« Was Charlotte von den Inhalten der Fichteschen Philosophie verstand und aufnahm – und wie sie es aufnahm, wissen wir nicht. Darüber zu reden, so wußte sie, stand ihr nicht zu. Von den Privatvorlesungen, die Fichte in Berlin vor einem großen Publikum hielt, hat sie, wie es scheint, nur erzählen hören; wenn sie selbst unter den Zuhörern war, dann hat sie ihren Eindruck verschwiegen – und sich Jean Paul herbeigewünscht, damit er ihr in einem mündlichen Vortrag vermitteln möge, was ihm wichtig erschien: »Hätte ich Sie als *Zuhörer* von Fichte doch *gehört!* Nur was Sie fassen und davon mitteilen können, will ich zu begreifen und fassen suchen.«

Zwar hatte Charlotte von sich gesagt: »Alles, was in Beziehung der Verhältnisse zu Menschen dargetan, war mir weniger verständlich, als befreitere Ideen, die keine Bezweckung hatten« und fühlte sich deshalb Fichte nahe, dem es ähnlich ging. Doch hat er sie wohl weniger durch philosophische Inhalte als durch seine Persönlichkeit, seine »seltene Energie und Geistesstärke« gewonnen, als sie ihn in Jena kennenlernte. Sie verehrte in ihm einen der großen geistigen Gesetzgeber der Menschheit – einen Plato, einen Moses –, und sie war bereit, sich seiner Autorität auch ohne detaillierte Kenntnis des Gesetzes zu beugen.

Als Familienfreundin hat Fichte die mißtrauische, schwierige, empfindliche Charlotte mit Hilfsbereitschaft und Wärme angenommen. Diese Freundschaft überdauerte seinen Tod, den seiner Frau Johanna und ging über auf den einzigen Sohn Hermann, mit dem Charlotte brieflich bis zu ihrem Ende verbunden blieb.

Im Familienkreis, so wird berichtet, sei der schroff und hart wirkende Fichte »mitunter anspruchslos und heiter, ja ausgelassen lustig beim Punsch« gewesen. Der patriarchalische Dualismus von Strenge und Güte scheint bei ihm noch weit stärker ausgeprägt gewesen zu sein, als bei Hufeland: »Er hat ein überaus warmes Herz, liebt seine simple Frau mit unsäglicher Sorgfalt, geht mit bornierten Menschen teilnehmend um, wenn sie nur brav und bieder sind, überarbeitet sich, ist als Mensch ganz dem entgegengesetzt, was er als Verfasser der ›Beiträge zur Berichtigung der Urteile des Publikums über die französische Revolution‹ scheint.«

35. Kapitel

Revolutionisten

Der Auflehnung gegen den König von Gottes Gnaden war in Frankreich die Auflehnung gegen Gott gefolgt. Robespierre hatte versucht, von Staats wegen einen Vernunft- und Tugendkultus zu etablieren, eine Kopfgeburt, die als Peinlichkeit befremdete und zu viel Spott Anlaß gab (auch, weil als Allegorie der neuen Göttin ausgerechnet eine Prostituierte aufgetreten war). Für Monarchisten, vor allem aber für Monarchen war seitdem jeder wirkliche oder vermeintliche Atheist revolutionärer Neigungen verdächtig – und umgekehrt. Fichte, der in einer Schrift seine Sympathien für die französischen Ereignisse bekundet hatte, wurde sofort beschuldigt, »eine Art von öffentlichem Vernunft-Gottesdienst« nach französischem Vorbild einzurichten, als er in seinem ersten Jenaer Winter eine Sonntags-Vormittags-Vorlesung über »wissenschaftliche und moralische Inhalte« ankündigte. Die Studenten gingen ohnehin nicht in den Gottesdienst, er wolle sie deshalb mit »würdigen Gegenständen« beschäftigen, verteidigte er sich gegen die zum Teil heftigen Angriffe, doch mußte er auf Druck von oben seine gut besuchten Vorträge abbrechen.

Eine ähnliche Anklage kostete ihn 1798 seine Jenaer Professur. Sie war diesmal nicht von der Konkurrenz-fürchtenden Geistlichkeit, sondern vom Kurfürsten von Sachsen an den Hof zu Weimar gekommen.

»Es ist Uns angezeigt worden, wie in dem von den Professoren zu Jena, *Fichte* und *Niethammer*, herausgegebenen ersten Hefte des sogenannten Phil.(osophischen) Journals von diesem Jahre zu dessen ersten Aufsatz der Prof. *Fichte*, so wie zu dem andern, der Rektor zu Salfeld, *Forberg* sich namentlich zu bekennen, nicht gescheuet haben, solche Grundsätze geäußert worden, die mit der christlichen, ja selbst der natürlichen Religion unverträglich sind, und offenbar auf Verbreitung des Atheismus abzielen. ... Da die Erfahrung genugsam lehrt, was für traurige Folgen aus der Duldung jener unseligen Bemühungen, den ohnehin überhand nehmenden Hang zum Unglauben noch weiter zu verbreiten, und die Begriffe von Gott und Religion aus dem Herzen der Menschen zu vertilgen, für das allgemeine Beste und insonderheit auch für die Sicherheit der Staaten entstehen:

so mag uns auch in Absicht auf Unsere Lande nicht gleichgültig sein, wenn Lehrer in angrenzenden Landen sich öffentlich und ungescheuet zu dergleichen gefährlichen Grundsätzen bekennen. Ew. Liebden müssen wir daher angelegentlichst ersuchen, die Verfasser und Herausgeber . . . zur Verantwortung ziehen und nach Befinden *ernstlich strafen zu lassen.*« Andernfalls werde Sachsen seinen Landeskindern den Besuch der Jenaer Universität künftig untersagen.

Karl August, dem es immer schon äußerst gewagt vorgekommen war, »einen sich öffentlich bekennenden Revolutionisten nach Jena als Lehrer zu berufen«, reagierte auf die kurfürstlich-sächsische Beschwerde zwar äußerst ungehalten (mit einer »Explosion«); seinem Rat Voigt allerdings war klar, daß die rechtliche Position des Staates gegen Fichte schwach war: »Eine Menge Betrachtungen dringen sich auf, besonders, daß Atheismus eigentlich gar kein Gegenstand der Criminal-Verfassung sein kann.« Man erwog eine öffentliche Zurechtweisung Fichtes, der sich in einer kleinen Schrift gegen den Atheismus-Vorwurf wehrte und seine Dimission ankündigte, für den Fall, daß eine Zurechtweisung wirklich erfolgen würde. Damit hatte er den Staat stolz und unklug in die Enge getrieben: er wurde getadelt und entlassen, was, außer dem Herzog vielleicht, niemand gewünscht hatte. Sein Fortgang schädigte die Jenaer Universität weit mehr, als es das Ausbleiben sächsischer Studenten hätte tun können; ihm folgte um 1800 ein Exodus fast aller Jenaer Professoren von Rang nach Würzburg, Heidelberg, München und Berlin.

Natürlich löste der »Atheismus-Streit« in Weimar, Jena und andernorts heftige Diskussionen aus. Man schrieb eifrig für und gegen Fichte; Christian Gottfried Gruner, ein ehemaliger Kollege Fichtes, glaubte sich berufen zu einem Pamphlet mit dem Titel »Ein paar Worte zur Belehrung, Beherzigung und Besserung an den Herrn Ex-Professor Fichte«, das Charlotte eine »skandalose Schrift« nannte: »Wenn es nur das letzte Wort ist. Taubeneinfalt und Schlangenklugheit ist wenigstens bei diesen Herrn samt und sonders nicht zu finden.«

Voigts Erfahrungssatz von den »Mehrsten«, die, im Herzen Revolutionäre, doch mit der kleinlichsten Eitelkeit an den Großen hingen, bestätigte sich auf betrübliche Weise. Schiller und Goethe meinten, eigentlich habe Fichte ja selber schuld; immerhin kann man aus Goethes nebelhafter Version der Geschichte so etwas wie schlechtes Gewissen herausspüren: »Daß Fichte von Jena abgegangen ist, werden Sie schon wissen. Erst machten sie im philosophischen Journal einen albernen Streich, indem sie einen Aufsatz, der nach dem hergebrachten Sprachgebrauch atheistisch genug war, einrückten. Da Fichte nun Unrecht hatte wurde er zuletzt auch noch grob gegen das Gouvernement und so erhielt er seinen Abschied. Er hält sich jetzo in Berlin auf.«

Herder keifte über »den Jenaischen Atheisten, oder vielmehr Atheistlein; denn er ist klein von Person, die Nase ist das Größeste an ihm. Er wünscht so gern mit dem Scheiterhaufen (versteht sich nur von weitem) bedroht zu werden, damit er schreien könne: ›Man will mich brennen!‹ Leider aber ist das Holz hier so teuer, daß man auch *den* Gefallen ihm nicht erweiset.«

Knebel, immerhin, blieb seiner republikanischen Gesinnung treu, opferte nicht der Form das Prinzip auf, obwohl er mit Fichtes Philosophie sowenig anfangen konnte wie Herder, Goethe, Schiller. Ausgerechnet Caroline Herder verwies er auf einen Artikel, der am 28. März 1799 in der »National-Zeitung der Teutschen« erschienen war. Es sei bekannt, hatte es darin geheißen, daß leidenschaftliche Gegner der französischen Revolution seit langem von einer in Frankreich organisierten Propaganda redeten, die auf den Umsturz der bestehenden Ordnungen nach dem Vorbild der französischen Revolution ziele. Doch der Verfasser des Artikels hätte von einer solchen Propaganda keine Spur entdecken können: »Mit mehrerm Recht könnte es behauptet werden, daß es eine andre mit gedachter Propaganda in Widerspruch stehende Propaganda gebe. Es wird wenigstens auf eine sehr harmonische Art in allen Staaten gewürkt, um die Regierungs-Kabinneter argwöhnisch gegen die Völker zu machen und strenge Regierungs-Maßregeln zu veranlassen. In ihrem blinden Eifer erwägen sie es nicht, daß eben durch Äußerung eines solchen Mißtrauens und durch eine mehr als übliche Strenge ... die Anhänglichkeit des Volks an die Regierung gemindert, und daß dadurch Gemüts-Dispositionen erregt werden, die bei eintretenden drückenden oder selbst ungerechten Übeln und Lastern Unruhen veranlassen können. Die Geschichte lehrt, daß ertragbare Lasten und Zutrauen und Milde einer Regierung ... selbst in Revolutions-Zeiten die Staatsbürger sicher im Zustand der Ruhe erhalte, indem da, wo das Gegenteil beobachtet wird, Arretierungen, Unruhen, Bücherverbote, Preßzwang und Haschen nach verbotenen Büchern auf einander folgen. Das hat sich auch in diesen Zeiten allgemein bestätigt gefunden.«

Die Entlassung gefährdete Fichtes bürgerliche Existenz. Auf eine

Professur anderswo konnte er vorläufig kaum hoffen; er mußte froh sein, wenn man ihn überhaupt irgendwo in Ruhe leben ließ. Berlin bot sich an, das der Publizist Friedrich Gentz (der spätere Vertraute Metternichs) bald einen »Sammelplatz aller unruhigen Köpfe, aller gefährlichen Neuerer von Deutschland« nannte: »Was alle anderen Staaten von sich stoßen (die *Fichte*, die *Ehrhard*, die *Merkel*, die *Woltmann*, die *Schlegel*, und hundert ihresgleichen) finden hier nicht bloß Zuflucht, sondern Protektion. Die ausgelassensten Revolutionsprediger ziehen frei und frech in den Kaffeehäusern, auf den Promenaden, den Freimaurer-Logen, in den Humanitäts-Gesellschaften, in hundert Clubs und sogenannten Ressourcen herum.« (Soweit war es mit der Berliner Liberalität allerdings auch nicht her: Fichte etwa wurde in der ersten Zeit seines Berliner Lebens von der Polizei bewacht und bespitzelt.)

Nach monatelanger Haft, soeben von der Anklage des Hochverrats freigesprochen, kommt im Herbst 1805 Isaak von Sinclair, Fichte-Schüler in Jena, Hölderlin-Freund und Regierungsbeamter aus Hessen-Homburg, nach Berlin, zusammen mit der wohl einzigen Frau seines Lebens, seiner Mutter. Der Landgraf hat seine Tochter gebeten, Sinclair möglichst lange bei sich zu behalten, damit sich die aufgeregten Gemüter zu Hause beruhigen können; bis ins späte Frühjahr 1806 bleibt er in Berlin, als Gast der Charlotte von Kalb und der Prinzessin Marianne, (die wohl für die Kosten des Aufenthalts aufkam).

In die hochpolitische Geschichte, die er Charlotte zu erzählen hatte, mischen sich Elemente eines Schelmenromans.

Der Schelm heißt erst Wetzlar, dann nach seiner Taufe Blankenstein (Sinclair als einer der Taufpaten gibt ihm den Vornamen seines verstorbenen Vaters, Alexander), ist ein gutaussehender, blutjunger Mann und eines Tages aus dem Nichts in Homburg aufgetaucht, mit der Behauptung, er kenne ein unfehlbares Mittel, um einer zur Bezahlung der dringendsten Staatsschulden geplanten Lotterie nicht nur Verluste ersparen, sondern sogar in absehbarer Zeit hohe Gewinne sichern zu können. An seiner Vergangenheit (er ist wegen Betrügerei vorbestraft) stört sich niemand; unbegreiflich lange setzt Sinclair sein volles Vertrauen in Blankenstein, oder »von Blankenstein«, wie er sich bald nennt, ein Phantasieadel, so wie die rote Uniform »Phantasie« ist, die er auswärts als Hessen-Homburgische Hofuniform ausgibt – der Landgraf sah sich veranlaßt, sie durch nachträgliche Einführung in seinem Duodezstaat zu »legitimieren«.

Erst als Betrug und Unterschlagung Blankensteins auch in Homburg offensichtlich werden, droht ihm Sinclair gerichtliche Verfolgung an. Eine Denunziation beim Kurfürsten von Württemberg ist die Antwort und Rache des Betrügers. Sinclair, so behauptet er, habe in Stuttgart mit Vertretern der revolutionär gesinnten württembergischen Landstände einen Anschlag auf das Leben des Kurfürsten und seines Ministers geplant, mit dem Endziel einer revolutionären Umwälzung des Landes. Er, Blankenstein, sei in Stuttgart Zeuge dieses konspirativen Gesprächs gewesen. »Als ich von dem teuflischen Plan, der die höchste Person Ew. Kurfürstl. Durchlaucht und des Herrn Grafen von Wintzingerode selbst betraf, Spuren bekam, entschloß ich mich, solchen persönlich Ew. Kurfürstl. Durchlaucht zu entdecken.«

Als einen Zeugen nennt er in seiner Anzeige auch den Präsidenten von Kalb: Sinclair habe ihn (auf der Rückreise von Stuttgart) in Offenau besucht und vergeblich für seinen teuflischen Plan zu gewinnen gesucht. (Die Prozeßbefragung förderte dann Wahrscheinlicheres zutage: der Präsident, als »Glücksritter«, ein Bruder Blankensteins, sollte die Lotterie fördern und seine Beziehungen für eine Beteiligung Preußens an dem Projekt ausnutzen. Möglicherweise, so heißt es, sei auch davon gesprochen worden, Kalb durch Vermittlung Hardenbergs als Gesandten an den Stuttgarter Hof zu bringen, eine wahrhaft kühne Spekulation.)

Entfernt mit Charlotte verwandt ist auch ein Mitangeklagter Sinclairs, Leo von Seckendorff, der mit seinen Prozeß-Aussagen vor allem sich selbst zu entlasten sucht. So erinnert er sich nach mehrfachem Verhör plötzlich an die Äußerung »wenn man nur den Grafen Wintzingerode los wäre, und auch den Kurfürsten!«, über die er mit den Freunden sehr lebhaft diskutiert habe. Denn der Gedanke an gewaltsame Mittel »zur Veredelung des Menschengeschlechts« habe ihm fern gelegen. Sinclair war begreiflicherweise wütend auf diesen Freund und Charlotte, die sich 1808 an den »verehrten Herrn Vetter« wandte, um ihn für ihr Mädchen-Pensionat zu interessieren, hatte schon Grund zur Frage: »Schreibt Ihnen H. v. Sinclair?«

Hölderlin entgeht der Inhaftierung als Mitwisser des Komplotts nur knapp. Sein Wahnsinn (der durch ärztliche Gutachten bestätigt wird) rettet ihn, oder vielleicht genauer: er rettet sich in den Wahnsinn und kompromittiert Sinclair. Hölderlin schimpfe beständig auf Sinclair und die Jacobiner (so wird berichtet) und rufe »zu nicht geringem Staunen« für Homburger Einwohner »in einem fort: Ich will kein Jacobiner bleiben«. So hatte Sinclair wohl Grund, sich seines ihm gefährlich werdenden Gastes zu entledigen. Aus Berlin zurückgekehrt, bat er Hölderlins Mutter, sie möge ihren Sohn abholen lassen und begründete seinen Wunsch mit der veränderten politischen Lage – der mit der Gründung des Rheinbundes endende Reichstag zu Regensburg hatte Hessen-Homburgs staatlicher Existenz ein (vorläufiges) Ende gesetzt: »Die Veränderungen, die sich leider! mit den Verhältnissen des Herrn Landgrafen zugetragen haben, nötigen den Herrn Landgrafen zu Einschränkungen, und werden auch meine hiesige Anwesenheit zum Teil aufheben. Es ist daher nicht mehr möglich, daß mein unglücklicher Freund, dessen Wahnsinn eine sehr hohe Stufe erreicht hat, eine Besoldung beziehe.«

In Gesellschaft, Dritten gegenüber, entwarf Sinclair das Bild des wahnsinnigen Sehers Hölderlin, das auch Charlotte von ihm annahm. »Ich las vor einigen Tagen die Briefe von Hölderlin wieder, die drei so ich mir bewahrte« (schreibt sie im Januar 1806 an Jean Paul). »Einst gab ich sie Ihnen zu lesen, Sie haben sie nicht geachtet, wie ich meine. Dieser Mann ist jetzo wütend wahnsinnig, dennoch hat sein Geist eine Höhe erstiegen, die nur ein *Seher*, ein von Gott belebter haben kann – ich könnte viel von ihm sagen. Der Mann kann es noch weniger ertragen, als das Weib, wenn er seinesgleichen um sein Tun nicht findet, aber ein jeder wird arm und ist beklagenswert in der Öde und Leere. Ein Chaos wartet auf die Liebe des Geistes.« Da ist sie, über Hölderlin sprechend, gleich wieder bei sich.

Obgleich sich der Denunziant Blankenstein in entscheidenden Punkten als Lügner erwiesen hatte und Beweise gegen die angebliche Verschwörung fehlten, gab der Kurfürst von Württemberg seinen Gefangenen Sinclair nur höchst ungern heraus: seine radikaldemokratische Gesinnung war Verbrechen genug (»Unrat und Kot gibt es genug, womit die Inhaftierten sich besudelt haben«). Dem Landgrafen von Hessen waren die politischen Neigungen seines Beamten sehr peinlich, weshalb er ihn erst einmal fortschickte. Doch brauchte er sich nicht lange seiner zu schämen.

Im Bunde mit dem Zeitgeist oder von ihm getragen, entdeckt Sinclair wie viele seiner Freunde und Gesinnungsgenossen, wie etwa auch Fichte, einen neuen Feind, der nicht mehr »innen« steht, sondern außen. Aus dem begeisterten Anhänger der französischen Revolution wird ein revolutionärer Freiheitskämpfer gegen das napoleonische Frankreich (charakterisiert Werner Kirchner, der den Hochverratsprozeß gegen Sinclair dokumentiert hat) diese »Wende«. Die frischgebackenen revolutionären Patrioten finden sich in einer merkwürdigen Allianz mit altgedienten preußischen Patrioten, mit Angehörigen des stockkonservativen märkischen Adels, vorläufig noch gegen den König, der einen Krieg mit Napoleon (nach der Schlacht von Austerlitz gar sein Verbündeter) nicht riskieren mag. Die allgemeine Stimmung ist gegen ihn.

Fontane hat uns von dem aufregenden und aufgeregten Berlin des Winters, Frühjahrs, Frühsommers 1806 in seinem kleinen Roman »Schach von Wuthenow« eine sehr anschauliche Schilderung gegeben, die Beschwörung einer Welt, einer Gesellschaft vor ihrem Untergang. Er führt uns in die Kreise des glänzenden und ungefestigten Prinzen Louis Ferdinand (der ein regelmäßiger Besucher in Rahels Dachstübchen ist), zeigt uns die vermessenen Streiche der jungen Offiziere des Eliteregiments »Gendarmes«, läßt uns teilhaben an den Diskussionen über die neuesten, national gefärbten Theaterereignisse (Zacharias Werners »Luther«) und vor allem über die Politik.

Die Befürworter eines Bündnisses mit Napoleon sind in der Minderzahl und haben wohl die Vernunft Fontanes auf ihrer Seite, aber nicht sein Herz, seine poetischen Sympathien. Die sind eher bei seinem Helden und dessen Traum von einem mächtigen, unabhängigen Preußen: »Wir stehen jetzt nach . . . allerhöchstem Willen am Tische Frankreichs und lesen die Brosamen auf, die von des Kaisers Tische fallen. Aber auf wie lange? Der Staat Friedrichs des Großen muß sich wieder auf seine Größe besinnen.«

So denkt, so dichtet auch Isaak von Sinclair in Berlin. Er schreibt Kriegslieder für das preußische Heer, er beginnt mit der Arbeit an einer dramatischen Trilogie, die mit dem »Aufstand der Cevennen« den historischen Freiheitskampf eines Volkes feiert. In allen literarischen (und philosophischen) Modegattungen dilettierend, gibt er auch einen poetischen »Almanach« heraus, zusammen mit einem jungen Mann, der Johannes Erichson heißt, in Jena ein Studium der Philosophie (bei Fichte) und der Theologie absolviert hat und der nun, fürs erste Hauslehrer in Berlin, noch nicht weiß, was aus ihm werden kann und soll. Charlotte ist über Sinclair mit ihm bekannt geworden.

Das Büchlein mit dem programmatischen Titel »Glaube und Hoffnung« geht an Jean Paul ab, mit einer Empfehlung Charlottes mehr für den Menschen als den Dichter Erichson (der seine Verse mit »Lucian« zeichnete):

»Das beiliegende Büchlein schickt Ihnen Erichson aus Stralsund, der Herausgeber dieser Gedichte ist ... Sinclair, der in Stuttgart verhaftet war. Alles was ich Ihnen von Lucian sagen könnte, wäre unbedeutend gegen das Urteil Ihres scharfen Geistes. Aber E(richson) hat mehr Eigenheit und Seelenkraft, als er hier ahnden läßt. Gedenken Sie seiner nicht eilend (sondern) reichhaltig und ernst; er wünscht Ihre persönliche Bekanntschaft; Sie sehen ihn vielleicht, wenn ich ihn vermissen werde.« Jean Paul antwortete nicht. »Er ist *Autor*. Mit diesem Geschäft glaubt er alles für die Menschheit getan zu haben und ferner interessiert und bedrückt ihn auch nichts«, schrieb Charlotte Mitte Oktober 1806 an Erichson, der inzwischen nach Wien gezogen war. Da hatte die Welle der Begeisterung (niemand scheint hinterher mehr recht gewußt zu haben, wie es *so* schnell geschehen konnte) Preußen schon in den Krieg mit Frankreich getragen: »Der Krieg beunruhiget mich *sehr*, über alles; es ist das Einzige, Wichtigste im Augenblick für uns alle ... Man sagt schon von bedeutenden Siegen der Preußen, aber es hat viel Blut gekostet. Wer weiß, ob mein lieber Sohn Fritz noch lebt.«

Am Anfang ihres Briefes spricht Charlotte von einem Ereignis, das ihr auf andere Weise sehr nahe gegangen sein muß, von dem Selbstmord des Frankfurter Stiftfräuleins Caroline von Günderode, die unter dem Namen »Tian« Gedichte, viele voller Todessehnsucht, veröffentlicht hatte und sich einen silbernen Dolch ins Herz stieß, als sie einen Abschiedsbrief ihres verheirateten Geliebten, des Heidelberger Professors Friedrich Creuzer, bekam. »Daß Tian nicht mehr auf Erden ist – werden Sie wohl schon wissen. – Die Ursache einer solchen Tat weiß nur eine Seele, eben die so auf Erden nicht mehr begeistert sein kann und befriediget.«

36. Kapitel

Dunkle Zeiten

Die Siegesmeldungen sind verfrüht. Die Nachricht von der katastrophalen Niederlage des preußischen Heeres bei Jena und Auerstädt trifft am 17. Oktober in Berlin ein. Während der Bevölkerung »Ruhe als erste Bürgerpflicht« verordnet wird, flieht der König mit Familie und Hof erst nach Memel, dann nach Königsberg. Die Franzosen besetzen Berlin. Am 27. Oktober zieht Napoleon in die preußische Hauptstadt ein.

Dem Flucht-Beispiel des Königs folgen Schriftsteller und Journalisten, die wegen antifranzösischer Publikationen um ihr Leben fürchten (mit der Erschießung des Nürnberger Buchhändlers Palm hatten die Franzosen ein abschreckendes Exempel statuiert), es gehen aber auch viele andere, meist wohlhabende Bürger »auf alle Fälle«. Fichte verläßt Berlin, um »Stille und Sicherheit« zu finden, wie er dem Minister Hardenberg schreibt: Stille für die Vollendung seines Hauptwerks, der »Wissenschaftslehre«, Sicherheit zur Abfassung patriotischer Reden an die Nation. Frau und Sohn, die Wohnung und Habe hüten sollen, läßt er in Berlin zurück. Von Königsberg aus, bald ein Sammelplatz für Schriftsteller und Wissenschaftler, wo er philosophisch spekuliert und einige Kollegien an der Universität hält, spielt er seine Rolle als Familienoberhaupt weiter: »Du Teure, sorge ... nur für Deine Ruhe, und Gesundheit, und für die Sitten, u(nd) den Geist unseres Hermann.« Als Johanna nach seiner Abreise – und durch diese Abreise – schwer krank wird, nimmt er das fast übel; in ihm streiten »natürliches« Mitleid und philosophische Überzeugungen, nach denen Schwäche so etwas wie ein moralischer Defekt ist: »Ich hoffte, daß Du unsere kurze Trennung, gerade um der bedeutenden Geschäfte willen, die Dir auf das Herz gelegt waren, ertragen würdest; ich habe diesen Gedanken bei meiner Abreise Dir empfohlen, und habe ihn in Briefen wieder eingeschärft. Starke Seelen, und Du bist keine schwache, macht so etwas stärker, und doch! Doch, denke nicht, Du Teure! daß ich mit Dir noch über Deine Leiden schmählen will.«

Ihm selbst macht die Sorge, vor der Welt ein Schwächling zu scheinen, die bald erwünschte Rückkehr zum Problem; sein anfangs

269

sehr persönlicher Entschluß wird ihm eine Frage öffentlicher Sittlichkeit. Zur feigen Flucht würde, so fürchtet er, seine Abreise, kehrte er nach Berlin zurück während der »Fortdauer der Umstände, denen ich auswich«; auch daß er sich aus patriotischer Solidarität mit dem Herrscher in Königsberg aufhalte (wie er behauptete), wäre nicht mehr glaubwürdig. »Hält mich auch kein anderer beim Worte, so wird es desto mehr Pflicht, daß ich mich selbst dabei halte. Gerade, wenn andere deutsche Gelehrte von Namen sich wankelmütig zeigen, muß der bisher rechtliche um so fester stehen in seiner Rechtlichkeit.«

Nach dem Frieden von Tilsit, im Herbst 1807, ist er, ledig der selbstgeknüpften Prinzipien-Fesseln, endlich wieder in Berlin; im Winter 1807/1808 hält er unter den Augen der französischen Besatzer Vorlesungen, die als »Reden an die deutsche Nation« berühmt geworden sind. Mit dem Anspruch eines Gesetzgebers für die Menschheit, als ein »Platon, ein Moses«, tritt er darin auf, predigt eine Erziehung zu reiner Sittlichkeit, auf daß eine neue Menschheit entstehe. Zuallererst aber müßten diese neuen Bildungsmittel von »Deutschen an Deutschen«, gleichsam als dem auserwählten Volk dieser neuen Menschheit, angewendet werden.

Deutschland ist in seinem Traum eine einzige große Erziehungsanstalt. Weltbürgertum (als Ideen-Erbe der Revolution) und borniertes Nationalbewußtsein gehen eine merkwürdige Ehe ein in diesen Fichteschen Winterpredigten.

Schweren Herzens hatte Hufeland im Herbst 1806 seine Familie verlassen; für den Leibarzt war es Pflicht, die Königsfamilie zu begleiten. Als seine Frau ihm mit fünf Kindern nachreist, schickt er sie zu Haus und Habe zurück. Damit verliert er sie ganz. Die nach allen Zeugnissen schöne und lebhafte Frau, deren Wünsche und Bedürfnisse stets zurückstehen mußten hinter den Berufspflichten ihres Mannes, wendet sich seinem seit Jahren im Hause lebenden Assistenten Ernst Bischoff zu. Das Verhältnis beider wird zum öffentlichen Skandal und für Hufeland die Scheidung deshalb eine Pflicht. »Das größte Unglück seines Lebens« nennt er »die nicht bloß durch irdische Verhältnisse, sondern durch heilige, durch Gottes Gesetz selbst (ohne welches ich mich nie dazu würde haben entschließen können) gebotene und zu unumstößlicher Pflicht gemachte Trennung von meiner Gattin nach 18jähriger Ehe mit 7 Kindern!«

Bischoff heiratete die geschiedene Frau Hufeland und zog mit ihr und den jüngsten drei Kindern fort. »Bischoff wird wohl Arzt in einer

Fabrikstadt bei Düsseldorf [Barmen]. Im Kleinen und Großen gibts jetzo beispiellose Begebenheiten – und darauf sind wir nun gefaßt. – Aber welche Zeit, wer kann, wer möchte, wer dürfte sie aussprechen« (schreibt Charlotte im Herbst 1808 an Abeken, der inzwischen als Hauslehrer der Schillerschen Kinder in Weimar lebt und so auch seinem Goethe nahe ist). »Ich lese meiner Edda viel vor in Schillers, in Goethens Schriften. – Als ich vor 23 Jahren zuerst den Faust las – war er mir ein unglaubliches Ungeheuer – jetzo ist er mir ein geistvolles Wort über die Welt.«

Ganz anders urteilt über den »Faust I«, der achtzehn (nicht dreiundzwanzig) Jahre nach dem »Faust-Fragment« von 1790 als Band der Cottaschen Werkausgabe erschienen war, der Finanzrat Sack. Er hat dem König regelmäßig Berichte mit Neuigkeiten aus dem besetzten Berlin und dem Ausland geschickt; sein »ceterum censeo« in jedem dieser Berichte ist unter der Rubrik »Stimmung der Bevölkerung« das »wir wollen unsern König wieder bei uns haben«. In literarischen Fragen – immerhin sind sie ihm berichtenswert – hat er, wie man sieht, ein ungebrochenes Vertrauen in das eigene Urteil gehabt:

»Um auch das Schöne in unsern Kreis zu ziehen, wollen wir auch noch der Fortsetzung der Goetheschen Werke in Cotta's Verlage in Tübingen erwähnen.

Einen Vorgeschmack von dem, was wir erhalten werden, hat uns das zu Tübingen herausgekommene *Morgenblatt*... in einigen Chören, welche in der umgearbeiteten Tragödie Doktor Faust erscheinen werden, geliefert. Aber – welch' Entsetzen hat uns befangen, als wir darin wahren Unsinn gefunden haben?... Zum Glück existieren denn doch die wahren Originale des Faust, des Götz mit der eisernen Hand usw. noch in ältern Ausgaben und lassen sich nicht mehr entstellen, so daß man in ihnen und ähnlichen Meisterwerken die alte griechische Einfachheit ohne Nüchternheit, jene Schönheit ohne alle Manier gleichsam als Protestationen gegen die heutige Ästhetik zum Trost wieder finden kann. Vielleicht erscheinen die Musen dem Dichter bald wieder in ihrer wahren Gestalt und nicht in alte Mütterchen umgewandelt...

August Wilhelm Schlegel hält in Wien vor einem zahlreichen Auditorio Vorlesungen über deutsche Literatur, welche den guten Wienern doch oft kuriose vorkommen werden, obgleich sie sehr oft einzig treffliche Materialien enthalten mögen. Dieser Gelehrte hält sich mit der Frau von Staël in Wien auf. Man erzählt sich, daß der geistvolle Fürst von Ligne diese Dame besucht und ihr, da sie ihm beim erstenmal ihr Leidwesen zu erkennen gab, ihn nicht in einer anständigen Wohnung aufnehmen zu können, sehr galant geantwortet hat: »quand on arrive chez Corinne, on est toujours au Parnasse« ... Diese literarischen Neuigkeiten sind ziemlich weitläufig ausgefallen, daher wir zum Schluß und zur Entschuldigung noch eines angehenden trefflichen Schriftstellers, des Herzoglich Meiningenschen Cabinets-Sekretair F. E. Wagner erwähnen wollen, dessen frühere Werke: Willibalds Ansicht des Lebens, und die reisenden Maler, schon zu fröhlichen Aussichten berechtigten, und dessen neuestes Werk, die Reisen aus der Fremde in die Heimat, herrlich durch die Tat beweiset, was jeder an Lafontaine und Rochlitz schätzt und liebt, daß nämlich das Herz des Menschen ein großer Schauplatz sei und daß im engen Kreise oft das Leben in seiner vollsten und köstlichen Blüte stehe.«

Leider nur in der Poesie. Ernst Wagner, der krank und in großen finanziellen Nöten ist, wendet sich in dieser Zeit als Bittsteller an Charlotte und an Fichte, die über Hof-Bekannte das von Sack hochgelobte neueste Werk dem König und seiner Familie mitsamt Wagners Hoffnung auf finanzielle Zuwendung zukommen lassen sollen. Unterstützung sucht er auch für seine pädagogischen Träume: mit einer »Kunstschule« und mit »Armenschulen« möchte er die Nation beschenken. Charlottes Fürsprache bei Hof bezahlt er in gleicher Münze: für sie und ihre »süße« Edda legt er bei der Königin in München ein gutes Wort ein.

Es ist eine schwere Zeit für fast alle, mit Geldentwertung, hohen Kontributionen, Einquartierungen; für Charlotte, nach dem verlorenen Prozeß ohne jedes Einkommen, ist sie besonders schlimm. Sie kauft und verkauft Stoffe und modische Accessoires, Spitzen, Heimarbeiten, Stickereien Eddas.

»Folgende Artikel werden bei mir mit billigem Preis zu haben sein ...

1) Schöne sächsische Spitzen aus dem Erzgebirge – wo ich, so man wünscht, Musterkarten schicken werde. Wo man dann Bestellungen machen kann.

2) Merinowollene Shawls, von dem auch in dem sächsischen Thüringen vorzüglich gute Fabriken sind.

3) Italienische Perlen, die sehr gut unter den echten getragen werden können.

4) Allerlei Arten Papiere ...«

Das ist eine Warenliste, die sie Erichson zum Weitergeben schickt; ganz so, als wolle sie den potentiellen Käufern ein schlechtes Gewissen machen und sie vom Kauf abschrecken, sind ihre Briefgesuche um Abnahme und Vermittlung der Waren oft begleitet von verschämten Entschuldigungen dafür, daß sie sich, gezwungen durch das Familienunglück und das Scheitern substantieller Projekte, mit dem vergänglichen Tand der Mode abgeben müsse: »Ich habe ernsten Zwecken mich widmen wollen – aber nichts ist mir gelungen!! – Daher opfere ich dem Spiel der Mode.« Nach ihren Briefen gewinnen wir den Eindruck einer verwirrten »Geheimniskrämerei«, ohne Fachkenntnis, ohne System, ohne Verbindungen – und vor allem ohne Kapital, das sie sich überall zu verschaffen sucht: keinen Bekannten läßt sie aus.

»Man sagt, die meisten zählten in ihrem Leben alle Momente menschlicher Verhältnisse. – Herrschen und gehorchen, geben und bitten. Jetzo bin ich eine arme Frau – und um aus diesem Übel mich zu retten, will ich eine Handelsfrau sein – es gelingt mir – aber leider habe ich jetzo nichts mehr zum Einkauf. Hätten Sie die Neigung, die Ruhe meiner Tage zu befördern, so geben Sie mir eine kleine Summe – etwa 100 Rthlr.« (Reichstaler).

Goethe schickt nichts, aber die Herzogin von Rudolstadt, eine Schwester der Prinzessin Marianne: »die Kleinigkeit, die meinen Brief begleitet, soll Ihnen Beweis meiner Willfährigkeit sein, alles das, was in meinem Vermögen steht, für Sie zu tun. In dem jetzigen Augenblick, wo der Krieg unsere Gegend traf, wo Menschenblut unser sonst so freundliches Tal befleckt, wo Plünderung, Kontribution, Requisition und Administration unser Land drückt, können Sie leicht denken, daß ich nur tun konnte, was in meinem Vermögen stand.

Im Oktober war das Kriegstheater hier, so daß ich im November Blut in den Hohlwegen sah, wenn ich spazierenfuhr, und mancher Tote ist zwischen den Felsen gefunden worden. Wir stehen noch immer unter französischer Administration. Wir leben in einem sehr bedeutenden Augenblick.«

Jean Paul, den Charlotte um den Einsatz seiner rhetorischen Fähigkeiten zu ihren Gunsten bittet, weist im ehrlichen Zorn des Bürgerlichen ihr Ansinnen empört zurück: »Die tolle Bittschrift an die Berliner werde ich nicht schreiben, welche ohnehin, da ich nicht da wohne, zu viel Anmaßung voraussetzte. Aber vollends an Deutschland?... Was geht sie Deutschland an? Müßt ich mich nicht schämen, es zu bekennen, daß ich für eine Person, welche als Adlige immer noch Hilfsquellen haben muß, welche selber oft ökonomisch so oft mit Phantasterei und Leichtsinn handelte, und deren Leiden doch z.B. gegen die Leiden eines Hausvaters mit *Familie* ein kleines ist, ganz Deutschland anzurufen?«

Selbst bei Körners, die inzwischen auch in Berlin wohnen, wurde Charlotte vorstellig. Minna Körner an Charlotte Schiller: »Du weißt, daß vor elf Jahren, wie wir zuletzt in Jena waren, die Kalb einen förmlichen Absagebrief an uns schrieb, weil wir nicht nach Weimar kamen. Seit der Zeit haben wir von ihr selbst nichts gehört. Wie Berlin vierzehn Tage eingenommen war ..., bekam mein Mann einen Brief in *ihrer Art* von ihr, woraus wir sahen, daß sie da lebte, wo sie dringend um ein Darlehen von 100 Rthlrn. ihn ansprach, woraus man sah, daß sie in der drückendsten Lage war. Ich habe wenig Mitleid mit ihr, aber das Schicksal der Tochter geht mir nahe, von der mir Jacobis vor dem Jahr so viel Interessantes erzählt haben. Wenn man doch etwas Reelles für das arme Kind tun könnte; wie schlecht ist sie bei so einer verrückten Mutter aufgehoben. Ich habe mir hier Mühe bei einer Verwandtin gegeben, aber man findet in jetzigen Zeiten nur selbstsüchtige eiserne Herzen. Und es ist doch jetzt eine Zeit, wo dieses Gefühl in steten Anspruch genommen wird; wer nur viel hätte!«

Eleonore von Kalb, die in Bamberg lebte, ging es nicht besser als ihrer Schwester. 1808 kursierte ein Gerücht, sie gehe in Lumpen gekleidet. Eine Unterstützung der Erbprinzessin von Weimar mußte ihr »mit Vorsicht« geschickt werden, damit sie nicht in die Hände ihres Mannes falle. Bis zu ihrem Tode (1831) blieb sie auf die sparsame Mildtätigkeit der Bamberger Verwandten angewiesen. Handelsgeschäfte trieb sie nicht.

Charlottes größte Not, die mit der allgemeinen Not zusammenfällt, hat ein Ende, als alle wieder auf bessere Zeiten zu hoffen beginnen. 1809 macht die Prinzessin Marianne Edda zu ihrer Hofdame, an Stelle einer Kalbschen Verwandten, Julie von Seckendorff, die »durch Heirat« ausscheidet. Zur Erleichterung Charlottes übernimmt sie sogar die Ausstattung Eddas, trägt also die Kosten für die Garderobe (die damals in weißen Kleidern bestand).

»Diesen Winter und nun hoffentlich alle künftigen werde ich in Betracht der Einnahme ganz ruhig hinbringen können; die Prinzeß will Edda equipieren. Wir können von vielen Wohltaten sagen; aber sonderbar ist meines Lebens Freude erloschen – alles wirkt auf mich wie ein Schrecken und vermehrt die Ermattung meines Körpers; ich habe aber auch in den drei Jahren wie eine Gefangene gelebt. Die freie Luft will ich jetzo wieder atmen und ein Kind sein; denn die Zukunft erscheint mir wie das Geschenk eines andern Seins.«

Ende des Jahres kehrt der König endlich zu Sack und seinen Berlinern zurück. Zur Feier des großen Ereignisses gibt Iffland im Schauspielhaus eine Pantomime, »Rückkehr des Vaters«.

»Das Theater stellt eine schöne Landschaft dar. Es ist ein freundliches, von Felsen umgebenes Tal am Meere. Ein Sturm hat gewütet und tobt noch fort. Im Hintergrunde das wogende Meer, das seine Brandung gegen die Felsen anschlägt. Man sieht überall Spuren der Verwüstung«. Eine gerettete Familie wartet auf den Vater. Endlich, nach mehrmals getäuschter Hoffnung (so wie auch die Berliner immer wieder durch Gerüchte über die baldige Ankunft des Königs getäuscht wurden), kehrt er wirklich »über die Gebürge« zurück.

»Die schweren Wolken verziehen sich; immer heller wird die Szene. Morgenrot glänzt im Hintergrunde auf.«

Das Berlin, das die Rückkehr seines Königs als barock aufgedonnertes Rührstück feiert, hat sich verändert in den drei Jahren seiner Abwesenheit. Preußen hat sich verändert. In den dunklen Zeiten von Besetzung und Erniedrigung, Not und Angst, ist es unter dem Freiherrn von Stein zu wichtigen Reformen und Reformansätzen gekommen (so zur Aufhebung der Leibeigenschaft), gegen die der konservative märkische Adel freilich verbissen opponierte. Erstmals in seiner Geschichte hat Berlin eine Städteverordnung, können Bürger mit einem Jahreseinkommen von 200 Talern ihre Stadtverwaltung selbst wählen. Am 29. April 1809 meldete Sack dem König: »Gestern war die erste Stadt-Verordneten-Versammlung in dem Saale des Palais der hochseligen Prinzessin Heinrich.«

37. Kapitel

August

Eine kluge, kunstverständige Fürstin in reiferem Alter, die in ihrer
Jugend an einen ungeliebten Mann verheiratet worden und um die
Liebe betrogen worden war, ist in Leidenschaft entbrannt für einen
jüngeren, verheirateten deutschen Grafen, dessen Schloß in Sizilien
steht. Der Graf, der seine Frau liebt, merkt nichts von den Gefühlen
der Fürstin, die sie ihm gleichwohl deutlich genug zu verstehen gibt.
Eines Tages machen die beiden einen Ausflug zum Ätna, begleitet
von einem fischköpfigen kleinen Schreiber, der die Fürstin heimlich
liebt.

»Es schauderte ihr, als sie den fröhlich bebauten Bergrücken verließen, um durch ein Aschenmeer zu dringen, über welchem die
Raubvögel wild seufzten; sie glaubte sich selbst in der Leidenschaft-
lichkeit bei ihrem Alter, das schon manches Haar ihr grau gefärbt
hatte, darin zu erkennen und hinter sich in dem fröhlichen Grafen
das reichbebaute Land; sie blieb lange stille. Einige Wolken lagerten
sich um sie her; es wurde kalt, aber ihre Neigung glühte mit dem
Fieber, das in ihr begann; sie ließ sich fast von dem Grafen tragen, so
lehnte sie sich an ihn. Zufällig und sehr natürlich erzählte hier der
Graf Petrarchs wunderbares Ereignis, als er mit großer Beschwerde
einen hohen Berg bestiegen und in den ›Bekenntnissen‹ des heiligen Augustinus mit überraschender Rührung die Worte aufgeschlagen habe: ›Die Menschen gehen hin, die Höhen der Berge, die
Wellen des Meeres, die gewaltigen Ströme, den weiten Umfang des
Ozeans und die Kraft der Sterne zu bewundern, und verlassen sich
selbst.‹ – Diese Geschichte machte einen tiefen Eindruck auf die
Fürstin; sie wollte sich nicht verlassen, so schwor sie in sich und doch
konnte sie nicht vom Grafen lassen, der Kopf ging ihr herum. Sie war
so erschöpft, als sie durch die Schneegegend in die Nähe des Kraters
kamen, daß sie einige Stärkungsmittel nehmen mußte; nachher, als
der Schreiber umherging allerlei Laven abzuschlagen, drängte sie
sich mit vieler Kühnheit immer weiter vor, durch die schwarzen Stein-
massen und den lockeren beschneiten Boden, bei den rauchenden
Schornsteinen vorbei, nach dem Krater. Der Graf rief ihr zu, sie
möchte sich doch in acht nehmen, und sprang ihr nach, sie aber

fragte ihn heftig vorschreitend: ›Sind Sie mein Freund, mein bester Freund?‹ – Der Graf begriff sie nicht; er glaubte, das starke Getränk habe sie in der dünnen Luft berauscht, sprang ganz zu ihr hin, hielt sie heftig und sagte bestürzt: ›Und sie glauben nicht an mich?‹ – Die Fürstin suchte sich loszureißen und flehete: ›Lassen Sie mich, mit der Überzeugung, einziger Freund, will ich unten bei den erschlagenen Himmelsstürmern Ruhe suchen.‹ – In dem Augenblicke machte sie einen Versuch, sich herabzustürzen, aber der Graf hielt sie kräftig und gefaßt, trug sie fort und sagte: ›Gut, daß ich dabei war, das ist ganz die Art des Schwindels, wie ich gehört habe, aus Furcht vor dem Fallen stürzen sich die Schwindelnden meist hinab.‹ – Die Fürstin ließ sich jetzt ruhig hinunterführen; es war nur eine Anwandlung in ihr gewesen, diese Sterbelust, die sich wieder ganz in Zärtlichkeiten gegen den Grafen auflöste, der sie davon errettet, ausströmend in stillen Blicken zu ihm.«

Sie kommen zurück in das Wirtshaus, wo sie Quartier genommen haben. Nachts fühlt die Fürstin, sie müsse dem Graf ihr Verhalten erklären und schleicht in sein Zimmer, wie sie glaubt. Aber nicht der Geliebte, sondern der kleine Schreiber wohnt dort und macht sich die Situation in der Dunkelheit zunutze: »der, den sie traf, beschwichtigte so bald ihren Mund, sie fühlte sich so ganz beglückt« – und geht in dem Irrtum, vom Grafen geliebt worden zu sein.

Die »Titan«-Reminiszenzen sind deutlich. Die Fürstin ist eine ältere Schwester Lindas, aber sie ist, anders als Linda, keine Ideen-Figur, sondern eine Frau aus Fleisch und Blut, gequält von ihrem Verlangen und der Angst, daß bald alles zu spät und das Glück endgültig versäumt sei. Hat Charlotte, als sie diese Episode in dem Roman »Armut, Reichtum, Schuld und Buße der Gräfin Dolores« las, Betroffenheit gefühlt?

»Lesen Sie die Gräfin Dolores von Arnim« (schreibt sie im August 1811 an Karoline Richter). »Den Herrn von Kleist, Verfasser der Familie Schroffenstein, sprach ich bei Sander, weiß ich mehr von ihm, so schreibe ich es an Richter. Die Gesellschaft lebender Geister vermehrt sich jetzo in Berlin.«

Sie hatte keine Gelegenheit mehr, Kleist näher kennenzulernen, der zwei Monate später mit seiner Freundin Henriette Vogel gemeinsam in den Tod ging.

Die Gesellschaft lebender Geister (zu der für Charlotte auch Achim von Arnim gehört, der seit Anfang 1811 mit Sophie von La Roches Enkelin Bettina verheiratet ist) – sie vermehrt sich vor allem durch die Berliner Universität. Zu den unter Stein eingeleiteten Reformen gehörte auch die Neuordnung des preußischen Bildungswesens. Wilhelm von Humboldt wird als erster Minister für Unterricht und Kultus in die preußische Hauptstadt geholt und in diesem Amt zum Begründer des humanistischen Gymnasiums; auch an der schon länger geplanten Universitätsgründung im Jahre 1810 hatte er wesentlichen Anteil. Fichte wird auf den philosophischen Lehrstuhl berufen und zum ersten Rektor gewählt. Mit 11 zu 10 Stimmen siegt er allerdings nur knapp gegen den großen Juristen Savigny (der mit Bettinas Schwester verheiratet und die erste große Liebe der unglücklichen Karoline von Günderode war). Mit der Berufung berühmter Wissenschaftler und Gelehrter wird Preußens Hauptstadt auch Hauptstadt der Intelligenz. Die Studentenzahlen steigen schnell an.

1812 geht August von Kalb nach Berlin, um dort Jura, das traditionelle Studienfach für Söhne aus dem Adel, zu studieren. Der Mutter, die seiner Ankunft mit gemischten Gefühlen entgegenblickte, ist er ein Fremder.

»Mein jüngster Sohn August kommt auf die hiesige Universität. Er ist für mich eine neue Bekanntschaft, denn in zwölf Jahren sah ich ihn nicht. Man läßt mich von ihm viel Gutes hoffen, und seine Briefe lassen es mich auch erwarten. Seine Gegenwart wird wohl meine Lebensweise vielleicht mit mehreren Genüssen bereichern. Es ist mir aber eine eigene Aufgabe, wie ich für die Existenz dieses Jünglings sorgen soll, denn ich bin noch immer ganz ohne Einnahme, als nur durch meinen kleinen Handel.«

Wir wissen kaum etwas über Augusts Kindheit und Jugend; sie müssen eher trübe gewesen sein. Der Vater nahm ihn, wie es scheint, schon sehr früh zu sich; nach dessen Tod lebte August bei seinem Vormund in Bamberg, wo er auch das Gymnasium besuchte. Er war ein guter Schüler; ein von ihm verfaßtes Trauergedicht auf einen Mitschüler ist das einzige, was sich aus dieser Zeit von ihm erhalten hat. Auf einer Reise nach Franken, die Charlotte im Sommer 1810 unternahm, besuchte sie ihren Sohn nicht, obwohl sie Bamberg sehr nahe war: aus Trabelsdorf nahm sie Augusts Halbschwester Luise mit sich nach Berlin.

Die politische Entwicklung macht Augusts Studium ein schnelles Ende. Im Winter 1812/13 sehen die Berliner die Reste von Napoleons in und an Rußland zerbrochener großer Armee durch ihre Stadt ziehen – »elende, von den gräßlichsten Wunden entstellte Krüppel, denen Hände, Arme, Füße fehlten oder durch den Frost gänzlich zerstört waren! Daß Gottes Hand so furchtbar treffe – das zitterte man, selbst den eigenen Augen zu glauben«, schreibt ein Zeuge, der, wie fast alle Zeitgenossen, nicht im mindesten daran zweifelt, daß die Zerstörung und Niederlage ein Gottesgericht sei: »Mit Mann und Roß und Wagen/hat sie der Herr geschlagen«, sang man; der Herr war ein Verbündeter Preußens. Die Begeisterung für den »Freiheitskrieg«, zu dem sich der König, bis zuletzt zögernd, nur sehr ungern bereit gefunden hat, ist ungeheuer. Einem Aufruf zur Meldung von Freiwilligen, (den Friedrich Wilhelm III nicht unterschreiben mochte), folgen ganze Schulklassen. Von den 600 Studenten der Universität melden sich 258 zu den Waffen, unter ihnen auch August von Kalb. Körners Sohn Theodor, der im Leben mit seinen epigonalen Dichtungen in der Nachfolge Schillers wenig erfolgreich war, wird nach seinem »Heldentod« zur Symbolfigur dieser ganzen Generation kriegsbegeisterter Jünglinge durch seine fromm-patriotischen Kriegslieder (»Leier und Schwert«), die der Vater 1814 zu seinem Andenken drucken ließ. Der Brief, in dem Theodor ihm von seinem Entschluß schrieb, sich als Kriegsfreiwilliger zu melden, wurde in Anthologien des 19., aber auch des 20. Jahrhunderts immer wieder abgedruckt – als Vorbild, nicht als Warnung: »Deutschland steht auf; der preußische Adler erweckt in allen treuen Herzen durch seine kühnen Flügelschläge die große Hoffnung einer deutschen, wenigstens norddeutschen Freiheit. Meine Kunst seufzt nach ihrem Vaterlande, – laß mich ihr würdiger Jünger sein. – Ja, liebster Vater, ich will Soldat werden, will das hier gewonnene glückliche und sorgenfreie Leben mit Freuden hinwerfen, um, sei's auch mit meinem Blute, mir ein Vaterland zu erkämpfen ... Eine große Zeit will große Herzen, und fühl' ich die Kraft in mir, eine Klippe sein zu können in dieser Völkerbrandung; ich muß hinaus und dem Wogensturm die mutige Brust entgegendrücken.«

Die Älteren gehen der Jugend voran. Fichte bietet sich nach sorgfältigem Abwägen des Für und Wider (den Nutzen für die Menschheit betreffend) dem preußischen Staat als eine Art Feldprediger an. Der einst des Atheismus Verdächtigte verspricht echt christliche Reden, bittet sich für sein neues Amt allerdings einen Sonderstatus aus: gehorchen nämlich will er nur dem König selber. Mit vielen seiner Professorenkollegen, mit Beamten, Lehrern, Wissenschaftlern tritt er in einen »Landsturm« ein, an dessen Exerzierübungen die Karikaturisten ihre Freude haben.

Die Frauen erfüllen ihre patriotische Pflicht, wie es ihnen zukommt. Die Prinzessin Marianne, die nach dem Tode der bald zur Heiligen stilisierten Königin Luise die erste Frau im Staat ist, gründet einen »Vaterländischen Frauen-Verein«, dessen Mitglieder verwundete Krieger pflegen bzw. die Pflege organisieren. »Du willst wissen, lieber Wilhelm, wie das mit dem Spital ist« (schreibt sie ihrem Mann). »Es sind lauter Damen, wohl 30, die Vorsteherinnen sind davon, welche Untergeordnete wählen zur Verpflegung. . . . Sack hat auch Rechte darüber, die wir ihm übertragen werden. Ich bin Obervorsteherin, und die andern Prinzessinnen heißen Beschützerinnen. Ein Haus kriegen wir dazu. Kurz, es sollen 40 Kranke oder Verwundete gepflegt werden, um sie schneller und geheilter wieder zur Armee zu befördern, da Mangel an Verpflegung in den großen Lazaretten die Heilung so sehr aufhalten soll.

Vom andern Frauenverein, wo sie mich auch hineingezogen haben, wirst Du in der Zeitung gelesen haben. Der ist dazu, die unbemittelten Freiwilligen zu befördern.«

Bald haben sich die Frauenvereine auch um Hinterbliebene, um Witwen und Waisen zu kümmern. Denn auch dieser ›heilige‹ Krieg fordert Opfer. Eigentlich sollte seine große Idee darüber hinweg helfen: das will Charlotte sagen in einem langen Brief an Karoline Richter (vom 22. Juni 1813), was sie wirklich sagt, ist: der Krieg macht mich arm und einsam und viele elend.

»Jedes weiß nur von dem andern durch die allgemeinen Begebenheiten; man hat keine Worte für das Leben dieser Zeit, viel weniger kann man schreiben . . . Alles, was ich sonst noch von Besorgungen und ausstehenden Zahlungen haben soll, muß ich verlieren, und wer wird nur danach fragen . . . auch habe ich dafür keine Furcht. Die allgemeine Armut ist auch ein allgemeines Haben, und wo solche Herrlichkeit, ist die Klage nicht möglich . . . Schiller hat in Posa diese Zeit vorempfunden.

Ich habe in dieser Zeit durch Krankheit und Schwäche Freunde verloren. Im Waffenstillstand sind nun einige gute Bekannte bei uns, viele sind auch schon tot.

Meine Söhne leben bis jetzo noch. August ist wieder mit seinem Freund, beide als Lieutenants, bei einer Compagnie. Es ist ein Zauber der Freundlichkeit und Liebe in allen . . . hier werden 700 Blessierte und Kranke nur in Einem Lazarett . . . verpflegt . . . Wenn sie nun kommen, und Speise verteilen, so sagen die Russen, die oft kein anderes Wort sagen können: Menschenliebe. Es sind noch mehrere

Lazarette, auch von Dames versorgt, das eine, wo auch unsere Prinzessin sorgt, ist zu 60, aber ganz vortrefflich. Dieses ist aber nur weniges bei diesen unsäglichen Leiden und Beschwerden.«

Anfang 1814 stirbt Fichte am »Lazarettfieber«, das ihm seine Frau von der Krankenpflege nach Hause mitbringt. »Wegen des Lazarettfiebers durfte ich Sie nicht besuchen« (erzählt Charlotte viele Jahre später dem Sohn Hermann). »Nach einer schlaflosen Nacht wurde ich im Morgenschlummer von der Explosion in dem Pulvermagazin aufgeschreckt und dies vermehrte meine Unruhe für die Mutter; ich ersuchte meine Tochter, mich dahin zu bringen, als ich die Treppe hinaufging, begegnete mir G. ›Wie geht es der Mutter?‹ – ›Sie liegt noch schwer danieder.‹ ›Nun, so will ich doch zu dem Herrn Professor.‹ – ›Wissen Sie noch nicht, daß er diesen Morgen gestorben ist.‹« Danach ist bei Charlotte von großer Herrlichkeit auch bei Siegen nie mehr die Rede.

»Heute kam die Nachricht des Siegs bei Bar sur Aube, der genauere offizielle Bericht wird jeden Augenblick erwartet. Er war hartnäckig und blutig, aber absolut unvermeidlich, wem nun das Todeslos bei diesem Sieg gefallen ist.

Heute früh war schon für mich das erste Wort, welches ich vernahm, der Tod eines lieben Freundes, Herrn v. Ziemecky. Er ist bald seinem Meister gefolgt, er liebte Fichte über alles ... Ich harrte seiner Ankunft, da ich wußte, daß er bald nach Berlin kommen sollte. Wenn nur meine Söhne noch leben, so will ich mich dennoch in Wehmut noch einmal auf Erden freuen, denn alle Freunde, die ich hier fand, sind nun heimgegangen in das unnennbare Reich.«

Ende März 1814 ziehen die Verbündeten in Paris ein, Napoleon dankt ab, auf dem Wiener Kongreß verhandelt man über die Neuordnung Europas. Die politischen Früchte des Krieges und Sieges bleiben kläglich hinter den überschwenglichen Hoffnungen des Anfangs zurück. Die über 30jährige Friedenszeit, die einem Vierteljahrhundert kriegerischer Unruhen in Europa folgt, wird für Europa eine Zeit der Restauration, der Unterdrückung freiheitlich-demokratischer Bestrebungen; der österreichische Staatskanzler Metternich gibt einer Ära den Namen, die mit der von Posa erträumten Zeit der Humanität und Freiheit nichts gemein hat.

August von Kalb kommt wie sein Bruder, zwar lebend aber verwundet aus dem Krieg heim. Vom Beruf des Soldaten kann er sich nicht mehr lösen. Zwar hört er noch bis 1818 Vorlesungen an der Universität, schließt aber kein Studium ab. Schon ein Brief, den er

1815 gewiß auf Wunsch der Mutter an Jean Paul schrieb, läßt in seiner gedrückten Gehemmtheit wenig für seine Zukunft hoffen.

»Ich bin noch nichts wert, weil ich noch nichts bin, sondern nur etwas sein möchte. Vielleicht wäre ich früher dazu gekommen etwas zu erscheinen, wenn ich nicht so glücklich gewesen wäre ein Vaterland zu erhalten, und nun weiß ich nicht wofür ich meine innere Stimmung, die es mir gar nicht erleichtert als irgend etwas mich vorzüglich vorstellen zu können halten soll. Sie sehen daraus, daß ich gar nicht die geniale Leichtigkeit und bald zu vollkommenen Dingen leitende Kraft in mir habe, denn sonst würde meine Fähigkeit eher sich haben etwas gestalten können. Doch lebe ich deswegen beinahe sorglos. Etwas aber in meinem Innern weckt zuweilen meine Überlegung und macht mir Mühe, das ist das Streben nach einer glücklichen Verbindung des Verstandes mit dem Gemüte, ohne welche es nicht möglich ist zu handeln und in Mitte der äußerlichen Welt das sein zu können was man sein soll, wenn man es will.«

»Ihrem Brief fehlt nichts, als zuweilen Kommata«, bemerkt Jean Paul zutreffend in seiner Antwort, die – was soll er auch schreiben – in der tröstenden Versicherung besteht, daß das Streben nach dem Guten »selbst ein Gut« sei – und »Sie haben, weil Sie suchen. Nur wollen Sie nie das Gute . . . um des Glanzes willen, der es begleitet«.

Das Streben nach dem Guten materialisiert sich in Augusts Leben als Streben nach dem Gut. Nach dem Tode des Präsidenten ist er es, der den juristischen Kampf um das Familienvermögen, um Entschädigungen, um Revision ergangener Urteile zäh weiterverfolgt – ein Kampf, der auf gespenstische Weise längst zum Selbstzweck geworden ist.

Aus dem preußischen Provinzstädtchen Soldin, wohin es ihn mit seinem Regiment verschlagen hatte, begründete August dem befreundeten Familienanwalt Peter von Hornthal, warum er sich so mühte: »Bei unserer jetzigen Mittellosigkeit leiden so manche in unsere Verhältnisse verknüpfte. Einer stirbt nach dem andern aus unserer Mitte dahin, der sich immer mit der Hoffnung eines günstigen Resultates geschmeichelt hat, und so nahen unter vereitelter Erwartung vielleicht auch die Tage meiner alten guten Mutter ihrem Ziel, deren ganzes Leben fast von dem Lärm und unnützen Geräusch unserer Prozesse erfüllt war. Und ich selbst, mehr als jemals ganz auf mich zurückgewiesen, in einem Provinzialstädtchen, der Horizont der Aussichten in die Welt eng begrenzt, halte es für meine Pflicht, die allgemeine Ruhe und den Frieden und den Genuß des wenigen Übriggebliebenen meiner Familie erstreben zu helfen; und auch von manchen Chimären und entfernter liegenden Objekten des Wunsches und der Begierden entweder zurückzukommen, oder abgewendet, hänge ich lebhafter an diesem vorliegenden, den ich pflichtgemäß hegen muß; und so lange er nicht befriedigt ist werde ich ja selbst für mich auch an der Begründung des anspruchslosesten und einfachsten Lebensverhältnisses gehindert.«

Doch seinen Bemühungen, hoffnungsloseren als alle vorher, ist kein Glück beschieden. Kalbsrieth wurde 1821 versteigert, mitsamt dem Inventar: der Bibliothek, 64 Flaschen Wein, Geräten, Möbeln, Kupferstichen – und Betten und Matratzen, die von Mäusen angefressen waren. Waltershausen ersteigerte ein paar Jahre später der Freiherr Ludwig von Wolzogen, ein entfernter Verwandter. Das Pfarrbuch nennt August einen gebildeten und braven jungen Mann, der sich »alle Mühe gab, das Rittergut zu erhalten, allein es glückte nicht damit«. Unglück hatte er auch in der Liebe. Als seine Bewerbung um eine Soldiner Pfarrerstochter abgewiesen wird, erschießt er sich 1825 im Alter von 31 Jahren. Er hatte wohl die Schwermut seines Vaters geerbt; mehr noch starb er an einer Chimäre: an etwas Verlorenem, das er nie besessen hatte.

»Mein lieber guter August, schmerzlich hat er so früh des Lebens Bitterkeit geschmeckt; allein ich denke es, er hatte den Mut..., den bittern Kelch zurückzustoßen, den er das Leben hindurch hätte leeren müssen.«

38. Kapitel

Mit Glut auf Asbest schreiben

»Er hat eigentlich unsere Bekanntschaft nicht gestiftet, aber ohne ihn hätte sie doch nicht stattgefunden«, schreibt Charlotte (für uns etwas dunkel) in einem Brief an Johannes Erichson, der die Nachricht vom Tode Sinclairs enthält.

Isaak von Sinclair hatte in den Befreiungskriegen in der österreichischen Armee gekämpft; als Hauptmann gehörte er dem Armeekorps des Erbprinzen Philipp von Hessen-Homburg an, der seinem Schlachtenruhm zu verdanken hat, daß es für ihn, den Fürsten ohne Land, bald doch wieder etwas zu erben gab: auf dem Wiener Kongreß wurde Hessen-Homburg zum erstenmal in seiner Geschichte volle Souveränität zuerkannt. Sinclair, der sein Ländchen in Wien vertrat, erlebte den glücklichen Ausgang der Verhandlungen nicht mehr. Nur wenige Wochen nach dem Tode seiner geliebten Mutter trifft ihn im Februar 1815 der Schlag – wohl nicht im Bordell, wie Varnhagen später verbreitet hat, aber doch unter merkwürdigen Umständen: »Sinclair war zum Major in Kaiserlich-Österreichischen Diensten ernannt. Dies Avancement war überraschend – für jeden und ihn. Er eilt in die Boutique eines Schneidermeisters, um sich die Uniform anmessen zu lassen. Indem man ihm das Maß nimmt, rührt ihn der Schlag, er fällt tot nieder. Man findet kein Zeichen seines Namens noch Wohnung bei ihm. Er wird ausgestellt und die Leiche erst nach 2 Tagen erkannt.« Die österreichische Polizei, der Sinclair seiner revolutionären Vergangenheit wegen immer noch verdächtig war, durchsucht auf Befehl Metternichs seine Wohnung, beschlagnahmt seine Papiere. Niemand, kein Bekannter, kein Freund, scheint sich darum gekümmert zu haben. Erichson sieht darin »recht das Bild eines isoliert stehenden Menschen, wie er es wirklich war«; Charlotte schreibt Sinclair ein Epitaph: »Er war ein blitzender bedeutender Geist – und auch ein Blitz war sein Tod«.

Die epigonalen poetischen und philosophischen Schriften, die er hinterlassen hat, verraten nichts von dem blitzenden Geist dieses Mannes, dessen Name nur durch die so trübe endende Freundschaft mit Hölderlin vor dem Vergessen bewahrt blieb – und durch das verklärte Bild dieser Freundschaft in Hölderlins Poesie:

Euch alten Freunden droben, unsterbliches
  Gestirn! euch frag ich, Helden! woher es ist,
    Daß ich so untertan ihm bin, und
      So der Gewaltige sein mich nennet?

Der Name des Johannes Erichson ist in Gelehrtenlexika vergraben,
die ihn ausweisen als »Professor der Ästhetik, auch Doctor der Philosophie in Greifswald, geb. zu Stralsund im September 1777, gest.
1856«. Sohn eines Pfarrers, absolviert er das Pflicht-Theologiestu-
dium, das mit viel intensiver verfolgten schöngeistigen und philosophischen Neigungen streitet, danach die beinahe obligatorische
Hauslehrerzeit in Stralsund und Berlin. In Wien, das wie er viele
Literaten, Intellektuelle, Künstler mit dem besetzten Berlin vertauschten, arbeitete Erichson als eine Art Sekretär beim schöngeistigen
Fürsten Lobkowitz, verfaßt Theaterkritiken, Gedichte, übersetzt aus
dem Griechischen (»Griechischer Blumenkranz«), ist mit Seckum-
dorff und August Wilhelm Schlegel am »Prometheus« beteiligt, und
Herausgeber eines »Musenalmanaches für das Jahr 1814«. 1814 kehrt
er aus Wien in seine Geburtsstadt zurück und wird wenig später an
der Universität Greifswald »Adjunkt« (Assistent) für deutsche Stili-
stik, Latinität, Ästhetik, auf die Einstellung zum ordentlichen Professor muß er noch bis 1830 warten. Von Greifswald kommt er nie
mehr weg. »Greifswald scheint ein seltsam versteinernder Aufenthalt«, bemerkte Hermann Fichte, der mit Erichson eine »philosophische« Korrespondenz geführt hat. »Wer dort hinkommt, verstummt
und taucht unter in die Wogen der Vergessenheit.« Geschrieben hat
Erichson, ganz ungewöhnlich für sein fleißiges, vielschreibendes Jahrhundert, wirklich so gut wie nichts; dem Lexikonverfasser blieb, weil
kein Wissenschaftler zu würdigen war, nur die Würdigung des Uni-
versitätslehrers: »In seinem Wesen verband er Würde mit feinem Takt
und zeigte wohlwollendes Interesse für die studierende Jugend.« Die
wenigen eigenen Schriften, die von ihm im Druck erschienen sind,
zwang ihm sein Amt ab: akademische Reden, die er als Professor für
Ästhetik jedes Jahr zum Geburtstag des Königs zu halten verpflichtet
war. Sie heißen zum Beispiel »Über das moralisch Erhabene«, »Über
die Entwicklung der moralischen Wahrheit in den neueren Systemen« und »Über die Theodizee«, sind unendlich trocken und fangen
den Leser in wahren Satzbaulabyrinthen, dem Ausweis lateinisch
geschulter Beredsamkeit:
  »Das frohe Gefühl, welches der Tag, der unseren Monarchen sei-

nem Reiche geschenkt hat, in seinem Volke hervorruft – eines Monarchen, dessen Gerechtigkeit, väterlicher Sinn und Menschentugenden ihn mit seinen Untertanen durch das zarteste und festeste Band verknüpfen – so daß, wie man sich an einem schönen Tage des Geschenks des Lebens, der Natur und der Welt freudiger bewußt wird, – an dem Tage, der Ihn der Welt schenkte, ein neues starkes Gefühl die Brust durchschauert und ein treues Volk empfinden läßt, was es an seinem Regenten besitzt – und in freundlichen Bildern alles das Gute in der Seele aufsteigt, was durch ihn den Seinen geworden – – dieses freudige Gefühl ist zugleich bei uns gegenwärtig mit erhabenen Erinnerungen verbunden«. Das quälend-unverständliche der Erichsonschen Geburtstagsreden könnte gattungsgebunden scheinen – philosophisch verbrämte Panagyrik, die sich hüten mußte, die Grenzen frommer Beschränktheit zu überschreiten, kann für einen Gelehrten nicht sonderlich inspirierend gewesen sein. Aber auch die Gedichte, die der junge Mann schreibt oder aus dem Griechischen übersetzt, sind schwerfällig, uninspiriert und oft dunkel. Er hat den Traum vom Genie geträumt:

Führet ein Schwert, zweischneidig, geschliffen,
mein rüstiger Arm nicht,
Das mir die Straße des Siegs öffnet, und
Freude beschert?
Ha! von dem leuchtenden Stahl des geschwungnen,
zerteilend die Menge,
Glänzt mir der ewige Tag, der mir
das Leben erhellt.

Er hat den Adler in sich gefühlt:

Als in der Brust der Entwurf mir aufstieg, wies sich der Adler,
Spannend die Fittige, kühn strebend mit mächtiger Brust.
Und das Zeichen mich froh durchschauerte. *Bist du ein Adler*,
Mut'ger Beginn? Natur-kräftig, vollendende Macht?

Doch auf die hoffnungsvolle Frage, die diese Verse abschließt, gab es für ihn dann doch nur ein klägliches »nein«, einen Ikarus-Absturz, den er sich mit den galanten Versen auf einen »Icarus als Bildsäule über einem Bade« sanfter gemacht haben mag:

War von solchen Najaden der Spiegel des Meeres erfüllet,
Wundr' ich mich nicht, daß in Schoß schmelzend du ihnen gestürzt.

Als ihn Charlotte (1815) um die Empfehlung literarischer Neuerscheinungen bittet, hatte er seinen besonderen Mangel in einen allgemeinen, ja, in eine Art von Sieg verwandelt: »Aus der Literatur
weiß ich Ihnen nichts zu empfehlen. Lesen Sie wie ich die Werke des
nächstvergangenen Zeitalters. Das bedeutende des neuen ist zu vag,
und unreif und dem ältern an Tiefe bei weitem nicht gleich. Es ist
jetzt überhaupt eine schmähliche Sache um die Literatur, und wohl
dem, der zu stolz war, sich damit zu vermischen. Geben Sie mir noch
zuweilen Erinnerungen von Goethe, Schiller ... wie ehemals.«

Charlotte: »Darf ich Ihnen sagen, mir scheint Ihr Gemüt nicht frei
in dem Urteil über die Literatur.«

Erichson: »Ich sehe wohl, wohin Sie deuten. Ich fühle selbst, daß
mir die Zeit auf gewisse Weise vorgeschritten ist, aber mich dünkt,
nur, wie die Tochter der Mutter durch die dem reifen Dasein immer
von der Jugend abgewonnene *Lebensgewalt.* Ist das aber wahres Zu-
vorkommen; wenn sich mit meinem Urteil zugleich ein gewisser
Verdruß paart, wenn *ich* darum befangen bin, ist darum mein Urteil,
worauf es doch eigentlich ankömmt, unrichtig? Übrigens muß ich
Sie bitten, was Sie unter dieser meiner Befangenheit verstehen, mir
doch ins hellste Licht zu setzen. Die Sache ist zu wichtig.«

Charlotte: »Das Wort ›Befangenheit‹ habe ich in meinem letzten
Brief uneigentlich gebraucht. Denn niemals dachte ich Sie mir beschränkt – sondern lauter, hell- und progressiv – aber die Stelle ...
›Wohl dem, der zu stolz war, sich damit zu vermischen‹ hat mich zu
diesem Wort gezwungen ... Mir scheint es, Sie sind zu früh aufgetreten. – Doch alles ist gut, was ist – ein Erichson darf nicht zurückblik-
ken, weder zum Orcus noch Elysium. –«

Charlotte will seine Gegenwart und Zukunft, er will ihre Vergangenheit, sie will ein Stück Jugend, er will einen Zipfel Ruhm. Beide
geben dem andern zu wenig von dem, was er will – weil es nicht das
ist, was sie geben wollen oder geben können.

Erichson: »Werd' ich nicht noch vielleicht einmal etwas für Sie tun
können, welches gewissermaßen der Schlußstein und die Verklärung
ihrer Existenz sein wird? Wenn ich einmal, wenn Sie nicht mehr
sind, Ihre Briefe von Schiller etc., was sich davon fürs Allgemeine
eignet, herausgäbe. Da würden Sie auch vor der Welt so dastehn, als
Sie dastehn wollten. Schreiben Sie mir darüber.«

Charlotte: »Lieber! wissen Sie denn nicht, daß ich die Briefe von
Schiller verbrannte und daß eben dadurch meine Papier-Scheu und
Schreibe-Furcht entstanden ist?«

Charlottes Liebe zu Erichson ist Abglanz ihrer großen Liebesgeschichten, noch einmal das Werben um eine Seele, die sich ihr hingeben soll: »Ich habe wirklich eine tiefe Gemüts-Neugierde nach
Ihnen – und kann mir gar nicht erklären – warum Sie im Schreiben
so karg sind. Bei mir hingegen ist es, wie das Auflodern des letzten
Funkens der Mitteilung.«

Der Traum vom vollkommenen Verstehen ist die »Idee« auch
dieser Beziehung Charlottes, ihre Wirklichkeit ist, mehr als je zuvor,
die »Sprach- und Sinnverwirrung«, wie sie seit dem Turmbau zu
Babel unter den Menschen herrscht.

Es gibt Momente vertrauter Hingabe zwischen ihnen, es gibt einen
Brief Erichsons, der, rückhaltsloser als die anderen, die von ihm
erhalten sind, beginnt: »Sie haben recht gehabt, wenn Sie einmal
äußerten, daß ich zu Ihnen vieles aus dem inneren Leben aussprechen könnte, weil gerade Sie es so aufnehmen, wie ich wünschte. Es
ist mir die Unterbrechung dieser Aussprache meines Selbst während
meiner äußeren Entfernung eine Entbehrung geworden«; es gibt eine
vertraute Antwort Charlottes (vielleicht auf den gleichen, vielleicht
auf einen anderen Brief), die das Schicksal nie hat bei Erichson
ankommen lassen: mit solchen Selbsttäuschungen erhält sie sich
(wie einst bei Schiller) ihren Traum: »Aus Dresden erhielt ich einen
traulichen Brief, wodurch mir im wesentlichen Ihr Gemüt viel an-
schaulicher wurde, als im Gespräch. Sie wünschten auch, ich möchte
ihn sogleich beantworten. Ich tat es – 2 kleine Blätter, die aus der
Seele in sanfter Stille willig gegeben. Ich fürchtete aber sogleich, das
werden Sie *nie* erhalten: Es war in den Wochen – geschrieben im
Jahre 6 im Oktober, wo so viel verloren ging – *Nie* fand ich in den
wenigen Briefen, die ich nachdem noch von Ihnen erhielt, *keine Spur*,
daß Sie diese erhalten hätten. Diese beiden Briefe waren der höchste
Punkt der Mitteilung.«

Ihr »Alltag« ist Verschlossenheit und gegenseitiges Mißtrauen. »Die
harten Stunden, die ich erlebt, haben mir auch Herbigkeit, der öftere
Betrug Mißtrauen gegeben, Mißtrauen. Treue und Trauen ist die
erste, nötigste Basis des Zusammenseins in der populären Welt, so
im Reich des Geistes, so im Himmel der Gesinnung.« Erichson wirft
Charlotte ein wohl gerade in seiner Trivialität bezeichnendes Beispiel dieses Mißtrauens vor. »Ich will es Ihnen nicht bergen, da Sie
mich fragen, daß ich mich in früherer Zeit recht schmerzlich durch
Sie verletzt gefühlt habe. Ich will es nennen: vielleicht beruht es auf
Mißverständnissen und ich nehme gern Belehrung darüber an. Edda

hatte die Absicht, mir zum Andenken eine kleine Handarbeit zu machen. Sie verhinderten es mit der Auffassung, »daß es doch andere erfahren könnten«. Sollten sich Edda oder Sie einer so natürlichen und gewöhnlichen Verbindlichkeit *schämen* gegen jemand . . ., von dem sich unterweisen zu lassen Sie sich nicht geschämt hatten – Spuren von Ähnlichem kamen auch sonst vor . . . zum Beispiel die Sorge, daß ich etwas von Ihnen, oder Ihren Verhältnissen zu mir . . . öffentlich werden lassen könnte. Das Mißtrauen in meine Loyalität schmerzte mich, und war mir bei Ihrem sonstigen Vertrauen höchst unerwartet.« Doch er selbst ist von dem, was er tadelt, keineswegs frei. Mißtrauen und Angst der alternden Frau begegnen der mißtrauischen Empfindlichkeit des jüngeren »ernsten und milden« Mannes, dem Souveränität und Selbstvertrauen fehlen, der deshalb auch von der herben Entschiedenheit Charlottes, der Radikalität ihrer Urteile so fasziniert wie abgestoßen und verletzt ist:

»Sie sind sehr entschieden in Ihren Urteilen; es ist nicht schwer, über jede Sache etwas zu sagen, ja es kann, wenn man sich in dem Zeitmoment reich fühlt, sogar groß sein. Ich habe die Periode auch gehabt. Jetzt ist mir die Erforschung der Wahrheit immer das erste, und ich möchte nicht zurückkehren . . . Ich muß es Ihnen gestehen, daß mir die schroffe Sprache nicht so lieb ist als die zarte anmutige Ihrer früheren Briefe. Es erscheint mir jene wie brennende Funken, die aus einer nächtlichen Tiefe fahren, die sie auch bald wieder verschlingt.«

Daß das Gespräch nach einer kurzen Zeit des persönlichen Umgangs nur noch in Briefen fortgeführt wird, läßt, weil beide zu scheu, zu mißtrauisch sind, sich dem Medium des Briefes anzuvertrauen, das Reden über das Problem einer Verständigung durch Briefe an die Stelle dieser Briefe bzw. spezifischer Briefinhalte treten.

»Nicht oft werde ich Ihnen schreiben, denn Briefe gehören zu dem Unbedingten, die das Leben oder das Wissen fördern sollen.«

»Vertrauliche Briefe sollten stets frisch beantwortet werden – man wird bekannter, wenn man sich in mannigfaltigen Launen dem Freunde zu erkennen gibt. Und der durch das erste Lesen erregte Sinn ist stets das Wichtigste – die Korrespondenz ist selbst eigentlich immer mühsam und lang. Daher können mir Freunde in der Mitteilung nicht mannigfaltig und umständlich genug sein.«

»Wenn Sie den Beruf allzu streng nehmen, so könnte auch unsere Korrespondenz darunter leiden – wieder verschwinden, ja wie ein Luft-Zeichen vergehen. Wir wollen also gesetzlich bestimmen, doch wenigstens jeden Monat einmal zu schreiben. – Wenn Wesen sich zu so freiwilligen Gaben einigen – so wird die Ordnung es gerne sichern.«

»Schreiben Sie mir ganz frei – tief – wahrhaft.«

»Im Gespräch könnte ich Ihnen vielerlei mitteilen, worüber mir Ihre Meinungen sehr bedeutend sein würden.«

»Es ist mir in einem Brief nicht möglich, mich darüber zu erklären.«

»Aber wie wäre es möglich – dem so Fernen – jene Blätter zu *übersenden* – könnte ich mit Rosensaft auf Lilienblätter schreiben, oder mit Glut auf Asbest, o würde dann wohl das ewig-wahre – das milde und alles bezeichnende Licht erkannt werden?«

Im persönlichen Umgang hat Charlotte der Glut ihres Fühlens weit stürmischer und leidenschaftlicher Ausdruck gegeben. Als Erichson im Sommer 1820 (?) Berlin besuchte, schickte sie ihm Brieflein »von Haus zu Haus«, die als Verlängerung erregter Gespräche und Konfessionen auf einen ganz anderen Ton gestimmt sind, als die oft so lebens-müden, von starren Alters-Sentenzen geprägten, die ins ferne Greifswald gingen. »Ich habe wenig geschlafen – meine Träume waren Gespräche mit Ihnen oder Richter. Aber eine tiefe Wehmut erweckte mich immer wieder. Es ist das Bewußtsein, daß ich Sie schon so oft betrübt habe – ach so oft! Eine eigene Pflege für mich ist not! Denn ich erkenne, daß mein Sein durch das Einzige dieser Verbindung ... gerettet wird! Oder in Rauch und Nebel vergeht. Das ist vielmehr seelisch als zeitlich gedacht. – Ich fühle den Widerwillen, den Sie oft gegen mich haben müssen – und wie durch Gerechtigkeit eines höhern Wesens – bin ich nur immer mehr zu Ihnen hingezogen ... Ich bereue aber nur, wenn ich Sie betrübt sehe – nicht daß sie noch immer mehr Fehler an mir bemerken – denn die Seele darf den Freund nicht täuschen wollen.«

Sie hat in dieser Zeit, wie es scheint, noch einmal den Todeskampf einer Liebe, ihrer Liebe erlitten: »Ich sollte erfahren, empfinden – was es sei – eine sterbende Freundschaft.«

Erichson hat Charlotte auch danach bei gelegentlichen Berlin-Aufenthalten gesehen. Zu neuem Leben wurde die gestorbene Freundschaft dadurch nicht erweckt. »Erichson war vor 8 Tagen hier« (schreibt Charlotte am 26. September 1832 an Hermann Fichte); »in matter Ermüdung sprach er teilnehmend von Ihnen.«

39. Kapitel

Der Dämon des Geldes

»Ich bin alt worden und doch noch kindlicher, fast wagend. Richter wird sehr über mich lachen, denn ich bin einmal nicht zu bessern, unverbesserlich.« Seitdem Charlotte in Berlin wohnt, träumt sie davon, die Stadt jedenfalls reisend wieder zu verlassen, und der Wunsch wird dringender, je länger sie Krieg und Geldmangel zwingen, seine Erfüllung aufzuschieben. »Im künftigen Jahr muß ich Berlin verlassen« (schreibt sie Ende 1814) »und einen Sommer mit andern Wesen in der schönen und freien Natur hinbringen; es ist das letzte Auflodern der Flamme des Lebens, die des leichteren Äthers bedarf. Wenn Sie von Reisenden hören, die nach Franken wollen, so denken Sie meiner, vielleicht darf ich diese dann begleiten ... Ich möchte auch gerne meine Schwester Lore wiedersehen, wohl zum letzten Male, wenn es mir gelingt. Gedenken Sie meiner – mit Schrift und Tat, denn es wird Abend vor mir, und mein Auge ist noch dunkler und es sind meine letzten Bitten.« Napoleons Flucht von Elba, sein Einzug in Paris, der wieder neu aufflammende Krieg durchkreuzen ihre Pläne dann abermals. »So tragisch es als Drama oder Weltbegebenheit noch werden kann, ist es doch eine hoch komische Begebenheit, daß der Gefangene, von Europa Gefangene, sich befreien konnte, von den Herrn der Meere bewacht. Wer war so sorglos oder so treulos?«

Erst im Frühjahr 1816 tritt Charlotte ihre langersehnte letzte Reise an, von der sie drei Jahre später nach Berlin zurückgekehrt ist.

Familie, Freunde, Bekannte haben, wie es scheint, versucht, die halbblinde Frau zurückzuhalten, ihr die Beschwerlichkeiten des Unternehmens vor Augen gestellt und die peinlichen Situationen vorausgesehen, die aus der Mittellosigkeit und der Spekulations-Sucht der Reisenden ihr und ihnen unweigerlich entstehen mußten. »Ihr beständig tätiger Geist, welcher unerschöpflich an Plänen und Entwürfen ist, untergräbt ihren schwächer werdenden Körper auf eine Weise, daß es mich jammert, auch halten Sie es in der Länge nicht aus; darum möchte ich Sie Beste inständigst bitten, ruhig zu werden, Ihre lieben Kinder haben Ihre Bestimmungen und sind im Ganzen in der Lage auch Ihnen ein sorgenloses Alter zu verschaffen; Sie wissen viel besser als ich, daß gewisse Unternehmungen sich nicht erzwingen lassen, daß so manches fehlschlägt«, ruft Johanna Fichte noch der schon abgereisten Freundin nach.

Warum sie denn unbedingt fort müsse? Weil ihren Flucht-Willen nichts hinreichend begründen kann, hat sie alle Gründe dieser Welt. Da eröffnen sich (im Dunkeln bleibende) Aussichten auf Geschäfte, soll etwas für die »verprozessierten« Güter an den Prozeßorten getan werden, will sie für das Erziehungs-Projekt endlich selbst wirken. Berlin ist ihr unerträglich geworden und der Wein dort zu teuer, außerdem mache es ihr die Großstadt schwer, zureichend über die Sittlichkeit von Heinrich von Kalbs illegitimer Tochter Luise zu wachen, die Dienstmädchenpflichten erfüllen muß, zugleich aber auch den höheren erzieherischen Ansprüchen Charlottes ausgesetzt ist. Zu einem Gemüt »voll Geist und Innigkeit« hatte sie das Mädchen formen wollen, leider vergeblich, weshalb es ihm nötig sei, seine »letzten Jugendjahre in Stille, Tätigkeit und gemütvollem Dasein zu verwenden. Ich bin diesem Mädchen sehr geneigt, ob Sie mir gleich schon vielen Kummer gegeben ... und jetzo wäre es grausam von mir, sie den Eindrücken so zweckloser Zerstreuung und Sinnlichkeit zu überlassen – denn die Gefahr ist, wie Sie wohl denken können nicht bei uns – aber in allen Straßen und bei den Vorübergehenden.« Die Männer auf den Straßen fixierten die 15jährige hübsche Blondine, die Charlotte wie ein Komödienkammerkätzchen, wie eine Despina charakterisiert (und als Tochter ihrer leichtlebigen Mutter, der »kleinen« Geliebten ihres Mannes): gewandt, fleißig, geschickt, aber auch leichtsinnig, listig, versteckt, ohne Leidenschaft, aber voll »frivoler aller-Welt-Freundlichkeit, was aber bis zur Frechheit übergehen kann«. Auch ernsteste Ermahnungen hätten nicht geholfen: »Das ist mir sehr schmerzlich, denn es lag in mehr als einer Beziehung uns allen daran, aus diesem Wesen ein Gutes und Wohlgefallendes zu erhalten. Wenn ich darüber leide, so ist es mir, als ob der Beistand des Himmels mich verlassen hätte.

Ich glaube nicht, daß ich zuviel fordere oder daß mir die Natur der Jugend gar zu fremd wird.«

Luise also ist ein Reisegrund, Edda ist einer, mit der es in dieser Zeit offenbar heftige Auseinandersetzungen gab (»ihre gute Tochter hat sie wirklich lieb«, versichert Johanna Fichte dagegen), sie hat Heimweh nach dem Süden und will (im trügerischen Bewußtsein des nahen Endes) Orte und Freunde der Vergangenheit – besonders Jean Paul – noch einmal wiedersehen.

Vor allem aber, so sagt sie, habe sie den Wunsch »recht allein zu sein« (»wenn man allein ist – kann man bewahren und genießen, was man von der Seligkeit errungen hat«), der befremdlich klingt, wenn man sich Charlottes »isolierte« Existenz in Berlin vorstellt, und verständlicher wird, wenn man ihn sich übersetzt zum Wunsch, noch einmal unbeaufsichtigt von der Tochter, unbelästigt von den vernünftigen Ratschlägen und Mahnungen ihrer Umgebung das tun zu können, was sie so im Kopf hat. Es ist eine unwürdige Greisin, die Anfang Mai aus den Mauern Berlins ins Freie fährt, ein Aufbruch, wie ihn ein junges Mädchen in ihrer »Cornelia«-Dichtung erlebt: »An einem Frühlingsmorgen verließ ich mit Frau Sullivan das Kloster ... Die freie Umgebung, ferne Aussicht, milde Luft, wie erquicklich ... Es war mir so neu, so wohl zu Sinn, denn während vier Jahren war ich nicht aus den Mauern gekommen.«

Wie von ihrer ersten großen Reise nach 1800 wissen wir auch von dieser, außer ihren Stationen, nur Fragmentarisches. Nach kurzem Aufenthalt in Wittenberg, wo sie eine Bekannte besucht und in Handelsgeschäften tätig ist (die »Kolonialwaren« seien dort teuer, hören wir) finden wir sie in der »goldenen Aue«, im verwahrlosten, von Gläubigern belagerten Kalbsrieth, von wo aus sie die Frühlingshoffnungen ihrer Vergangenheit beschwört: »Ich bewohne für diesen Sommer diese Auen, wo ich vor 18 Jahren am Kampanertal, dem Hesperus mich erfreute, wo ich Ihre Briefe mit Sehnsucht erwartet, mit Innigkeit beantwortet habe ...

In so alten Jahren war ich des Sommers nicht gewärtig, nicht froh geworden, aber länger konnte ich nicht entbehren. Es würde mein Befinden zerstört haben und von mir vernunftwidrig gewesen sein, hätte ich diesen ländlichen Aufenthalt nicht aufgesucht, obgleich selbst meine Kinder meinen, es werde mir Unannehmlichkeiten bringen, weil dieses Gut so sehr verschuldet ist. Doch sie reden, ich finde hier manche Bequemlichkeit und die unentbehrlichen Genüsse ... Amöne, die ich herzlich grüße, hat eine Blütezeit hier erlebt. Manche Anlage ist erwachsen, besonders die schöne Laube, die nun ein Gewinde voll Blüten oder Früchten ist mit ihren Gängen, Salon und Kabinetten. Man kann nichts Anmutigeres sehen, wie diese Partie.«

»Charlotte Kalb, denken Sie nur, hat das große Berlin verlassen und sitzt jetzt einsam in dem zerstörten Kalbsrieth«, meldet die Frau von Stein ihrem alten Freund Knebel, und: »Die Schillern ist bange, sie möchte uns hier auch besuchen wollen.«

Wenig später (im September) ist Charlotte wirklich in Weimar, wo sie die Schillern besucht und die Stein und Goethe; bei Knebel in

Jena bringt sie sich mit einem Brieflein in Erinnerung: »Charlotte Kalb ist wieder diesen Sommer in das Thüringer Land gekommen, und nur zwei Tage in Weimar, wo ich innig erfreut bin über die vielen Beweise der Gnade und Liebe, so mir begegnet. Gestern früh war ich bei Frau von Stein, die soeben ein Blatt von Ihrer Hand erhalten hatte; ich sah Ihre Handschrift noch fester und schöner wie ehemals. Die liebe Frau von Stein las mir den Inhalt: so geist- und liebreich, so fest bestehend erkannt' ich Sie in diesen Zeilen.«

Blind vor Rührung, hat sie wohl nicht gespürt, wie ungern man sie sah, welch bittere Erinnerungen ihr Besuch in der Schillern weckte und welch trübe Altersgedanken in der Frau von Stein: »Bald glaube ich, es ist besser, nicht gar zu alt zu werden, um noch eine freundlichere Vorstellung der Welt mit fort zu nehmen, als sie einem zuletzt wird.«

Über ein Jahr (bis zum Herbst 1817) verbringt Charlotte vor allem in Homburg v. d. Höhe, wo sie versucht, Ansprüche aus der verjährten Salinen-Spekulation des Präsidenten durchzusetzen – und in eine sehr unangenehme Lage gerät, als sie einem Frankfurter Kaufmann eine Schuld von 600 Talern nicht zahlen kann. In größter Not (und wie es scheint, erfolgreich) hat sie sich schließlich mit einem Bittbrief an Hardenberg gewandt, auch die arme Edda mußte ihm schreiben.

Im Winter darauf ist sie in Frankfurt. »In Gedanken bin ich teure Freundin viel bei Ihnen und ärgere mich eigentlich, daß Sie da in Frankfurt so einsam in Ihrem Zimmer sitzen und nicht einmal nachts jemand bei sich haben, dieses betrübt mich sehr«, schreibt »ihre treue Fichte«, und ahnungsvoll: »Wenn ich mir denke, daß ich Sie Liebe, vielleicht ... nicht mehr sehen werde, so macht es mich traurig.« Anfang 1819 ist sie, die seit dem Tod ihres Mannes auch lebensmüde geworden war, gestorben, hat Charlottes Rückkehr später im Jahr nicht mehr erlebt, deren Reise noch über Würzburg und Bamberg führte. In Bamberg hat sie ihre Schwester Lore noch einmal, wie gewünscht, gesehen. Zur ersehnten Begegnung mit Jean Paul ist es nicht gekommen, obwohl Bayreuth nicht weitab lag. Vielleicht war Charlotte doch klug genug, sich diese Erinnerung nicht durch die Gegenwart beschädigen zu lassen, wahrscheinlicher ist, daß sie ihn von unterwegs durch allzuviel Bittbriefe um Hilfe und Fürsprache in ihren verschiedenen Projekten verstimmt hatte; unter anderm hat sie seine Unterstützung in einer höchst merkwürdigen literarischen Spekulation gesucht, die in die Zeit des Homburger und Frankfurter Aufenthalts fällt. Ihre erste Anfrage geht an Karoline Richter. »Vor einigen Wochen bewegte mich eine Anekdote so sehr, daß ich gezwungen war, darüber etwas im Dialog aufzusetzen. Ich habe zwei Teile davon sowohl nach Weimar als Berlin geschickt, um zu fragen, ob dieses auf der Bühne könne dargestellt werden«; Karoline soll für sie erkunden, ob Jean Paul ihr durch »Konnexionen« eine Aufführung in München ermöglichen könne.

Als die Idee einer Bühnenaufführung nirgendwo Gegenliebe findet, ändert sie ihre Pläne, läßt den Text auf eigene Kosten drucken und bringt nun abermals ihre Bekannten in Verlegenheit. Ende Juli 1817 diktiert sie einen Brief, diesmal direkt an Jean Paul: »Heute erfahre ich durch ein Schreiben meiner Schwägerin, daß Sie gegenwärtig in Heidelberg sind. Ich habe im Monat Mai Ihrer Gemahlin geschrieben, aber auf diesen Brief keine Antwort erhalten.

Über denselben Gegenstand schreibe ich Ihnen heute. Die ökonomischen Verhältnisse haben mich gezwungen, ein kleines dialogisiertes Werkchen drucken zu lassen ... Der Titel ist: Johannes, ein Traum, erweckt durch eine dämonische Sage. Das Büchlein hat nur zehn Bogen, es werden viele Exemplare abgedruckt werden. Sobald es fertig ist, übersende ich Ihnen ein Exemplar. Diese Kleinigkeit hätte mir ein Buchhändler wohl nicht einmal abgekauft.

Ich bitte Sie daher, in Heidelberg oder auch bei Cotta anzufragen, ob man mir wohl einige hundert Exemplare abnehmen wollte mit 20% Rabatt. Vielleicht übernimmt es auch der Professor Schwarz, seine Frau ist eine Tochter des seligen Stillings, den ich meinen Freund nennen durfte.

Der Gegenstand betrifft auch eine Sache, die in diesen Jahren viel Jammer erregt hat, nämlich den Wucher.

Ich bin zu dieser kleinen Arbeit absichtslos, wie durch innere Gewalten, gezwungen worden ... Ich schreibe wieder ganz tolles Zeug – wenn's nur sich so organisiert, wie ich träume.«

Das tut es nicht. Wiederum bleibt sie ohne Antwort und Hilfe, schreibt nach allen Seiten noch einmal dringender (sind die Briefe und die abgegangenen Buchpakete am Ende nicht angekommen?) und verkündet endlich ihren »heroischen Entschluß«, das schon Gedruckte wieder vernichten zu lassen: einmal wegen des schlechten Papiers, dann wegen der vielen Druckfehler und am meisten, weil ihr für das Stück inzwischen eine ganz neue Idee gekommen sei. Die Ruinen dieser ruinösen Spekulation bewahrt das Deutsche Literaturarchiv in Marbach auf: eine korrigierte Druckseite und viele Blätter, wenige von Schreiberhand, die meisten in Charlottes unleserlicher Alters-Handschrift.

»Ich kann leider das wenigste in diesem trüben Briefe lesen sowie erfüllen«, hat Jean Paul am Rande eines Schreibens bemerkt, in dem Charlotte (während der Drucker schon an der Arbeit war) ihn als Lektor und Korrektor einiger Manuskriptseiten zu gewinnen suchte und ihm Stoff und Idee ihres Dramas vorgestellt hat.

»Johannes 1. Epist., 2. Kap., V. 10,11

(Wer seinen Bruder liebet, der bleibet im Licht, und ist kein Ärgernis bei ihm; wer aber seinen Bruder hasset, der ist in Finsternis und weiß nicht, wo er hin gehet, denn die Finsternis hat seine Augen verblendet.)

Der Traum, erweckt durch eine dämonische Sage in den Zeiten der Apostel

Es fand ein Bruder den andern im Elend. Geh eilend in meine Wohnung, sprach er, laß dir fünf Brote geben, sogleich muß ich von dannen. Er forderte Brote, es wurde ihm versagt. Nun sammlet er die letzte Kraft, flieht aus den Toren, faßt die Kinder, stürzt sie in Fluten tief, und über ihnen schließt sich das nasse Grab. So wird die Sag' um Mitternacht vernommen. Der Dämon, welcher dazumal das Brot versagte, verscheuchte nun den milden Schlummer, erschien im Traum mit seinen Knappen, hier ist sein Bild.«

Der »mystische« Apostel Johannes war Charlotte besonders nahe; mit seinem Namen, der auch der Rufname Richters und Erichsons war, hat sie, wie es scheint, eine Art Kult getrieben. Als Titel des Stückes nennt sie »Der Dämon des Wuchers« oder auch »Der Dämon des Geldes«. Die verworrenen Manuskript-Relikte lassen ahnen, daß Charlotte ihren Stoff in ein romantisches Schicksalsdrama umzusetzen bemüht war, in dem die Hartherzigkeit des einen Bruders über Generationen hinweg als Familienfluch wirkt.

Wohl hat die religiöse Überhöhung des Familienruins etwas höchst Peinliches, zugleich aber ist es auch beklemmend zu sehen, wie sehr Charlotte ihren Obsessionen und Ängsten ausgeliefert war, wie sehr der »Dämon des Geldes« wirklich ihr Dämon war, den sie sich nicht vom Halse schaffen konnte. Sie diente ihm, noch während sie ihn zu bannen suchte: »Ich hätte dies geschrieben auch ohne Not und Drang; da aber dieser noch vorhanden ist, so habe ich es für die fünf Brote geschrieben.«

40. Kapitel

Cornelia oder Das Phantom der Sehnsucht

»Meinen Namen will ich gern verborgen haben.« Als Verfasserin des
»Dämon« hat Charlotte jedenfalls zunächst einmal nicht auftreten
wollen, einmal, weil sie berechtigte Zweifel hatte an der Qualität
ihres Werkes (»es gehört wahrscheinlich zu diesen Dingen, die entweder gut sind oder gar nichts taugen«), dann aber auch, weil sie sich
ihres schriftstellerischen Versuches überhaupt schämte. Frauen, die
schrieben, taten (nach der vorherrschenden Meinung) etwas für eine
Frau eigentlich Unpassendes, nicht recht Schickliches; sie suchten
deshalb meist Schutz in der Anonymität, unter einem männlichen
Pseudonym (»Tian«), oder unter dem Namen ihrer Brüder oder Ehe-
männer, wie etwa Dorothea Tieck, Dorothea Schlegel oder Therese
Huber (die Göttinger Professorentochter Therese Heyne, die sich
nach ihrer Scheidung von Georg Forster mit Schillers Jugendfreund
Ferdinand Huber verheiratet hatte und ihn als Autor ihrer zahlreichen Familienromane zeichnen ließ).

Eine Frau, die schrieb, mußte sich für das, was sie tat, verteidigen
oder verteidigen lassen. Ferdinand Huber entschuldigte die einträgliche Brotschriftstellerei seiner Frau beim Schwiegervater so: »Und
ihre Autorschaft! Ach, wenn ich Ihnen dieses Stück von Theresens
Leben und Herzen so anschaulich machen könnte, Ihr Vaterherz
müßte sehr dadurch erfreut werden, anstatt einen lächerlichen, unweiblichen Drang darin zu finden! Erstlich übersetzt sie mit, weil ich
nicht mit aller Arbeit fertig werden kann, und dieser Gebrauch eines
Teiles ihrer Zeit der ökonomisch einträglichste ist. Und was sie dann
aus sich selbst so hinwirft, was sie nur in dem Augenblick beschäftigt, wo sie dabei ist, was sie für ein Hemd, ein Wams, eine Lektion
mit den Kindern, für irgendein anderes Geschäft bei der Kleinen mit
tausend Freuden verläßt, was sie nur treibt, weil es sich von mir
überarbeitet und aufgestutzt sehr einträglich gefunden hat, weil ich
um Beiträge angegangen werde, die ich selbst ganz zu liefern weder
Muße noch Stimmung habe, was sie auf die lächerlichste Weise
treibt, wenn man denkt, daß es endlich etwas Gedrucktes gibt, und
ein Gevatterbrief manche Frau mehr vom Hauswesen zerstreut und
abruft, was so durchaus Chaos ist, daß nie gesagt werden könnte, so

wie es gedruckt wird, sei es von ihr, kurz, was einem Autorwesen so ähnlich sieht, wie das Feld zu pflügen der Haltung einer akademischen Rede – ihr das zum Verbrechen oder zum literarischen Ruhm anzurechnen, wäre wirklich gleich barbarisch.«

Weibliches Schreiben also schien nur halbwegs akzeptabel, solange es ökonomisch einträglich war und dilettantisch betrieben wurde – welcher Dilettantismus dann natürlich das männliche Vorurteil bestätigte, daß Frauen zu derlei Beschäftigung von Natur aus nicht taugten.

Aber so schwer handwerkliches Unvermögen und die daraus resultierenden formalen Mängel auch wiegen: die Frauenliteratur der klassischen und romantischen Epoche (und lange darüber hinaus) enttäuscht vor allem inhaltlich. Die Frauen zeigten sich in ihren Schriften nur so, wie sie sein wollten und nach den Entwürfen der Männer sein sollten, balancierten zwischen Idealisierung und Anpassung und stellten sich blind für das Häßliche der Welt, das Schwierige, Abgründige in sich. (Figuren wie Don Carlos, der Marquis Posa sind gewiß Lichtgestalten, aber wieviel Zwiespältiges »aus der eigenen Seele« hat Schiller auch in sie hineingelegt!) Und natürlich mußten Frauen den Witz in sich auszurotten suchen, was gerade bei Charlotte ein großer Schaden ist (»den Witz kann ich in mir nicht leiden«, schrieb sie an Jean Paul, dessen Witz sie auch nicht leiden konnte und nicht leiden können durfte).

Wohl aus diesem Grund blieb auch das große komische Talent der Annette von Droste-Hülshoff literarisch unausgenützt, mit ihren geistlichen Liedern fand sich die Familie gerade noch ab. »Eine Frau sollte ihr eigenes Talent üben; will sie einmal schreiben, so sollen nicht Verhältnisse, nicht Gemachtes und Erlerntes ihre Feder beschäftigen; sie selbst, mit allen Quellen ihres Daseins, allen Gründen ihres Wesens, allen Kräften ihrer Natur, sollte ihr einziger Gegenstand sein, dann würde die Welt wahren Gewinn haben von ihren Erzeugnissen, die unvertilgbar in die Reihen des Lebens träten«, fordert deshalb Varnhagen in einer Rezension »Über die Schriften der Baronin de la Motte-Fouqué«, die das Grundübel weiblicher Schriftstellerei von ihrem besonderen Gegenstand aus trifft. »Man fühlt wohl in diesen verfehlten Werken, diesen Delphinen, Korinnen und Frauen von Falkenstein«, fährt er fort, »daß die beste Kraft bei ihrer Hervorbringung ungenutzt lag, und diese Frauen ganz andern Vorteil und Wirkung von ihren Talenten und ihrem Geist sehen könnten, wenn sie, unbekümmert um anderes, nur *sich* klar und rein aussprechen wollten. Aber darin irren sie alle. Ich weiß nur eine, die ganz frei davon ist, die griechische Sappho, welche in Folge und Kraft der ihren Liedern eingehauchten Glut und Leidenschaft gleichsam als letztes Lied den Schwung vom leukadischen Felsen wagte.« Daß Varnhagen nach Gründen dieses Irrtums nicht fragte, daß er zu einer Sache individueller Einsicht, individuellen Entschlusses macht, was weitgehend gesellschaftlich bedingt ist, war, bei aller Hellsichtigkeit, sein Irrtum.

»Ich habe noch kein Buch oder Gegenstand von einem Weibe verfaßt gelesen, welches den Wunsch in mir erregt hätte, ich möchte diese geschrieben haben«, bemerkt Charlotte von Kalb (1810) ganz im Sinne Varnhagens in einem Brief an Jean Paul.

Sie hatte dazu doppelten Anlaß: die Lektüre von Germaine de Staëls Roman »Corinne« (der von Dorothea Schlegel unter dem Namen ihres Mannes übersetzt und von Jean Paul rezensiert worden war) und, zum andern, den Besuch einer Dichterin: »Frau von Helvig war acht Tage in Berlin ... Sie hat sehr gealtert, durch Kränklichkeit, Neigung zu Fieber, einige zufällige Schrecken, das härtere Klima. Sie war in Schweden wohl die einzige in der Art, und wo kein Vergleich ist, ist auch keine Befriedigung der Eigenliebe ... Sie las einiges vor, Kompositionen für gesellschaftliche Spiele.«

Als junges Mädchen war Amalie von Imhoff, eine Nichte der Frau von Stein, in Weimar als »Muse« sehr gefeiert worden, weil sie so leicht Verse schrieb wie andere atmen (und auch zeichnerisch sehr talentiert war):

> Wie herab in leichtem Kräuseln
> Um mich der Jasmin und Flieder,
> So mit leisem Geistersäuseln,
> Schweben Reime, tönen Lieder
> Durch den neu erregten Sinn
> Drängend eins das andre hin.

Schiller nahm ihr kleines Epos »Das Mädchen von Lesbos« (das Caroline Schlegel als ein »Rudel von Hexametern« verspottete) in die »Horen« auf. 1803 heiratete Amalie, die sich in ihrer Brautzeit eng an Charlotte angeschlossen hatte, den schwedischen Obersten von Helvig und ging mit ihm in seine Heimat, wo sie »als einzige ihrer Art« das ersehnte Glück nicht fand. Helvig, der ihre poetischen Neigungen mehr duldete als unterstützte und teilte, fiel bei seinem König in Ungnade und verlor seine Stellung. Die Familie geriet in finanzielle Not, der Amalie durch schriftstellerische Arbeiten zu begegnen suchte. 1816 zog sie mit Mann und Kindern nach Berlin, wo sie einen Salon geführt und Bewunderer ihres Talentes um sich geschart hat, aber zwischen prosaischen Pflichten und poetischen Neigungen zerrissen, doch unbefriedigt blieb.

In einem Brief war Charlotte einst (in Weimar) die boshafttreffende Bemerkung herausgerutscht, die Imhoff sei ein Kunstfräulein. Was Amalie produzierte, als Dichterin in den verschiedensten Formen und Gattungen (schon die 18jährige versuchte sich an einem Trauerspiel) und als Zeichnerin und Malerin, war typisch weiblich, weil es sich mit gefälliger Oberflächlichkeit begnügte, mit »Gemachtem und Erlerntem«.

Die Madame de Staël hatte als Schriftstellerin schon ein anderes Format. »Frau v. Staël hat Genie und Tiefsinn, sie gehört zu denen, die einen Einfluß auf die Geisterwelt gehabt haben und haben. Bei andern war dies nicht der Fall oder es ist schon vorüber«, schreibt Charlotte, doch gilt ihr Urteil eher für die sachbezogenen Schriften der Madame (wie dem »Einfluß der Leidenschaften« und dem Deutschlandbuch »De l'Allemagne«), als für die Romane (»Delphine«-»Corinne«), in denen der weibliche Hang zur Selbsterhöhung im poetischen Wunschbild auf schon komisch anmutende Weise Triumphe feiert bzw. sich in naiver Unverfrorenheit Triumphe verschafft, wie sie die wirkliche Welt nicht zu bieten hatte. Sehen wir uns die Dichterin Corinne auf dem Weg zu ihrer Dichterkrönung an (damit es keinen Zweifel darüber geben könne, wer mit Corinne gemeint war, hat sich Germaine des Staël in ihrem Kostüm malen lassen):

»Sie war gekleidet wie die Sibylle des Dominichino, um den Kopf einen indischen Shawl gewunden, wozwischen die Haare vom schönsten Schwarz geflochten waren. Ihr Kleid war weiß, ein blaues Obergewand faltete sich unter ihrem Busen und ihre Tracht war höchst malerisch, ohne sich doch so sehr von der allgemeinen Sitte zu entfernen, daß man es affektiert hätte finden können. Ihr Anstand auf dem Wagen war edel und bescheiden; man sah wohl, daß es ihr einen Genuß gewährte, bewundert zu werden; aber ein Gefühl von Schüchternheit mischte sich in ihre Freude und schien für ihren Triumph um Entschuldigung zu bitten. . . .

Ein schöne und ausdrucksvolle Musik ging dem Triumphzuge voran. Jede Begebenheit, die durch Musik angekündigt wird, setzt das Gemüt in Bewegung. Eine beträchtliche Anzahl vornehmer

Römer und einige Ausländer gingen dem Wagen voran, auf dem Corinna fuhr. ›Es sind ihre Bewunderer, die sie begleiten,‹ – sagte ein Römer. – ›Ja,‹ sagte der andere, ›sie nimmt den Weihrauch von Allen an, aber sie gibt Niemanden einen entschiedenen Vorzug. Sie ist reich und unabhängig; man glaubt sogar, und ihr Anstand spricht gewiß dafür, sie sei von einer hohen Geburt und wolle nur nicht erkannt sein.‹ – ›Wie dem auch sein mag‹, sagte ein dritter, ›es ist eine Gottheit, die sich in Wolken verhüllt hat.‹ – Oswald blickte den Menschen an, der so sprach, und alles an ihm bezeichnete die niedrigste Klasse des Volks; aber im Süden sind die dichterischen Ausdrücke so natürlich und allgemein gebräuchlich, daß es ist, als ob man sie mit der Luft und der Sonne einsauge.

Endlich machten sich die vier weißen Pferde, welche Corinnas Wagen zogen, im Gedränge Platz. Corinna saß auf einem antiken Wagen, und junge weißgekleidete Mädchen gingen zu ihrer Seite. Überall, wo sie vorbeizog, warf man Wohlgerüche in die Luft, jedermann trat ans Fenster, um sie zu sehen, und die Fenster waren von außen mit Blumentöpfen und scharlachnen Teppichen geschmückt. Alle riefen: ›Es lebe Corinna! Es lebe die Kunst! Es lebe die Schönheit!‹ – Die Bewegung war allgemein . . .«

Was mit all dem Pomp dann doch wieder versöhnt, ist Corinnas wahre weibliche Schwäche, in der sie aus all ihrem Glanz stürzend sich zeigt, sobald sie liebt. Dann ist sie von so ängstlich-unruhiger, leidenschaftlicher Erregtheit, daß deutlich wird, wofür sie die Triumphzüge entschädigen müssen, und ihr das Liebesglück viel wichtiger ist (oder gewesen wäre), als jede Dichterkrone.

»Das glücklich liebende Weib ist kein Autor«, bemerkt Charlotte in einem Brief, der sich mit Äußerungen in Jean Pauls Konjektural-Biographie auseinandersetzt (und dabei fast wörtlich aus Germaine des Staëls Buch »Über den Einfluß der Leidenschaften« zitiert): »Die Satire über die Schriftstellerei der Frauens finde ich nicht ganz wahr; ich mag mit einem und dem andern nichts zu tun haben, und selbst meine Tochter soll sich nicht bemühen, aus Stolz sei es ihr verboten. Aber Ihr tut's nur aus Eigennutz, damit Euch nichts von unserer Seele entgehe, und Ihr macht's wie der Teufel, der die in die Ewigkeit behalten will. Das glücklich liebende Weib wird kein Autor, und bei einer Unglücklichen sucht niemand eine Freude. Warum wollt Ihr nicht, daß sie ähnliche Mühen mit Euch habe und ähnliche Täuschungen erlebe? Die Ehrsucht, die Eitelkeit und (der) Ehrgeiz hat nie diese Gewalt über eine weibliche Seele, wie bei einem Manne.

Sie kann es nie vergessen, daß sie ein Herz hat und daß sie lieben können. Kein Rausch, kein Rauch bringt sie um dieses Bewußtsein des Höchsten, und die Liebe, von der die Männer singen, ist dem Weib die ewigste Wahrheit. Jean Paul muß sich in acht nehmen, daß er nicht mit einer Heckenschere das Gesträuch noch kürzer beschneide. Den wahren Genius wird er nicht aufhalten, aber manchen Druck vermehren und manche Dummheit befördern, und soll das Weib nicht sein, was es sein kann und wird?«

Bald nach diesem Brief und gegen die darin erklärte Absicht (»ich mag mit einem und dem andern nichts zu tun haben«) hat Charlotte (lange vor dem »Dämon«) sich dann doch um eine literarische Veröffentlichung bemüht. 1803 ließ sie Schiller über den landgräflich-Hessen-Homburgischen Hofprediger Breidenstein ein Manuskript unter dem Titel »Cornelia« zur Durchsicht und Beurteilung zukommen. Den Namen der Verfasserin nannte Breidenstein nicht, spielte jedoch auf ihre nähere Bekanntschaft mit Schiller an, der das Manuskript nach mehrfachem Anmahnen ohne die gewünschte Beurteilung zurückgeschickt hat. Seitdem ist von dieser »Cornelia« in Charlottes Briefen immer wieder die Rede. Zu einer Veröffentlichung aber kam es erst nach ihrem Tod, als Edda neben der Autobiographie der Mutter auch das Manuskript der »Cornelia« »für die Freunde der Verewigten« erscheinen ließ.

Diese »Cornelia« gleicht einem Gestein. Die Erfahrungen, Gedanken, Einflüsse, Träume eines ganzen Lebens haben sich darin abgelagert und überlagert. Die ältesten Stücke gehen noch auf die Mannheimer Zeit zurück, auf jene mündliche Erzählung im Freundeskreis, die um das Motiv einer dunkelroten Nelke kreiste, und noch zwei Tage vor ihrem Tod hat Charlotte an einer Episode des Werkes gearbeitet. Halbherzigkeit und Hartnäckigkeit, die für den Umgang mit dem »Dämon« bezeichnend sind, charakterisieren auch ihr Verhältnis zur »Cornelia«. Wohl hat Charlotte selbst gewußt, daß ihr ein produktives Talent abging (und sich deswegen mit dem, was sie schrieb, hilfesuchend an männliche Bekannte gewandt): »Ich kann eigentlich gar nicht schreiben, alles ist zerstückt ... Ich kann nichts ausarbeiten, es geht mir ... die Übersicht das Ganze zu fassen ab«; wohl war ihr klar, daß sie (je älter sie wurde, desto mehr) Schwierigkeiten hatte, sich auszudrücken und verständlich zu machen. Sie wundere sich, daß man »jetzo und ehemals« ihre Briefe mit Achtung gelesen habe, schreibt sie 1821 an Erichson, »besonders jetzo, wo der Sinn erstarrt ist, ich unbeholfen und unbewußt, durch den Mangel des Ausdrucks die Idee verborgen bleibt und gleichsam von einem Seher nur erraten werden kann«. Aber geträumt hat sie dann doch, daß wider bessere Einsicht etwas Besonderes an dem Geschriebenen wäre: »Ich fühle, denke, was mir Wunsch, als Wirklichkeit; so bildet sich das Phantom meiner Sehnsucht« heißt es in der »Cornelia« – über die »Cornelia« und über ein ganzes Leben.

Die »Cornelia« zeigt Grundübel und Irrtümer weiblicher Schriftstellerei in hypertrophierter Form, was nicht wundert, bedenkt man Charlottes Mißtrauen, ihre Angst vor Selbstpreisgabe schon in ihren privaten Beziehungen. Ihre Heldin ist eine Heilige ohne gute Werke aber mit großer Seele, ein Spiegel göttlicher Liebe und göttlicher Hoheit, Licht ohne Schatten, fremd auf dieser Erde, erfüllt von der Sehnsucht nach der »himmlischen« Heimat. Die Angestrengtheit dieses Entwurfs bildet sich im byzantinisch erstarrten hohen Stil des Buches ab, der nicht ein leichtes Gewand ist, das den Bewegungen der Seele sich anschmiegt, sondern ein Panzer, der sie verbirgt und in ihrer Schwäche und Wehrlosigkeit schützen soll. Der Romanform entgegen wirkt das tiefgegründete Desinteresse an der materiellen Wirklichkeit, an der Welt in ihrer dinglichen Konkretheit, das schon die junge Charlotte in sich bemerkte, und das sich im Alter verschärfte: »Durch Alter und Ernst bin ich fast der schönen Einkleidung gram geworden und bin zu ungeschickt dazu«, schreibt sie einmal und anderswo: »Ich habe an Mannigfaltigkeit des Lebens sehr verloren; Phantasie und Gefühl ist sehr vermindert, nur die Idee steht als etwas Allgemeines, aber außer meinem Wesen nur allein des Lebens Würdiges vor den Augen des Geistes.« Auch die Vorurteile gegen Roman, gegen schöne Literatur überhaupt, sind in die »Cornelia« eingegangen und führen gleichsam »von innen« Charlottes Romanversuch ad absurdum: »Ehemals las man in den Morgenstunden in der Bibel, dann sprach der Vater: Alle sind wir Sünder und mangeln des Ruhms, den wir vor Gott haben sollen. – So ward damals das Bündnis mit Geist und Ewigkeit ausgesprochen.

Doch dies Gebot ging vorüber; Armgart las von Frührot bis spät abends Gedichte und Romane . . . Armgart ist nun in Leid befangen, von Irrtum erwacht. Durch Romane pflegt die Jugend Neigung zu einem sterblichen Wesen, und meist ist dies dämonisch Unheil.« (Bezeichnend ist, daß nur finanzielle Zwänge als »objektiver« Grund für literarische Produktion Charlottes konventionelle Schreibe-Hemmungen durchbrechen konnten.)

So hat die Kritik denn auch nur gänzliches künstlerisches Mißlingen konstatiert, die Verstiegenheit der Sprache, die Verworrenheit der Handlung mit ihren vielen, ineinander verschlungenen Lebensgeschichten bemängelt und literarische Anleihen registriert, deren es vom hohen Stil Racines bis zu Hölderlins hymnischer Prosa viele, viele zu entdecken gäbe. Daß (nach einer Bemerkung Caroline Schlegels) Charlottes Geist »in eine schiefe und verrenkte Form« gegossen sei, scheint sich in der »Cornelia« eindrucksvoll zu bestätigen, doch hatte Caroline eben nur über die Form geurteilt.

Die Geschichte spielt unter lauter Rittergut-Besitzern und in Klöstern zunächst in Franken und in Süddeutschland, am Rhein. Im ersten Teil geht es um die (von allem Anfang an) himmlische Liebe zwischen der Romanheldin Cornelia und Augustin, deren Erfüllung denn auch einem künftigen Dasein vorbehalten bleibt. Augustin nämlich stirbt kurz vor der Hochzeit, er hat sich bei der Pflege eines Freundes die tödliche Krankheit geholt. (Augustin ist gleichsam der Inbegriff aller Geliebten, die Charlotte in ihrem Leben hat verlieren müssen, ist Bruder, Schiller, Fichte). Cornelia verweigert eine ihr angetragene andere Heirat; als ewige Braut, als Braut des Ewigen tritt sie in ein Kloster ein. Im Hintergrund dieser Ereignisse sind schon die großen historischen Erschütterungen spürbar, die dann in der französischen Revolution ausbrechen werden.

Im zweiten Teil (Cornelia ist im Kloster verschwunden) gibt es einen neuen Helden und neue Schauplätze. Francesco, in unglücklicher Liebe zur Klosterfrau Cornelia entbrannt, sucht in einem italienischen Kloster Vergessen, Heilung. Als Tröster und Helfer ist ihm der Mönch Antonio an die Seite gestellt. Am Ende dieses Abschnitts, der Antonio, Francesco und zwei ihnen befreundete Brüder schließlich nach Frankreich in die Nähe der revolutionären Wirren bringt, schifft sich Francesco in der Hoffnung auf eine neue Welt nach Amerika ein: »Hin gen Morgen, wo die Wogen sich jauchzend entgegenstürzen, dem rosigen, dem glühenden Morgenstrahl«, heißt es geographisch etwas verwirrend. Wenig später hört man von seinem Tod.

Der dritte Teil führt Antonio ins Paris der Schreckensherrschaft, berührt die Belagerung von Mainz, den Prozeß gegen den König, die Heldentat der Marat-Mörderin Charlotte Corday, und schlägt dann den Bogen zurück von der Weltgeschichte zum Schicksal der Individuen. Das Kloster, in dem Cornelia Zuflucht gefunden hatte, ist zerstört worden; Cornelia und ihre Freundin, eine Nonne namens Aloisa (deren Jugendgeschichte im vierten und letzten Teil nachgetragen wird) werden fortan als Einzelne in der Welt leben. Mit der

Verkündigung mystisch gefärbter religiöser Weisheiten, christlicher Orakel-Sprüche Charlottes bricht die Erzählung ab.

Das zentrale Thema des Buches, das alle anderen Themen überlagert, ist als Folge der Französischen Revolution der Untergang der alten Welt Europa, die geprägt war durch eine feudale und kirchlich-klösterliche Ordnung, ist die Zerstörung familiärer und geistlicher Bindungen, die Säkularisation, der Zerfall der Gemeinschaft in Einzelne. Als »idealisiertes Denkzeichen der letzt verlorenen deutschen Ritterzeit« hat Charlotte ihr Buch zeitweise bezeichnet: »sie (die Ritterzeit) war und ist noch in südlichen katholischen Ländern ganz anders wie im Norden, aber jetzo ist es auch untergegangen. Die Zeichen einer ... angebornen Glut, Stolzes bei so viel Herrlichkeit und Frömmigkeit der Gemüter hatten etwas ›Erhabenes‹«. Solche idealisierten Denkzeichen sind in der Romantik auch von anderen Adligen errichtet worden; von Eichendorff etwa, von Achim von Arnim, von Fouqué.

Der verklärende Rückblick auf die Ritterzeit, der auch Standesvorurteil und Dünkel den Sinn einer Ordnung abgewinnt und ihren vom Untergang bedrohten Glanz vor allem in Festen des Adels aufscheinen läßt, wird freilich begleitet von der Überzeugung, daß der Untergang dieser alten Welt von schicksalhafter Notwendigkeit war, ein Werk der Vorsehung oder auch der Fatalität, denn beides ist für die Menschen in Charlottes Romanwelt, für die Menschen in der Welt nicht recht zu unterscheiden: »Wir wählen nie, vom Verhängnis sind wir getrieben.« Ihre Figuren irren durch ein labyrinthisches Diesseits, dessen Wege sie nicht ins Freie eines Lebenssinns führen; sie postulieren diesen Sinn gegen ihre schrecklichen, verstörenden Erfahrungen gerade in den Zeiten kriegerischer Wirren. Sie retten sich vor dem Untergang durch das »Phantom ihrer Sehnsucht.« »›Francesco‹, sagte (Georg), ›Du hast Vorliebe für ein Gespenst, dem Du früh gehuldigt, daß Du Ideal nennst; auch diesen Schein müssen wir abwerfen, und dann erst fragen: was bleibt uns?‹ – ›Georg, in Wahrheit dann unmaßliche Pein. Unser Blick ist jetzt verhüllt, wir können uns nicht erkennen.‹ Georg erbleichte ..., sprach mit Liebe: ›Wir müssen ein Erkennen finden!‹«

Groß gesehen (wenn auch nicht gestaltet) ist auch das Problem weiblicher »Geschichtslosigkeit«, an dem sich Charlotte schreibend abarbeitet – alle schriftstellernden Frauen ihrer Zeit waren damit konfrontiert.

»Soll das Weib nicht sein, was es sein kann und wird?« hatte

Charlotte Jean Paul gefragt. Was aber konnte ein Weib sein, wenn es etwas sein wollte, auf welche Vorbilder konnte es sich berufen?

Die konventionelle Lösung, die eigentlich eine Kapitulation ist, hat Charlotte ihrer Heldin schon als Namensprogramm eingeschrieben, das in einem Romangespräch sogar thematisiert wird. Man unterhält sich in Gesellschaft über Helden der Geschichte, über Alexander, Caesar, Karl den Großen. Was über sie berichtet werden kann, ist groß und schrecklich: »Die Kunde solcher Taten zerstört die Ruhe des Gemüts und erweckt Schrecknisse und Trauer«, bemerkt Cornelia, und fragt dann: »Aber nur von ausgezeichneten Männern haben die Brüder gesprochen; sind denn Frauen in der Geschichte nicht auch erwähnt?«

»O gewiß«, fiel *Friedrich* ein, »das Altertum kennt auch von ihnen manches Ideal, und sollte das Höchste unter ihnen ich Dir nennen, so wär's nach meinem Sinn *Cornelia*, des *Scipio* Tochter. Bei den Römerinnen war es Sitte, daß, wenn sie einander besuchten, sie ihre Geschmeide und Kleinodien einander vorzeigten. In solcher Absicht hatte denn auch *Octavia* einige Frauen, unter denen jene *Cornelia*, in ihren Palast geladen. Das Schönste, das Köstlichste ward ihnen dargelegt, weniger jedoch als *Octavia* erwünscht und erwartet, wurden ihre Kleinodien von *Cornelia* bewundert; auch fragte diese nicht nach der Summe der Talente, dem Wert jener, wie andere wohl. – Unmutig sprach daher *Octavia*: ›Kannst Du, *Cornelia*, wohl zeigen, was dem geringsten dieser Kleinodien verglichen werden könnte?‹ *Cornelia*, schon im Begriff von ihr zu scheiden, stand bei dieser Frage noch an eine Säule gelehnt, als sie ihre Knaben erblickte, die aus der Schule kamen: ›Siehe da! den *Cajus*, den *Tiberius*, des *Scipio* Enkel, meine Söhne! sie sind mein Schmuck, einst Ehr' und Ruhm der großen Roma!‹«

Dieses Identifikationsangebot kommt bezeichnenderweise von einem Mann; etwas hausbackener aber affirmieren auch die Frauen des Romans, vor allem die älteren »Erzieherinnen« die traditionelle Frauenrolle, mit Attacken gegen weibliche Bildung und mit einschlägigen Bibelzitaten: »Ein häusliches Weib schafft ein ruhiges Leben, es ist nichts Lieblicheres auf Erden denn ein züchtig Weib, ein schönes Weib, das fromm ist gleich der Flamme auf dem heiligen Leuchter in Jehovas Hallen.«

Auch Cornelia ist mit ihrer Verlobung auf dem besten Wege in die »Häuslichkeit«. Doch nach dem Tode ihres Geliebten kehrt sie ihr Namensprogramm auf schon komisch wirkende Weise um. Der Weg ins Kloster ist der einzige Weg, der für sie als Frau in die Freiheit führt: »Im Kloster ist es anders, da ist jedes sich selbst verantwortlich.« Und es ist der einzige Weg, der sie zur Größe führen könnte oder vielmehr der einzige Weg, der einst, vor der Zerstörung der Klöster, zur Größe geführt hat. »Wir finden im Mittelalter Namen von Frauen, mit denen die der jetzigen Zeit sich nicht vergleichen lassen.« Charlotte-Cornelia denkt an die Mystikerinnen. Sie denkt an die große Klostergründerin, die heilige Therese von Avila. Sie war sich sicher, sie hätte im Mittelalter leben sollen, »um da Heimat für ihren geistigen Ernst zu finden«. Und sie beschwört die antiken Ahnfrauen dieser großen, unmittelbar zu Gott lebenden Frauen: »Dann zur Sybillen-Grotte . . . Das Orakel hat Göttliches offenbart. Irenäus, Montans Anhänger, rechnete Wahrsagen zu den Gaben des Weibes.«

41. Kapitel

L'Homme de Désir

Die »Auserlesenen Lebensbeschreibungen Heiliger Seelen« von Gerhard Tersteegen waren das letzte Buch, das Charlotte mit eigenen Augen gelesen und (Ende 1822) in ihrem letzten eigenhändigen Brief Hermann Fichte empfohlen hat: »Kommt Ihnen je der dritte Band zu Gesicht, so lesen Sie Heinrich Seuse, Gielis, Johannes a Cruce; – die Abgeschiedenheit, die Stille, die schweigende Einkehr wird Ihnen dadurch köstlicher und lieber werden. Jawohl kosten muß man diese Wohltat und davon genährt sein, um die wahre Freiheit zu erlangen. Es ist kein System, aber es dringt ein so heller Strahl aus dieser Geisteswelt, der wie die gewaltige Sonne belebt, leuchtet und wärmt.«

Alter macht, wie man weiß, oft frömmer oder gar fromm. Wenn es vom Leben nichts mehr zu hoffen gibt, öffnet man sich bereitwilliger den Verheißungen einer himmlischen Zukunft, wenn der rechte Weg endlich gefunden ist, erscheint die irdische Glückssuche der Vergangenheit als ein schmerzlicher Irrtum: »Wohl der Weisen als des Alters höchster Grad ist Religiosität.« So ist auch die junge Nonne Cornelia eine Kopfgeburt der alten Charlotte, die ihrer Heldin all die Liebesleiden, Enttäuschungen, Demütigungen ihres eigenen Lebens erspart und sie nach dem Tode des Geliebten sofort den rechten Weg und den ihrer großen Seele einzig angemessenen Stand finden läßt.

Wohl erst nach dem Entwurf zur Nonnengeschichte »Cornelia« ist Charlotte mit den Schriften, mit der Biographie der Therese von Avila bekannt geworden, nennt die »Cornelia« aber trotzdem einmal eine Fortsetzung von »Theresens Leben«, das sie in Auszügen und als Nacherzählung herausgeben wollte. Eine Zeitlang dachte sie sogar daran, die »Cornelia«, »Theresens Leben« und ihre eigene Autobiographie miteinander, unter einem Buchdeckel, zu veröffentlichen. Offenbar war die Biographie der Therese von Avila für Charlotte so etwas wie eine »wahre« Wunsch- und Traumbiographie, die sie sich nacherzählend und zitierend noch inniger anzuverwandeln suchte. »Das Leben der Heiligen Therese habe ich auch beschrieben, es ist eine seelische Romantik in dieser Darlegung; o wären Sie hier, dann könnt ich reden und schaffen«, schreibt sie ganz erfüllt von ihrem

Gegenstand an Hermann Fichte, der als Protestant und Philosoph ihrem Unternehmen kritisch gegenüberstand, wie auch Edda, deren Begleitbrief zu einigen Manuskriptseiten aus der »Therese«, die an Fichte abgingen, eigene Zweifel und Vorbehalte mit denen des Empfängers zusammenfließen läßt: »Therese ist der Mutter ihr großer Liebling, und es wird Sie gewiß auch interessieren, den Auszug des Lebens der Therese zu lesen, welchen Mutter mit so vieler Liebe bearbeitet. Als geistige und geschichtliche Erscheinung ist es interessant, wie man ja seine Freude daran haben kann, ohne katholisch werden zu müssen.«

Solche konfessionellen Skrupel kannte Charlotte nicht, die Religion nicht in den Predigten, den Lehren und Verkündigungen der Kirchen suchte, sondern dort, wo sie lebendig geworden war: in den großen Einzelnen, den Mystikern, den Heiligen, die eben durch die Radikalität, mit der sie die christliche Lehre zu leben suchten, der Amtskirche oft genug zum Ärgernis geworden waren. Diese großen Einzelnen fand sie natürlicherweise in der katholischen Kirche und in der Vergangenheit. Protestantismus und Aufklärung waren dem religiösen Genie, wie es Charlotte zum Beispiel in Franz von Assisi oder Therese verehrte, feindlich: »Von diesen Verewigten können wir manches sammeln, was uns beleben würde, denn der Protestantismus hat gar gewaltig protestiert und wir sind daher armselig geworden, trotz der Bildung und Aufklärung.« So hat sich Charlotte, ein Kind der Aufklärung, an denen festgehalten, deren voraufklärerische Gläubigkeit noch ungebrochen und authentisch war.

Charlottes Fassung des Lebens der Heiligen Therese ist verschollen. An dem Vorbild, Thereses Autobiographie, kann man (mit Edda zu sprechen) Freude haben, ohne überhaupt gläubig zu sein, weil die Person Therese sich so außerordentlich gewinnend darstellt in ihrer »natürlichen« Klugheit und der Lauterkeit der beständigen Selbstprüfung, der doch nichts Selbstquälerisches anhaftet, was sie Charlotte besonders anziehend machte: »Durch freie, lebhafte Gesinnungen kommen wir zur Scheidung, wie meine Therese.« Thereses Religiosität ist so, wie Charlotte Religiosität einmal »definiert« hat, ist eine »demütige Kühnheit«.

Ohne Dichterin sein zu wollen, hat Therese in ihrer Autobiographie doch oft große Dichtung geschaffen, wenn sie ihre Erfahrung des göttlichen Lichtes, dessen teilhaftig zu werden ihr einziges Streben ist, auszusprechen versucht, also Worte finden muß für etwas, was jenseits aller menschlichen Ausdrucksmöglichkeiten ist:

»Obschon ich mich viele Jahre lang mit meiner Einbildungskraft bemüht hatte, mir selbst etwas so Schönes vorzustellen, so vermochte ich es doch nicht; denn schon das Lichthelle und der Lichtglanz einer solchen Vision übertrifft alles weit, was man sich hier auf Erden einbilden kann. Da ist kein Glanz, der die Augen blendet, sondern ein liebliches Weiß. Es ist ein eingegossener Glanz, der das Auge lieblich ergötzet und nicht lästig wird. Auch die Lichthelle, die da leuchtet, auf daß man diese göttliche Schönheit sehen könne, belästiget nicht. Es ist dies Licht von demjenigen, welches man auf der Erde sieht, so verschieden, daß selbst die Klarheit der Sonne, die wir sehen, verglichen mit dem Lichte, welches da sich dem Auge zeigt, so dunkel erscheint, daß man ihretwegen nicht einmal die Augen öffnen möchte.

Es ist eben, als wenn jemand ein sehr klares Wasser schauete, das über einen Kristallboden hinläuft und in dem die Sonnenstrahlen sich brechen... Nicht als wenn sich die Sonne zeigte, oder als wenn dies Licht dem Sonnenlichte ähnlich wäre; denn dies erscheint immer als ein natürliches, jenes aber als ein künstliches Licht. Es ist ein Licht, das keine Nacht kennt, sondern, wie es immer Licht ist, auch durch nichts verdunkelt werden kann. Es ist so, daß auch der Verständigste sein Leben lang sich nicht vorstellen kann, wie es ist. Gott aber stellt es einem so plötzlich vor Augen, daß man nicht einmal Zeit hätte, die Augen aufzutun, wenn dieses notwendig wäre. Aber es liegt gar nichts daran, ob die Augen geöffnet oder geschlossen sind, wenn der Herr will, daß wir es auch gegen unsern Willen sehen. Hier hilft kein Wegwenden, hier vermag kein Widerstand etwas; keine Anstrengung, keine Sorgfalt richtet hier etwas aus. Ich habe dieses gar wohl erfahren.«

Es sei eine Pein, so sagt Therese, nach solchen Entzückungen »wieder zurückkehren zu müssen ins Leben. Denn jetzt sind der Seele die Schwungfedern zum hohen Fluge recht gewachsen, und die schwachen Flaumen sind ausgefallen... Hier sieht man lichthell, wie alles auf Erden so wenig zu achten, so gar nichts ist«. Wenn man solche und viele andere Passagen liest, versteht man, weshalb Charlotte Religion zugleich die höchste Poesie gewesen ist, »im Anschaun die Seele auf den Wipfeln des Lebens schwebend«.

Zu einer Bearbeitung von Thereses Leben hatte sich Charlotte vielleicht durch Rahel Varnhagen anregen lassen, die 1821 einen Band mit ausgewählten Sprüchen des Angelus Silesius und Gedanken des französischen Theosophen Saint-Martin hatte erscheinen lassen. Mystische Strömungen verschiedener Provenienz haben die geistig religiöse Physiognomie des frühen 19. Jahrhunderts, vor allem dann in der Restaurationsepoche nach den Freiheitskriegen, sehr stark geprägt, innerhalb und außerhalb der Konfessionen, an ihrem Rande und quer durch die Klassen, vom apokalyptischen Sektierertum der unteren Schichten bis zur Erweckungsbewegung des vornehmen Pietismus, wie ihn Eddas Herrin, die Prinzessin Marianne, vertrat. Überall tauchten zweifelhafte Propheten und Heilige auf. Juliane von Krüdener, einst die Rivalin Charlottes, trug als »geistliche« Freundin und Vertraute des russischen Zaren Alexander wesentlich zur sogenannten »Heiligen Allianz« von Preußen, Rußland, Österreich bei; in ihren letzten Jahren zog sie als eine Art Wanderpredigerin durch die Lande. »Was denken Sie von Frau von Krüdener? Ihre Erscheinung begreif ich nicht, sollte wirklich Gott eine Sterbliche hinieden mit so viel Gnaden beschenken? Darüber darf wohl niemand absprechen, sondern sich nur belehren lassen«, hatte Johanna Fichte Charlotte geschrieben, die ihre Frage an einen Korrespondenten weitergab: »Was meinen Sie von Frau von Krüdener?« Frage und Ratlosigkeit waren allgemein. Was war etwa von den Gesichten der stigmatisierten Nonne Katharina Emmerich zu halten, die Clemens Brentano jahrelang so getreulich aufschrieb? Leichter fiel das Urteil schon im Falle eines »rätselhaften« Mannes namens Bernhard Müller, dem Molitor, ein auch Charlotte gut bekannter Jugendfreund Hermann Fichtes, ganz verfallen war, weil er den Müller »für den Vorläufer des wiederkommenden Christus oder für diesen selbst hält (über diesen Punkt ist er höchst zurückhaltend)«. Auch als Müller als Betrüger verhaftet wurde, hielt Molitor an ihm fest.

Wenn solche zweifelhaften Heiligen und echten Betrüger die religiösen Bedürfnisse von Menschen befriedigten, die sich aus intellektuellen Zweifeln in die irrationale, bergende Dunkelheit des Glaubens retten wollten, so träumten »auf der Lichtseite« viele von der Verbindung mystischer und intellektueller Erkenntnis.

Der Charlotte bekannte Philosoph Karl Christian Friedrich Krause etwa schrieb: »Mein Wissenschaftsbau stimmt mit der Grundlehre der Mystiker völlig überein, und ich bin durch eine strenge Durchforschung des menschlichen Bewußtseins zu der festen Überzeugung gelangt, daß jeder Mensch auf rein szientivischem Wege zur intellektuellen Anschauung Gottes geleitet werden kann und soll, ohne, wie Kant tut, dem theoretischen Mangel durch das moralische Gefühl abhelfen zu wollen oder zu müssen.«

Krause träumt davon, zu heilen, was im Selbstbewußtsein des »modernen« Menschen auseinandergefallen ist: Glaube und Wissenschaft, Religion und Philosophie, Seele und Geist, die Kräfte des Gemüts und des Verstandes, Innigkeit und Intellektualität. Daß er das innerhalb eines philosophischen Systems tun will, zerstört seinen Traum freilich schon im Ansatz, denn mystisches Denken ist seinem Wesen nach unsystematisch, seine Wahrheit bleibt immer subjektgebunden, ist weder zu beweisen noch zu verallgemeinern, nur zu erfahren. Charlotte allerdings war der Meinung, daß das mit den philosophischen Wahrheiten »im Grunde« nicht anders sei, daß jeder Philosoph nur *seine* Wahrheit lehre und der Wahrheits- und Objektivitätsanspruch eines einzelnen philosophischen Systems deshalb eine Chimäre sei: »Philosophie ist unentbehrlich« (schrieb sie wenige Wochen vor ihrem Tod an Hermann Fichte); »aber sie wird nie einzeln bestehend sein, sie ist Mannigfalt in Einheit. Gedanken führen zur Idee, und deren Reichtum ist die Glorie des Lichts.«

Von einem solchen Ansatz her wird mystische und philosophische, ja auch poetische Wahrheitssuche gleich gültig, ist die Form der Erkenntnis weniger wichtig, als daß man sich glaubwürdig darum bemüht. »Wer so die Quellen der Andacht und der Begeisterung eröffnete, war wohl mutvoll religieuse«, schreibt Charlotte einmal über Goethe; Rahel Varnhagen bekennt im gleichen Geist, daß sie so verschiedene »Wahrheitssucher« wie Goethe und Fichte, Lessing, Angelus Silesius und Saint-Martin als ihre »Kirchenväter« nebeneinander verehrt, oder, wie sie sagt, vergöttert: »Solche *vergöttre* ich. Und beuge mich *freudig* in *Stolz*: sie sind ja mein *Geist!*... es kommt am Ende nicht drauf an, wie sehr es zu gebrauchen ist, was die geistigen Entdecker und Eroberer erbeuten. Mehr, wie sie das tun; in welcher Übereinstimmung alles Besitzes von Wahrheit, und aller ihrer Seelen-, Geistes- und Herzenskräfte; und ob sie nie ihren Zweck in den Weg der Mittel hinstellen. Das tun die großen Seelen nie... *Wir sind* das ›Zentrum‹: ein uns gegebenes. Und nach welchem Strahl aus diesem hin wir Gott konzipieren, so ist es gleich; wenn es heimlich, still, und ursprünglich vollbracht ist. Die stärksten Konzeptionen sind wohl die, wo die meisten Strahlen dieser Art zusammentreffen. Von *besser* aber kann hier die Rede nicht sein. Hier ist wieder nur das Bestreben unsere intimste, wichtigste, befriedigendste, beglückendste Aufgabe, und unser Nötigstes. Wenn wir uns nun erst Gott nach allen unseren Kräften vorstellen, so ist es doch nur nach kleinem Muster und Konzeption. Drum sind alle *redliche* Vorstellungen gleich.«

Frauen, die sich wie Rahel, wie Charlotte als denkende Wesen verstanden, mußten wohl zu solchen Relativitäts-Theorien, zum Bekenntnis »unsystematischer« Wahrheitssuche kommen, da ihnen die Systemphilosophie verschlossen war (gegen die etwa auch die Selberdenkerin Bettina von Arnim mit viel Witz geschimpft hat). Daraus erklärt sich auch der Erfolg, den der Theosoph Claude de Saint-Martin, der sich bewußt den Spielregeln des philosophischen Denkens entzog, bei ihnen und vielen andern Frauen hatte: seine männliche Anhängerschaft war klein. Die unsystematischen »Offenbarungen« Saint-Martins haben die Geistes- und Gedankenwelt der alten Charlotte außerordentlich stark geprägt: sie fand in ihm einen Seelenführer, der ihre intellektuellen und religiösen Bedürfnisse gleichermaßen befriedigte.

»Was mir mein inneres Leben am meisten erweckt und gestärkt hat, ist die Bibel und Saint-Martins Schriften«, schreibt sie etwa, oder ein andermal: »Ich verdanke Saint-Martins Schriften viel: Trost, Ruhe und Licht. Ich beschäftige mich täglich damit, aus seinen Werken zu übersetzen, um das Denkvermögen zu üben. L'homme de désir und seine œuvres posthumes sind mir besonders wert und lieb.« Nur um die Übung des Denkvermögens war es ihr dabei freilich doch nicht zu tun – nicht einmal mit den geistigsten Dingen hat sie sich ohne die verschämte Hoffnung auf materiellen Gewinn beschäftigen können. Keinen geringeren als Cotta wollte sie als Verleger ihrer Übersetzung des »Homme de Désir« gewinnen wollen, freilich vergeblich, nicht nur deshalb, weil eine deutsche Übersetzung des Werkes von Adolph Wagner längst erschienen war (»Sehnen und Ahnen des Menschen«), sondern vor allem, weil ihre Übersetzung (nach dem Gehör angefertigt), wie sie selbst eingestand, den Wortlaut des Originals nur ganz ungefähr traf, seinen Sinn dafür, wie sie meinte, um so genauer. Auf die von ihr vorgeschlagene Prüfung ihrer Verdeutlichung durch einen anerkannten Gelehrten wird Cotta wohl verzichtet haben.

Vielleicht regte sie die kleine Anthologie der Rahel Varnhagen, der Saint-Martin wie gesagt ein »Kirchenvater« war, zur intensiven Beschäftigung mit seinen Schriften an, von der erst nach 1821 in ihren Briefen immer wieder die Rede ist; Erichson hatte ihr schon früher allerdings kritische Leseeindrücke zukommen lassen (»Ich habe in dieser Zeit eine Lebensbeschreibung von St. Martin, der ja jetzt so viele Anhänger in Deutschland findet, gelesen, die von ihm selbst, aus seinem Nachlaß stammen soll«). Nach seiner Einschätzung ist er ein Träumer, kindlich, lauter, nicht ganz ohne Gelehrsamkeit, doch müsse sein aus den einfachsten Grundsätzen entsprungenes Weltsystem notwendigerweise irrig sein. »Geist und Verstand sind das Untergeordnete bei ihm.«

Der »Wandsbecker Bote« Matthias Claudius führte Saint-Martin mit einer Übersetzung seines ersten großen Werkes (»Des Erreurs et de la Verité« – »Irrtümer und Wahrheit«) 1782 in Deutschland ein, wo er in kleinen Zirkeln bald so bekannt und einflußreich wurde, wie er einer größeren Öffentlichkeit immer unbekannt blieb.

Louis Claude de Saint-Martin, der aus niederem französischen Landadel stammt, wird 1743 in Amboise geboren. Er studiert Jura, ist einige Jahre lang Offizier und tritt einem exklusiven und esoterischen Freimaurerbund bei, die sich »Ritter der auserwählten Priester des Universums nennen«, »chevaliers Elus Coëns de l'univers« und sich auf Aaron, den Bruder Moses' zurückführen, der nach hebräischer Überlieferung den Priesterstand gestiftet haben soll. Nach seinem Abschied vom wenig geliebten Militärdienst widmet er sich ganz diesem Bund, nimmt in England Verbindungen zu dortigen Logen auf und verbringt die Jahre von 1789–90 in Straßburg. Dort schließt er sich der freimaurerischen Verbrüderung der »Societé des Supérieurs Inconnus« um den Juristen Salzmann an, der auch Jung-Stilling nahestand, und wird mit dem Werk Jakob Böhmes bekannt, das sein Leben und Schreiben fortan prägt, auch als er wieder auf dem Familiengut in Amboise lebt, wo er sich in seinen späteren Lebensjahren vor allem aufhielt, umgeben von einer kleinen Zahl von Schülerinnen, die seine »sublimes notions« andachtsvoll aufnahmen. 1803 ist er an den Folgen eines Schlaganfalls gestorben.

Der Mythos vom Sündenfall ist das Fundament seiner Lehren, ist eigentlich schon seine Lehre. Auf diesen »roten Königsfaden der Religion«, so erklärt der Übersetzer des »Homme de Désir«, Wagner, den deutschen Lesern, beziehen sich alle seine Äußerungen, von ihm her lassen sie sich verstehen.

»Daß der Mensch, Ursprungs göttlich, durch hochmütigen Mißbrauch seiner Freiheit in die sinnlichen, körperlichen Fesseln der Besonderheit, Schiedlichkeit und Abtrünnigkeit von Gott fiel, aber durch die ihm eingeborne Liebe, als Drang und Zug zum All und Einen, wie sie ewig klar, hell und ruhig in Christo dargestellt ist, erlöset und dem Einen wiedergegeben werde, daß dies ein Werk der Gnade sei, die ja eben die Aufnahme des Einzelnen, Schiedlichen, in das Ganze, in Gott, als Akt Gottes vorgestellt, ist, und nur in, mit und durch diese Erneuerung und Wiedergeburt im Geiste und Rückkehr in Gott Anfang und Ende gleich sei – daß also der Geist in der Natur zwar der Bewußtlosigkeit, hiermit aber auch der Unschuld allmählich entgegenführt, also von ihr erlöset werde, wie er in seiner Klarheit und Reinheit sie selbst hinwiederum von den Fesseln der Körperlichkeit erlöset.«

Daraus folgt auch, daß der Mensch ursprünglich nichts anderes ist, als ein »Sehnen der Gottheit«, eben »l'homme de désir«. Sein »ganzes Wesen sollte bloß in dem lebendigen Gefühl jenes ewigen Sehnens bestehen«, das ihn als Garant seiner himmlischen Herkunft und einer besseren Welt über die Leiden des Diesseits hinwegtrösten soll: »Alles ist ewig in dem tiefsten Grund der Dinge, aber nicht im Schmerze und in jener furchtbaren Verstörung, die sich in allen Teilen der (äußeren, sichtbaren) Natur zeigt. Ja, es gibt ohne Zweifel eine *ewige Natur*, in der alles regelmäßiger, tätiger und lebendiger ist, als in der, worin wir eingekehrt sind.«

Und ähnlich immer und immer wieder: »Die Zeit ist der *Winter der Ewigkeit*. Aber selbst mitten in diesem Winter können wir uns, unser Bemühen die Früchte aller Himmelsstriche, aller Jahreszeiten verschaffen, hoffend auf den wahren Frieden, auf die Zeit *der Fülle* und des Überflusses, wo Unfruchtbarkeit und Kälte des Winters unbekannt und uns vergönnt sein wird, jene Früchte in ihrer wahren, ursprünglichen Kraft und Frische zu genießen.«

Zwischen dem verlorenen Paradies, in dem der Mensch Geist war und dem wiedergewonnenen Paradies, in dem er es wieder sein wird, liegt das Reich der Lebenspraxis. Wer sich dafür bei Saint-Martin Rat und Hilfe holen will, findet Sätze eines orakelnden Propheten:

»Höret mich, alle Völker!

Ach, daß ihr rein würdet, die innern Schmerzen der Liebeshuld zu fühlen!

Zwei Worte lese ich an diesem Lebensbaume: Schwert und Liebe.

Mit dem Schwerte des Wortes werde ich alle Feinde meines Gottes besiegen, sie binden und ihnen wehren, meinen Gott zu bekümmern.

Mit der Liebe werde ich eifrig flehen, daß er einen Strahl seiner Liebeshuld in mich ausgieße, und schaffe, daß ich ihm beistehe, indem ich seinen Liebesleiden mich mit unterziehe.

Zürne nicht, o mein Gott, diesem hohen Gedanken! Du selbst gabst mir ihn ein.«

Ist das wirklich ein »hoher Gedanke«, oder, wie es dem distanzierten Leser eher scheinen mag, eine dunkle Allgemeinheit? Wer sie als hohen Gedanken erleben will, muß diesen Gedanken selbst finden; es ist Verlautbarungen mystisch-religiöser Natur eigentümlich, daß sie immer den Reichtum und die Tiefe dessen haben, der sich auf sie einläßt, sie sind Gefäße, denen jeder seinen eigenen Inhalt geben kann. Freilich – die oben zitierten Sätze von Saint-Martin sind eher aus Blech, manche Verse des Angelus Silesius (sein »Mensch werde wesentlich«) dagegen kostbare Schatzkästlein. In Rahel Varnhagens Briefen und Tagebüchern finden sich schöne Demonstrationen dieser meditierenden Sinngebung, zu der übrigens auch ihre eigenen Äußerungen oft einladen: »Wenn Saint-Martin sagt, die Seligkeit werde darin bestehen, daß wir jeden Augenblick etwas Neues erfahren werden: so glaube ich nicht, daß ihn viele Leute verstehen. Denn nicht viele wissen, daß wir nichts Absolutes kennen, und unsre ganze Tätigkeit nur Variationen auf ein und dasselbe Thema sind. Wenn wir also in jedem Augenblick Ursachen erfahren könnten, wäre unser Glück wirklich unendlich, weil es sich immer neu steigerte; und in Erneuerung unseres Selbst. Der brillanteste Gedanke in unserm Dunkel.«

Wahrheiten, die wir nur lesen, können wir leicht wieder vergessen. Wahrheiten, die wir selbst ans Licht fördern, sind ein Teil unseres Selbst geworden, sie heben die Schrift, die sie anregte, ins Wesen auf:

»Freund, es ist auch genug/Im Fall du mehr willst lesen,

So geh und werde selbst die Schrift/und selbst das Wesen«,

schreibt Angelus Silesius, die Umkehrung lehrt Saint-Martin: »Der Mensch ist das einzige *Buch*, welches Gott gefallen hat, selbst zu schreiben und zu veröffentlichen.«

Dieses Lebendigwerden des geschriebenen Wortes ist es wohl, was Charlotte an Schriften mystisch-religiöser Natur besonders anzog – schließlich hatte sie auch einst in der Liebe zu Dichtern das lebendig gewordene Wort gesucht.

42. Kapitel

Edda oder Die Entsagung

»Sitzt du auch bequem, Mutter?« »Danke, mein liebes Kind, très comfortable, so gut wie lange, lange nicht mehr«, antwortete die Angesprochene, eine Greisin mit schlohweißen Haaren, energischen Zügen und großen, blinden Augen, die ihrer Erscheinung etwas Sibyllenhaftes gaben. Das Sofa war ein Geschenk der Tochter zu ihrem heutigen 73. Geburtstag; die späte Nachmittagssonne malte Lichtkringel auf den blauen Samtbezug und auf die im gleichen Blau tapezierten Wände des kleinen Stübchens, das im zweiten Stock in einem Flügel des königlichen Schlosses zu Berlin lag. Edda von Kalb, seit fast einem Vierteljahrhundert Hofdame bei der Prinzessin Marianne von Preußen, war eine Matrone von 43 Jahren, klein und rundlich, rotbackig und noch jugendlich wirkend, mit blondem, schlicht gescheiteltem Haar unter dem weißen Häubchen. Sie trug ein einfaches dunkelgraues Kleid mit Krinoline; ihr Gesicht hatte einen gelassenen verständigen Ausdruck. »Wir wollen auf dein Wohl trinken, liebe Mutter«, sagte sie jetzt. Auf ihren Ruf hin kam Mina, eine ältere, resolut aussehende Frau, mit einem Tablett, auf dem sich eine Flasche Champagner, Gläser und etwas Gebäck befanden. Den Champagner schickt dir die Prinzeß, sagte Edda, schenkte ein und hob ihr Glas: »Auf viele weitere, segensreiche erfüllte Jahre«, sagte sie mit bewegter Stimme (und sie dachte: möge dir ein sanftes, friedliches Ende beschieden sein).

»Möchtest du mir nicht etwas vorlesen?« fragte die Mutter. »Varnhagen hat uns heute einen Band mit Briefen und Tagebuchaufzeichnungen seiner verstorbenen Rahel heraufgeschickt; ich bin begierig, daraus zu hören.« Edda begann zu lesen, in ihrer süddeutsch gefärbten Sprache, und wurde bald immer öfter unterbrochen von der Mutter, die sich manches wiederholen ließ und zu manchem eigene Gedanken und Erfahrungen anfügte. »Man muß denken, nicht denken zu können, so reich und tief ist, was die Varnhagen sagt«, meinte Edda, und »welches Licht, welches Leben«, rief die Greisin, die sich durch den Champagner und die Lektüre erwärmt und erheitert fühlte. Später als sonst legten sich die beiden Frauen zur Ruhe. »Ein guter stiller Geburtstag«, trug Edda in ihr Tagebuch ein und gab ihrer

Freude über das neue Sofa noch einmal Ausdruck. »Es sieht gar wohlanständig aus, ich habe meine Freude, gar zufrieden bin ich in meinen Räumen.«

Was wir von Charlottes Tochter und ihrem Zusammenleben mit der Mutter wissen, verführt dazu, sich ihre Lebensgeschichte als Biedermeier-Novelle zu denken, die anhebt, wenn die Kämpfe und Leiden der Jugend schon überstanden sind, die Wünsche und Hoffnungen der Entsagung Platz gemacht haben, wenn die Beschädigungen, Konflikte der Vergangenheit unter einem Schleier von Harmonie verhüllt liegen.

Edda und sie lebten nicht harmonisch zusammen, schreibt Charlotte einmal an Erichson; als der sie deswegen tadelt (»Fürchten Sie den bösen Geist Ihres Hauses. Lassen Sie nicht ihn sich vererben auf Kind und Kindeskind, sondern ersticken Sie ihn durch jede und große Opfer der Liebe«), versucht sie einen Rückzieher. Ihre Bemerkung müsse verstanden werden vor dem Ideal völliger Harmonie. Weil die im Leben nicht zu erreichen ist, (so meint Charlotte), sei ihre Klage eigentlich tautologisch, eine Selbstverständlichkeit, aber das hebt das Leiden nicht auf. Charlotte hängt an ihrer Tochter, die ihr Auge und Ohr zur Welt ist und ihr einziger menschlicher Besitz, das enge Beisammensein aber läßt sie die Unähnlichkeiten ihrer Naturen quälend spüren. Sie verbirgt sich vor Edda, läßt sich von ihr nur ungern vorlesen, schließt sie aus ihren Brief-Beziehungen soweit wie möglich aus und fühlt sich, wenn sie Besuch hat, durch ihre Gegenwart in der freien, vertraulichen Mitteilung gehemmt, womit sie wohl oft recht hat. Als sie Varnhagen brieflich bittet, er möge ihr doch aus seinen Erinnerungen mündlich mitteilen, was sich zur Veröffentlichung nicht eigne und auch die Gegenwart Eddas nicht scheuen – man könne ihr vertrauen – schreibt er zurück: »Wegen der Teilnahme einer dritten Person wäre das Nähere noch zu besprechen. Vertrauen läßt sich nicht auf Bürgschaft eines andern geben, das muß unmittelbar von Person zu Person gehen, und ich bekenne frei, daß in diesem Betreff das hochverehrte Fräulein noch alles zu tun hat.« Das hochverehrte Fräulein hat später versucht, den letzten Teil des Satzes durch Ausstreichen unleserlich zu machen, seine Mutter schrieb im Zwiespalt der Gefühle zurück: »Was über Edda zu sagen wäre, ist schwankend – und das sind wir alle, bis wir uns selbst angehören, und wem hat Gott diese Gnade verliehen. Sie ist intègre, ich verlebe gute Stunden.«

Varnhagen wie andere Besucher, mag Eddas Stellung bei Hof,

ihre enge Beziehung zur Prinzessin, der sie Loyalität schuldig war, vorsichtig und mißtrauisch gemacht haben. Auch Konflikte mit der Mutter entstanden aus dieser Stellung. Charlottes leidenschaftliche, unruhige Natur habe ihrer Tochter das Leben schwer gemacht, hat eine Freundin Eddas erzählt: »Immer drehte sie Pläne und Unternehmungen im Kopf herum, die aber so abenteuerlich wie unschicklich für das Verhältnis derselben bei Hofe waren.«

Solche Indiskretionen und vertraulichen Briefstellen haben sich gegen den Willen Charlottes und Eddas bewahrt, die nach dem Tod der Mutter aus ihren Briefen nur ein paar »schöne« Stellen auszog (und im Anhang zur »Cornelia« abdrucken ließ), die Briefe selbst aber dann (wie ihre eigenen an die Mutter) vernichtet hat. Nur einer hat sich, wie es scheint, vollständig bewahrt, vielleicht, weil er von einem bedeutsamen Ereignis berichtet. Er trägt das Datum des 19. November 1831. In und um Berlin herrschte zu dieser Zeit eine Cholera-Epidemie, die die Bewohner sehr verängstigte. Eine solche Seuche schien nicht mehr in die Zeit zu passen. Varnhagen empfand sie als »Besudelung«, als »gespensterhaft dunkle Erscheinung, als tiefhäßliche Lebensstörung«, meinte aber, »die ordentlichen und vorsichtigen Leute aus der gebildeten Klasse scheinen ... wenig bedroht«: sie suchten sich durch Diät zu schützen und sperrten die Fenster zu. Edda war mit dem Hof auf Reisen in Köln, wo sie auch den Bruder Fritz besuchte, der, nach langjährigem Garnisonsaufenthalt in Düsseldorf, dort seit einem Jahr als frühpensionierter Major lebte: im Alter von nur 46 Jahren hatte er seinen Abschied genommen (in Köln traf Edda auch mit Schillers Sohn Ernst zusammen, der von ihrem rotbackigen, jugendlichen Äußeren erzählt hat).

»Soeben habe ich Dein Schreiben erhalten, nebst der Einlage von Fritz; ich glaube, der Aufenthalt in Köln hat für diesen Ritter etwas zu bedeuten.

Die Nachricht Deiner näheren Ankunft ist mir angenehm. Wir wollen wenigstens die Monate recht traulich beieinander sein. Ich bin wohl, damit aber meine Stube recht warm bleibt, was mir sehr nötig ist, so schläft die Mina jetzt auch darin. Sie hat es erst gar nicht tun wollen, hat aber die erste Nacht so gut geschlafen, daß sie erst um 8 Uhr aufgestanden ist. Im Alter und bei dieser Egide muß man immer in gleicher Temperatur bleiben. Der Kranken sind wohl weniger jetzo, doch auch von Personen erlitten, die bewehrt sind. In Provinzen und Königreichen wird der Tod von Hegel betrauert werden; 5 Stunden war er schmerz- und bewußtlos krank. Man nennt es die Cholera secca oder die trockene. Die Symptome bei diesem Übel sind sehr verschieden, daher muß man auch das geringste Gefühl behutsam behandeln. Du wirst in den Zeitungen manches über diesen Trauerfall gelesen haben, und folgendes habe ich erfahren. Barez und Horn – als sie ihn erblickten, wollten Blutegel gebrauchen. Die Frau bat, man möchte doch warten bis zu seinem Erwachen; der Professor ... ward gerufen und als er sich über ihn beugte, war er schon im Verscheiden. Man brachte ihn sogleich in ein Gewölbe von einer Heil-Anstalt und ein Student ging zum Polizei-Präsidenten v. Arnim, mit der Vorstellung, ob es den Studierenden erlaubt sei, die Leiche ihres Lehrers bis zum Begräbnisort zu geleiten, auch werde innigst gebeten, das Begräbnis auf dem Oranienburger Friedhof zu gestatten. Der Präsident sagte: daß die Studierenden ihren Lehrer zu Grabe geleiteten, wäre wohl zu verstehen und angemessen, die andere Frage hat er nicht beantwortet, also wurde sie stillschweigend zugegeben; sein Grab ist Fichte gegenüber, es ist 8 Fuß tief, welches sonst nur halb so tief ist, und mit Kalk ausgefüllt. Hermann F[ichte] wird auch sehr dadurch betroffen sein. In dessen Geschichte der Philosophie war ich gegen eine Äußerung über eine Schrift von Hegel.«

Charlotte war ihre Mutterrolle so anstrengend, wie sie ihren Kindern eine anstrengende und sie überanstrengende Mutter war, weil sie (»Phantom der Sehnsucht«) mit ihren Träumen und Projektionen die Wirklichkeit ihrer Kinder zu verfehlen und das nicht sich, sondern ihnen zum Vorwurf zu machen geneigt war. Edda, die als Mädchen ausschließlich ihrer Erziehung überlassen wurde, hat darunter am meisten leiden müssen.

Schon der Name, mit dem Charlotte sie in die Welt schickte, war ein solcher überfordernder Wunschtraum. Rezia heißt in Wielands Versdrama »Oberon« eine Sultanstochter, ein Wesen von höchster Poesie, von überirdischer Schönheit:

> Denk' Dir ein Weib im reinsten Jugendlicht,
> Nach einem Urbild von dort oben
> Aus Rosenglut und Lilienschnee gewoben;
> Gib ihrem Bau das feinste Gleichgewicht;
> Ein stilles Lächeln schweb' auf ihrem Angesicht,
> Und jeder Reiz, von Majestät erhoben,
> Erweck' und schrecke zugleich die lüsterne Begier;
> Denk' Alles, und Du hast den Schatten kaum von ihr!

Über dem Namen Edda, den das Kind für sich fand, geriet die Rezia in Vergessenheit, aber der nicht erfüllte Namens-Anspruch hat Edda begleitet. Sie sei nicht schön, aber gut und brav, lautet das enttäuschte Lob der Mutter über die 14jährige; »sie ist nicht anmutig, nicht poetisch, aber viel tiefer, als es scheint, ehrlich, verständig, gut, klar und innerlich fein«, urteilt später eine Berliner Bekannte, viel wärmer als Charlotte, die in ihren Briefen an Jean Paul nie erwähnt, daß Edda sie in der »Franzosenzeit« fast allein durch Handarbeiten erhalten hat, (wie Henriette Knebel behauptet: das Mädchen, das etwas »kalbisch« aussehe, habe daher auch etwas Gedrücktes an sich), und die in ihren Urteilen über die Tochter Selbstbespiegelung und Geringschätzung oft eigentümlich mischt: »Ich vermute fast, sie wird ehelos bleiben. Für ein sogenanntes Etablissement hat sie keinen Sinn, denn sie liebt nicht die öftere Wiederholung gesellschaftlicher Zusammenkünfte. Sie will sich leben, durch dieses Leben das Dasein ihrer Seele ahnen; für zartere Verhältnisse hat sie nicht die Reizbarkeit oder nicht den Gegenstand.«

Charlotte irrte sich: Edda hatte beides und als Hofdame eine Umgebung, die Liebesgefühle förderte und kultivierte. Vor allem die Prinzessin Marianne hatte ein Faible für »les affaires du coeur« und förderte sie unter den Damen ihres Gefolges, meist jungen Mädchen wie Edda, nach Kräften. So manchem kranken Herzen sei sie eine Frau Minnetrost geworden, lobte die Gräfin Bernstdorff; Caroline von Marwitz, die von 1814–1818 (als sie den Herrn von Rochow, einen Schwiegersohn Fouqués, heiratete) neben Edda als Hofdame gedient hat, urteilte darüber nüchterner und kritischer: »Einer Liebesgeschichte, sie mochte spielen, wo und wie sie wollte, konnte sie nicht widerstehen; sie wußte sich immer das Vertrauen der Beteiligten zu verschaffen, und da sie die Liebe als etwas ganz Apartes, im Inneren Lebendes betrachtete, gewissermaßen als einen Funken höheren Lebens, den man nicht verlöschen lassen solle, so trug sie viel mehr dazu bei, sie hervorzurufen, indem sie dunklen Gefühlen Worte verlieh, als sie auf den richtigen Standpunkt zurückzuführen. Daneben hielt sie eine Heirat durchaus für den Beruf einer jeden Frau, und jedes Mädchen sollte eigentlich den ersten nehmen, der sich ihr anbot, da doch ein zweiter niemals sicher sei.«

Auch bei Edda hat sich die Prinzessin, ob gebeten oder sich aufdrängend, als Ehestifterin versucht. 1821 schrieb sie einen Brief an den bayerischen König Max Joseph: ihre Hofdame Edda von Kalb liebe einen edlen Mann von Adel und werde wiedergeliebt, die Verbindung aber sei, weil sie beide kein Vermögen hätten, bisher unmöglich, selbst die Mutter wisse nichts davon. Der König, der einst Eddas Vater seines Wohlwollens (mit einem Titel nämlich) gewürdigt habe, könne jetzt durch eine entsprechend bemessene Entschädigung der ganzen Familie dienen und das Glück der Tochter, die von vortrefflichem Charakter sei, begründen helfen. Daß aus der Ehe dann nichts wurde und Edda unvermählt blieb, liegt wohl nicht nur daran, daß Max Joseph die Bitte der Prinzessin höflich ablehnte; er könne in dieser das Staatsvermögen betreffenden Angelegenheit seinen persönlichen Empfindungen nicht allein folgen. Es fehlte entweder der Liebe jenes edlen Manns von Adel oder der Liebe Eddas an Kraft, wie wir aus ihrem Tagebuch wissen, das sich in einem Fragment aus dem Sommer 1834 erhalten hat.

Ein Sonderurlaub verschaffte Edda damals Zeit und Gelegenheit, sich mit den Relikten ihrer Vergangenheit zu beschäftigen: sie hätte wie gewöhnlich die Prinzeß auf das Sommerschloß Fischbach in Schlesien begleiten sollen, hatte aber, um der Mutter willen, um »Dispens« gebeten.

»d. 7. August, ich darf hierbleiben, ich freue mich darüber, es war mein aufrichtiger Wunsch, und ist mir noch das liebste, was mir hätte geschehen können, und doch war es mir ein beklommenes Gefühl, als ich die Bestimmung erfuhr, es ist mir so fremd etwas Eigenwilliges zu tun. Gütig ist meine Prinzeß und Güte ist doch schon ein schöner Anteil an der Gottheit, Gott lohne ihr durch gute Stunden die guten, die sie mir geschenkt. Ich will nun all die Papiere und Prezieusen verbrennen, die an vergangene Tage, an ihre Torheit erinnern, von besonderem Wert ist doch nichts dabei. Sie waren mir wert, weil ich Wert darein legte, gequält hab ich mich als ich liebte, und ist doch mein Herz nie zur vollen Blüte gekommen. Mir waren diese Zustände ein rechtes Geheimnis, da mein Herz nicht darin aufgehen konnte, weil auch die, die ich liebte, nicht, oder doch nicht wie ich, wiederliebten, und befangen machte es mich über alles andere, ich wünschte auch immer durch ihre Augen zu sehen und lernte daher so spät, meine eignen Augen brauchen. Doch sag ich nun Gottlob, daß ich von ihnen nicht geliebt wurde, mein Ritter, mein Dichter, wie paßten sie jetzt wenig zu mir. Jetzt bin ich frei, ich liebe jeden guten Geist, und da findet meine Seele gesunde Speise.«

Ein paar Tage später setzt sie die Meditation über die Geschichte ihres Herzens fort:

»Wenn ich mir Rechenschaft von meinen Neigungen gebe, so habe ich einen Kreislauf vollbracht. In der Jugend dachte ich mir unter Heiraten immer den Zustand der Häuslichkeit, dann liebt ich meinen Ritter, und meinen Dichter, beide mit Qual, nach dem verschiedenen Zustand meines Wesens in der Zeit, wo ich sie kennenlernte, das ist wahr, die Liebe macht alles zur Freude, alles zum Schmerz, weil wir durch ihn nur fühlen. Daß ich mich einmal verlobte, war nur, um einem andern Freude zu machen, eine dumme Idee, Freude bringen zu wollen, wo man keine empfindet. Der liebe Gott kann gewiß nicht so ohne Rückwirkung Freude geben. In späterer Zeit hätte ich mich vielleicht wieder zur Heirat ohne Neigung entschlossen, nur um meinen Geist von den drückenden Banden des Leibes zu befreien. Nun hoffe ich, ist auch das überstanden und ich kann frei und ungestört mir selbst leben. Übrigens Neigung könnte ich nur noch zu einem Philosophen haben, Ritter und Dichter genügen mir nicht.«

Doch weitere Tagebuch-Eintragungen zeigen, daß sie noch lange nicht überwunden und ausgekämpft hatte.

Wir hören das Echo Charlottes aus diesen Sätzen, die uns im Original in einer eigentümlich körper- und wesenlosen Handschrift begegnen, wie man sie bei dem äußerlich so robusten Fräulein von Kalb nicht erwarten würde, die aber doch bezeichnend scheint für ihr doppeltes Schatten-Leben neben einer Mutter, die sie durch die Ansprüche ihres Geistes unterdrückte, und neben ihrer Prinzeß, der sie Dienerin war und zugleich Vertraute, deren Intimität und vornehme Kälte sie gleichermaßen aushalten mußte. Eine Kollegin Eddas, Albertine von Boguslawski, ist daran psychisch zerbrochen. Ihre Briefe zeigen sie in einem beständigen Gefühls-Wechselbad von Rührung und Beglückung, wenn die Prinzessin sich teilnehmend und huldvoll zeigte, und Verzweiflung, wenn sie Zeichen von Mißfallen und die Bevorzugung anderer Hofdamen zu erkennen meinte:

»Denke Dir, warum ich in diesen Tagen in Ungnade gefallen bin. Die Prinzessin hatte alle die Tage vor der Komödie davon gesprochen, wie sie Demarchen gemacht habe, um ihren Bruder Prinz Louis zu der Komödie bei Saint Priest (dem französischen Gesandten in Berlin) invitieren zu lassen, die er gern sehen wollte, weil die Gräfin Pourtalès (die schöne) darin spielt. Nun bin ich dort und sehe ihn nicht und sage den andern Tag vor Tisch, ich glaube, die Kalb fragt mich: ›Wie schade, Prinz Louis war nicht da.‹ – Bei Tische fängt die Prinzessin an, mich über die Komödie zu befragen; ihr Bruder hätte auch schon davon erzählt. ›Prinz Louis‹, fängt die Kalb auf, ›die Boguslawski sagt ja, er wäre nicht dagewesen.‹ – ›Nein‹, sage ich sogleich, ›war der Prinz doch da? Es ist unbegreiflich, daß ich ihn gar nicht gesehen.‹ – ›Nun, dann hat er Sie gewiß auch nicht gesehen‹, sagte die Prinzessin und wendete sich um, ›denn er sieht nicht auf zehn Schritt.‹ Aber seitdem sind sie mir böse, antworten mir kaum, wenn ich zu sprechen wage. Ich merke also, daß sie es nicht gesagt haben wollten, daß er nicht gebeten worden war.« Das war Hofdamen-Alltag.

Wir wissen nicht, wie schwer oder leicht Edda damit fertig wurde, aber wir wissen, daß sie mit der Prinzessin so wenig oder noch weniger harmonierte, wie mit ihrer Mutter, ohne die Gründe zu kennen.

Sicher ist, daß sie kaum Sympathie empfand für den engen und strengen Pietismus ihrer Herrin, die dazu neigte, ihre Empfindungen in allerlei sinnigen Gegenständen zu »verdinglichen«. So war sie in den Befreiungskriegen ganz entzückt über die Stiftung des »eisernen Kreuzes«, so kreierte sie eine altdeutsche Tracht, die vom ganzen Volk getragen werden sollte, »allein der Versuch gelang nicht ganz und endete in einigen etwas verunglückten Kleidern und Kopfbedeckungen, die bald wieder verschwanden; nur die Prinzeß, die Sinn und Gedanken in alles hineinlegte, das Romantische und Altertümliche überall gern aufsuchte, wußte ihr Leben lang gewisse Reste zu bewahren, die später oft in Unzier ausarteten, als ihre große Schönheit sie nicht mehr überragte.«

In analoger Weise veräußerlichte sie ihre religiösen Gefühle in einem »vornehmen Reliquien-Kult«, den der Jungdeutsche Karl Gutzkow hart kritisiert hat. In seiner Kindheit hatte er, 1811 als Sohn des Bereiters des Prinzen Wilhelm (dem Mann Mariannes) geboren, zum Schloß gehört und an den arkadischen Kindergesellschaften teilgenommen, die die Prinzessin für Königskinder und für vorher auf Sauberkeit kontrollierte Dorfkinder im Garten des Sommerschlosses Schönhausen gab. Er sah darin eine Leutseligkeit, die die Armen zum Menschenspielzeug der Großen degradierte, und während er dem Prinzen stets ein dankbares Andenken bewahrte, sprach er von Marianne nur mit Bitterkeit.

»In Prinzessin Marianne wohnte ein idyllisch-poetischer, gemütvoller Sinn. Die hohe Dame, aus Süddeutschland gebürtig, hätte am liebsten allzeit im Freien gelebt unter dem blauen Himmelszelt und wäre auf Wiesenteppichen durchs Leben gewandelt. Wenn irgend möglich, so wurde ihre Tafel unter einigen Orangenbäumen und Blumenterrassen an der Gartenfront des kleinen, dumpf-düstern, etwas feuchten Schlosses aufgeschlagen. Sie trat gern mit werktätiger Teilnahme mitten ins Leben der Armen hinein und suchte dabei für christliche Wiedergeburt zu wirken, die damals immer mehr im Preise stieg. Die Prinzessin hat viel zu verantworten für die Zeit des preußischen Abwärtsgehens von den Bahnen des Lichtes und des Fortschritts. Solch hochgestellte Günstlinge des Glücks haben gut reden von Wiedergeburt! Bei ihnen sorgt selbst für das Prinzip der Entsagung die Kunst, der Luxus. Die einen dekorieren ihre Zimmer mit frivolem Tand, die anderen im nazarenischen Geschmack, wofür aus Gold, Silber, Bronze, Sammet, Seide, Holz genug Kostbarkeiten geschaffen werden. Die Großen haben leicht ausrufen: ›Ich und mein Haus wollen dem Herrn dienen!‹ Der Herr schmückt ihnen ihr Haus mit Kruzifixen von Silber, Breviarien mit Miniaturen, Bibeln mit Handzeichnungen, bunten gebrannten Fensterscheiben, geschnitzten Betstühlen aus Jakarandenholz. Sammetpolster erleichtern das Knien, Fransen spielen um die zum Beten gekreuzten Hände ... Die grünen Pfingstmaien, die das Haus der Armen schmücken, werden nicht von jenem Zedernbaum gebrochen, unter dessen Schatten sich die exklusive Bildung in reizendster Geistigkeit gehoben fühlt. Euch tischt der Pietismus goldene Früchte in silbernen Schalen auf, den Armen auf kahlem Sandboden nur die ewig dürren Tannenzapfen der Entsagung.

Freilich beißen Heuchelei – und zugegeben – der Fanatismus auch auf solche Tannenzapfen an. Was wird nicht in der Nähe der Großen geheuchelt und gelogen! Diese Fürstin mahnte jeden zur Bekehrung. Sie fuhr aus einer pietistischen Predigt in die andere. Bei Schleiermacher sah man sie nicht. Wie schlugen die Sünder ihre lügenhaften Augen vor ihr nieder, andere Wiedergeborene wieder entzückt empor! ... Von dem Tage an, wo die hohe Herrin pietistisch wurde, trat in ihrem und ihres Gatten Hofstaat, von den hohen Regionen bis in die untersten, Veränderung über Veränderung ein.«

Edda sah man bei Schleiermacher, der in der Restaurationszeit nach Wiener Kongreß und Karlsbader Beschlüssen schon fast als Revolutionär galt, dem man mit Schikanen das Leben schwer machte; der Besuch seiner Predigten (die ein freies, gefühlsbetontes Christentum vertreten) gehörte zu den großen Freuden ihres sonst unterdrückten und bedrückten Lebens, wie auch der Besuch von Konzerten und von Zelters Singakademie. Schon das kleine Mädchen war durch seine Musikalität aufgefallen, Hölderlin hatte es gar als musikalisches Genie gepriesen. Ihren Reiseträumen hatte sie wie ihren Liebesträumen entsagt: »Nach Griechenland möchte ich ziehen können und doch, ein Sehen und Gehen ist zu spät, ich bin zu alt, legt' ich all meine Wünsche in meine vier Wände, das kann Glück und Seligkeit die Fülle herbergen, alle Gabe Gottes kann ich empfangen, und endlich die letzte Gabe dieser Erde, die in sich das größte, das geheimnisvollste enthält, den Tod.«

1846, drei Jahre nach dem Tod der Mutter, starb die Prinzessin. Edda trauerte um sie, wie alte Eheleute nach einem langen gemeinsamen, glücklosen Leben doch umeinander trauern: »Auch kann man im Zusammenleben, wenn das Verhältnis auch nicht zu den innigen gezählt werden kann, nicht ermessen, ja man erfährt kaum, mit wieviel Banden man gefesselt ist und welche Öde die Trennung zurückläßt.«

Von den beiden fesselnden Verhältnissen ihres Lebens befreit, hat sie, passendes Ende einer biedermeierlichen Geschichte, noch einen langen »Nachsommer« erleben dürfen. Im Herbst 1854 brach sie zu einer über ein Jahr währenden Italienreise auf, die sie unter anderm nach Venedig, Florenz, Rom und Neapel führte. Unterwegs lernte sie den um elf Jahre jüngeren Maler und Kunstschriftsteller Manesse Unger kennen, mit dem sie, wie berichtet wird, »bald eine innige Freundschaft verband, wie sie zwischen zwei so bejahrten Personen wohl selten bestanden haben mag«. Der Novellist könnte seine Geschichte mit dem Bild des jungverliebten alten Pärchens in einer venezianischen Gondel schließen.

43. Kapitel

Besucherinnen

Malla, Amalie, Rahel, Bettina
1825 unternahm die schwedische Obristen-Witwe Malla Montgomery-Silfverstolpe eine Reise nach Deutschland, als Begleiterin (oder in Begleitung) des jungen Komponisten Adolf Lindblad, dem Malla in mehr als mütterlicher Liebe zugetan war, wie Jahre vorher ihrem Landsmann Kernell, der, ein Freund des Grafen Platen, als Student in Erlangen an Lungenschwindsucht gestorben war. Malla und Lindblad besuchten sein Grab und reisten dann nach Berlin weiter, wo Lindblad bei Zelter Musik studieren und Malla ihre alte Freundin Amalie von Helvig besuchen wollte. Während ihres langen Aufenthalts in Berlin wurde Malla durch Amalie mit vielen interessanten Leuten bekannt, auch mit Rahel Varnhagen und Bettina von Arnim, die als Konkurrentinnen um die Palme der geistreichsten, bedeutendsten Frau der Berliner Gesellschaft von ihrer Umwelt eifrig verglichen und gegeneinander ausgespielt wurden (was ihr persönliches Verhältnis zueinander bei aller gegenseitigen Anerkennung doch getrübt hat). Die bescheidene Malla, die vor allem eine gute Zuhörerin war, wurde zu ihrer Verwirrung von Bettina heftig umworben, fühlte aber, wieviel Selbstbespiegelung in diesem Werben lag. Wohler war es ihr mit der weniger exzentrisch auftretenden Rahel, der Malla zweimal auch als Besucherin bei Charlotte von Kalb begegnet ist. Die Schwedin hat in ihrem Reisetagebuch sehr ausführlich von diesen Besuchen berichtet.

»Den 27. Februar 1826. Um 6 Uhr fuhren Amalie und ich zum königlichen Schloß, das nicht gerade schöne Treppenaufgänge hat, zum mindesten die, welche ich sah; Löcher von Vorsälen und abscheuliche Türen, die eher aussahen, als führten sie in unterirdische Gewölbe, anstatt in Schloßgemächer. Zwei Treppen hinauf kamen wir durch etliche häßliche, stockfinstere Gänge und geradewegs aus einem solchen in die Zimmer des Hoffräuleins Kalb, wo sie mit ihrer alten blinden Mutter wohnt, einer geistvollen, klugen Frau, die mit allen Koryphäen Weimars, Wieland, Herder, Goethe, Schiller, Jean Paul usw. bekannt und befreundet war und Amalie in ihren Jugendtagen viel chaperoniert hat. Seither ist Frau v. Kalbs ganze Familie durch Unglücksfälle, vielleicht auch Unvorsichtigkeiten, ganz ruiniert worden. Ihr Mann und auch ein Sohn erschossen sich aus Verzweiflung darüber, nicht allen Verpflichtungen gerecht werden zu können. Da saß nun die stattliche, blinde, alte Dame mit offenen Augen, die gar nicht blind aussehen, sondern einen Ausdruck haben, als sähen sie, in einem großen zweifenstrigen Zimmer mit spärlichem und nichts weniger als elegantem Mobiliar. Dieses Unglück flößte mir Ehrfurcht und ein ganz besonderes Interesse ein. Die Alte spricht gut, man merkt, daß sie sich in der allerbesten Gesellschaft bewegt hat. Ihre Tochter war nur ganz kurz bei uns, sie sollte den Abend bei Kronprinzens zubringen, wo Professor Ritter zweimal in der Woche historische Arbeiten vorliest...

Ich durfte den Tee bereiten und mich bei der guten alten Dame häuslich einrichten, was mir großes Vergnügen gewährte. Das Gespräch war lebhaft und wurde es noch mehr, als die angenehme Frau v. Varnhagen kam. Ihr Mann ist sehr krank gewesen. Mit Gefühl und Innigkeit sprach sie davon, und gefiel mir noch mehr als gewöhnlich, obwohl sie mir ja immer gefallen hat. Sie spricht so gut, so maßvoll. Kürzlich hatte sie den siebenten Teil vom Mme. Genlis' Memoiren gelesen und erwähnte, daß sie immer eine Vorliebe für diese Schriftstellerin gehabt habe, deren Romane ›Les vœux téméraires‹, ›Mademoiselle de Clermont‹ und ›Les mères rivales‹ ihr sehr gefallen. Als sie ihre persönliche Bekanntschaft machte, war sie erstaunt, eine eher häßliche als schöne, keineswegs elegante alte Frau zu finden, die mehr die Tournure einer alten Haushälterin hatte als der zierlichen edlen ›Comtesse de Genlis‹. Aimabel und amusant war sie jedoch, wenn auch ihre Kleidung und Wohnung einen recht negligierten Eindruck machten. Schöne Augen und eine feine, gerade Nase bezeugten, daß sie einmal schön gewesen. Ihre Memoiren machten ihr insoferne keine Ehre, als sie sich darin undankbar und nicht ganz ehrlich über Personen ausspricht, die ihr Höflichkeit und Wohlwollen bezeigt haben. Ein Vergleich zwischen Frau de Genlis und Frau v. Staël war dann der Gegenstand des Gesprächs. Frau v. Varnhagen und ich wollten die erstere verteidigen, aber Frau Staël behielt doch die Palme. Amalie erzählte, wie diese, als sie im Jahre 1804 in Weimar war, bei einem großen Diner beim Herzog zufällig zwischen einem älteren Herrn – einem enragierten Feind schöngeistiger Frauenzimmer – und einer äußerst prüden, um ihren Ruf besorgten Witwe placiert worden war, die fürchtete, mit der in mehr als einer Hinsicht berühmten Schriftstellerin liiert zu erscheinen. Diese ihre Nachbarn sprachen nur mit ihren anderen Tisch-

nachbarn, und als das Mittagessen endlich vorüber war, eilte Frau
Staël auf Frau Helvig zu und stürzte ihr fast in die Arme, indem sie
ausrief: ›Ah, mon Dieu, quel ennui! Si cela eût duré plus longtemps,
j'aurais jetté de hauts cris!‹

Fräulein von Kalb kam zu dem kleinen Souper zurück, welches
bewies, daß die alte Frau gerne traktieren würde, wenn sie die Mittel
dazu hätte. Sie war so zufrieden mit diesem Abend, daß sie vor-
schlug, man möge doch bei ihr ein Picknick-Mittagessen veranstal-
ten, wozu ein jeder ein Gericht mitbringen sollte. Für mich war es
einer der angenehmsten Abende, die ich noch hier gehabt habe.«

»Den 7. (April). Amalie und ich holten Frau v. Varnhagen ab und
fuhren mit ihr zu Frau v. Kalb, wo wir den Abend sehr angenehm
verbrachten. Das Gespräch war lebhaft und interessant. Frau v.
Kalb sprach von den Unglücksfällen ihrer Familie, als wären sie in
einer anderen Welt geschehen. Frau v. Varnhagen, die kränklich und
nervenschwach ist, erzählte einen Traum, der sie in der verflossenen
Nacht furchtbar erregt hatte. Sie glaubte Friedrich II., Preußens Helden, in seiner gewöhnlichen Tracht, aber aus Marmor, in einem
Bette liegen zu sehen. Diese Statue hob die Brust wie in den letzten
Zügen, aber konnte nicht sterben. Sie und ihr Mann standen neben
dem Bette, das so breit war, daß noch eine Person neben dem Sterbenden liegen konnte. Varnhagen bedeutete ihr, sie solle sich hinlegen. In größter Angst sagte sie, daß sie das nicht tun wolle. Aber er
stellte ihr vor, daß es unvermeidlich sei, daß sie sich hinlegen müsse
und daß es bei dem Tode königlicher Personen gebräuchlich sei, daß
jemand gleichsam ihre Todesangst teile. Sie wollte jedoch nicht, und
ihr Mann wurde böse. Der Todeskampf der Statue dauerte fort. Sie
und Varnhagen sagten zu wiederholten Malen: ›Beten Sie doch,
beten Sie, Gott wird Ihnen helfen!‹ Nachdem sie mehrmals so gerufen, erhob sich die königliche Statue, ging starr durch die Räume und
die Treppen hinunter in den Hof. Sie sah ihn so durch das offene
Fenster gehen und rief beständig: ›Beten Sie, um Gottes willen, beten Sie!‹ Da wandte sich die Statue um, erhob drohend den Arm
gegen sie – und sie erwachte voll Angst und Schrecken.

Amalie erzählte, daß sie in der Zeit, als sie häufig mit dem talent-
vollen, geistreichen Gentz zusammentraf, der ihr ergeben war und
dem sie nahe daran war, ihr Herz zu schenken, nur zurückgeschreckt
durch seinen nicht sehr guten Ruf als sittenlos und leichtfertig, sie
eines Nachts träumte, daß sie mit ihm durch lange Bogengänge ging,
wo es sehr unrein war. Sie war ganz weißgekleidet mit einer langen

Schleppe, wie es damals Sitte war. Mehrere Leute sahen sie erstaunt an, wie sie so Arm in Arm in vertrautem Gespräch mit Gentz ging. Sie merkte, daß aller Kleider beschmutzt waren, da sah sie an ihrem weißen Kleide herab – es war ganz rein geblieben, und unbefleckt durchschritt sie den Bogengang.«

Rahel
Ihrem Mann, der auf Reisen war, schrieb Rahel einmal, »den geistvollsten Abend voller Heiterkeit und Vorhersagen« habe sie mit Charlotte verbracht; nämlich: »elle répétait mot pour mot ce que j'allais dire; ich konnte nicht aufkommen, und brauchte es auch nicht; über Frau von Humboldt hat sie mit einer Milde, Nachlässigkeit und Schärfe gesprochen, wie ein seliger Geist ec. ec. Dich läßt sie nachdrücklich grüßen: sie würde dir immer ›güter‹, läßt sie dir sagen.«
Rahel hat Charlotte nicht oft besucht, die letzten drei oder vier Jahre ihres Lebens (sie starb 1833) gar nicht mehr. Krankheit, »Nervenschwäche« (wie Malla Silfverstolpe sagt), extreme Wetterfühligkeit machten ihr jedes Ausgehen zur Expedition, für die sie durch tage- und mehr noch nächtelanges verstärktes Leiden, mit schweren asthmatischen Anfällen büßte. Besonders schlecht vertrug sie das Treppensteigen, mehr noch als das Wetter hielten sie die langen Schloßtreppen von Charlotte fern.
»Sonderbarlichst, daß Wesen, die in einer Stadt atmen, die sich so manches zu sagen und zu fragen hätten, so fern und geschieden sind, als wohnten sie in getrennten Weltteilen. Jetzt ist zwar November, Schnee, Kälte und Nebel eine unsichtbare Scheidewand, und ich, die sonst das Zimmer, muß jetzt das Bett hüten«, klagt Charlotte einmal; »meine Frau grüßt mit herzlichen Wünschen und Gesinnungen, und beklagt es tief, sich von Ihnen durch Räume, Treppen, Zuglüfte so geschieden zu sehen. Indes lebt man doch zusammen, so lange man wechselseitig voneinander weiß, und darin wollen wir traulich fortfahren!« gibt, ein andermal, Varnhagen Klage und Trost zurück, der durch Besuche dafür sorgte, daß beide Frauen voneinander hörten, und gelegentlich Briefe übermittelte (»Meine Frau grüßt herzlich. Sie hat mit größtem Anteil sich Ihres Briefes gefreut, den sie so schön findet, wie der beste nur sein kann«). Gegen die Verhinderungen von »Räumen, Treppen, Zuglüften« setzte Rahel (im Brief an eine andere Bekannte »mit Treppe«) einen Alters-Sanatoriumstraum: »Gewiß will, werde ich mich erholen; und klimme dann langsam Ihre

330

Treppe hinauf. In einem großen, korridorreichen, schloßähnlichen, sinnigen Gebäude müßten Kolonien feiner Leute zusammenwohnen; alles geheizt, und erleuchtet; jedes Appartement mit einem Portier, das Ganze voller Bescheidenheit und Wohlwollen, präparierter Luft, und herrlichster Pflanzen. Bücher, Instrumente, kluge Freiheit; und höchstens unpaß, nie krank. *Dann* wäre die Erde eine Station, wo sich's auf Beförderung warten ließe.«

Charlotte, zu Rahels Lebzeiten so oft betrübt, gekränkt über den ausbleibenden Besuch, sah nach ihrem Tod darin einen Gewinn. Die Distanz hatte Beschädigungen, Verletzungen, Verstimmungen verhütet, wie sie zwischen zwei in ihrer Eigentümlichkeit so stark ausgeprägten, empfänglichen, empfindlichen alten Frauen unvermeidlich gewesen wären: »Ich trauere – und dennoch fühle ich, es war Bestimmung, daß ich die Verewigte nicht früher und öfter gesprochen – denn wie schwer ist es, Seelisches immer in Lauterkeit zu erweisen, und kann dies nicht sein, so affizieren oder verletzen wir ...

Die Verklärte ist, was sie im Leben schon, wenn auch persönlich fern, mir war, lieblich geistige Gegenwart.«

Mit großer Freude ließ sie sich aus den von Varnhagen herausgegebenen Bänden mit »Denkwürdigkeiten« seiner Rahel vorlesen: »Licht – Liebe – Leben fließt aus dieser Quelle süßer Rede uns entgegen. Wer Champagner trinkt, genießt die Wärme und Erheiterung, die er gewährt und also das Leben, was er dadurch gewonnen. So geht es mir – werde ich mehr, wenn ich Rahel höre, und ich bin gedrungen, Ihnen von dieser Innigkeit zu sagen«, schreibt sie dem Witwer; etwas gedämpfter ihre Empfehlung des Werkes an Hermann Fichte: »sinn-, geist- und mutreich, zeigt sie an, wie sie ein Labyrinth durchwandelt, nach ihrer Art, Gunst und Freude gefunden und verteilt, aber sie hat das Seltenste wohl nicht gefunden, nur fern geahnt. Mehr wird wohl keinem, aber wir sollten nie etwas anderes verlangen, als daß wir denken können ... Das Buch ... will ich bald wieder hören.«

Von allen Leuten, die Charlotte je gekannt hat, stand ihr Rahel geistig vielleicht am nahsten, die sich freilich noch sehr viel radikaler als Charlotte aus dem Kopf und als denkendes Wesen entwarf. Durch ihre jüdische Geburt war sie gesellschaftlich eine Ausgestoßene, war keiner Familie, keinem Stand und seinen konventionellen Werten verpflichtet, wie Charlotte, deren Denken so oft durch diese Bindungen gebunden scheint. Und während Charlottes Selbstentwurf ins Große immer aristokratisch bleibt, versteht sie sich als Einzelne und

Einzige ihrer Art – als Original im genauen Wortsinn. An der »Unbeweisbarkeit« ihrer Originalität – sie schriftstellerte ja nicht, sie sagte ja nur kluge Dinge, schrieb kluge Briefe –, hat sie oft gelitten: »Nur ermessen Sie, wie es mir bei meinen Nächsten vorkommen muß, die von jeher, bei jeder einzelnen Äußerung, machen, als hätte ich rein *nichts*, oder Willkürliches, oder Unsinn, oder nur Mißwilliges gesagt: die gar nicht merken, wenn ihnen etwas Neues entgegenkommt; sich in Erziehung, Sittlichkeit, Kunst, und Leben aller Art, *lächelnd* mir voraus glauben; und nur im *leeren Ganzen nicht ableugnen*, ich sei eine kluge Frau oder geistvoll.« In unseren Literaturgeschichten gibt es für jemanden wie sie, die sich gleichsam selbst zum Werk machte, keinen Ort.

Rahel war ein Genie des Gesprächs, dessen Verlängerung und schwacher Abglanz ihre Briefe sind; was sie war, war sie immer in Beziehung zu anderen, die Sehnsucht zu lieben und geliebt zu werden, zu erkennen und erkannt zu werden, die Quelle ihrer Inspiration. »Gutbestellte Herzen können immer verliebt sein, wollen es immer sein. Nur richtige Gegenstände dazu finden sie selten: daher das Liebesunglück all.« Charlotte hat zu diesen wie zu vielen Sätzen Rahels wohl sagen können: »elle répétait mot pour mot ce que j'allais dire.« Einfühlsamer und gleichsam mehr ihrem Selbstverständnis entsprechend als von Rahel ist Charlotte wohl niemals erfaßt worden. Sie hat sich in den »Denkwürdigkeiten« lesend noch an dieser Charakteristik freuen können:

»Frau von Kalb ist von allen Frauen, die ich je gekannt habe, die geistvollste; ihr Geist hat wirklich wie Flügel, mit denen sie sich in jedem beliebigen Augenblick, unter allen Umständen, in alle Höhen schwingen kann; dies ist ein absolutes Glück, und sie fühlt sich dadurch so frei, daß sie nach dem erhabensten oder tiefsten Geistesblick öfters lacht, wo es gar nicht hinzugehören scheint: gleichsam, in dem Gedanken, daß es etwas Komisches hätte, nur in der eben erblickten Sphäre verweilen, oder gar bleiben zu wollen: flugs nimmt ihr Geist eine andre, öfters entgegengesetzte Richtung, und tut da wieder Wunder. Auf diese Weise gibt sie sich auch getrost, und eben so frei, hergebrachten Meinungen, Vorurteilen, beliebten, herrschenden Formen des Seins und Denkens hin: sie kann *doch* lachen und vergnügt sein. Ein wenig lüftet sie die Flügel: und die leere Last sinkt zu ihren Füßen, an den Boden: und die edlen Gedanken nehmen ihren Flug.

Frau von Arnim ist von allen, die ich kannte, die geistreichste Frau.

Man möchte sagen: ihr Geist hat die meisten Wendungen. Ihr *Geist* hat sie, nicht sie ihn. Was wir Ich nennen können, ist nur der Zusammenhang unsrer Gaben, und die Regierung derselben, die Direktion darüber. So wie Frau von K. jeden Gesichtskreis als solchen zu verlassen und in der Gewißheit, einen neuen zu finden, freudig sein kann; so leuchtet, oder blitzt wenigstens, bei Frau von A. Mißvergnügen gegen das eben Gefundene hervor, und dieses spornt sie an, um jeden Preis Neues hervorzufinden; – dies Verfahren aber kann nicht immer ohne Störung vorgehen.«

Bettine
Der Bettine von Arnim, begabt mit »bewundernswürdigem Höhensinn und unstillbarer Kletterlust« (»sie kletterte an Goethe hinauf wie an Türmen, Mauern und Bäumen«, schrieb Börne), ihr hat das Treppensteigen zu Charlotte nichts ausgemacht. Zeitweise kam sie regelmäßig, jeden Sonntagnachmittag; noch 1840 hören wir von Charlotte, daß Bettina sie wieder besuche: »hat neulich Schoten mit mir ausgepahlt und Weltkunde mitgeteilt.«

Da war ihre Bekanntschaft schon vierzig Jahre alt: 1802 hatte Charlotte die 16jährige Bettina bei ihrer Großmutter Sophie von La Roche kennengelernt, worüber sie Charlotte Schiller schrieb: »In Offenbach besuchte ich die alte Mutter Laroche. Sie ist gekleidet in den Nachtnebel des 18. Jahrhunderts; und Bettine Brentano, die Erstgeburt des neunzehnten, stand und lag neben ihr in der gröbsten Naivität des neunzehnten. Sie könnte ebenso anmutig mit ihrem schönen Kopf sein, als sie meist unerträglich ist! Man muß sie sehen, nicht Sie« (d. h. Charlotte Schiller) »(Ihnen wäre sie wohl etwas fatal), Goethe, dem sie sagen läßt, sie wäre in ihn entbrannt, wie Mignon. Bruder Clemens läßt jetzt Märchen von ihr drucken. Meine Edda, welch ein Kontrast!«

Wir sehen Charlotte nicht nur zwischen den beiden Jahrhunderten, denen sie angehörte, zwischen den Generationen, sondern auch zwischen Prosa = Edda und Poesie = Bettine, in die sich Charlotte damals wider alle Vernunft ein wenig verliebt haben muß. »Ich bitte Dich« (schrieb Bruder Clemens an seine Schwester Gunda), »ich bitte Dich, sage Bettine, sie soll mir aufrichtig schreiben, was in der letzten Zeit mit ihr und Frau von Kalb vorgegangen? Denn die Großmutter klagt mir, diese habe ihr Bettinens Herz entzogen.«

Von einer Wiederbegegnung Charlottes und Bettinas hören wir dann erst nach langen Jahren wieder, in einem Brief an Erichson, der nach Charlottes letzter großer Reise 1820/21 geschrieben wurde. Sie hatte damals Bettina besucht, »die nicht wohl war« und wohl acht Stunden lang ganz vertraut mit ihr geplaudert. Charlotte hatte ihr von »ihren Jahren und Erichsons Jugend« erzählt – und Bettina hatte verstanden: »Als Arnim hereinkam, sprach sie andeutend davon. . . . Sie will mir oft wiederhaben, so lieblich und tief war ihr Ansicht und Bewußtsein.«

Auch in diese erneuerte alte Liebe zur Poesie hat sich bald Irritation gemischt (wie sie niemandem, der mit Bettina umging, fremd gewesen ist) und ihr manchmal Platz gemacht, etwa wenn sie sich von Bettina vernachlässigt fühlte: »sie dienet allen Musen und hat für Erdgeborene keine Zeit«, wenn sie sich über ihre Eitelkeit ärgerte: »Die Arnim kommt oft in meine Zelle, und da erfahre ich besonders, wie sie Myrthe und Lorbeer sammlet, von Teetisch und Promenaden«, doch solche Verärgerung wich dann doch immer der Freude an der kleinen, dunklen, lebendigen Bettine: »sie ist immer amüsant.«

Charlotte erlebte noch mit, wie Bettina nach dem Tode ihres Mannes zu schriftstellerischem Ruhm kam, zuerst mit dem »Briefwechsel Goethes mit einem Kinde«, den sie als »Goethe-Denkmal« aus dem Original-Briefwechsel ihrer Jugend (als sie in Goethe entbrannt gewesen war wie Mignon) umgedichtet und 1834 veröffentlicht hatte. Das Buch machte Sensation und Bettina zur Heldin des »Jungen Deutschland«, das seine Vorurteile gegen den kalten Hofmann Goethe darin bestätigt fand und entzückt war über Bettinas allen Autoritäten absagenden Freiheitsreligion. Daraufhin holte Bettina weitere Briefe aus dem Schrank und bearbeitete sie zu Denkmalen anderer, die freilich vor allem ihrem eigenen Selbst zum Spiegel dienten: die ihres Bruders Clemens (»Clemens Brenatanos Frühlingskranz«) und die des unglücklichen Stiftsfräuleins Caroline von Günderode, die eine Freundin ihrer Jugend gewesen war.

Als Bettina ihre Vergangenheit poetisch ausgebeutet hatte, suchte und fand sie neuen Stoff, zunächst in Politik und Zeitgeschichte. Wieder kletterte sie dazu an einem Großen hoch: an König Friedrich Wilhelm II, der 1840 den Thron bestiegen hatte. Man erwartete sich von ihm nach jahrzehntelanger politischer Erstarrung ein liberaleres Regiment, eine Verfassung, die Aufhebung der Zensur, und Bettina machte sich zum Sprecher dieser Erwartungen, erst in »wirklichen« Briefen an den König, der ihr zunächst geantwortet hat, verführt durch Bettinas Märchen-Fiktion einer unmittelbaren Beziehung zwischen dem Herrscher und seinem (von ihr verkörperten) Volk. Als ihre Briefe den König nicht mehr erreichten, weil sie in ihren Forderungen zu radikal war, hat sie anstelle von Briefen ihm ein Buch gewidmet: »Dies Buch gehört dem König«, in dem sie ihm als »Dämon« die Wahrheiten bei Nacht ins Ohr flüsterte, die er bei Tag nicht hören wollte.

Dieses Werk und der Briefwechsel mit Goethe, Clemens, Caroline sind so anmutig, bezaubernd, wie oft unerträglich in einer sich verselbständigenden Geschwätzigkeit, sind voll echter und voll affektierter Poesie. Wer sie liest, dem wird es wohl früher oder später so gehen, wie Charlotte, die sich von Bettina öfter aus ihren Manuskripten vorlesen ließ, kritisierte (»die Sphinx Bettina sollte so viel als möglich Phantasmagorien vermeiden«) und dann doch ihren eigenen kritischen Ansätzen widersprechend schrieb: »Das Unvergleichliche muß mit Bedacht gelesen werden; denn an Schalkheit, Laune, angebornem Reichtum und Leichtsinn tut es ihr keiner gleich. Bettina ist weder zu kritisieren, noch zu korrigieren, daher können wir uns an ihr freuen, aber sie nicht zergliedern. Fragen tu ich sie um nichts, denn sonst erfahr' ich gewiß eine Erdichtung.«

44. Kapitel

Immortelle

Charlotte sagt gern »Zelle« zu ihrer Stube im Schloß, in der sie »immer erblindeter« zwei Jahrzehnte verwartet hat, lichthungrig, in verschiedenen Dämmerungen, in Dunkelheit und immer im Kampf um ihren Seelenfrieden. Manchmal lassen sich Besucher melden, die sie nicht empfängt, wenn sie morgens kommen, weil sie dann noch im Bett liegt, nicht, weil sie krank ist, sondern weil sie das ewige Sitzen schlecht verträgt. Gewöhnlich hört sie niemand, »als der mir vorliest, schreibt oder kocht«. Zum Vorlesen und Diktieren kommt meist der junge Eduard Pose, das Kochen besorgt Charlottes Aufwärterin Mina, die, wenn niemand sonst sich findet, das Vorlesen übernehmen muß – bis auch ihre Augen zu schwach werden: »Leider ist die Mina zum Lesen vor mehreren Wochen plötzlich unfähig geworden, ihre letzte Vorlesung war in Don Quichote, gestern meinte sie, als sie mir sagte, daß sie bei der Stelle, wo der Ritter der traurigen Gestalt und Sancho in die Grube gefallen, stehengeblieben, nun würde sie ein Leben lang nicht erfahren, wie diese wieder herausgekommen.«

Charlotte ist in einer Lesegesellschaft abonniert, läßt sich aber viele Bücher von Varnhagen kommen, der oft noch vor den Berliner Buchhändlern und Bibliotheken an Neuerscheinungen kommt (daß er mit dem »Faust« nicht der erste war, hat ihn ein wenig gewurmt: »Den vollständigen Faust hab' ich noch nicht, und niemand in Berlin, ausgenommen der Kronprinz, dem der Kanzler von Müller ein Exemplar aus Weimar zugesandt hat. Der Kronprinz bezeigt die größte Freude, bis jetzt noch der einzige zu sein, der etwas so ganz Apartes besitzt. Anfangs wollte er gar nicht leiden, daß jemand in das Buch nur hineinsähe; nachdem er selbst aber es durchgelesen, überließ er es dem Hauptmann von Willisen, der eine Nacht daran wandte, und es darauf Alexander von Humboldt zu geben hatte, von dem es dann sein Bruder in Tegel empfangen sollte. Auch von diesem Exemplar kann man daher nicht sagen, daß es in Berlin sei«). Philosophische, religiöse und biographische Schriften, Memoiren und Gedichte, Byron, Baader, Schlegel, Manzoni, Victor Hugo, Rückert, Heine, Börne und immer wieder Goethe: wenn man liest, was

Charlotte alles ausgeliehen und gehört hat, dann hat man die Vorstellung eines babylonischen Stimmengewirrs in ihrem Kopf, der manchmal, was er durch Hören fassen sollte, »wie ein Sieb« durchrinnen ließ. »Da ich nichts mehr selbst lese, wird mir nichts mehr scharf-klar«, klagt Charlotte einmal, doch ihre Urteile sind meist immer noch schärfer und klarer, als die vieler Selber-Leser.

In diese Welt literarischer Bilder und Gestalten mischen sich die Bilder und Gestalten der Zeitgeschichte, die im Juli 1830 durch einen gewaltsamen Anstoß in heftige Bewegung gerät: »Wir haben hier sehr warme Tage, in Paris höchst stürmische – was wird daraus werden?« Charlotte hat gerade einen Katarrh, den sie sich im Sommer durch leichtere Kleidung und kaltes Wasser schnell zuzieht, als die Revolution ausbricht, die zweite ihres Lebens für sie, die zweite auch für Lafayette, unter dem Heinrich von Kalb einst in Amerika diente. Als Charlotte Ludwig Börnes Briefe aus dem revolutionären Paris hört (»Unterlassen kann ich es nicht, zu sagen, wie mir die scharfen Dragees munden«), gefällt ihr besonders, wie er den Helden der alten und alten Helden der neuen Revolution charakterisiert: »Der einzig schöne Charakter der neuesten Zeit ist und bleibt doch Lafayette. Er ist die *altgewordene Schwärmerei*, wie sie nie, nicht einmal gemalt worden ist. Er ist bald 80 Jahre alt, hat alle Täuschungen, alle Verrätereien, Heuchelei, Gewalttätigkeit jeder Art erfahren – und noch glaubt er an Tugend, Wahrheit, Freiheit und Recht! Solche Menschen beweisen besser, daß es einen Gott gibt, als das Alte und Neue Testament und der Koran zusammen.«

Die Pariser Ereignisse greifen auf das Ausland über. In vielen deutschen Ländern gibt es Unruhen, revolutionäre Aufstände; Polen und Belgien führen einen Freiheitskampf um nationale Unabhängigkeit, der in Polen unterdrückt wird, in Belgien zur Gründung eines von den Niederlanden unabhängigen Staates führt. »Ich darf Ihnen wohl sagen, wie sehr mich die Zeitungen ärgern und härmen, die Polen, von denen nicht zu raten ist, was sie können und wollen, die Belgier, die in ihrer Einsicht und Ansicht keinen Herrn finden können, und Patagonen und Lilliputen anfragen, willst du unser König werden«, schimpft Charlotte, die auch mit dieser Revolution »in der Idee« sympathisiert: »Überall bemerkt man nun, sie klagen nicht, sie stürmen nun, die ehemals Sklaven waren; hier fällt mir aus dem Gespräch der Katharina mit Diderot bei: Katharina: Meine Gesetze werden eingegraben auf die Haut meiner Untertanen. Diderot: Wie lange kann das Pergament noch halten?«

Ihr lebhaftestes Interesse und ihre Hoffnung gilt der Saint-Simonistischen Bewegung, die nach der Revolution in Frankreich eine große Anhängerschaft gewinnt. Diese Heilslehre auf wissenschaftlicher Basis (wie sie sich versteht), die geführt wird von dem charismatischen Enfantin als »Père suprême« und oberstem Propheten, verheißt unter anderem, was Jean Paul einst dem neuen Jahrhundert düster prophezeit hatte: die Frauen und die Liebe sollen frei werden. »Nach den heutigen Zeitungen wird man begierig, Sicheres und Lichtvolles über die Simonisten zu vernehmen. . . . es ist schwer, dem Menschen zu raten, noch schwerer ihm zu helfen, nur sei ihm nicht erschwert, daß er sein eigener Erlöser sei oder (ihn) finden könne. Teilen Sie mir mit, was Sie darüber Bedeutendes besitzen, um so mehr Gedanken, Gesetze über die Ehe.« Varnhagen, der sich, beeinflußt durch Heine, zum vorsichtigen Fürsprecher der Bewegung in Deutschland gemacht hat, läßt ihr Schriften und einige Nummern des »Globe«, des Saint-Simonistischen Publikationsorgans, zukommen, die als Propagandamaterial in kleinen Mengen ins Ausland gelangen und dort unentgeltlich verteilt werden: »Sollte einmal eine reichlichere Austeilung hier stattfinden, so würde sie aber auch sogleich, das muß ich voraussetzen, von Obrigkeit wegen gehemmt werden. Denn das ist gewiß, dringt der Saint-Simonismus durch, so bleibt in den bisherigen Staatsgebäuden kein Stein auf dem andern. Aber wäre das nicht auch der Fall, wenn das Christentum wahr und wahrhaftig durchdränge?« Charlotte findet in dem, was Varnhagen schickt, Lieblingsideen wieder: »Die Guyon sagte auch schon: ›Es bleibt weder in der kirchlichen Vorstellung noch in dem bürgerlichen Wesen künftig ein Stein auf dem anderen.‹«

»Das Thema ›Die Ehe und die Frauen‹ bleibt ein Mysterium, worüber nur einige mit geringer Einsicht gesprochen oder geschrieben haben. Dies beweist auch die Misere der Romane. . . .›Nous appelons une femme Messie‹. Ein Gleichnis dafür finden wir nur in den Legenden, und in heilig gesprochenen Frauen, und ich könnte versucht sein, Ihnen ein solches Bildnis vorzulegen.«

Das politische Fieber, von dem eine ganze Jugend ergriffen wird, reißt auch Hermann Fichte dazu hin, eine »Rede an die Nation« zu halten: »Deutschland, was es ist, und werden muß.« »Sagen Sie mir ja *strenge*, ob er mit Gefühl, Erkennen und gutem Rat für das Wohl der Menschheit (sich) geäußert hat?«, fragt Charlotte bei Varnhagen an, auf dessen Kritik- und Urteilsvermögen sie große Stücke hält, während sie selbst eigentlich immer nur weiß, ohne (durch Nachdenken) erkannt zu haben: »Unterscheiden und erkennen, ist wohl dem leiblichen und vielleicht stets dem geistigen Auge versagt gewesen; denn die Meinung entspringt mir nicht aus dem Erkennen, sondern aus innerer Anschauung.«

Nach Hermann hat sie sich in ihrer Einsamkeit immer am meisten gesehnt: »Man könnte ja wohl meinen, daß Dampfschiffahrt und Eisenbahnen Sie zu einem Geistesgruß nach Berlin verleiten könnten?«

Eigentlich könne sie ihm gar nicht schreiben, mit ihm könne sie nur reden wie mit niemandem sonst – schreibt sie in fast jedem ihrer vielen langen Briefe, so lang manchmal, daß sie bittet: »Zürnen Sie nicht über den langen Brief, schenken Sie mir die Zeit, wo Sie eine Predigt hören oder Komödie sehen könnten.«

Sie liebt in ihm, wie sie sagt, die Dreiheit von Sohn, Vater, Mutter und legt damit auch noch ein Steinchen zur drückenden Last, die er als Erbe, als einziger Sohn seines Vaters zu tragen hat. Äußerlich klein, schmächtig, sieht er auf einem Foto so schutzlos und empfindlich aus, daß man ganz betroffen davon wird und sich zu diesem Bild flüchten möchte, wenn man den gespreizten Stil aus »zweiter Hand« liest, in dem sich schon der junge Mann äußert: »Mit dem reinsten Gefühl der Sehnsucht nach Ihrer Mitteilung ergreife ich die Feder, um so den herrlichsten Frühlingstag seiner wert zu feiern.«

Varnhagen, den die Jungdeutschen als »Hort einer von neuem Streben erfüllten Jugend« loben und als »Wächter der Goetheschen Klassizität« verspotten, hat diesen klassizistischen Gestus zur Vollkommenheit entwickelt, im Schreiben und in der Konversation (wenn Charlotte ihn einmal zum Kaffee einlädt mit der Bemerkung »auch Goethe und Herder liebten das Gespräch beim levantischen Tranke«, hat sie sich dem Empfänger unfreiwillig parodierend angepaßt). Hermann Fichte mag ihn deshalb nicht, obwohl sich Charlotte Mühe gab, die beiden füreinander zu erwärmen: »Varnhagen kam mir merklich kälter vor ... ein Form- und Gesprächskünstler der ersten Art, aber eben deshalb oft das Wort eher findend als den Begriff, manchmal, wie es schien, fast nur mit Worten sprechend.« Noch deutlicher bricht seine Antipathie durch, als er erfährt, daß sich Varnhagen schon kurz nach dem Tod seiner angebeteten Rahel wieder verlobt hatte (die Verlobung ging bald in die Brüche): »Daß Varnhagen sich wieder verheiratet, ist mir mitgeteilt worden, auch, daß er bekannt, erst jetzt, bei seiner neuen Braut, Frl. Saling, erfahren zu haben, was Liebe sei. Ich glaub es wohl! Übrigens ist es merkwürdig, wie selbst die gescheitesten und gewandtesten Männer in gewissen Punkten des Lebens Takt und Geschmack vermissen lassen.«

Auch Varnhagen mag Fichte nicht, wie Charlotte einmal aus dem Ton seiner Stimme heraushört (»meist vernehme ich mehr durch den Ton, mit dem man etwas sagt, als durch die Worte selbst«). Der junge Fichte ist Philosoph wie sein Vater und nach Varnhagen »ist die Philosophie ein Gericht, das nur vom besten Koch zu ertragen ist«.

Hermann Fichte ist *kein* philosophischer Meisterkoch, aber wer ist das schon in dieser Zeit, außer Hegel, der alles dominierte, während die vielen »kleinen Philosophen« eher der von Charlotte beschriebenen philosophischen Ariadne gleichen, die es vermag, »jeden Faden zu spalten und daraus ein neues Spinngewebe zu bilden«.

Unklug und in Überschätzung seines eigenen Wertes (vermessen, sagt Charlotte, die den Kampf der philosophischen Systeme gegeneinander widersinnig findet) hat sich Fichte mit Hegel und den Hegelianern angelegt, was seine Aussicht (falls eine bestanden hat) vernichtet, auf den Lehrstuhl seines Vaters und wieder nach Berlin zu kommen, das er, demokratischer Neigungen und burschenschaftlicher Sympathien verdächtig, nach 1820 auf einen Wink »von Oben« hatte verlassen müssen. (Auch Varnhagen hatte zu dieser Zeit seinen Abschied als preußischer Beamter genommen, da man ihn als Liberalen ins Ausland hatte abschieben wollen.) Sein wissenschaftlicher Kampf richte sich sowohl gegen die grüblerischen Mystiker, wie auch gegen »die selbst sich überspringenden Spekulationen unserer Zeit«, erklärt er Charlotte (die in ihren Briefen nicht nachläßt, ihn von der trostreichen und erhellenden Tiefe Thereses, Saint-Martins, Seuses, Taulers überzeugen zu wollen). »Meine Philosophie ist die Religion des Wirklichen. Sie versöhnt die Gegensätze der verschiedenen Standpunkte von Philosophie, Glauben und Wissenschaft, indem sie zeigt, wie sie nur in verschiedener Umfüllung das gleiche bedeuten, wie also ihre Spannung gegeneinander wesenlos ist.«

Lange Jahre ist Fichte als Gymnasial-Lehrer und freier Schriftsteller unzufrieden, zunächst in Saarbrücken (Charlotte wollte ihn von dort zur Saline Saar-Alp, einem Spekulationsobjekt ihres Schwagers, schicken). Dort wird er schwer krank und heiratet eine um einige Jahre ältere Witwe, die ihn gesund gepflegt hat. Dann erreicht er die Versetzung an eine Düsseldorfer Schule, aber er will an die Universität, rennt sich die Hacken ab nach einer Professur, läßt alle Beziehungen spielen, sucht sich welche zu verschaffen, wird in seinen Bemühungen eifrig unterstützt von Charlottes gutgemeinten, wirkungslosen

Ratschlägen, und behauptet, gar nicht zu wollen, was er nicht bekommen kann: »Ich sagte neulich meiner Frau nach den letzten
Berliner Erörterungen: nur meiner Familie wegen lasse ich mich so
mit Füßen treten; sonst wollt' ich ihnen ihre Lumpenstellen vor die
Füße werfen.« 1836 erringt er endlich eine außerordentliche Professur in Bonn und wird damit ein Kollege von Hufelands ehemaligem
Assistenten Bischoff, mit dem Charlotte immer noch in lockerer Verbindung steht.

In Düsseldorf und in Bonn ist Fichte auch Fritz von Kalb räumlich
nahe, bei dem er öfter Briefe abzugeben oder abzuholen hat, (die,
um Porto zu sparen, meist Reisenden mitgegeben wurden: einmal
heißt der Briefträger Charlottes Felix Mendelssohn.) Fritz ist un-
verheiratet, hat aber (seit 1833) eine uneheliche Tochter, Henriette
Friederike, um deren Ausbildung und Zukunft sich Charlotte große
Sorgen macht. 1841 heiratete Fritz dann Franziska O'Brien, die Mutter des Kindes, vielleicht zermürbt durch die inständigen Vorhaltun-
gen von Mutter und Schwester, die über Fritz und die um seinetwil-
len zu ergreifenden Maßnahmen noch einmal einen großen Streit
hatten. Die traurigen Verhältnisse seien ihr stets gegenwärtig, schreibt
Charlotte an Hermann, der in diese »geheime« Familiengeschichte
eingeweiht war, wie er auch Mitwisser des größten Kummers war,
den die alte Charlotte erlebt und erlitten hat.

»Fünfunddreißig Jahre, Zeit genug, um alle Leidensstationen zu
durchwandeln, doch eine muß gefehlt haben, die Höllenfahrt.«

Der 1825 gestorbene Jean Paul beschert sie ihr noch posthum,
wenn auch Charlottes Zorn in gleichem Maße seine Witwe, Christian Ottos Witwe Amöne und den Schwiegersohn Ernst Förster
trifft, der 1829, vier Jahre nach dem Tode Jean Pauls, den Briefwechsel zwischen ihm und seinem Freund Otto herausgibt. Varnhagen
zeigt die Bände mit lobenden Worten in einem Literaturblatt an,
Charlotte, neugierig und ahnungslos, bittet sie sich aus – und muß
hören, wie sie von Jean Paul an Otto verraten wurde, durch Mitteilung ihrer Briefe und intimer Details ihrer Beziehung. Charlotte fühlt
sich zum »Geträtsch in allen Clubs« geworden. Sie leugnet ab: nie habe
Herder sie geküßt, nur einmal, 1802, in der Stunde des Abschieds,
»mit ernster, inniger Gesinnung«. Nichts wisse sie von dem ihr von
Jean Paul zugesprochenen »Un-, Blöd- und Wahnsinn«, nicht eine
Spur davon finde sie in ihrer Erinnerung. »Doch es gibt wohl irre,
bewußtlose Zustände … ist nicht auch zu lesen, daß eine *gebratene
Taube dahinschwirrt?*« Im gleichen Atemzug widerlegt sie ihre Ab-

leugnung durch die Verzweiflung über den Betrug, dessen Offenbarwerden ihr eine ganze Vergangenheit zerstört: »Wie ist nun alles verwandelt worden; man glaubt ein halbes Leben hindurch, nur das *einzige* Wesen habe es vernommen, nun aber ausgeworfen mit Hohn, und endlich zum Immortell in dem Kranz der Literatur erkoren.«

Hermann Fichte versteht ihre Verzweiflung nicht oder will, um sie zu besänftigen, nicht verstehen. Zwar habe er gegen Ende des Briefwechsels die Erwähnung einer gewissen K. gefunden, aber »in so ausgezeichneter Beziehung, in so charakteristischen Momenten ... daß ich selbst beim ersten Lesen und Wiederlesen nur mit Freude und Beistimmung erfüllt werden konnte ... Ja, ich gestehe Ihnen, daß ich kaum einen Begriff davon habe, was in Ihnen diese Aufregung veranlassen konnte ... Denken Sie, wie Frauen in Deutschland vielleicht alles (und Sie wissen, was dies heißt bei einer Frau) aufopfern würden, um nur auf jenem Standpunkte sich zu sehen, den Sie zurückweisen.«

Varnhagen, eingeweiht in das, was für Charlotte eine Katastrophe ist, glaubt ihren Dementis nicht, ehrt aber ihren Kummer und schickt auf ihre Bitten hin ableugnende Brieflein an alle Welt, auch an Goethe:

»Frau von Kalb, welche hier in vieljähriger stiller und enger Zurückgezogenheit lebt, ist in dieser heftigst bewegt worden durch die Mitteilungen, welche *Jean Paul Richters* gedruckter Briefwechsel über manche frühere Lebensverhältnisse nicht schonend an den Tag legt. Sie verwirft und verleugnet ganz und gar die Auffassungen *Richters* in betreff der ihr eigenen Bezüge, so wie der von *Schiller, Herder*, und anderen; nie, so beteuert sie, sei dergleichen gesprochen, dergleichen gemeint worden, wie hin und wieder aus trüben Quellen oder argen Mißverständnissen dort angegeben wird.

Ihre hohen Jahre und ihr fast sibyllenhaftes Dasein haben bei der unerwarteten Berührung jener Vergangenheit eine ganz leidenschaftliche Erregung nicht abzuwenden vermocht. Ich war vergebens bemüht, ihr gegen diese Schwäche Trost und Gleichmut einzusprechen; die bisher erschienene Entäußerung der weltlichen Persönlichkeit ist plötzlich mit einer allzu ängstlichen Empfindlichkeit für deren doch höchst verletzlich bewahrtes Abbild davon vertauscht. Sie wünscht vor allem Ew. Excellenz und dann Frau *von Wolzogen*, von der nach jenen falschen Angaben mißkannt zu werden, ihr der unerträglichste Schmerz bliebe, von obiger Beteuerung wenigstens benachrichtigt.«

Goethe antwortet: »Die Verwirrung, welche der gute Jean Paul in die deutschen Gemüter gebracht hat, konnte mich nie erreichen. Seine Briefe so wenig als seine Werke gelangten zu mir, und so kann man über das, was darin steht, insofern es mich betrifft, ganz ruhig sein.« Und an die Frau von Wolzogen reicht er Varnhagens Brief weiter, mit der Bemerkung, »vielleicht, daß Sie erlaubten, der guten vieljährigen Freundin ... etwas Freundliches zukommen zu lassen«.

Ihre Briefe von Jean Paul, die Hermann Fichte hatte erben wollen, hat Charlotte wohl bald danach verbrannt, wie einst Schillers Briefe, über deren Opferung sie schreibt: »spät habe ich erkannt, daß es nicht mir, daß es vielen geraubt war.« Aber das ist mehr die Erkenntnis der vielen, als ihre eigene, nach der auch die Briefe eines Genies einzig und allein dem Empfänger gehören: »den anderen verwandelt es sich in Hohn.«

Varnhagen hat ihr darin kaum folgen können. Er ist der erste und der universalste von Sammlern des gelebten Lebens der Großen, wie es sie im 19. Jahrhundert so viele gibt. »In dieser Beziehung ist zu erwähnen, wie um den Bogen zu füllen, jeder Buchstabe gesammlet wird; kein Brosamen darf auf die Erde fallen, somit können von den Semmeln, die von Jena nach Weimar geschickt werden, Kinder-Kinder noch lutschen« spottet Charlotte (immerhin in Beziehung auf den Schiller-Goethe-Briefwechsel – hätte sie erst gesehen, was sonst noch alles Bogen und Bücherschränke füllte!). Den Ursprung dieser Sammelwut, der nichts zu trivial war, erkennt sie in »Vergötzung, Vergötterung, Dunst- und Donnerlob«: »Verwestes an den Tag zu fördern, ist Sündigung.« Doch mehr als die »Vergötterung und Vergötzung« als Sammelmotiv ärgert sie sein Resultat einer Götterdämmerung. Götter im Schlafrock sind keine Götter mehr; Psychologie bedeutet den Sturz der Titanide.

Nur zögernd beginnt Charlotte um 1830 mit der Niederschrift ihrer Erinnerungen, auf Drängen ihrer Bekannten, die von ihr einen »Beitrag« zur Memoirenliteratur der Zeit erwarten, den sie ihrer Herkunft (die sie auf Diskretion und Repräsentation verpflichtet) und ihrer Natur nach nicht geben kann und will: »Ich habe von Kind auf mehr geträumt und gedacht als erlebt.« Die Kritik bleibt nicht aus: »Mit innigstem Dank, gnädige Frau, erfolgen hierbei die mir gütigst anvertrauten Blätter zurück« (schreibt Varnhagen). »Ich habe sie, angezogen und gefesselt von Inhalt und Darstellung, in einem Zuge durchgelesen, mit größtem Genuß und lebhaftem Wunsche der Fortsetzung. Sollte ich dabei, wie Sie verlangen, zu einer kritischen Anmerkung veranlaßt sein, so wäre es die, daß Sie mit zu großer Zurückhaltung schreiben ... Lassen Sie, gnädige Frau, jede Scheu und Ängstlichkeit fahren, solche Mitteilungen müssen frei und mutig sein; sind die Personen unbekannte, so schadet (es) ihnen nichts, und sind sie bekannt, heißen sie Goethe, Schiller, Herzogin Amalia usw., so hilft doch kein Verschweigen.«

»Sie wollen es rückhaltloser, ich kann Bedenklichkeiten nicht zugestehn pp. Darauf dient zur Antwort: es ist nichts Selteneres, als ernstes Wollen, ernstes Leben. Geschwätz, Lallen, *Mißdeutung*, begegnet überall.«

Hermann Fichte bemängelt das »zuviel« Dichtung bei der Wahrheit, die dramatisch-szenische Formung mancher Szenen, fordert »einfachste, schmuckloseste Vorstellung, Bericht, der sich gleichsam wie ein knappes Gewand an die Erinnerung anschließt ... Sie schilderten oft in ihrem traulichen Abendstübchen Geschichten Ihrer Jugend so ... eindringlich, daß ich sie noch jetzt aufs genaueste wiedergeben könnte. In diesem Ton halten Sie das Ganze und ich bin von einer tiefbelebenden Wirkung überzeugt.«

Auch dieser Kritik suchte Charlotte zu begegnen. Ihre Argumente hören sich widersprüchlich an, aber der Widerspruch liegt »in der Sache«, wohl jeder »Selberlebensbeschreiber« wird auf ihn stoßen. Was Fichte für eine Fiktion hält, ist gar keine, sagt sie. Sie hat wirklich erlebt, wovon sie schreibt, – abzüglich einiger Kleinigkeiten. Wenn die Großmutter von dem Abend erzählte, da man ihr den Mann tot heimbrachte, hat sie immer auch gesagt, welche Speisen an diesem Abend serviert wurden. Die hat Charlotte nacherzählend ausgelassen. Andererseits: wenn sie von dem längst vergangenen inneren Leben ihrer Kindheit und Jugend reden will, dann muß sie dafür »Bilder und Chimären« finden. Psychologische Romantik nennt sie das treffend. Sind diese Bilder Lügen? Aber weiß sie denn überhaupt noch, was sie damals wirklich empfunden hat? »Bei der Anschauung bleibt aber noch immer die Frage: Was ist Wahrheit? Die Phantasie behauptet das Recht, über die Vergangenheit zu schalten.« Fichte und Varnhagen hörten und sahen von Charlottes Autobiographie schließlich nichts mehr, ihr Tadel mag Charlotte die ohnehin nicht sehr große Lust genommen haben, noch länger die Schatten der Vergangenheit zu beschwören.

Brief von Edda von Kalb an Hermann Fichte

Berlin, den 15. Mai 1843.

Lieber Freund, ich möchte sagen lieber Sohn meiner Mutter, vor 3 Wochen gab die Mutter ein Blatt für Sie an Weiße, der von Leipzig hier war; haben Sie (es) erhalten, so hat sie Ihnen gewiß das Vorgefühl ihres Abschieds von dieser Welt ausgesprochen. In dieser Morgenstunde habe ich der geliebten Mutter Hülle der Erde übergeben, mußte sie verlassen. –

Sie hat Sie bis ans Ende geliebt, und die Sorge um Ihr Geschick, der Wunsch, Nachrichten von Ihnen zu erhalten, hat sie beschäftigt, so lang sie noch wandelte oder vielmehr schon wankte. Die Kräfte waren dies Frühjahr sehr gesunken, und ich mußte wohl die Sorge haben, daß es ein Sinken, was sich nicht wieder höbe; aber ihre Geistes und Willens Kraft, ihre starke *constitution* entriß sie immer wieder der Mattigkeit, die sie erfassen wollte, und so stand es bis heute vor 8 Tagen, wo sie tags vorher den halben Tag außer Bett zugebracht und so geistesfrisch, daß ein Bekannter, dem ich meine Besorgnis aussprach, weil mir besonders eine ungewohnte Bewegung in den Augen bange machte, sie weit weg wies. Am Tag sprach sie noch das lebendigste Interesse und Teilnahme aus; ich las ihr einige Gedichte von W. Humboldt, die schönen Sonette, welche er in den letzten Jahren seines Lebens gedichtet und auch seine Jugendbriefe an Forster vor, und sie war voll Freude bei einigen sie ergreifenden Stellen; auch eine kurze Lebensbeschreibung von Hölderlin, die in der Kölner Zeitung gestanden, woran sie natürlich großen Anteil nahm; es war ein schöner, reicher Tag.

Montag blieb sie zu Bett, doch noch tätig, diktierend, übersetzend, was sie noch zu einer Episode ihrer Cornelia verwenden wollte, dies fast mit fieberhafter Hast: als ich sie bat, sich lieber vorlesen zu lassen, da sie das Übersetzen zu sehr anstrengen könne, sagte sie, ich muß arbeiten, ich muß komponieren. Den Abend sagt ich, man solle mich ja gleich wecken, wenn sich die Mutter unwohl fühlen sollte, die Leute meinten, da wäre ja nicht daran zu denken; kaum aber war ich eingeschlafen, da wurde ich geweckt – es war ein heftiger Brustkrampf eingetreten; in allem Leiden war sie so weich gegen die

Leute und mich, doch ihres Endes gewiß. Der Arzt kam schnell, die Mittel linderten die Beschwerde, und sie schlief einige Stunden ruhig. Der Dienstag war unruhig, doch gegen Abend wurde die Kranke so ruhig, daß ich wieder Hoffnung schöpfte; doch kaum nahte die 11. Stunde, so begann wieder das Leiden, obgleich etwas gemindert. Mittwoch früh hatte sie kurze Zeit ein so erfrischtes Ansehen, Bouillon schmeckte ihr, daß auch da die Hoffnung wieder aufstieg, aber der Tag wurde sehr unruhig, sehr gequält, doch ihre Geduld unerschütterlich, keine Klage kam über ihre Lippen. An diesem Tag sagte sie zu ihrem Vorleser Bose: ›In stiller heiliger Zuversicht – nun ist es aus, nicht wahr?‹ – An diesem Tage hatte sie auch Erscheinung von Licht und Gesang, meist waren aber ihre Phantasien das Abbild ihres stillen Lebens. Der Donnerstag war ein traumartiger Zustand, doch mit dem schmerzlichsten Verlangen nach Ruhe, immer glaubte sie nicht im Bett zu sein und verlangte danach: doch sprach sie an jenem Tag noch mit Prinzeß anteilvoll von ferne liegenden Gegenständen. Am Abend begann der letzte Kampf, lieber Freund, das war hart anzusehen, und wie hart wär es gewesen, zu fühlen, wie die arme Brust arbeitete, um sich zu zerstören. Man sagt, der Leidende empfände es nicht, ich glaube es, weil Gott gnädig ist, auch ist die vollkommene Ruhe des Angesichts dafür sprechend, aber Augenblicke wird man doch irr an dieser beruhigenden Vorstellung. Von 10 des Abends dauerte der Kampf bis des andern Tags Freitag nachmittag 3 Uhr. Wie gern hätte man zu gleicher Zeit mit ihr den letzten Kampf gekämpft, das ganze Gemüt sehnt sich danach, doch ich soll warten, bis meine Stunde schlägt. Es war mir auch so schwer, den innigen Wunsch, diesen Sommer, wo ich hier bleibe, mit ihr verleben zu können, aufzugeben, ich hatte eine rechte Sehnsucht danach, fühlte so ganz das Glück, mit der Mutter zu sein. Aber wie ich das Antlitz der Entschlafenen einige Stunden nach ihrem Scheiden wieder sah, da strahlte mir ein Glanz entgegen, ein Ausdruck des siegreichsten Kampfes, es war ein Anblick wie eine Offenbarung, diesen Geist konnte ich nicht wieder auf diese Welt zurückrufen, sein Kind zu sein war ich unwürdig, und Ergebung hat sie mir so selbst geschenkt. Später gewann das Angesicht wieder den uns gewohnten Ausdruck, es ruht ihr Geist, ihre Kraft und ihre Milde auf ihren Zügen, und man konnte dabei nur ihrer gedenken, der Schmerz schwieg. Wie weh tut es, ein Wesen durch Torheit und Jämmerlichkeit gekränkt zu haben, aber sie hat vergeben, und ich fühlte bei ihrem Anblick auch die Vergebung Gottes, denn vergibt ein Wesen,

346

das Mensch gewesen, wie könnte Gott nicht vergeben! Wie schwer und doch wie reich war ihr Leben, ihre Eigentümlichkeit in dem heftigsten Kontrast mit äußern und innern Lebenszuständen, schuf sie sich eine Welt des Friedens und des Glückes in ihrem innersten Gemüt; kein Geistesanklang berührte sie, ohne tiefe Erwiderung, und so bezwang sie die Welt durch den Geist; und so kindlich zugleich kleine Genüsse erkennend, in jedem wer er sei, Gerechter oder Sünder, den wahren Menschen erkennend; und wie dieses rein menschliche Gefühl manchen zur größten Wohltat geworden hab ich einen jungen Mann auf das ergreifendste in diesen Tagen aussprechen hören.

Auf dem Kirchhof der Dreifaltigkeits-Kirche ist die Mutter eingesenkt. Erst war es meine Absicht nicht, einen Prediger dabei gegenwärtig zu haben, glaubte dann aber doch, daß es würdiger, und bat noch gestern nachmittag Marheinecke, ihm dabei die Worte schreibend, die ich Ihnen mitgeteilt und ihn bittend, der Mutter Taufnamen zu nennen, weil sie ihn gern gehört. Und so begann er das Gebet mit der Mutter eigenen Worten und sprach einfach und würdig. – So ist es denn vollbracht.

Ihnen diese Nachricht zu geben war mir eine Herzenspflicht, in dem Gedenken der Mutter, die Sie immer geliebt, die ich liebe. Wenn Sie mir ein Wort senden, so sagen Sie mir doch, ob Hölderlin noch lebt, und den Professor Quenstedt grüßen Sie von mir, und sagen ihm, daß die Mutter nicht mehr unter uns ist, aber ihn im guten Andenken behalten habe bis an das Lebensende. Öde ist es und traurig in meiner Behausung, aber meine Gedanken erheben sich immer wieder zu ihr.

Mit dem herzlichen Wunsch, daß diese Zeilen Sie wohl und zufrieden finden

Edda Kalb.

Ausklang

Edda von Kalb wurde noch ein Jahr älter als ihre Mutter: im Januar 1874 starb sie 83jährig in ihrer Alterswohnung im Schloß Monbijou zu Berlin.

Ihr Bruder Fritz war schon 1852 gestorben. Seine Tochter Henriette, die wohl geheiratet hatte, aber kinderlos blieb, mußte in eine Irrenanstalt gebracht werden, wo sie 1870 starb.

Henriettes Mutter, Franziska von Kalb, die von Edda finanziell unterstützt worden war, mußte nach deren Tod von öffentlicher und privater Wohltätigkeit leben. Als sie 1880 gestorben war, wurde sie auf Armenkosten bestattet.

Quellen- und Literaturverzeichnis

Nur handschriftlich zugängliche Quellen
Briefwechsel Charlotte von Kalb/ Johannes Erichson im Goethe- und Schiller-Archiv Weimar.
Briefwechsel Charlotte von Kalb / Hermann Fichte in der Württembergischen Landesbibliothek Stuttgart.
Briefwechsel Charlotte von Kalb / Varnhagen von Ense in der Bibliotheka Jagiellonska, Krakau.
Briefe von Charlotte von Kalb an C. E. Böttiger und Carl Christian Friedrich Krause in der Sächsischen Landesbibliothek Dresden.
Einzelne ungedruckte Briefe außerdem im Deutschen Literaturarchiv Marbach (dort auch Tagebuch-Auszüge der Edda von Kalb und handschriftliche poetische Entwürfe Charlottes), im Frankfurter Goethemuseum, dem Goethe-Museum Düsseldorf, im Germanischen Nationalmuseum Nürnberg.
Familiengeschichtliche Quellen, Vormundschaftsakten, Prozeßakten u. a. vor allem in den Staatsarchiven Bamberg und Würzburg.

Bei allen genannten Institutionen möchte ich mich für die Genehmigung zum Abdruck aus ihren Beständen herzlich bedanken.

Gedruckte Briefe
Briefe von Charlotte von Kalb an Jean Paul und dessen Gattin. Herausgegeben von Paul Nerrlich. Berlin 1882
Briefe von Charlotte von Kalb an Goethe (1783–1830). In: Goethe-Jahrbuch. Bd. 13, 1892, S. 41–79
Briefe der Charlotte von Kalb an Schiller. Nach den Handschriften des Goethe- und Schiller-Archivs mitgeteilt von Julius Petersen. In: Jahrbuch der Goethe-Gesellschaft, Bd. 12, 1928, S. 104–168
Briefe der Charlotte von Kalb an Schiller abgedruckt in: Ludwig Urlichs, Charlotte von Schiller und ihre Freunde, Bd. 2, Stuttgart, 1862, S. 214–233
Eine reiche Auswahl von Briefen Charlottes an verschiedene Empfänger bietet Johann Ludwig Klarmann als Anhang einer »Geschichte der Familie von Kalb auf Kalbsrieth. Erlangen 1902; dort auch eine ausführliche Bibliographie, die neben Monographien auch »Fundorte« für weitere Briefe Charlottes und Äußerungen über sie verzeichnet.
Briefe Goethes an Charlotte von Kalb in: Ernst Köpke, Charlotte von Kalb und ihre Beziehungen zu Schiller und Goethe. Berlin 1852

Im Druck erschienene Schriften Charlottes
Charlotte. Für die Freunde der Verewigten. Zuerst Berlin 1851, dann erneut herausgegeben von Emil Palleske, Stuttgart 1879
Cornelia. Für die Freunde der Verewigten. Berlin 1851